서울 컨센서스: 21세기 신발전패러다임 ②

나남
nanam

나남신서 1580

서울 컨센서스: 21세기 신발전패러다임 ②

2011년 9월 20일 발행
2011년 9월 20일 1쇄

편자_ 한반도선진화재단
발행자_ 趙相浩
발행처_ (주) 나남
주소_ 413-756 경기도 파주시 교하읍
출판도시 518-4
전화_ (031) 955-4600 (代)
FAX_ (031) 955-4555
등록_ 제 1-71호(79.5.12)
홈페이지_ http://www.nanam.net
전자우편_ post@nanam.net

ISBN 978-89-300-8580-9
ISBN 978-89-300-8001-9(세트)
책값은 뒤표지에 있습니다.

나남신서 · 1580

서울 컨센서스: 21세기 신발전패러다임 ②

한반도선진화재단 편

나남
nanam

나남신서 · 1580

서울 컨센서스: 21세기 신발전패러다임 ②

차 례

제7장 국가리더십 및 정당개혁 ········· 9

1. 총론 9
2. 선거제도 개혁 21
3. 정당과 일하는 국회 31
4. 협력과 견제의 당정관계를 위한 개선방안 42
5. 네티즌정치와 정당개혁 53
6. 신(新)정당문화를 위한 정당제도개혁에 대한 제언 70
7. 정치자금 84

제8장 지방분권형 국가운영 ········· 97

1. 서론 97
2. 시장보호형 분권체제 100
3. 지방재정제도의 현황과 개편방향 120
4. 지방분권형 국가운영을 위한 헌법개정 방향 138
5. 결론 158

제 9장 동아시아 구상과 한반도통일 ······························ 167

1. 새로운 동아시아질서의 필요성 167
2. 주요 국가의 동아시아 구상과 한반도전략 169
3. 새로운 동아시아 구상과 한국의 전략 216
4. 새로운 한반도통일방안: 선진화통일방안 235

제 10장 한국의 세계공헌 전략 ······························ 249

1. 서론: 지구촌전략과 세계공헌 국가 249
2. 세계공헌 국가: 이론과 비전 253
3. 주요국의 세계공헌 전략 273
4. 한국의 세계공헌: 현황 및 논의 302
5. 결론 328

제 11장 신국가발전전략 방법론과 전략추진체계 ······················ 337

1. 서론 337
2. 새로운 국가발전전략 방법론 339
3. 신국가발전전략 추진체계의 기본구조 342
4. 신국가발전전략 추진체계 구축방안 348
5. 결론 397

제 12장 서울 컨센서스를 향하여 ··· 399

1. 세계화에 대한 이론적 정리 399
2. 워싱턴 컨센서스를 넘어: 새로운 선진화 발전모델을 찾아서 408
3. 창조적 세계화의 철학: 공동체자유주의 450
4. 창조적 세계화의 기본방향: 이상적 국가질서를 찾아서 455

서울 컨센서스: 21세기 신발전패러다임 ① 차 례

제 1장 총론: 문명사적 전환과 새 항로의 모색

제 2장 21세기 한국 정신자본의 발전방향

제 3장 20세기 경제발전과 인적자본

제 4장 21세기형 경제전략

제 5장 지식생태계를 선도하는 고등교육 혁신

제 6장 신복지모델 모색

07

국가리더십 및 정당개혁

장 훈 · 강원택 · 이현출 · 김민전
윤성이 · 곽진영 · 임성학

1. 총론

1) 왜 다시 정치개혁인가

그 의미가 진부해졌다고 할 수 있을 만큼, 정치개혁은 지난 20년간 한국민주주의와 꾸준하게 함께했다. 1987년의 민주화 이후 한국의 정치인들과 시민들은 끊임없이 정치개혁을 말했고, 실제로 적지 않은 개혁안들이 법과 제도의 형태로 도입되었다. 개혁논의와 개혁조치들을 동력으로 삼아 우리는 3김시대를 거쳐서, 노무현 정부와 이명박 정부에까지 이르렀다.

하지만 한국민주주의는 여전히 완성형이라기보다는 진행형이며, 민주주의의 심화와 확장을 향한 개혁의 길목에 서 있다. 현재 진행형인 한국민주주의가 새로운 방향모색이 필요한 까닭은 안팎으로 분명하다. 안으로는 20년의 역사에도 불구하고 한국민주주의가 심화와 퇴행의 중간지대에 여전히 머물러 있기 때문이고, 밖으로는 서구중심의 민주주의 공고화론과 민주평화론이 한계를 드러내고 있기 때문이다.

먼저 민주주의의 정체라는 내부적 차원부터 살펴보자. 20년의 민주화 역사를 축적하면서 성장해 온 한국민주주의의 위상과 좌표는 여전히 회색지대 속에 있다고 할 수 있다. 한편으로 우리는 성숙한 민주주의로 충분히 도약하지 못하고 있지만 동시에 민주주의 자체가 의심받고 부적절한 것으로 이해되는 심각한 퇴행 현상을 경험하고 있지도 않다. 다른 수많은 신생 민주주의와 마찬가지로 우리는 성숙과 퇴행 사이의 넓은 회색지대에 머물러 있는 셈이다(장훈, 2009).

성숙한 민주주의가 아직은 꽤 떨어져 있는 목표라는 사실은 뚜렷하다. 민주제도가 규칙적으로 운영되고 그에 따라 정부의 교체가 정기적으로 일어나고 있음에도 불구하고, 민주주의를 떠받치는 문화와 행위규범의 심화를 이루었다고 말하기는 어렵다. 이른바 '입법전쟁의 현장'이라 불리는 국회의 예를 들어보자. 여야 정당들은 첨예하게 견해가 엇갈리는 이슈들에 정상적이고도 끈질긴 과정을 통한 타협과 합의를 거의 이뤄내지 못하고 있다. 타협과 설득이 실종된 상태에서, 다수결에 의존하게 마련이지만, 국회 내에서 다수결이 이뤄지는 과정과 그 결과에 대해서마저도 종종 강렬한 이의가 제기되곤 하였다.[1] 달리 말해, 우리는 민주적 헌법과 제도를 운영하고 이를 관습화하는 데는 성공하고 있지만, 민주주의제도의 정상적인 작동을 뒷받침하는 문화적, 행위규범적 인프라는 여전히 취약하다고 할 수 있다.

이에 따라서 시민들이 민주주의를 바라보는 시각은 매우 역설적이다. 한편으로 민주주의가 우리 정치를 구성하는 유일한 대안이라는 점에 대

1) 지난해에 여야 정당 간에 커다란 쟁점이 되었던 미디어발전법안의 처리과정은 하나의 상징적인 사례이다. 국회에서 여야 정당은 이 논쟁적인 법안의 표결 자체를 정상적으로 처리하지 못하였으며, 다수결에 의한 결정이 이뤄진 이후에도 반대당은 이 법안의 처리과정의 합법성에 대한 의문을 헌법재판소에 제기하였다.

해서는 폭넓은 동의가 존재하고 아울러 그동안의 민주주의의 진전과 관습화에 대해서 적지 않은 자긍심을 갖고 있다. 하지만 다른 한편으로 현재의 민주주의 운영방식과 성과에 대해서는 커다란 불만을 갖고 있는 것도 사실이다. 민주주의체제가 빚어내는 효율성, 효과성, 생산성에 대한 시민들의 기대와 현실 사이의 괴리는 심각한 수준에 이르러 있다.

그렇다면 한국민주주의가 여전히 회색지대에 머물러 있는 까닭은 무엇인가? 무엇보다 공고화개념의 외래성, 그리고 민주주의의 구체적 방향과 원리에 대한 사회적 합의의 부족을 꼽을 수 있다. 민주화가 시작되면서부터 민주주의의 개혁과 실천에 대한 논의를 지배해온 것이 이른바 민주주의 공고화론이었지만, 공고화론이 가진 몰역사성과 이데올로기적 성격에 대한 비판적 논의는 충분히 이뤄지지 않았다. 주로 서유럽의 민주주의의 성숙과정에 대한 분석을 통해서 구축된 민주주의의 조건과 성숙경로에 대한 논의가 기계적으로 한국을 비롯한 신생민주주의국가에 도입된 것이 이른바 민주주의 공고화론이라고 할 수 있다. 방대하게 진행된 공고화론을 간략하게 정리하기는 쉽지 않지만, 공고화론은 대체로 정당과 선거정치의 안정화의 중시, 주요행위자 사이의 정치적 타협의 강조와 시민들의 정치문화적 변화의 중요성을 강조해왔다고 할 수 있다.

이러한 조건들이 민주주의의 성숙과정에서 요구되는 일반적인 표준이라는 것은 분명하지만, 이들 일반적 조건들이 한국의 구체적인 사회적, 역사적 맥락에서 어떻게 해석되고 적용될 수 있는지에 대한 논의는 충분하게 이뤄지지 않았다. 그보다는 공고화론이 제시하는 여러 조건들에 비추어서 한국정치의 성적표가 어떻게 매겨질 수 있는지를 평가해 온 것이 그동안 민주주의 심화에 관한 논의의 주를 이루었다. 예를 들자면, 정당정치의 안정화가 민주주의 심화의 일반적 조건이라는 점을 받아들일 때에, 한국의 역사적·정치적 맥락에서 정당정치의 안정화는 무엇을 의미하는지에 대한 깊은 성찰과 논의는 상대적으로 소홀하였다. 그보다는 서유럽이나 남유럽처럼 일찍이 정당정치의 안정화에 성공한 나라들의 경험이 강조하는 변수들 — 예를 들면 개별 정당의 제도화, 정당들에 대한 지지패턴의 안정화 — 에 비추어서 우리 정당정치의 안정화와 성숙의 정도를 평가해왔다. 하지만 우리의 정당현실을 좀더 깊이 들여다보면, 우리의 정당정치는 정당들 간의 지속적인 이합집산, 지지패턴의 불안정에도 불구하고 서서히 절차적 민주정치의 중심적 역할에 접근해왔음을 알 수 있다. 여전히 정당에 대한 신뢰가 높지 않고 또한 정책결정과정에서 정당들의 역할이 제한적이라는 한계에도 불구하고, 정당들은 선거과정에서, 여야의 정책경쟁에서, 또한 정치지도자의 충원과정에서 중심적 역할을 하게 되었다. 결국 정당정치의 안정화라는 목표에 이르는 과정에서 한국적 특수성과 민주정치의 일반적 속성이 어떻게 상호작용하고 있는가를 밝힐 때에 우리는 좀더 현실적·역사적 맥락에 민감한 공고화론에 접근할 수 있다.

그러는 한편 민주주의 심화의 궁극적 목표나 상태, 조건, 경로에 대한 한국사회의 주체적인 의식과 논의는 실종되었다. 스웨덴 모델, 미국형 모델에 대한 논의는 풍부하였지만, 한국민주주의의 역사, 특성, 조건이 충분하게 반영된 민주주의 심화론은 빈곤하였다. 그에 따라서, 민주주의의 궁극적인 방향이나 원리에 대한 사회적 합의 역시 쉽사리 형성되지 못하였다.

정리하면, 외래에서 도입된 이론의 지배와 안으로부터의 합의의 부재가 곧 한국민주주의가 성년을 맞이하여 길을 잃게 된 결정적인 배경이라고 할 수 있다. 초기 민주화과정의 정착은 어렵지 않게 성취하였지만, 보다 많은 시간과 경험의 축적을 요구하는 심화과정에 들어서면서, 한국민주주의는 뚜렷한 방향을 찾지 못하고 있는 것이 현실이다.

우리가 민주주의의 심화에 대해서 새로이 고민하고 정치개혁의 방향을 다시 논의해야 하는 또 다른 까닭은 외부의 변동으로부터 비롯된다. 2008년 미국발 금융위기에서 시작된 변동은 단지 경제구조의 차원에 국한되지 않는다. 제 2차 세계대전 이후 유지되어온 미국의 글로벌 리더십은 2008

년 경제위기 이후 근본적인 성격변화를 맞이하고 있다(짧게는 지난 20여 년간 지탱해온 워싱턴 컨센서스 모델의 종언으로 특징지어진다). 1989년 전 지구적인 냉전의 종식 이래로, 미국의 리더십이 전 지구적 차원의 변화를 주도하는 두 축은 신자유주의 경제개혁과 민주평화론이었다고 할 수 있다. 경제적으로는 신자유주의를, 정치적으로는 민주평화론의 전파를 통해서 탈냉전 시대의 지구적 질서를 구축하려는 것이 미국의 구상이었다. 민주주의국가들끼리는 무력충돌과 전쟁가능성이 낮아진다는 믿음에 기초하여, 개별 국가들에 대한 민주주의의 확산과 심화가 곧 전 지구적인 평화의 기초를 제공한다는 믿음이 광범위하게 퍼지게 되었다. 물론 이때 신민주주의국가들이 추구해야 할 민주주의 심화의 경로는 앞에서 말한 바와 같이, 서구의 경험에 기초한 민주주의 공고화의 길이었다.

그러나 민주평화론과 신자유주의에 기반한 민주주의 심화의 논리와 정치는 2000년대 들어서 몇 가지 커다란 장애를 만났다. 무엇보다 자유민주주의의 원형 중 하나로 이해되고 해석되던 미국의 민주주의가 내부적으로 적지 않은 동요와 혼란을 겪고 있다. 2003년 대테러전쟁이 시작된 이후, 미국은 여전히 전쟁 중인 국가이며(*America at war*) 이에 따라서 시민적 자유와 국가안보라는 가치 사이에서 갈등하던 균형추는 국가안보 쪽으로 크게 기울었다. 테러 우려범의 체포와 조사, 그와 관련된 미국시민들에 대한 자유의 제약이 강화되면서, 미국 민주주의의 기본 가치는 안팎으로 흔들리고 있다.

아울러 미국이 주도하던 신자유주의 질서가 2008년 경제위기와 더불어 급격히 흔들리면서, 이 또한 신민주주의국가들의 민주정치의 전개과정에서 커다란 조건의 변화로 이어지고 있다. 2008년 금융위기의 수습과정에서 미국과 주요 국가들은 그동안 강조해온 시장중심의 철학을 재빨리 접고 방대하고도 신속한 정부의 시장개입을 추진하였다. 국민의 세금으로 부실금융기관을 사들이거나 부채를 인수하는 등의 방식으로 위기탈출을 꾀하면서, 주요국들은 그간의 신자유주의의 철학을 스스로 부정하였다. 이는 단순히 주요국들의 경제정책의 변동을 의미하는 데 그치는 것은 아니다. 시장과 국가 사이의 관계뿐만 아니라 이를 떠받치던 정치·경제적 자유와 규제 사이의 균형, 경쟁과 사회적 책임 사이의 새로운 균형을 찾는 일이 불가피하게 되었음을 뜻한다. 이는 곧 주요 선진국뿐만 아니라 신민주주의국가들에 있어서도, 민주주의를 떠받치는 정치·경제적 질서와 가치의 변동이 이미 시작되었음을 알리는 것이라고 할 수 있다. 상당수의 신민주주의국가들이 1980년대 이후, 자의든 타의든 이른바 워싱턴 컨센서스를 수용함으로써, 시장 자유화와 그에 따른 국가역할의 축소 및 변화, 그리고 새로운 기업 - 노동 관계를 추구했다. 하지만 2008년 이후 미국과 주요선진국들이 앞장서서 시장자유주의 모델을 포기하면서, 신민주주의국가들도 워싱턴 컨센서스의 수용을 비판적으로 혹은 주체적으로 바라보게 되는 기회를 맞이했다.

가까운 일본의 예를 들자면, 지난해 일본의 유권자들이 50년에 걸친 자민당 장기집권을 포기하고 민주당에게 새로운 정부를 맡기는 파격적인 실험에 나선 것은 단지 자민당의 장기집권에 대한 염증 때문만은 아니었다. 그동안 자민당 정부가 추진해온 신자유주의개혁의 지지부진한 결과에 대한 심판이면서 동시에 새로운 시장 - 정부관계, 정부 - 시민사회 관계를 모색하는 실험을 시도하려는 시민들의 판단이 지난해 일본의 선거를 좌우하였다고 할 수 있다.

이 같은 정치경제질서의 변동은 종종 정치제도의 변화와 맞물려 이뤄지기 쉽다. 서유럽에서 케인스적 계급타협을 떠받쳤던 정치질서는 보수정당과 진보정당의 온건화에 따른 양당제 체제(혹은 온건다당제 체제)가 지탱하였듯이, 워싱턴 컨센서스 이후의 정치경제질서의 모색은 흔히 정치제도와 질서의 변동을 수반하는 환경을 조성하게 된다.

정리하자면, 그간의 정치개혁의 이론과 실천을 이끌어 온 이른바 민주주의 공고화론의 몰역사성과 외래성이 새로운 정치개혁을 모색해야 하는 첫 번째 이유이다. 아울러 그에 따른 민주주의라는 가치에 대한 사회적

합의의 빈곤과 2008년 경제위기 이후의 민주평화론과 신자유주의 이념의 침식이 또한 새로운 정치개혁의 구조적 배경이라고 할 수 있다.

2) 어떤 정치개혁인가

(1) 이론과 역사의 변증법적 통합을 향한 정치개혁

앞에서 언급한 바와 같이, 선진민주국가의 경험을 기계적으로 우리 현실에 적용하려는 시도가 오늘날 한국민주주의의 정체의 큰 원인이다. 성숙한 민주주의로 가는 경로는 단지 하나가 아니다. 서유럽이나 북유럽 국가들이 개척한 민주주의 길이 있듯이, 미국이 닦아온 민주주의 심화의 경로가 따로 존재한다. 상이한 역사적·사회적 조건에서 출발한 신민주주의국가들이 개척해야 할 민주주의는 독자적인 경로를 따라서 개척할 수 있을 것이다.

이에 따라서 한국민주주의의 경험, 한국사회의 성취와 특성에 따른 정치개혁을 구상할 필요가 있다. 이미 지난 20년간 우리는 나름의 경험과 시행착오를 축적해왔고, 향후의 정치개혁은 이 같은 기존의 실험과 성과에 대한 반성과 검토를 토대로 이뤄져야 한다. 정당개혁의 예를 들어보자. 그동안의 정당개혁은 주로 제왕적 리더가 지배하는 개인화된 정당을 시민들에게 개방하고 민주화하는 데에 초점을 맞춰왔다. 개인화된 정당이 정당 저발전의 가장 특징적인 문제라고 이해되었기 때문에, 개혁의 초점은 자연스레 정당의 민주화에 집중되었고 그에 따라서 대통령과 국회의원 후보의 경선제를 포함한 민주화 조치들이 도입되었다. 실제로 경선제를 포함한 정당민주화에 따라서 후보선출과정을 중심으로 정당활동에 대한 일반시민들과 당원들의 참여 폭이 넓어진 것은 분명한 사실이다.

따라서 이제부터의 정당개혁은 이 같은 경선제의 효과와 한계를 토대로 추진되어야 한다. 구체적으로 말하자면, 경선제를 통해서 당원과 시민들의 참여는 제도적으로 보장되었지만, 이들의 참여결과는 적지 않은 문제를 드러낸 바 있다. 대통령선거인단으로 선정되기 위한 참여는 뜨거웠지만, 선거인단으로 선정된 이후에 일반시민들의 실제 투표참여율은 당원들과 비교할 때 현저하게 낮은 것으로 드러났다. 또한 대통령후보 경선과정을 당원들과 일반시민들이 주도하게 되면서, 대통령후보와 정당엘리트(국회의원 등)의 정치적 유대관계는 급격히 느슨해졌다. 노무현 대통령 시기의 경험에서 보듯이, 대통령과 여당의원들의 정책적·정치적 협력은 이전의 제왕적 리더의 시대와는 판이하게 다른 양상을 보이게 되었다. 달리 말해, 경선제 개혁이 정당의 민주화를 촉진하였지만, 이 결과로서 우리는 경선과정 참여의 질, 정당지도부의 조직적 유대 약화라는 새로운 문제들과 마주하게 되었다. 따라서 이제부터의 정당개혁은 이 같은 개방화의 효과를 유지하면서 새로운 문제들을 통제할 수 있는가에 모아져야 한다.

우리가 나름의 고유한 경험에 대한 반성을 토대로 제 2차 개혁을 고려할 때에 염두에 두어야 할 것이 이른바 국지주의 사고의 위험이다. 흔히 우리가 나름의 경험과 축적의 독자성을 강조할 때에 동반하는 위험이 바로 자신의 고유한 경험과 가치를 과도하게 강조한 나머지 스스로에 함몰되는 것이다. 예를 들면, 한국의 정당개혁은 사실 지난 20년간 주로 제왕적 지도자에 의한 사적 지배를 청산하고 극복하는 데에 초점이 맞춰져 왔다. 이에 따라서 정당조직 내부의 민주화가 정당개혁의 핵심적인 목표로 인정되었다. 하지만 정당개혁이 정당민주화에만 매달린다면, 정당개혁의 다른 측면들이 상대적으로 소홀하게 취급되고 이는 정당정치의 균형 있는 성숙에 장애가 될 것이다. 우리의 고유한 문제인 정당민주화 이외에 정당과 정부정책의 효과적인 조율, 정당조직의 내적 규율의 유지와 같은 중대한 목표들이 아울러 추구될 때, 우리는 국지주의적인 사고나 실험의 위험으로부터 벗어날 수 있다.

(2) 대표성 • 안정성 • 정당성의 균형

정치개혁의 추진과정에서 염두에 두어야 할 두 번째 과제는 정치개혁을 통해서 민주주의가 지향하는 다양한 가치들을 균형 있게 추구해야 한다는 점이다. 고전적인 민주주의론에서 자주 강조되는 바와 같이, 민주주의체제는 대표성과 안정성, 개방성, 통치가능성과 같은 다양한 가치들의 긴장과 공존 위에서 작동하기 마련이다(Diamond, 1999). 한편으로 민주주의를 통해서 시민들의 의사가 효과적으로 대표되기를 원하지만, 동시에 민주주의는 시민들의 의사를 바탕으로 하되, 정부를 효과적이고 안정적으로 운영해야 하는 과제를 안고 있다. 문제는 대표성과 안정성, 개방성과 통치가능성은 흔히 상호충돌하거나 긴장관계를 갖는다는 점이다. 결국 모든 민주주의체제들은 충돌하는 가치 사이에서 일정한 타협이나 선택을 추구하게 된다(Lijphart, 1999).

이 같은 관점에서 보자면, 지난 20년간 한국의 정치개혁은 주로 대표성과 개방성의 가치를 강화하는 방향으로 추진되었다. 과거 권위주의체제나 민주화 직후의 체제가 주로 통치안정성을 강조하는 방식으로 설계되었다는 전제 하에, 정치개혁은 종종 대표성과 개방성의 확장을 의미하곤 했다. 구체적으로, 정당개혁이 주로 정당조직의 민주화에 초점이 맞춰졌던 바와 마찬가지로, 선거제도 개혁 역시 정치사회의 개방과 대표성을 강조하는 방향으로 추진되었다. 예를 들자면, 단순다수제 중심으로 구성된 국회의원선거제도가 대표성보다는 통치안정성의 목표에 기울어 있다는 인식에 따라서 선거제도 개혁논의는 주로 대표성을 제고하는 데에 초점이 맞춰져왔다. 실제로 2004년에 이뤄진 국회의원선거제도의 개편은 1인 2표제의 도입과 비례의석의 부분 확대를 통해서 대표성을 높이는 방향으로 이뤄졌다(Jaung, 2010, forthcoming).

이처럼 개방성과 대표성을 높이는 데에 중점을 두는 정치개혁은 분명 충분한 역사적, 논리적 근거를 갖고 있지만, 이 같은 개혁추진에서 반드시 고려해야 할 점은 대표성과 안정성, 개방성과 통치안정성 사이의 균형이다. 대표성과 개방성의 가치가 정치개혁을 주도하다 보면, 이는 정치체제의 안정성과 통치안정성의 후퇴로 이어질 수도 있다. 실제로 정당의 문호를 개방하는 후보경선제가 정당의 내적인 응집력을 약화시켰다는 점은 노무현 대통령 시기의 대통령 - 여당이 보여준 불안정한 관계를 통해서 확인된 바 있다. 결국 우리는 장기적인 관점에서 이 같은 가치들의 균형을 추구해야 하지만, 민주주의의 충돌하는 가치들 사이에서 보편타당하게 적용되는 균형의 기준은 존재하지 않는다. 다만 해당 정치사회의 역사적 경험과 궤적, 시민들의 가치체계, 사회경제적 조건과 같은 요인들에 의해서 균형점이 모색되는 과정이 반복될 뿐이다.

정리해서 말하자면, 지금까지 개방성과 대표성이 주도해 온 정치개혁의 성과와 한계는 개방성과 통치안정성, 대표성과 안정성의 긴장과 충돌이라는 관점에서 평가되고 이해되어야 한다. 이러한 평가를 바탕으로 새로운 균형점을 추구할 때에는 보다 거시적인 관점에서 우리 민주주의의 경로와 궤적, 시민들의 가치관, 사회경제적 조건들을 면밀하게 검토하고 논의해야 한다.

(3) 연계된 개혁

정치개혁의 세 번째 원칙은 정치개혁의 여러 부문들 사이의 연계와 조절이다. 정당개혁과 선거제도 개혁, 그리고 정치자금제도 개혁 등이 이론적으로나 경험적으로나 서로 연계되어 있다는 것은 자명하다. 예를 들자면, 선거제도가 좀더 개방적으로 설계되는가 혹은 좀더 안정성중심으로 설계되는가에 따라서 정당체제의 구성이 달라진다는 것은 이미 경험적으로 다양한 분석을 통해서 확인된 바이다. 따라서 매우 복잡한 로봇을 구성하는 여러 부품들처럼 정당, 선거, 정치자금, 대통령과 입법부 등은 서로 맞물린 채 영향을 주고받는다.

부문들 사이의 연계는 분명함에도 불구하고, 이 같은 연계된 구조의 중요성이 실제 정치개혁의 논의와 추진 과정에서 종종 잊히곤 한다. 여기에는 크게 두 가지의 요인이 자리 잡고 있다.

첫째, 지금까지 대부분의 정치개혁이 전면적 개혁이라기보다는 부분적 개혁에 그쳐왔기 때문이다. 1987년 민주화과정에서 제도선택이 이뤄진 이래로 정치제도 전반을 근본적으로 뜯어고치는 개혁이 이뤄질 만한 결정적인 계기는 오지 않았다. 이른바 3김시대가 종식되던 2002년이 상대적으로 큰 기회가 찾아온 시점이었다고 할 수 있지만, 이때 이뤄진 개혁 역시 근본적이었다고 보기는 어렵다. 민주정치의 근본적인 위기가 찾아온 적은 없으며, 따라서 정치개혁은 기존의 체제를 부분적으로 수정하는 부분 개혁에 그칠 수밖에 없었다. 이처럼 부분적인 개혁이 반복되면서, 실제 개혁의 추진과정에서 부문들 간의 연계는 흔히 소홀해지곤 했다.

둘째, 정치개혁의 구체적 입법과정은 당파적 이익에 몰두하는 정치인들이 주도하기 때문이다. 개혁의 논의과정에는 전문가집단, 시민단체 등을 포함한 다양한 행위자들이 참여하지만, 개혁정치의 마지막 과정인 입법과정을 주도하는 것은 여야 정치인들이다. 이들 당파적 정치인들의 관심은 오직 변화하는 제도가 특정 정당에게 유리한가 불리한가의 차원에만 집중되기 마련이다. 현실정치인들이 정당체제, 선거제도, 정치자금법, 당정관계의 여러 부문들 사이의 연계와 조화를 의식하는 개혁안을 추진하기를 기대하기는 어렵다. 결국 부분적인 개혁이 반복되고, 또한 당파적 이익이 지배하는 개혁정치의 현실을 고려할 때에, 부문들 사이의 연계와 조화는 주로 전문가집단과 시민단체들의 노력과 의지에 달려 있는 셈이다.

3) 어떻게 추진할 것인가?

정치개혁이 논의되고 실제로 추진되는 과정은 목표나 가치들이 자연스럽게 구현되는 이상적인 과정은 아니다. 다양한 가치와 이해관계가 충돌하고, 이 과정에서 정치인들의 당파성, 시민들의 가치관, 그리고 행위자들의 상호작용이 부딪치면서 때로는 전혀 기대하지 않은 방향으로 흘러가기도 하는 모순과 굴절이 작용하는 과정이 바로 정치개혁과정이다. 따라서 정치개혁의 목표 혹은 제도개혁의 구체적인 선택지에 대한 논의 못지않게 중요한 것은 개혁목표를 현실에서 구현하기 위한 구체적인 추진전략이다.

개혁추진과정에서 우선 염두에 두어야 할 것은 시민과 시민단체들의 적극적인 참여이다. 단지 개혁의제를 제기하고 공론화하는 역할에 그치기보다는, 시민과 시민단체들이 개혁의제를 구체적으로 다듬고 조정하는 (개혁입법 직전까지의) 과정에서도 적극적인 역할을 하는 것이 중요하다. 이를 통해서, 시민들은 당파적 정치인들의 개혁선정주의와 당파성의 문제를 제어할 수 있다. 당파성의 문제는 익히 알려져 왔지만, 정치인들의 개혁선정주의 또한 시민들이 제어해야 하는 중대한 문제이다. 선거가 가까워질수록 정치인들은 시민들의 개혁욕구에 반응해야 하는 압력을 강하게 느끼게 되고 이 과정에서 여야 정당들은 이른바 개혁경쟁에 몰두하게 된다. 개혁경쟁이 치열해지면서, 당파적 정치인들은 개혁의제의 합리적 목표 혹은 개혁의제 간의 정합성 같은 이슈들은 도외시한 채 더 개혁적으로 보이는 의제에 집중하는 개혁선정주의의 함정에 빠지게 된다. 결국 이러한 위험은 시민들의 적극적인 참여 확대를 통해서만 해결할 수 있다.

구체적으로 말하자면, 2000년 범국민정치개혁협의회의 사례와 마찬가지로, 시민단체, 전문가, 언론인, 선거관리위원회 등이 광범하게 참여하는 협의체가 개혁의제를 세밀하게 다듬어서 제시하고, 여야 정당들이 이를 기반으로 정치개혁 협상을 진행하는 것이 바람직한 개혁의 추진방식이 될 수 있다. 이러한 공동참여를 통해서, 개혁의제의 정당성을 높이고 또한 다양한 사회적 가치들이 개혁의제의 설정과정에 반영될 수 있다. 아울러 정치개혁의 과정에서 종종 발생하는 개혁선정주의와 당파성의 위험을 제어할 수 있을 것이다.

2. 선거제도 개혁

1) 서론

우리 사회에서 선거제도 개정에 대한 논의는 오래전부터 시작되었다. 1999년 광복절 경축사에서 김대중 대통령이 선거제도 개혁을 주창했었고, 노무현 대통령 역시 2003년 4월 국회 연설에서 이를 주문한 바 있다. 또한 2009년 8월 15일에는 이명박 대통령이 행정구역 개편과 함께 선거제도 개혁의 필요성을 제기했다. 이처럼 연이은 세 명의 대통령이 선거제도 개편을 거론한 것은 이 사안이 시급한 과제임을 시사하는 것이지만 또 한편으로는 그만큼 쉽게 그 개혁이 이뤄지지 못하는 것임을 보여주는 것이기도 하다.

선거제도 개혁의 주장이 이처럼 지속적으로 제기되는 가장 중요한 이유는 지역주의 정당구도 때문이다. 지역주의정치가 선거제도 때문에 생겨난 것은 아니지만, 적어도 현행 제도는 한 정당의 배타적인 지역적 대표성을 유지하고 지속하는 데 도움을 주고 있다. 따라서 지역주의정치 구조를 '타파'하고 정당정치를 통한 국민 통합을 증진시키기 위해서는 선거제도의 개혁이 필요하다는 결론에 도달하게 되는 것이다.

한국민주주의의 발전이라는 측면에서 볼 때도 지역주의정치는 심각한 문제를 야기하고 있다. 이런 점은 특히 지방정치 수준에서 더욱 심각하다. 상이한 정파적 집단 간의 경쟁이 이뤄지는 중앙정치에서와는 달리 지역적으로 분할된 정당지지구도 속에서, 각 지역 내부에서의 경쟁은 사실상 '일당지배체제'가 되었기 때문이다. 즉 지역주의 영향권에 놓인 지역유권자들은 그 지역의 패권정당 이외에는 사실상 수용가능한 대안세력을 갖지 못했던 셈이다. 그런 점에서 한국 정당체계는 '폐쇄적'이라는 평가도 가능할 것 같다. 지역주의가 건강한 정당 경쟁에 부정적인 영향을 미치는 까닭은 이처럼 정당정치의 독과점 혹은 카르텔(*Kartell*) 구조를 확립하여 새로운 대안세력의 출현을 막고 유권자의 정치적 선택을 제약함으로써 궁극적으로 선거경쟁의 역동성을 약화시키기 때문이다(강원택, 2010: 2). 따라서 정당체계가 더 개방적이 될 수 있도록 하는 선거제도 개혁은 시급한 과제로 떠오르게 되는 것이다.

이와 함께 선거제도 개혁은 미래에 더 선진화된 정치를 구축한다는 차원에서도 의미가 있다. 민주화 20년을 넘어서면서 지역주의 정치구조 타파가 대증적(對症的) 차원의 처방이라면 이 수준을 넘어 보다 근본적이고 미래지향적인 관점에서 우리나라 민주주의의 질적 수준을 심화시킨다는 차원에서도 새로운 대안적 선거제도의 도입을 고려해 볼 때가 되었다. 민주화 이후 우리나라는 1997년의 외환위기, 2004년 탄핵위기와 같은 심각한 정치적·경제적 위기를 폭동이나 소요, 군의 정치개입과 같은 체제 외부적 요인의 영향 없이 극복해 냈으며, 최소한 절차적 민주주의 수준에서는 매우 안정적이고 공고화된 모습을 보이고 있다. 이러한 우리의 경험은 여전히 공고화의 단계에 이르지 못한 많은 신생민주주의국가에 모범적 사례가 될 수 있다. 그동안 대외적으로 우리나라는 경제적 성공의 측면에서 자랑할 만하다고 생각해 왔지만 오늘날에는 민주주의 공고화, 참여의 제도화, 인터넷을 통한 소통의 다양화 등 정치적인 측면에서도 본보기가 될 수 있는 것이다. 따라서 절차적 민주주의의 확립이라는 소극적 목표를 넘어 개방적이고 공정한 대표성, 정치적 표현과 선거운동의 자유, 비례성의 확보 등 보다 적극적으로 민주적 가치를 구현한다는 관점에서 선거제도 개혁의 필요성이 존재한다. 이러한 문제의식으로부터 선거제도 개혁을 논의할 때 고려해 봐야 할 점과 바람직한 대안에 대해서 살펴보기로 한다.

2) '중대선거구제'와 지역주의

우리나라의 현행 선거제도는 형식상으로는 단순다수제와 정당명부식 비례대표제가 합해진 혼합형 선거제도이지만, 비례대표의석의 비율이 18.1%에 불과해 제도적 효과를 생각한다면 단순다수제 선거제도로 볼 수 있다. 단순다수제 선거제도는 경쟁후보자 가운데 가장 많은 표를 얻은 한 후보를 당선자로 결정하는 방식이다. 현행 선거제도가 지역주의정치구도와 관련하여 문제가 되는 것은 지역적으로 밀집된 지지를 갖지 못한 정당이 불리한 효과를 낳기 때문이다. 지역적 기반이 있는 정당은 전국적으로는 지지율이 낮더라도 밀집된 지지를 통해 의석을 쉽게 차지할 수 있는 반면, 지지가 산재되어 있는 정당은 이 제도 하에서는 고전을 면치 못한다. 이 때문에 현행 선거제도는 지역주의 정치구도를 유지하는 데 제도적 버팀목이 된다.

이에 대한 대안으로 정치권에서 자주 거론되는 방식이 이른바 '중대선거구제'이다. 여기서 중대선거구제란 여러 명의 후보를 한 선거구에서 선출하지만 유권자들은 한 표만을 행사하는 방식이다. 우리나라에서 과거 유신체제 하에서와 전두환 정권 때 실시한 1구 2인제 방식이 바로 중선거구제의 일종이다. 그러나 학문적으로는 단기비이양식 선거제도(SNTV: *single non-transferable voting system*)라고 부른다. 그런데 사실 이 제도는 폭넓게 사용되는 방식은 아니다. 과거 오랜 기간 이 제도를 사용한 일본은 1994년 정치개혁 차원에서 폐기했고 대만도 2004년 다른 선거제도로 바꿨다. 이처럼 널리 사용되지 않는 제도이지만 유독 우리나라 정치권에서는 이 제도에 대한 미련이 적지 않은 것 같다. 그러나 현실적으로 볼 때 이 제도가 지역주의를 완화하는 효과는 그리 크지 않다.

소위 '중대선거구제'가 지역주의 정당 체제를 어느 정도 완화할 수 있을지 보기 위해서 레이파트(Lijphart, 1994)가 제시한 배제한계치(*threshold of exclusion*)와 대표한계치(*threshold of representation*)의 개념을 이용하여 살펴보기로 한다(이하 한국정당학회, 2010). 배제한계치는 한 정당이 가장 불리한 여건에서도 하나의 의석을 획득하는 데 충분하다고 볼 수 있는 득표율, 즉 하나의 의석이 보장될 수 있는 최대득표율을 의미하며, 대표한계치는 한 정당이 가장 바람직한 여건에서 하나의 의석을 획득할 수 있는 최소한의 득표율, 즉 하나의 의석을 획득할 가능성이 있는 최소득표율을 의미한다. 그 공식은 다음과 같다.

배제한계치 = 100%/(M+1), 대표한계치 = 100%/2M
(M=선거구의 크기)

따라서 2인 선거구라면, 배제한계치 33.33%, 대표한계치 25%이고, 3인 선거구라면 각각 25%, 16.67%, 4인 선거구라면 각각 20%, 12.5%, 5인 선거구라면 각각 16.67%, 10%가 될 것이다. 그런데 지역주의 완화를 희망한다면 이 가운데서도 가장 유리한 상황을 전제로 해서 상대적으로 비율이 더 낮은 대표한계치를 고려하는 것이 적절할 것이다. 하지만 18대 총선 결과에 대표한계치를 적용해 보는 경우에도 그 효과는 그다지 크지 않은 것으로 나타났다. 전체적으로 볼 때 5인 이상 선거구가 아니라면 주요 정당이 취약지역에서 당선자를 배출하는 데 어려움을 겪는 것으로 나타났다. 5인 이상 선거구라고 하더라도 특히 한나라당의 경우에는 3~4석을 얻는 데 그치는 반면 민주당은 10명 이상의 당선자를 낼 수도 있을 것으로 보인다. 그러나 상대적으로 인구밀도가 낮은 농촌지역의 경우 5인 이상 선거구 도입은 선거구의 공간규모를 크게 확대하는 것이므로 선거비용의 증대 등 선거운동과정에서 또 다른 문제점을 낳을 것이다.

이와 함께 정치권 일각에서 주장하는 '중대선거구제'와 '소선거구제'를 병행하는 소위 "도농복합선거구제"에 대해 살펴보면, 지역주의 정당체계의 완화 효과는 더욱 줄어들 것이다. 도농복합선거구제의 주장은 인구가 많은 도시지역은 중선거구제를, 인구가 적은 농촌지역은 소선거구제를 실시하자는 것인데, 지역주의의 두 축인 영남, 호남의 일부 도시지역을 제외하면 대부분 농촌지역이기 때문에 영·호남 지역에서 현행 소선거구제가 그대로 유지될 가능성이 크고 그만큼 취약지역에 대한 주요 정당의 상호침투는 어려워진다.

이처럼 이른바 '중대선거구제'는 지역주의 정당체계 타파에 별다른 도움을 주지 못한다. 더욱이 이 제도는 정당정치에도 부정적 영향을 미친다. 여러 명을 한 선거구에서 선출하는 이 제도 하에서 지역 패권정당은 복수공천을 하게 될 것이다. 그러나 이와 같은 복수공천은 같은 정당 소속이더라도 서로 경쟁해야 할 입장이기 때문에 일본의 경험에서 보듯이 정당의 내부결속력을 해치고 파벌을 조장하는 경향을 낳는다. 또한 복수공천으로 인해 정당보다 후보자의 개인적 요인이 선거운동에 중요하게 되므로 혈연, 학연, 지연에 의존하게 되고 소지역주의가 만연할 가능성도 높다.

전체적으로 볼 때, 단기비이양식 선거제도, 즉 '중대선거구제'는 지역주의정치구도의 완화라는 측면에서나 선진형 정치발전이라는 측면에서 평가할 때도 바람직한 대안으로 보기 어렵다.

3) 권역별 - 대선거구 혼합형 선거제도

'중대선거구제'가 바람직하지 않다면 어떤 제도를 대안으로 생각할 수 있을까? 지역주의 정당구도가 유지되는 것은 현행 소선거구 단순다수제 중심의 선거제도 때문이므로 이런 문제를 극복하기 위해서는 비례성을 높이는 형태로 선거제도를 개혁하는 것이 필요하다. 현행 선거제도가 득표율과 의석점유율 간의 상당한 괴리를 만들어내기 때문에 비례성의 증대는 또 한편으로는 선거에서의 민심이 보다 정확하게 의회의석으로 전환될 수 있도록 할 것이다. 독일에서 연방하원의원의 정수는 656명이며,

이 가운데 절반은 지역구에서 선출되고 나머지 절반은 비례의석을 통해 채워진다. 일본은 480명 가운데 300명이 지역구에서, 나머지 180석은 비례대표로 충원된다. 말하자면 현행 혼합형 방식을 유지하면서 비례대표의석을 크게 늘리자는 것이다.

이를 위해서는 우선 현재 18.1%인 비례대표의석을 크게 늘릴 필요가 있다. 문제는 어떻게 늘릴 것인가 하는 점이다. 299명의 의원 정수를 그대로 둔 채 비례의석을 늘리기 위해서는 그만큼의 지역구의석을 줄여야 한다. 예컨대 비례의석을 100석으로 늘리면 현재 245석의 지역구 가운데 46석을 없애야 한다. 비례의석이 150석이라면 96석의 지역구를 줄여야 한다. 어느 경우든 가능성은 사실상 전무하다. 그렇다면 지역구의석을 그대로 둔 채 비례의석을 늘려야 하는데 이는 의원 정수의 확대를 의미한다.

만약 독일, 뉴질랜드처럼 비례대표와 지역구의석을 일대일로 한다면 전체 의석수는 490석으로 지금보다 191석 늘어난다. 국회에 대한 국민의 불신이 크다는 점을 고려하면 이 정도의 대규모 증원은 쉽지 않을 것 같다. 400석의 의석 정수를 고려하고 지역구 245석에, 비례대표를 155석으로 조정하면 비례의석 38.8%가 되는데 이 정도면 현재 일본 선거제도에서의 비례대표 비율과 비슷한 수준이 된다. 이 경우라면 현재보다 101석을 늘리게 되는 것이다. 또 다른 방안으로 비례대표의원의 수를 지역구의원의 절반 정도 규모로 설정하는 방식을 고려해 볼 수 있다. 현행 지역구 245명의 대략 절반 정도인 120석을 비례대표로 뽑는 방식이다. 이런 경우라면 의원 정수는 365명이 된다. 현재보다 66명 늘어나게 되는 것이다. 이 정도의 증원에도 반발이 있을 수 있겠지만 지역주의 완화 효과를 거두기 위해서 이 정도의 비례의석 규모는 최소한 확보되어야 할 것이다. 더욱이 다른 민주주의국가와 비교할 때 인구규모에 비해 우리나라 의원 정수가 결코 많다고 볼 수는 없다(강원택, 2005: 88~95).

또 한 가지 고려할 점은 의석배분의 단위이다. 현재 정당투표 의석배분은 전국을 단위로 하고 있다. 그러나 지역주의 완화, 배타적인 지역대표성 타파라는 선거제도 개혁의 목적을 고려하면 의석배분단위가 지역주의대립을 반영해야 한다. 즉 어떤 정당이 취약 지역에서 의석을 획득한다는 상징성이 드러나는 형태로 의석배분의 단위가 마련되어야 한다. 그러나 지역에 배분된 의석수가 크지 않으면 비례성이 낮아져 대표성의 지역독점을 해소하기 어렵기 때문에 지역구분을 너무 세분화할 수는 없다. 이런 점을 고려하면 다음과 같은 여섯 개 정도의 권역으로 나눠보는 방안을 검토해 볼 수 있다. 6개 권역은 서울권, 경기·강원권, 충청권, 전라·제주권, 경북권, 경남권 등이다. 독일은 16개의 주(*Land*)별로 비례대표의석이 배분되며, 일본은 11개 권역으로 나눠 정당투표에 의한 의석을 배분한다(강원택, 2009: 40).

권역의 규모를 보다 넓히는 방안도 고려해 볼 수 있다. 즉, 서울권, 경기·강원권, 충청·전라·제주권, 경북·경남권 4개의 권역으로 나누는 것이다. 이런 권역 구분은 우선 유권자들이 전통적인 지역균열의 축이라는 고정관념과 지역 간 적대적 경쟁의식에서 벗어날 수 있게 해줄 것이며, 또한 6개에서 4개로 권역이 줄어드는 만큼 각 권역별 의석의 수가 늘어나게 될 것이다. 선거구의 규모가 커지는 만큼 한 정당이 그 권역의 의석을 모두 차지하기는 어려워질 것이므로 지역주의로 인한 지역대표성의 독점 문제는 크게 완화될 수 있을 것이다. 실제로 6개 권역에 비해 4개 권역으로 나누는 경우 권역별 인구편차가 크게 줄어들고 권역별로 할당되는 비례의석의 규모도 커지게 된다. 그런 만큼 권역의석을 한 정당이 독점하는 경우는 줄어들 것이다.

비례의석을 늘리고 권역별-대선거구제를 통해 비례의석을 배분하는 방식의 효과를 보다 증대시키기 위해서는 지금처럼 지역구의석과 비례의석을 각각 단순 합산하는 방식보다 정당투표를 기준으로 각 정당의 의석수를 결정하고 비례대표의석이 지역구의석을 보완하도록 하는 형태의 의석배분 방식이 필요하다. 이 방식을 사용하는 대표적인 국가는 독일과 뉴질랜드이다. 이 방식은 기본적으로 현행 혼합형 선거제도를 기반으로 하고 있지만 비례성의 측면에서 볼 때 보다 효과적이다. 지역주의 정치구도 완화는 매우 중요하지만 앞서 지적한 대로 선거제도 개혁의 유일한 목표가 되어서는 안 된다. 보편적인 민주적 가치의 제고, 즉 비례성의 강화, 정당정치 강화 등은 어떻게 보면 지역주의 완화보다 더욱 중요한 목표라고 할 수 있다. 독일식 선거제도는 지역주의 완화에 상당한 효과를 가질 뿐만 아니라 정당투표가 의석배분의 기준이 되므로 정당정치를 강화시키는 정치적 효과도 기대해 볼 수 있다.

다만 현재 한국정당 당내민주화의 수준을 감안할 때 이 선거제도가 정당지도자의 지나친 영향력 확대나 비민주적 공천으로 이어질 수 있다는 우려도 제기될 수 있지만 그동안 꾸준히 당내민주화가 진행되고 있고 이 제도를 도입한다면 보다 투명하고 민주적인 공천과정에 대한 방안이 마련될 것이다. 이러한 권역별-대선거구 혼합형 선거제도는 많은 선거연구자들에 의해 최선의 제도로 호평을 받고 있으며 특히 한국과 같이 소선거구중심의 선거제도를 가지고 있는 국가의 경우에는 소선거구 전통을 유지하면서 비례대표제를 강화할 수 있다는 측면에서 가장 현실적이면서도 이상적인 개혁방안이다(김욱, 2006).

4) 지역 선거제도

그동안의 선거제도개정 논의는 국회의원 혹은 대통령선거 등 중앙정치에 집중되었지만 사실 지방정치를 활성화하기 위한 지방선거제도의 개혁 역시 중요한 의미를 갖는다. 특히 지역주의로 인해 지역의 정치적 하부구조를 특정 정당이 독점하면서 정치적으로 여러 가지 부작용이 많이 발생했고 내부적으로 지역주의를 재생산해내는 메커니즘으로 작용한 측면이 있다. 또한 지방의회와 단체장을 특정 정당이 독식하고 있어 지방의회를 통한 단체장 견제는 기대하기 힘든 실정이며, 같은 원리로 공천이 곧 당선이라는 공식이 설정되어 있어 건전한 경쟁은 상실된 상황이다.

따라서 현재 지방선거의 문제점을 해결하기 위해서는 무엇보다 지방의회에 다양한 정치세력이 진출하기 위한 방안이 필요하다. 다시 말해, 지방정치에 각계각층의 인사들이 참여하여 다양한 정치적 견해가 전달될 수 있는 통로가 마련되어야 하며, 지방의회의 구성을 다원화하여 한 정당이 지방의회를 독점하지 못하도록 함으로써 지방정치를 활성화하고 단체장에 대한 견제기능을 강화시켜야 한다. 이를 위해서는 국회의원선거제도와 마찬가지로 지방선거제도의 비례성을 높여 새로운 정치세력이 참여할 수 있는 구조로 변화시켜야 할 필요가 있다.

몇 가지 개선방안을 생각해 볼 수 있다. 우선 현재 거의 동일한 방식을 사용하고 있는 지방의회의원의 선출방식에 광역의회와 기초의회 간 상호보완적일 수 있는 상이한 방식을 적용해 볼 필요가 있다. 예컨대, 기초의회의원선거와 광역의회의원선거 중 한 곳은 전면 비례대표제로 선출하도록 하는 것이다. 광역의회의원 전원을 비례대표제에 의해 선출함으로써 비례성을 높이고 다양한 정치적 색깔을 가진 의원들이 진출할 수 있도록 문호를 개방하는 한편, 생활공간에 보다 가까운 기초의회의원선거는 소선거구제나 4인 중선거구제를 도입하는 방안을 고려해 볼 수 있다. 광역의회가 큰 틀에서 시정(市政)이나 도정(道政)을 논의한다면 기초의회는 지역구민과의 접촉을 중시하고 원활한 소통관계를 유지하는 형태로 상호보완적인 기능을 하도록 하자는 것이다(한국정당학회, 2010).

'중선거구제'와 관련해서는 지역단위에서 우리가 통상적으로 말하는 방식, 즉 단기비이양식 선거제도 대신 단기이양식 선거제도(*single transferable vote*: STV)를 활용하는 것도 생각해 볼 수 있다. 이 제도는 중선거구, 즉 한 선거구에서 3~5명을 선출하는 데 각 유권자가 한 표를 던지는 것이 아니라, 투표용지에 등재된 후보자들 가운데 자신의 선호에 따라 후보자 간 순위를 기입하도록 하는 제도이다. 즉 투표용지에 기입된 후보자에 대해 1, 2, 3 … 으로 후보자별 선호의 순서를 표기하는 방식이다. 그리고 당선에 필요한 쿼터를 정해서 그 쿼터가 넘는 후보자가 순서

대로 당선되는 방식이다. 이 제도는 계산 방식이 다소 복잡하기는 하지만 우리 정치와 관련해서 본다면 지역별 정당의 의석독점을 막을 수 있으면서도 그 특성이 우리나라의 선거관행에도 부합한다. 또한 비례성도 높은 편이어서 소수세력의 의회진출을 보다 용이하게 하는 편이다. 더욱이 한 명만을 선택해야 하는 경우에 비해 여러 명을 선호의 순위에 따라 선택하게 하므로 선거운동의 치열함도 완화시킬 수 있다. 단기이양식 선거제도는 대표적으로 아일랜드공화국에서 상하 양원선거, 유럽선거에 이 방식을 사용하고 있으며, 이 밖에 호주의 상원의원선거, 뉴사우스웨일스 등 호주의 몇몇 주 의원선거, 말타 의회선거에서 사용되고 있다. 이 선거제도는 지방선거에서도 자주 사용되어 왔는데 1922년 독립 이전의 아일랜드, 그리고 20세기 초까지 스코틀랜드, 인도, 뉴질랜드 등의 지방선거에서 이 방식을 사용하였다.

지방선거제도 개정과 관련하여 한 가지 더 고려할 사항은 정치적 공급자, 즉 대안적 정당의 참여를 가능하게 하는 것이다. 현재의 정당체계는 지역주의적 대립구도에 놓여 있기 때문에 특정 정당에 강한 지지기반을 구축한 정당은 다른 지역에서는 의미 있는 대안으로 받아들여지지 못하는 문제점이 있다. 즉 영남에서 강한 지지를 얻고 있다면 호남이나 충청에서는 대안적 정치세력으로 수용되지 못하는 것이다. 다시 말해 그 지역의 패권정당에 실망한 경우라고 해도 그러한 실망감이 곧 다른 정당으로의 지지 이동으로 이어지지 못하는 것이다. 이처럼 정당지지의 고정성(*immobility of party support*)이 존재한다. 이런 여건 하에서는 지역 수준에서 상이한 정치세력 간의 다원적 경쟁을 기대하기는 어렵다. 중앙정치에서 활동하는 정당들이 지역 내부에서는 의미 있는 대안으로 수용되지 못한다면 지역을 기반으로 하는 새로운 정치세력이 지역 내부에서 등장할 수 있는 통로를 마련해 주는 일이 지역 내부의 정치적 다원주의를 확보하기 위해서 필요한 일이 될 것이다(강원택, 2010: 12). 따라서 중앙정치적 단위만을 고려한 현행 정당법 규정을 이원화하여 지역 수준에서 활동하는 정당 설립이 가능할 수 있도록 법 규정을 바꿔야 한다. 이런 여건이 마련되어야 지역주의에 토대를 둔 폐쇄적 정당 구조, 지역별 일당 지배 체제의 문제점을 근원적으로 극복할 수 있으며, 자발적 참여의 확대, 상향식 정당건설, 그리고 생활정치의 활성화가 가능할 것이다.

3. 정당과 일하는 국회

1) 국회개혁의 성과와 한계

민주화 이후 국회는 다방면에서 꾸준한 발전을 이루어 왔다. 과거 '통법부', '거수기'의 오명을 써온 국회의 권능이 크게 강화되었다. 1987년 민주화 이후 이루어진 국회개혁의 성과를 살펴보면 주요국 국회 제도와 운영상의 좋은 제도가 망라되어 있다는 것을 알 수 있다. 그동안 국회법 개정을 중심으로 우리 국회의 제도개혁 성과에 대해 개혁의 목표를 위주로 살펴보자.

첫째, 민주성의 확보이다. 국회운영을 특정세력 혹은 특정인이 좌우하는 것이 아니라 가능한 한 많은 의원의 참여 속에 의사결정이 이루어지도록 제도변화가 이루어졌다. 무엇보다 의장이 독점하던 의사일정 등 국회운영과 관련된 권한을 교섭단체 대표와 협의하도록 하였다. 상임위 위원장도 상임위 운영을 간사와 협의하여 정하도록 하고 있다. 아울러 의원입법의 발의요건을 10인으로 완화하였으며, 자유투표제를 도입한 것도 이러한 맥락에서 이루어진 개혁이다.

둘째, 투명성의 강화이다. 국민이 의원들의 활동을 감시할 수 있도록 하여 다음 선거에서 처벌과 보상이 가능하도록 하였다. 기록표결제를 도입하여 의원들의 표결내용이 공개될 수 있도록 하였다. 또한 그동안 공개되지 않던 소위원회를 공개하고, 회의록 작성을 의무화하였다. 입법실

명제를 도입하여 책임성을 강화하였다. 국회방송 개국도 의정활동 투명성을 강화하는 데에 기여하였다.

셋째, 전문성과 생산성의 강화이다. 국회예산정책처와 국회입법조사처를 설립하여 의원들의 입법 및 정책활동을 전문적으로 지원하도록 하였다. 제정 법률안과 전문 개정법률안은 공청회를 의무적으로 개최하도록 하고, 축조심사, 대체토론을 도입하여 심의를 충실화하였다. 본회의 대정부 질문방식을 일문일답식으로 바꾸었으며, 예산관련 심사의 내실화와 의안심사 내실화를 위한 다양한 조치들이 취해졌다.

넷째, 행정부 견제기능 강화이다. 3권분립의 원칙에 따라 행정부에 대한 감독과 견제가 강화되었다. 국정감사제도와 청문회제도가 도입되어 행정부 감독기능이 강화되었다. 행정입법 제정시 국회에 제출하도록 하여 위임입법에 대한 통제가 가능하도록 하였다. 인사청문회 대상을 확대하였으며, 예산과 결산관련 통제권한을 강화하였다.

다섯째, 국회운영 정상화 조치가 이루어졌다. 국회운영의 파행과 의사진행의 돌발사태를 극복하기 위하여 의장 당직보유 금지, 의장석 표결선포, 회기일수 제한 철폐, 상임위원 사보임 제한 등의 제도 변화를 이루었다. 폐회 중에도 월 1회 이상 상임위원회를 열도록 하였고, 소위원회를 상설화하였다.

이처럼 국회의 제도와 운영의 많은 부분에 대한 개혁이 이루어졌음에도 불구하고 유독 국회의 운영에 있어서는 민주화 이후 20년이 지났지만 대립과 갈등, 교착과 파행이 지속되어 오고 있다. 국회가 사회적 갈등을 수렴하여 이를 해소하고 사회적 통합을 이루어내는 것이 아니라 오히려 갈등을 확대재생산해 오고 있다는 비판을 받고 있다.

18대 국회에도 크게 달라진 바가 없다. 임기를 시작한 지 83일 만에 원구성이 이루어졌고, 국회의장을 뽑는 데에도 42일이나 걸렸다. 18대 국회는 의장 없이 존재한 최장기 국회로서 헌정사에 신기록을 남겼다. 한미 자유무역협정(FTA) 비준안, 미디어법, 4대강 사업법, 세종시법 등을 포함한 쟁점 법안 처리를 놓고 이른바 '입법전쟁'을 벌이며 회의장 점거, 망치와 전기톱의 등장 등 국회폭력이 난무하였다. 이러한 장면들의 이면에는 정당의 당론이 자리 잡고 있다. 당론이 국회의 심의와 운영을 가로막고 있는 모습이라고 할 수 있다. 대의민주주의에서 정당은 국가와 국민을 연계해주는 매개자적 역할을 수행하는 필수불가결의 존재로 알려져 있지만, 국회운영에서는 오히려 국회가 제 기능을 수행하지 못하도록 하는 요인으로 인식되고 있다는 것을 말해준다.

정당은 국민의 지지를 받기 위하여 선거에서 경쟁할 뿐만 아니라 원내에 진출한 뒤에도 정책의 실현을 둘러싸고 경쟁하게 된다. 이처럼 원내에서 이루어지는 경쟁은 일반적으로 일정한 정당소속의 의원들로 구성되는 원내교섭단체를 중심으로 이루어진다. 교섭단체제도는 당초 원내운영의 효율성이라는 측면을 고려한 결과 탄생한 것이다. 우리의 경우 민주화 이후 원내에서 여당의 독주를 막기 위해 원내교섭단체 대표회담 중심으로 국회운영을 해 나가도록 제도 디자인을 한 것도 배경이 될 수 있다. 즉 교섭단체 간의 공정성과 협의를 강조한 교섭단체 중심의 국회운영은 당내민주화와 함께 국회운영의 교착화 지점을 증가시켜 민주화가 될수록 국회파행이 늘어나는 역설에 봉착하게 되었다(김민전, 2008). 아울러 효율성 제고를 위한 제도의 취지를 무색하게 하여 각 정당의 당파적 이익을 실현시키는 수단으로 전락함으로써 오히려 국회운영의 파행을 가져왔다는 비판을 받고 있다(손봉숙, 2004).

이러한 이면에는 국회의원이 독립적 헌법기관으로서 정치적 자율성을 인정받아야 함에도 당론의 굴레에 얽혀 소신 있는 의정활동을 펼치지 못한다는 문제가 놓여 있다. 또한 국회운영상 교섭단체는 과도한 특권을 누림으로써 비교섭단체 의원들의 활동을 정치적으로 무의미하게 만들며, 이로 인해 민의의 반영을 기본으로 하는 대의민주주의의 기본이념이 침해될 수도 있다. 이러한 문제의식에서 이 글에서는 일하는 국회, 사회적 갈등을 해소하고 통합을 이끌어 내는 국회상을 확립하기 위하여 국회에서의 교섭단체(정당)의 역할에 주목하며 향후 개혁 어젠다를 찾아보고자 한다.

2) 국회개혁 어젠다

(1) 운영위원회 중심의 국회운영

현행 국회법상 국회운영과 관련된 사항은 국회운영위원회의 소관사항으로 되어 있으며(제37조), 국회법 제76조(의사일정의 작성) 제3항에서도 운영위원회에서 회기전체의 의사일정을 작성토록 하고 있다. 따라서 국회운영관련 주요사항을 원내대표회담이 아니라 국회운영위원회에서 결정하도록 하면 원내대표회담 중심의 국회운영이 야기한 문제점을 해소할 수 있을 것이다. 국회의장이 국회운영위원회와 협의하여 국회를 운영할 경우 교섭단체 대표의원과 협의하여 운영하는 경우보다 비교섭단체 의원을 포함한 폭넓은 의원들의 다양한 의견을 수렴하고 이해를 조정하는 것이 가능하므로 국회운영의 민주성과 공평성을 제고할 수 있을 것이다(이현출, 2009).

엄격한 구성요건을 갖춘 원내교섭단체는 국회운영에 막강한 권한을 행사하고 있다. 국회운영 전반에 걸쳐 크고 작은 사안을 국회의장과 각 교섭단체 대표의원 간의 협의에 의해서 결정하도록 하고 있다. 본회의장 의석배정에 관한 사항(제3조)에서부터 연간 국회운영에 관한 기본일정의 작성(제5조의 2)에 관한 사항, 국회의 기관 및 위원회의 위원에 관한 사항, 의사일정과 법안 처리과정, 발언 및 질문, 그리고 회의록 관련 사항에 이르기까지 국회운영의 전 과정이 교섭단체를 중심으로 이루어지고 있다.

이처럼 국회운영의 전반이 교섭단체 대표의원 간의 합의에 의해 움직이도록 되어 있어 외견상 합의제 국회를 지향하고 있는 것처럼 보이나 여러 가지 비민주성과 비효율성을 배태하고 있는 것을 볼 수 있다. 먼저, 현행 국회법에 따라 20석 이상의 의석을 획득한 정당만이 원내교섭단체를 구성할 수 있기 때문에, 교섭단체를 구성하지 못한 정당이나 무소속 의원이 국회운영의 기본사항을 결정하는 과정에 소외되어 군소정당과 무소속 의원의 대표성이 제약된다는 문제점이 있다(이현출, 2009). 이는 국회의 대표성과 반응성을 제약하는 직접적인 요인으로 작용할 수 있다. 특히 오늘날 문제가 되고 있는 비결정의 정치[2] (최장집, 2004) 로 인하여 소수의 의제가 국회에서 전혀 대표되지 못하는 문제를 노정하게 된다.

둘째, 원내대표회담은 '각 교섭단체 대표 1인'으로 구성되기 때문에 170석을 차지하는 정당이나 20석을 차지한 정당이나 동등한 발언권을 가짐으로, 이는 다수당의 '과소대표성'과 소수당의 '과대대표성'의 문제를 낳을 수 있다(임종훈, 2009). 1987년 민주화 이후 전문 개정된 국회법이 거의 모든 국회의 의사와 운영에 관한 권한을 원내교섭단체 대표회담에 준 것은 여당의 독주를 막기 위한 것이었다(김민전, 2008). 5·16군사쿠데타 이후 전문 개정된 국회법은 국회의 의사에 관한 권한을 국회의장에게 주었고, 여당 소속 국회의장은 이를 바탕으로 정부편향적인 국회운영을 해왔는데 이에 대한 저항으로 나온 것이 원내교섭단체 대표회담이다. 국회운영의 주도권이 원내대표 간의 협의에 주어지게 됨에 따라 대표성의 왜곡이 심대하게 발생하게 되었다. 원내교섭단체를 구성하지 못한 정당의 대표성 문제는 위에서 거론하였지만, 교섭단체를 구성하고 있는 정당 간에도 대표성의 왜곡이 발생하고 있는 것이다. 현행 제도가 민주화 이후 여당의 독주를 막아내고 야당이 국정운영의 거부권을 행사할 수 있었다는 점에서 긍정적인 측면이 있었다. 그러나 민주화가 진행되면서 교섭단체 간의 발언력이 동일함에 따라 국민의 위임을 국회에서 실현하기

2) 우리 사회에서 현상적으로 나타나는 정책과 그 결정은 전체 정치과정의 일부에 불과하며, 그보다 더 중대한 사회경제적 갈등이나 이익들은 마땅히 이슈화해야 함에도 불구하고 이슈화되지 못하는, 즉 정책결정의 사안으로 등장하지 못하는 경우가 있는데 이를 비결정이라고 하고, 그러한 힘이나 영향력에 주목하게 된다(최장집, 2004).

위한 방안이 모호해지게 된다는 문제가 노정되게 된다. 선거를 통해 국민에게 의회 다수당이 되어 실천하겠다고 약속한 선거 매니페스토(*manifesto*)가 국회에서 또다시 여야 간 다툼의 대상이 됨으로써 대표성이 손상되는 결과를 초래하게 된다.

셋째, 당내민주화가 진행되면서 원내교섭단체대표 협의에 의한 운영이 매우 비효율적이고 교착의 가능성을 높일 수 있다는 점에서 문제점으로 지적되고 있다(김민전, 2008). 즉, 과거 3김식 정치 아래에서는 원내총무 간의 협상은 상대당과의 협상만 성공하면 되는 1레벨(*level*)의 비교적 단순한 게임이었으나 오늘날은 정당의 민주화가 다소간 이루어지면서 타당 원내대표 간의 합의사항을 소속당 의원총회에서 추인을 받는 과정에 또 한 번 교착상태가 발생하는 경우가 흔히 나타나고 있다는 점을 지적하고 있는 것이다. 이러한 상황은 원내대표의 협상력을 낮추고 결과적으로 국회의 교착상태와 파행을 오래 끌게 된다는 역설에 직면하게 될 수도 있다는 지적이다.

넷째, 원내대표회담은 비공개로 진행되고 기록이 남지 않기 때문에, 정치적 결정의 책임성이란 측면에서도 문제가 될 수 있다. 즉 정치적 결정과정을 공개하지 않기 때문에 합의사항 이행에 대한 책임성을 확보할 수 없는 한계가 있다. 정치적 결정과정을 공개해야 하는 이유는 공개성이 책임성의 확보와 직결되기 때문이다. 따라서 밀실에서의 원내대표회담에 의존하는 현행 국회운영 방식의 많은 부분은 반응성 제고 차원에서도 재고되어야 할 여지가 많다고 본다(이현출, 2009). 국회의 위원회나 본회의 단계에서 법률안을 상정할 것인지 여부 등 입법과정의 중요한 부분은 위원회의 간사회의나 원내교섭단체대표 회의에서 결정되는데, 이러한 회의는 비공식적으로 이루어지기 때문에 회의내용에 대한 구체적 기록이 남아있지 않다(임종훈, 2008). 이러한 측면에서 국회운영의 책임성을 강화한다는 측면에서도 현행 원내대표회담 중심의 국회운영은 국회운영위 중심의 국회운영으로 전환하는 것을 검토할 필요가 있다.

(2) 원내교섭단체 제도 개선

운영위원회 중심의 국회운영을 이끌기 위해서는 교섭단체 구성요건의 완화도 아울러 검토되어야 할 것이다. 현행 교섭단체 구성요건이 정치적 편의주의의 산물 또는 카르텔 정당 간의 담합이라는 비판을 면하기 위해서는 최소한의 논리적 타당성을 지닌 새로운 구성요건을 제시할 수 있어야 할 것이다. 교섭단체의 구성요건은 '배제의 정치'가 아니라 '참여의 정치'라는 정신에서 출발하는 것이 바람직할 것이다(강장석, 2008). 광장의 정치, 거리의 정치를 원내로 수렴하기 위해서라도 교섭단체 요건의 완화가 필요할 것이다. 그 숫자는 입법권자의 판단에 맡겨야 할 것이나, 국회운영제도개선 자문위원회의 의견도 타당할 것으로 본다. 다만 원내정당이 아니어도 교섭단체를 구성할 수 있도록 하는 것이 의회운영에 다수를 참여시킬 수 있다는 점에서 타당할 것이다.

한국 국회의 경우 교섭단체 구성요건이 20명이 된 배경을 보면, 객관적 기준은 없는 것이고 구태여 근거를 대자고 한다면 국회법 제정 시 일본 국회법상의 의안발의 정족수에서 힌트를 얻었다고 할 수 있다(박종흡, 2001). 여기에서 발전하여 현재의 국회운영은 대부분 상임위원회 중심으로 이루어지는데 기존 정치권은 1개의 상임위원회에 최소한 1명 이상의 의원이 활동할 수 있는 정당이 교섭단체로 등록되어야만 상임위원회 운영의 내실화가 가능해진다는 논리를 제기하고 있다. 이러한 배경에서 상임위원회가 17~18개가 된다면 교섭단체 구성요건도 이에 맞추어야 한다는 논리가 지속되어 왔다. 이 외에도 교섭단체 구성요건을 강화하자는 주장의 이면에는 새로운 정치세력의 참여를 제한시켜 기존 정당의 카르텔을 확대·강화하자는 의도(곽진영, 2001)도 잠재되어 있다.

이러한 문제의식에서 교섭단체의 구성요건을 완화하여 소수당의 국회운영을 보장하여 국회운영에서의 대표성을 확대하고, 책임성을 강화하자는 견해가 설득력을 얻고 있다. 현행 교섭단체 구성요건은 9대 국회 이후 현재까지 지속되어 온 것으로 그 완화에 관한 논의는 지속적으로 제기되어 왔다(강장석, 2008; 국회운영제도개선 자문위원회, 2008). 나아가 교섭단체라는 것이 원내정당의 다른 명칭에 불과한 만큼 교섭단체라는 명목으로 소수정치세력의 참여를 제한하기보다는 교섭단체를 폐지하여 원내에 진출한 모든 정당이 국회운영에 참여할 수 있는 통로를 보장해야 한다는 주장이 제기되기도 한다(손봉숙, 2004). 지금까지 교섭단체가 국회를 당파적으로 운영해 온 만큼 교섭단체 대신에 운영위원회를 중심으로 국회를 운영해야 한다는 주장이 지속적으로 제기되어 이에 따라 교섭단체 구성요건을 완화하여 "정당득표율이 5%이고 의석수가 10석 이상인 단일정당"으로 완화하고 "다른 교섭단체에 속하지 아니하는 의원들로는 따로 교섭단체를 구성할 수 없도록" 하는 개선방안이 제시되기도 하였다(국회운영제도개선 자문위원회, 2008).

(3) 심의과정에서의 숙의: 다수결과 합의제의 조화

여야 합의 해결방식은 우리 정치의 관행이라고 하지만 여야 간 타협이 어려운 쟁점 법안의 경우 갈등해결 방안을 찾는 데 어려움을 겪고 있다. 하나의 교섭단체가 법안을 다수결에 따라 강행처리하겠다고 방침을 밝히면, 이에 반발하는 다른 교섭단체의 경우에는 주요 법안심의를 다른 법안심의 또는 국회운영과 연계시킴에 따라 모든 법안의 처리방향이 원내대표의 손에 좌우되는 현상이 노정되어 왔다. 원내대표 회담이 결렬될 경우 소수 당지도부의 결정에 따라 의원들이 전체 상임위원회 의사일정을 보이콧하고, 정쟁이 장기화되는 경우가 빈번히 발생하고 있다. 다수결과 합의제 사이의 거대한 문화충돌을 겪고 있는 것이다(장훈, 2009).

이러한 문제의 해결을 위해서 우선 상임위원회가 국회심의의 중심이 되어야 한다. 지금도 상임위원회가 입법과정의 중심으로 기능하도록 규정되어 있음에도 불구하고, 정당지도부가 사실상 의제선정과 의사일정을 독점함으로써 국회의원의 입법권의 침해가 이루어지며, 나아가 입법과정에서 숙의(*deliberation*)가 필요한 사안들이 정치적 거래와 흥정으로 희생되고 말게 된다. 상임위원회 중심의 국회운영이 가능하기 위해서는 입법 과정에서 국회의원이 개별 헌법기관으로서 갖는 권한과 자율성을 회복해야 한다. 이를 위해 원내정당화 노력을 더욱 강화하여 의원들이 국회에서 자율성을 갖고 의정활동에 임할 수 있도록 자율성과 민주성을 강화해 나가야 한다. 모든 법안의 처리방향과 일정을 상임위원회에서 결정하는 것을 원칙으로 하고, 다만 국가중대사나 정당의 명운이 걸린 중요 쟁점 법안에 대해서만 원내대표 회담에서 처리방향을 결정하도록 하는 방안이 필요하다.

다음으로 소수의 쟁점 법안이 전체 의사일정을 마비시키는 일을 피하기 위해서는 쟁점 법안과 비쟁점 법안을 분리시켜 처리하는 시스템의 도입이 필요하다. 상임위원회에서 비쟁점 법안으로 분류되면 일정 기간 경과 후 자동상정되도록 하여 심의절차를 거치도록 한다. 다만 여야 간 타협이 어려운 쟁점 법안의 경우에는 상임위와 본회의 각각 3개월 정도의 숙려기간을 두어 타협과 조정의 기회를 부여하고, 아울러 소수파 의견을 수렴할 기회를 부여할 필요가 있을 것이다. 본회의 단계에서 숙려기간에는 전원위원회를 열어 토론할 수 있으며, 전원위원회에서도 수정안을 발의할 수 있도록 할 필요가 있다. 그럼에도 불구하고 타협이 이루어지지 않으면 국회의장단과 원내교섭단체의 대표와 관련 상임위원장으로 구성된 원로 조정회의를 통해 조정절차를 거치도록 한 후에 최종적으로 표결처리하도록 할 필요가 있다.

(4) 조약체결 비준동의 절차 강화

세계화 시대의 도래와 함께 우리 국회의 대외정책에 대한 민주적 통제는 제한적인 발전만을 이루고 있다. 미국쇠고기 수입파동이나 한미 FTA와 같은 핵심적인 대외정책 및 대외경제정책에 있어서, 국회의 역할 신장은 불가결할 뿐만 아니라 정치 전반의 반응성과 책임성의 향상을 위하여 반드시 필요한 변화라는 것을 알 수 있다. 행정부의 역할 확대에 걸맞은 국회의 역량과 권한의 강화만이 대외정책에 대한 민주적 통제를 적절히 강화할 수 있으며, 이러한 민주적 통제를 통해서 대외정책에 대한 국민 설득은 강화될 것이다.

20세기 말부터 본격화된 세계화는 오늘날 전통적인 민족국가 시대의 행정부와 의회의 관계를 근본적으로 변화시키고 있다. 세계화에 따라 행정부의 역할이 새로이 정의되면서, 민족국가의 행정부를 견제하고, 국민들의 의사를 대표해 온, 의회와 의회민주주의는 행정부와 새로운 불균형이라는 도전에 직면해 있다. 이 도전은 베스트팔렌 체제의 성립 이래로, 지난 300여 년간 민족국가의 틀에 머물러왔던 권력(행정권력)이 최근 30년 사이에 초국가적 차원, 민족국가의 차원, 지방의 차원으로 분할되고 다층화(*multi-level sovereignty*)하면서 시작되었다.

행정부 권력이 빠르게 다층화하면서, 행정부와 의회 사이에 새로운 심각한 불균형이 나타났다. 특히 초국가적 차원에서 의회는 뚜렷한 대응을 하지 못하고 있는 실정이다. 오늘날과 같이 주권의 다층화 현상이 심화되고, 초국가적인 영역에서의 결정이 국민국가 내부의 질서를 규율하는 경우가 세계화의 추세와 함께 점증하고 있다. 그러나 국회의 대응은 전통적인 조약비준 동의권에만 의존하고 있는 실정이다. 체결된 조약은 즉시 국내법적 효력을 가지며, 국내의 경제·사회질서에 막대한 영향을 미침에도 불구하고 적절한 국회차원의 견제절차가 확립되어 있지 못하다(Lee, 2010). 대통령의 조약체결권 등 외교권 행사에 국회의 민주적 통제를 통한 적절한 견제가 가해지는 것은 '견제와 균형'을 핵심가치로 하는 헌법상의 권력분립의 원리와 부합한다고 할 것이다.

따라서 국회의 동의권 행사를 통한 조약에 대한 민주적 통제는 조약에 대한 대통령의 비준서명 직전 한 번이 아니라 조약의 교섭 개시, 교섭과정, 대통령의 비준서명 전 등 조약체결의 전체 과정에 걸쳐 행해질 수 있다고 보아야 한다(Lee, 2010). 아울러 통상절차, 조약비준절차 등에 대한 절차법을 마련하여 국내적 갈등요인을 내포한 초국가적 영역의 이슈가 국회에서 사전에 충분히 공론화되고, 갈등을 해소하는 절차가 필요하다.

3) 기대효과

이상에서 우리는 국회의 주요행위자의 하나인 정당과 교섭단체로 인하여 야기되는 문제점을 살펴보고, 향후 국회개혁에서 다루어야 할 주요 어젠다를 고찰하였다. 17대 국회와 18대 국회의 파행과 교착상태를 지켜보면서 국민의 우려를 자아내는 것은 국회가 과연 사회를 통합하고 우리 사회가 안고 있는 다양한 문제를 해결할 능력이 있는가 하는 점이다. 국회를 둘러싼 환경은 세계화·정보화·지방화로 보다 다차원적으로 심화·발전하고 있는데 국회는 아직도 대결과 정쟁의 장으로 변질되어 국가가 당면한 경제위기 극복과 같은 현안문제 해결에 도움을 주지 못한다는 회의론이 강하게 확산되고 있다. 이러한 우려의 한가운데에 이념과 정책을 중심으로 국회운영의 중심이 되어야 할 정당이 제 기능을 못한다는 반성이 자리 잡고 있다.

의원이 다수결 투표를 통하여 자신을 선출해 준 지역구 유권자들의 이익을 반영하는 대표자(*delegate*)의 역할도 제대로 수행하지 못하고, 전국적인 시각에서 국민을 염려하는 수탁자(*trustee*)의 역할도 제대로 수행하지 못하고 있는 것이 현실이다. 국회의원들이 오직 소속 정당의 이익과 이념만을 추구하고 정당에 대한 충성을 통해 차기 공천의 확보에만 골몰하는 상황에서 현안이 된 국가적 과제에 대한 심의의 장으로서 국회가 제 기능을 다하리라고 기대하기는 어렵다.

이러한 국회운영을 둘러싼 제반 문제의 이면에는 원내교섭단체 제도와 원대교섭단체 대표회담이 지배하는 국회운영 문제가 놓여 있다. 따라서 개혁의 주된 방향은 정당이 의원과 국회의 운영을 지배하는 것이 아니라 의원이 중심이 되어 숙의에 바탕하여 국회의 운영과 심의가 이루어져야 한다는 데에 있다. 이를 위해 제도와 운영상의 측면에서 원내교섭단체제도의 문제점을 분석하고 구성요건의 완화와 교섭단체 대표회담 중심의 국회운영을 운영위원회 중심의 국회운영으로 전환할 것을 제시하고 있다. 아울러 다수결에 기초하고 있지만 소수의 권리를 보장하고, 합의제의 정신을 살리기 위하여 심의과정에서의 숙의를 강화하는 방안을 제안하였다. 끝으로 세계화 시대에 초국가적 영역에서 이루어지는 다양한 이슈들에 대해 국회가 적절한 견제권을 행사할 수 있도록 조약비준 동의권의 실질화와 이를 위한 절차법의 제정을 제안하고 있다.

이러한 제안은 국회운영의 걸림돌로 작용하고 있는 원내교섭단체 중심의 운영체제를 벗어나 국회의원과 상임위원회가 중심이 되는 국회운영을 목표로 하고 있다. 따라서 이러한 제도와 운영의 개혁은 교착과 파행의 국회를 일하는 국회로 탈바꿈하기 위한 주요한 과제가 될 것이다. 나아가 소수자를 보호하고, 실질적인 심의를 보장하는 효과를 거둘 수 있을 것이다. 끝으로 이러한 개혁의 방향은 원내정당화를 향한 정당개혁과 연계하여 추진될 때 더욱 실효성을 보장할 수 있을 것이다.

4. 협력과 견제의 당정관계를 위한 개선방안

1) 대통령, 여당 그리고 야당 간 불행의 삼중주

3김정치가 막을 내리면서 한국정치에 새로운 불행의 사이클이 만들어지고 있다. 불행의 사이클은 세 시기로 나누어 볼 수 있는데, 제1기는 새로운 대통령의 당선과 함께 시작된다.

국민들의 높은 지지와 기대 속에서 새 정부가 출범하지만, 국민 다수의 바람과 달리 대통령은 대통령당 만들기에 먼저 나서고, 이에 따라 여당이 극심한 내분에 빠져들게 되는 것이 불행한 사이클의 제1기다. 노무현 대통령은 열린우리당의 창당을 통해, 이명박 대통령은 18대 국회의원

선거의 공천을 통해 대통령당 만들기에 나선 바 있다.[3)]

이러한 대통령당 만들기는 새 정부가 정치노름에 몰입하는 인상을 줘 대선에서 자신을 지지한 중도 혹은 반대 성향의 국민들이 등을 돌리게 만들고, 핵심지지세력마저 반 토막 내는 뺄셈의 정치가 된다. 이러한 가운데 대통령의 지지율은 급격하게 하락하고, 대선불복세력이 이를 마케팅한다. 노무현 전 대통령은 탄핵소추를 당했고, 이명박 대통령은 뜨거운 촛불에 데었다. 대통령선거에서 나타난 시대정신을 구현하는 데 가장 효과적인 시기인, 허니문시기를 우리 대통령들은 정치싸움으로 소진해 버리는 것이다.

대선불복을 경험한 대통령이 우경화(혹은 좌경화) 하는 것이 제 2기다. 다수의 국민은 대선 불복을 경험한 대통령이 국민과 소통하는 대통령으로 거듭나기를 바라지만, 지지도가 하락한 대통령은 조직화된 핵심지지집단에 대한 의존도가 높아지고, 그 결과 정책노선 역시 우경화(혹은 좌경화) 한다. 노무현 대통령은 국민의 지지가 크지 않은 이른바 4대 개혁입법을 추진하였고, 이명박 대통령은 검찰권에 의존한 통치를 강화하였는데, 이러한 가운데 여당은 대통령의 충실한 거수기가 됨에 따라 대통령의 국정어젠다(*agenda*)를 둘러싼 여야 간의 극한대립으로 치닫게 된다.

제 3기는 그동안 권력자원을 나눠 받기 위해 대통령을 지지하던 여당도 대통령을 떠나는 불행한 사이클의 마지막 시기다. 여당은 다가오는 대선에서 심판받지 않기 위해 대통령의 탈당을 요구하는 것은 물론, 대통령의 흔적을 지우기 위해 이합집산을 거듭하게 된다.[4)]

---

3) 18대 국회의원선거에서 이른바 '공천학살'을 통해 친이 중심의 한나라당을 만들고자 했지만, 거물급 친이후보들은 다수 낙선한 것에 반해, 친박연대와 무소속 후보들이 대거 당선됨에 따라 친이 중심의 정당을 만드는 데는 결과적으로 성공하지 못했다고 볼 수 있다.

4) 물론 이명박 대통령과 한나라당의 제 3기의 모습은 앞에서 제시한 불행 사이클과 달라질 수 있고, 또 달라지는 것이 바람직하다.

이러한 불행 사이클은 3김정치 시절의 그것과는 차이가 있다. 3김정치 시절에는 대선이 임박해서는 3김을 비롯한 과두적 정치지도자 간에 연합관계가 만들어지는 대규모의 이합집산이 있지만, 국회의원선거를 앞두고는 새 피를 수혈하여 당의 간판을 바꾸어 다는 작은 규모의 이합집산이 있었다. 92년 대선을 앞두고는 3당 합당이 있었고, 97년 대선을 앞두고는 DJP연합이 있었다면,[5] 국회의원선거를 앞두고는 재야세력 흡수 등을 통해 새 피를 수혈하는 작업이 있었던 것이다.

3김정치 시절과 그 이후에 있어서의 정치사이클이 달라진 이유는 정당구조의 변화로 인해 정당과 대통령의 관계가 달라졌기 때문이다. 3김정치 시절의 정당은 정당의 오너가 존재하는 사당적인 구조를 지니고 있었다. 이 때문에 정당의 오너들은 경선 등의 절차 없이 대선후보가 되었고, 정당의 오너만 마음을 먹으면 3당 합당이나 DJP연합과 같은 정당의 M&A도 손쉽게 할 수 있었다.

그러나 3김정치가 막을 내리면서 정당의 오너도 사라지게 되었다. 이제 대선후보가 되기 위해서는 치열한 경선을 거쳐야 하고, 대통령에 당선되고 난 이후에도 여당에 대한 지배력이 자동적으로 확보되는 것이 아니기 때문에 대통령당 만들기에 나서게 되었다. 그러나 대통령당 만들기는 대통령의 정치적 자산을 소모시킬 뿐 아니라 국정혼란을 초래하는 것이다.

결국 그간 3김정치의 핵심인 사당적 구조만 청산되면 한국정치의 민주화와 효율성을 동시에 잡을 수 있을 것으로 생각해왔던 것과 달리 오히려 정치적 갈등을 증폭시키는 현상이 나타난 것이다. 이 글은 이러한 한국정치의 딜레마를 극복하기 위해 바람직한 당정관계의 나아갈 방향을 모색해 본다.

---

5) 1987년 대선은 분열하면 필패한다는 교훈을 남겼고, 이후 대선에서는 승리연합을 만들기 위한 합종연횡이 만들어졌다. 그러나 국회의원선거에서는 3김은 자신들에 대한 국민들의 식상함을 완화시키기 위해 새 피를 수혈해 왔던 것이다.

2) 정부형태와 당청관계, 그리고 당정관계와 대통령제

보통 정부와 여당과의 관계는 정부형태에 크게 영향을 받는다. 의원내각제에서는 다수당(혹은 다수연합)이 내각을 구성하기 때문에 정부와 여당과의 관계는 혼연일체의 관계라고 할 수 있다.

특히 정부와 여당의 관계에 있어서 중요한 것이 원내정당과의 관계라고 할 수 있는데, 영국의회의 원내 좌석배치만 보아도 그 관계를 짐작할 수 있다. 수상을 비롯한 내각의 장관들이 여당석의 맨 앞줄에 앉는 것에 반해, 초선의원들은 좌석이 모자라 맨 뒷줄에 서 있기도 한다.[6] 영국의회의 경우 내각이 의사일정을 작성하는 것은 물론, 내각에 법제처를 두고 법안의 드래프트작업도 하고 있으며, 정부가 준비한 법안이 의회를 통과하는 비율은 90% 정도에 이른다. 이 때문에 의원내각제에서는 정부와 여당이 유권자에 대해 공동의 책임성을 지니고 있는 것으로 간주되며, 동일한 정당이 원내와 정부를 모두 책임지고 있다고 해서 책임정당제(*responsible party system*)라고도 한다. 이러한 가운데 야당은 정부여당의 국정운영에 대한 감시자 역할을 하게 된다.

의원내각제 국가들의 정당은 고도로 구조화되어 있고, 정당의 기율이 강하며, 당의 프로그램 역시 잘 발달되어 있는 경향이 있다. 정당의 규율이 강한 이유는 의원들이 정당의 노선에서 일탈하는 경우 정부의 붕괴로 이어질 수 있기 때문이다. 의원내각제 정당들은 당의 기율을 유지하기 위해 출당, 공천거부 등 상벌의 시스템을 발전시켰다.

이와 달리 대통령제에서는 다수당과 정부가 혼연일체의 관계가 아니다. 의회다수당과 대통령의 정당이 다를 수 있으며(분점정부), 의회다수

---

6) 수상을 비롯한 내각의 장관이 의석의 맨 앞줄에 앉는 것은 그들이 당의 대표임을 의미하는 것이다. 그러나 미국 의회 본회의장에는 장관들을 위한 좌석이 마련되어 있지 않은데, 이는 행정부와 의회가 서로 견제와 균형의 관계이기 때문에 행정부가 의회 내에 들어와서는 안 된다는 생각을 담고 있는 것이다.

당과 대통령의 정당이 통일된 정당이라고 할지라도 원내정당이 대통령을 직접 선출한 것이 아니다. 원내정당(*party in parliament*)은 국회의원선거를 통해 구성된 것에 반해 대통령은 대통령선거에서 선출된다. 따라서 원내정당을 구성하는 의원들과 대통령이 일차적인 대의(*representation*)의 책임을 진 선거구 역시 동일하지 않으며, 이 때문에 대통령과 원내정당이 비록 같은 정당이라 할지라도 상이한 정책적 입장을 취할 수 있다.

다른 한편, 원내정당의 자율성은 대통령제를 대통령제답게 만드는 데 있어서 가장 중요한 조건 중 하나라고 할 수 있다. 예를 들어 여당이 원내다수당인데, 그 여당이 기율이 매우 강한 정당으로 대통령이 이를 장악하고 있다면, 대통령은 원내다수당인 여당을 기반으로 의회를 장악할 수 있다. 이러한 경우 의회는 행정부의 시녀가 될 수밖에 없고, 권력분립의 원칙은 작동할 수 없다. 또 대통령의 정당이 원내소수당이면서 여야가 모두 기율이 강한 정당이라고 하면, 의회를 장악하고 있는 야당과 행정부는 강력하게 대립할 가능성이 높고, 그 결과 정국이 경색될 가능성이 높다.

그러나 기율이 강하지 않은, 다시 말해 의원의 자율성이 강한 정당인 경우에는 대통령의 정당이 원내다수당이라고 할지라도 행정부의 거수기가 되지 않고 의원들이 선거구의 목소리를 들어 자율적으로 판단하게 될 것이다. 행정부의 정책이 다수 국민들의 지지를 받으면 다음 선거를 의식할 수밖에 없는 의원들은 행정부의 정책을 지지하게 될 것이다. 그러나 행정부의 안이 다수 국민들의 지지를 받지 못할 경우에는 의원들은 이를 지지하지 않게 될 것이다. 따라서 대통령당이 원내다수당인지의 여부보다 중요한 것은 행정부의 안이 국민의 지지를 받는지 여부라고 할 수 있다.

3) 대통령과 운명공동체인 한국의 여당

한국의 여당은 대통령에 의해 만들어지고 대통령이 임기를 다하면 그 당도 사실상 소멸되는 과정을 밟아왔다. 우리 헌정사에 있어서 최초의 여당인 자유당은 이승만 대통령이 야당의 공세를 막아내고 재선되기 위해 만든 것이었다. 이승만 대통령은 정당이 편당주의를 조장할 경우 국가를 위기에 이르게 한다고 주장하는 등 정당에 대해서 좋지 않은 인식을 가지고 있었다. 그러나 1951년 대통령선거를 앞둔 시점에서 국회는 야권이 우세해 국회에서 대통령을 선출할 경우 재선에 성공할 수 없는 분위기가 팽배하자 자유당을 만들어 직선제 개헌에 나섰던 것이다.

대통령에 의해 만들어진 자유당은 한국 헌정사에 다음과 같은 두 가지의 불행한 유산을 남겼다. 첫째, 원내정당과 원외정당이 경쟁적으로 대통령에게 충성하는 형태였다는 점이다. 자유당은 당 결성대회만 해도 원내와 원외가 별도로 경쟁적으로 개최한 것은 물론, 원내파는 대통령간선제를, 원외파는 대통령직선제를 주장하는 등 이들은 경쟁적인 관계에 있었다(심지연, 2009: 70~80). 이는 서구의 정당들이 원외정당을 바탕으로 원내정당이 만들어지지만, 원내정당이 상당한 자율성을 누리는 것과는 차이가 있는 것이었다.[7] 그렇다고 해서 원외가 원내와 경쟁하거나 혹은 원내를 통제하는 것이 아래로부터의 정당운영이 이루어지고 있음을 의미하는 것은 아니다. 원내의 실력자가 당 외곽 조직을 동원해 국민들을 동원하고 국민여론에 영향을 미치는 것은 물론, 의원들에 대해서도 압력을 행사하고, 공천 등에도 강한 영향력을 행사했음을 의미한다. 물론 이 당 밖의 실력자도 대통령에 충성하고 대통령의 의중을 반영해 움직이고 있음은 더 말할 나위가 없다.

둘째, 여당은 대통령의 어젠다를 충실히 시행하다 대통령이 권좌에서 물러날 때 함께 정치의 무대에서 사실상 사라진다는 점이다. 자유당은

7) 미국의 정당과 같은 포괄정당(*catch-all party*)에서는 원내정당의 자율성이 매우 강하다. 그러나 미헬스의 과두제의 철칙이 말하듯이 대중 정당에서조차도 원내정당은 상당한 자율성을 누린다. 물론 원내정당이 자율성이 강하다고 해서 공천에서 대중적 통제가 이루어지지 않음을 의미하는 것은 아니다. 정당의 내부구조에 대해서 자세한 것은 심지연·김민전, 2007, 제 6장 참조.

이승만 대통령의 재선을 위한 발췌개헌, 3선을 위한 4사5입 개헌을 주도하였고, 그 결과 이대통령이 권좌에서 떠나고 시행된 제5대 국회의원선거에서는 단 4석을 얻는 군소 정당으로 전락하였다.

이후 군부정권들을 거치면서 한국의 여당들은 위에서 아래로의 조직화가 더욱 강화되었다. 5·16 이후 정권을 잡은 군부는 중앙정보부장인 김종필로 하여금 공화당을 사전조직하도록 하였는데, 대중정당의 조직을 본떠 지역까지 지구당조직을 만들었고, 당비와 당원을 관리하기 위한 사무국도 만들었다. 대중정당이 상향식 민주주의의 원리에 기반을 둔 것과 달리 국민을 동원하기 위해 하향식으로 조직하였던 것이다. 이렇게 정당조직 방식은 변화하였지만, 한국 여당의 근본 속성은 변화하지 않았다. 공화당 역시 유신을 위한 개헌 등 철저하게 대통령의 어젠다를 실현하기 위한 도구가 되었다가 박정희 대통령의 서거와 함께 정치무대에서 사라지게 되었다.

1980년 신군부의 등장 이후 만들어진 민정당 역시 공화당의 선례를 따랐다. 다만 달라진 점이라고 하면, 하향식 통제를 더욱 강화해 지구당 사무국의 요원까지 중앙당에서 파견했다는 점이다. 민정당은 자유당이나 공화당과 달리 권력의 재창출에 성공했다는 점에서 기존의 여당들과는 차이가 있었다. 그러나 1987년 대선에서 노태우 후보는 자신이 민정당의 후보임을 가능한 한 밝히지 않고자 했는데, 결국 대통령에 당선된 이후 소수여당으로 국정을 운영하는 것이 어렵다는 이유로 3당 합당을 해 민자당을 만들었다. 민정당은 정권재창출에 성공했음에도 불구하고 정치무대에서 사라지게 돼 한국 여당들의 운명의 굴레를 벗어나지 못하였다.

사실 1987년 민주화 이후 첫 대통령선거에서 당선된 노태우 대통령은 대통령과 여당의 관계에 있어서 두 가지의 새로운 부정적인 유산을 남겼다. 하나는 설령 여당의 이름으로 대통령에 당선된다고 해도 대통령에 당선되고 나면 대통령은 자신의 정당을 만든다는 것이며, 다른 하나는 자신이 만든 정당에서도 임기 말에는 탈당할 수밖에 없다는 점이다. 여당인 민자당의 후보로 당선된 김영삼 후보는 신한국당을 만들었고, 민주당의 후보로 당선된 노무현 대통령은 열린우리당을 만들었다. 그리고 김영삼·김대중·노무현 대통령 모두 자신이 만든 정당을 임기 말에는 탈당해야만 했다.

3김시대를 마감하면서 대통령의 비극은 너무 말을 잘 들어 국민들이 원치 않는 의제도 반대하지 못하는 여당에 있었고, 대통령의 충실한 병정노릇을 하다가 대통령과 운명을 함께하는 여당의 비극이 한국정당정치의 발전을 가로막는 걸림돌이라는 판단을 하기에 이르렀다. 이에 따라 당권과 대권을 분리하고, 대선후보를 경선으로 선출하는 정당개혁을 하게 되었고, 노무현 대통령은 당권과 대권이 분리된 가운데 대통령에 선출된 첫 대통령이었다.

그러나 당권과 대권의 분리라는 명분이 대통령당을 만드는 것을 막지는 못했다. 정당개혁의 이름으로 지루한 정치적 갈등을 거듭한 끝에 열린우리당이 창당되었고, 정치개혁의 일환으로 대통령이 당 총재를 맡아오던 관행에서 벗어나 대통령은 열린우리당의 평당원이 되었다. 이로써 헌정사를 지배해오던 대통령과 여당의 어긋난 관계가 바로잡히는 듯했지만, 여당의 지도급 의원들이 대거 내각으로 들어감으로써 개혁은 수포로 돌아갔다. 지도급 의원들이 대거 내각에 있는 마당에 초선중심의 열린우리당이 행정부의 원내 병정이 되는 것은 당연지사였다. 이 때문에 국가보안법을 박물관에 보내야 한다는 대통령의 언급이 있자 원내 병정들은 이를 날치기하려는 시도를 하는 등 국민들의 지지가 높지 않은 이른바 4대 개혁법안의 입법에 나섰고, 결국 대통령이 레임덕에 빠지면서 열린우리당도 이전 여당들의 전철을 밟게 되었다.

이명박 대통령의 취임 이후에도 민주적인 당정관계는 정립되지 못하고 있다. 임기 3년차에 들어섰지만 아직 대통령당을 창당하지는 않았다는 점에서 이전 당정관계와는 차이가 있는 듯하다. 그러나 세종시 문제를 둘러싸고 차라리 분당이 낫다는 말들이 들려오는 것을 보면 아직 속단하기는 이른 것으로 보인다. 또한, 비록 당내 강력한 비주류의 존재 때문에 과거의 여당들에 비해 대통령의 장악력이 떨어진다는 평가도 있지만, 동시에 당청관계의 민주적 정립을 위한 정치개혁의 노력이 후퇴하고 있다는 평가 역시 나오고 있다.[8]

4) 민심을 바탕으로 한 선택적인 지지, 선택적인 견제의 관계를 위한 조건

그간 우리의 여당들은 대통령의 어젠다를 입법화하기 위한 원내 병정 역할을 해왔고, 이것이 대통령과 여당을 모두 불행하게 만들었다. 이 때문에 여당이 대통령의 영향력으로부터 독립해 자율적으로 입법활동을 할 수 있는 당정분리를 당정관계의 개선에 있어서 가장 중요한 개혁목표로 설정해 왔다. 그러나 원론적으로 말하면, 대통령과 여당이 무조건 분리되는 것이 바람직하다고는 할 수 없을 것이다. 대통령의 어젠다가 국민의 지지를 받고 있다면 여당이 이를 앞장서 입법화하는 것이 바람직하다고 할 수 있을 것이다.[9] 그러나 역대 정부에서 봐왔듯이 대통령이 다수의 국민들이 원하지 않는 어젠다를 추진한다면 여당은 이에 동조하지 아니하고 대통령이 이를 추진하지 못하도록 하는 것이 바람직할 것이다.

이렇게 다수 국민이 찬성하는 대통령의 어젠다에 대해서는 여당이 적

8) 예컨대, 박희태 전 대표는 당권 대권 분리를 골자로 하는 한나라당의 당헌당규에 대해 그건 대권이 없을 때 이야기라고 일축하면서 새로운 당청관계를 만들어야 한다고 주장한 바 있다. 그는 대통령제에서 권력은 모두 대통령이 잡는 것이고 당은 없어져도 대통령은 존재한다고까지 설파한 바 있다(〈프레시안〉, 2007년 12월 20일).

9) 여당은 짧은 시간 내에 원내 다수연합을 만들 수 있는 대통령의 정치적 기반이다. 매 사안마다 개개인으로 흩어진 의원들을 설득해 다수연합을 만들고자 한다면 너무 많은 시간과 노력이 필요하지만, 여당이 손쉽게 다수연합을 만들 수 있는 기반을 제공하고 있다.

극적으로 입법활동을 하지만, 다수 국민이 원하지 않는 사안에 대해서는 대통령을 견제할 수 있도록 하기 위해서는 적어도 다음과 같은 개혁이 필요할 것으로 보인다.

첫째, 여당의원들이 대통령의 의사를 무조건 추종하는 것이 아니라 국민의 의사가 어디에 있는지 따져보고, 또 그 국민의 의사에 따라서 입법활동을 할 수 있도록 하기 위해서는 공천의 민주화를 통해 대통령이 직·간접적으로 공천에 영향을 미치지 못하도록 하여야 한다. 공천이 민주화되면 의원들은 대통령의 압력보다는 지역구의 압력에 더 민감해질 수밖에 없기 때문에 대통령이 국민다수의 뜻과 함께할 때에는 대통령을 지지하지만, 그렇지 않을 경우에는 대통령을 견제할 것이기 때문이다. 또한, 공천 민주화에 의해 의원들이 지역구의 압력에 민감해지면 비록 야당의원이라고 해도 대통령의 어젠다가 국민다수의 지지를 받을 경우 이를 지지하지 않을 수 없도록 만들어 분점정부(여소야대)라고 해도 국정의 운영에 어려움이 없게 될 것이다.

둘째, 소수의 당 지도부가 당론이라는 이름으로 의원들을 강제해 대통령의 어젠다를 무조건 지지하도록 하는 것을 막기 위해서 강제당론투표는 폐지해야 한다. 대표적인 두 거대정당인 한나라당과 민주당의 당헌을 보면, 모두 당론에 따라야 함을 당원의 의무사항으로 규정하고 있다.[10] 이 때문에 '국회의원은 국가이익을 우선하고 양심에 따라 직무를 행해야 한다'는(헌법 제46조 2항) 규정이나 '국회의원은 국회에서 직무상 행한 발언과 표결에 관하여 국회 외에서 책임을 지지 아니한다'는(헌법 제45조) 헌법규정에도 불구하고 당론이 헌법 위에 있게 되는 것이다.

사실 당론추수주의는 여당이 대통령을 견제하는 것을 어렵게 할 뿐 아니라 정당 간의 극한대립을 초래해 국정의 마비를 불러올 수 있는 부작용

10) 예컨대, 한나라당은 당원은 결정된 당론과 당명을 따를 의무를 지닌다(제6조 2항)고 규정하고 있으며, 민주당은 당의 강령과 기본정책에 따를 의무와 당헌·당규를 준수하고 당론과 당명에 따를 의무가 있음을 규정하고 있다(제5조 2항).

또한 지니고 있다. 당론추수주의에 의한 정당투표는 투표를 실시하지 않아도 그 결과를 불이 보듯 자명하게 만들기 때문에 다수당은 투표를 강행하고자 하게 되고, 소수당은 투표를 하지 못하도록 물리적으로 방해하게 됨에 따라 극한대립을 초래할 수 있다.[11]

셋째, 여당 중진의원들이 대통령의 눈치를 과도하게 보거나, 의원들이 대선진영에 경쟁적으로 가담하여 의정활동이 파행으로 치닫는 것, 원내정당이 대선진영에 따라 사분오열되는 것을 막기 위해서는 의원의 장관겸직을 금하여야 한다. 비교적 공천의 걱정이 없는 중진의원들조차 대통령의 눈치를 보며 대통령의 의향에 따라 움직이는 것은 내각에 진출하고 싶기 때문인 경우가 많으며, 대통령선거가 있으면 의원들이 대선진영에 줄줄이 합류하게 되는 것 역시 이와 무관하지 않다고 볼 수 있다.[12] 의원들이 대선진영에 참여하는 것은 국회를 부실화하는 문제점과 더불어 대선진영에 따라 당내갈등을 발생시킨다는 문제점이 있다. 이러한 대선진영 간 감정의 골은 대선이 끝나고 나서도 극복이 되지 않아 이긴 진영이 진 진영에 보복하려는 움직임을 보이고, 진 진영은 협력에 거부함으로써 정당의 운영, 나아가서는 국정의 운영을 어렵게 할 수 있다.

넷째, 의원들이 대선에 관여하지 못하도록 하기 위해서는 정당중심의 선대본부를 꾸릴 것이 아니라 후보중심의 선대본부를 꾸리도록 하여야 한다. 우리처럼 의원이 당직을 겸하고 있는 상황에서는 정당중심의 선대본부가 꾸려질 경우 의원이 관여하지 않을 수 없다. 그러나 후보중심의

---

11) 롤스(Rawls, 1999)는 어떤 합의된 원칙이 정의로운 원칙이 되기 위해서는 그 합의에 참가한 사람들이 자신에게 이로운 합의를 이끌어 내려는 유혹이 없는 무지의 베일(*veil of ignorance*), 즉 각자가 타고난 사회적, 자연적 여건들에 대해 무지한 상황에서 원칙이 합의되어야 한다고 한 것에 반해, 우리 국회는 투표의 결과가 어떻게 나올지 명약관화한 상황이기 때문에 정당 간의 극한 대립이 계속되고 있는 것이다.

12) 좀더 정확하게 말하면, 대선후보와 가까운 의원들은 킹메이커가 되겠다는 명예욕과 장관직에 대한 욕심 등이 혼합되어 있는 것으로 보인다.

선대본부를 꾸릴 경우 의원들의 참여로 국회가 빈집이 될 가능성도 줄어들고, 선거운동 중에 발생할 수 있는 정치자금의 문제나 불법적인 선거운동으로 당이 타격을 받을 가능성도 줄어들 것이다.

5. 네티즌정치와 정당개혁

1) 서론

대의민주주의의 핵심 기제인 '정당'은 네티즌정치의 확산에 적응하기 위한 새로운 변화를 요구받고 있다. 특히 온라인공간의 정치적 갈등이 심했던 최근 한국사회를 들여다볼 때, 정당개혁은 그 어느 때보다도 절실하다. 지금 한국의 정당은 변화된 정치환경에 적응하면서 대의제의 결함을 극복하는 과정을 거쳐야 한다. 정보통신기술을 매개로 한 시민의 새로운 참여행태를 이해하고, 다양한 선호를 대표하는 제도적 기제로 탈바꿈할 수 있는 심사숙고의 노력이 필요하다. 이러한 과정에서 정보통신기술의 활용은 무엇보다 유익한 도구가 될 수 있다. 즉, 정보통신기술은 정당과 매스미디어를 통한 소통의 한계를 극복할 수 있는 핵심수단으로 부상했다(류석진, 2009).

최근 미국 정부와 정당은 국민과의 신뢰회복을 위해 그리고 유권자 동원을 위해 다양한 소셜미디어(*social media*)를 활용하고 있다. 우리가 잘 알고 있는 유튜브(YouTube)는 이미 새로운 정치적 소통의 공간으로 자리 잡은 지 오래다. 대통령 당선 후 처음으로 유튜브를 통해 유권자 연설 동영상을 올리고, 새 행정부의 정책들을 발표하며, 트위터를 통해 대통령의 TV기자회견 일정을 공개하는 오바마 정부의 모습들은 과거와 확연히 다른 시민과의 소통방식을 보여주는 단적인 예라고 할 수 있다. 이처럼 제도권과 시민 사이의 직접적 소통 증가는 전통적으로 시민정치참여의 중요한 매개 역할을 담당해 온 주요 정치집단들에게 상당한 혼란을 초래했다. 특히 정당은 정당의 권한 및 기능의 약화와 궁극적으로 정당의 쇠퇴를 걱정한다. 그러면서 지지자 없는 정당의 모습을 시민의 정치적 무관심과 낮은 투표율 탓으로 돌린다. 그러나 정당의 실패는 새롭게 등장한 디지털 정치환경, 그리고 이에 따른 시민의 변화에 대한 몰이해에서 기인하는 측면이 더 크다.

이 논문은 네티즌정치의 확산에 조응할 수 있는 정당개혁 방안을 제시하고자 한다. 이를 위해 우선 디지털시대 정치환경의 변화와 정치적 소통방식에 대해 살펴본다. 다음으로 그간의 디지털 정당개혁의 노력을 살펴본 후, 디지털시대 정당개혁의 방안을 제시할 것이다.

2) 네티즌정치(*Netizen Politics*)의 확산

지금의 디지털환경은 정보통신기술로 인한 미디어 환경과 소통양식의 변화로 정보 및 콘텐츠가 다른 영역을 넘나들어 부문 간 경계가 약화되는 환경을 초래한다. 이러한 환경에서는 정치행위자의 제도적 개입·조정과, 시민참여를 둘러싼 기존의 조직과 행동양식이 통합되거나 재구조화되는 현상이 빈번해진다. 따라서 디지털환경에 따른 정당의 역할 변화를 논의하기 위해서는 정치사회의 변화상을 제대로 파악하는 것이 무엇보다 중요하다.

(1) 디지털 시민의 이해

인터넷 등장 이후 급속하게 변화하고 있는 현대 정치사회는 전통적인 대의기구와 시민 사이의 질적인 변화를 이끌고 있다(강원택, 2009). 따라서 지금의 정당이 이러한 변화에 적절히 대응하기 위해서는 디지털시대를 살아가는 시민이 어떠한 모습을 띠고 있으며, 그들의 가치체계는 어떻게 변화하였는지에 대해 진지하게 고민할 필요가 있다. 즉 시민의 변화에 대한 이해는 정당의 발전적 진화에 대한 고민의 첫걸음이라 할 수 있다.

디지털시대의 시민은 정치를 '공적'이고 '이성적'인 것, 그리고 개인이 쉽게 접근할 수 없는 '상위 영역'으로 여기지 않는다. 정치적 의사소통 또한 사려 깊고, 숙의적인 논쟁보다는 사실전달 및 강한 자극을 주는 감성적 메시지 형태를 띤다. 이러한 현상에 대해 윤성이 · 김용철(2009)은 디지털시대의 시민을 산업화시대의 시민과 다른 층위에서 이해할 필요가 있다고 지적한다. 다시 말해 지금의 시민은 과거의 시민과 전혀 다른 새로운 가치체계를 형성한다. 이들의 가치체계에는 전통적으로 정치사회화의 중요한 요소로 간주되었던 가족, 학교 등에 못지않게 디지털환경이 무시할 수 없는 요소로 작용한다. 특히 다양한 소셜네트워크 서비스(*Social Network Service*)를 제공하는 디지털환경은 자신을 통해서 국가를 바라보고, 나를 통해서 시민으로 사고하고 행동할 수 있는 프레임을 제공한다(윤성이 · 김용철, 2009). 이는 단일성을 지닌 집단적 혹은 조직중심적 시민개념에서 사적 · 공적 영역을 넘나들며 '자기의 방식대로 자기를 드러내는' '자아중심적' 시민개념으로의 변화를 의미한다. 이제 시민은 국가 내의 집단적이고 분명하게 규정되어 있는 틀 속에서 형성되는 것이 아니라 다양하게 중첩되어 있는 형식들 속에서 새로운 정체성을 형성한다.

시민은 국가 혹은 시민사회와 같은 물리적 조건이 갖추어진다고 해서 당연히 존재하는 실체가 아니다(김상봉, 2004). 개인화된 시민개념은 디지털시대의 변화상을 이야기하는 주요 논의들에서 '개인주의화된 정치참여'(이원태, 2004), '나 홀로 정치참여'(임혁백, 2009) 등으로 언급된다. 나아가 '개인화'와 '나 홀로'는 사회적이면서 개인적인 의미를 모두 내포한다. 울리히 벡(Ulrich Beck, 1997)은 개인화란 개인들이 자신의 삶에 대한 이야기를 함께 만들고, 계획하며, 수정해나가는 것을 의미한다고 하면서 이를 협동주의적 혹은 이타주의적 개인주의라 표현한다. 특히 인터넷을 통한 시민참여는 '네트워크화된 개인주의'(*networked individualism*)의 표출이 용이하다(Wellman et al., 2003; 카스텔, 2004; 강원택, 2009). 이는 과거의 이념 혹은 계급과 같이 강한 정체성을 갖는 집단 및 공동체에 기반한 것이 아니다(강원택, 2009). 한편으로 개인들의 결합에 다름없지만, 사회적으로 형성된 관계망 속에서 참여를 통해 협력과 상호작용을 하는 개인들이다.

(2) 정치적 소통방식의 변화

디지털시대의 시민은 정치적 의사소통방식에서도 변화를 드러낸다. 유연하고, 느슨한 결합, 그리고 협력적인 소통방식의 특징을 보이는 네트워크화된 개인주의는 기존의 공급자중심의 정치체제와 잦은 충돌을 일으킨다. 특히 정보통신기술의 기술적 체계는 민주적이고 평등한 정치사회구조와 더욱 친화적이다. 따라서 디지털환경은 개인들에게는 더 큰 자율을, 그리고 정치 공동체에게는 더 큰 민주적 경향을 부여하는 수용자중심의 정치적 소통방식으로의 변화를 추동한다(민희 · 윤성이, 2009). 이러한 환경에서 과거 사회적으로 중요한 의제설정 역할을 담당했던 정당이나 언론 등은 개개인으로부터 심각한 도전에 직면하기 시작한다. 더욱이 정보화의 진전은 과거 소수엘리트가 독점하고 있던 정보와 지식을 다수가 공유하거나 접근 가능한 환경으로 바꾸면서 개인의 정치적 정보역량을 한층 높였다. 이제 시민은 더 이상 수동적인 정치적 동원의 대상이 아니라 능동적이고 주도적인 정치적 소통을 통해 네트워크화하는 주체로 변모하였다(강원택, 2009).

소셜네트워크 서비스는 이러한 시민의 정치적 소통방식의 변화에 가장 큰 영향을 준 기술로 꼽힌다. 유튜브, 트위터 등과 같은 온라인 서비스는 친구 맺기, 취미 공유하기, 대화하기와 같은 기능을 통해 사적인 관심사부터 공적인 이슈까지 넘나들며, 이슈의 사회적 확대재생산을 가능케 한다. 오히려 전통적인 주류미디어가 온라인공간에서 생성된 이슈를 재생산하는 경우가 빈번해졌다. 또한 시민들은 정확하고 신속하게 이슈를 전달할 때에도 소셜네트워크 서비스를 이용함으로써 전통적 미디어의 위상을 떨어뜨리기도 한다. 한 예로 2009년 6월 12일 이란 대통령선거가 끝난 뒤 이란 시민들은 트위터를 통해 재선을 요구하는 메시지를 전 세계에 알렸다(〈시사저널〉, 2009년 6월 24일자 기사). 이란은 정부의 엄격한 미디어 규제 때문에 민감한 국내소식을 외부에서 알기가 쉽지 않다. 그럼에도 불구하고 이란의 트위터 사용자들은 도시별로 인터넷과 휴대전화의 통신상황을 확인하고 반(反)정부 시위일정에 대한 정보를 확산시키고 교환하였다.

이렇듯 디지털환경 속에서 시민의 정치적 소통구조는 외부적으로 주어지는 것이 아니라 시민들 간의 자발적 상호작용을 통해서 형성된다(강원택, 2009). 특히 소셜미디어 네트워크의 기반이 되는 웹 2.0 기술기반은 유연하고 수평적인 네트워크구조를 형성함으로써 협력과 공유를 통한 참여 및 정치적 정보의 생산·확산을 가능케 한다. 이러한 현상은 전통적으로 대의기능을 담당했던 정당 및 의회의 기능이 상당히 위축되는 결과를 초래했다.

3) 디지털시대 한국정당의 위기

정당의 중요한 역할이 선거를 통해 정치사회의 핵심갈등을 집약하고 정부정책을 통제하는 것이라고 할 때 현재 한국의 정당정치는 선거과정을 주도하는 역할만을 행할 뿐이다(장훈, 2009). 이러한 현실은 정당에 대한 시민의 불신감을 더욱 확대시켰다. 더욱이 디지털환경의 급속한 확산에 따른 정치사회의 변화로 인해 시민이 정당을 외면하는 현상이 더욱 확산되었다. 정당위기의 원인을 파악하기 위해서는 디지털환경의 확산에 따른 정당의 조직·구조·기능의 변화를 먼저 이해해야 한다.

(1) 정당조직의 위기

소셜미디어 네트워크를 비롯, 웹 2.0 기술체계에 바탕한 정치적 소통 방식의 증가는 한국 정당정치의 위상에 큰 변화를 초래했다. 강원택(2009)은 디지털환경의 대두에 따른 정당조직의 위기를 크게 두 가지로 꼽는다. 첫째, 지역주의라는 집단적 정체성에서 벗어나 어떻게 개인화된 정치참여라는 변화에 적응해 갈 것인가. 둘째, 여론형성에 있어서 개인이 주도적인 기능을 하게 된다면 정책 생산이나 사회적 네트워크에 취약한 정당은 어떻게 재조직해야 하는가. 이러한 위기의식이 팽배한 이유는 한국의 정당조직이 여전히 자발적 참여보다 정치적 동원을 위한 도구적 속성을 강하게 지니고 있기 때문이다.

그간 정보통신기술을 활용하여 유권자 지지기반의 정당으로 변화하고자 하는 시도들이 여기저기서 행해졌다. 전자투표 방안에 대해 고민하고, 홈페이지·모바일을 통해 입당 및 탈당을 하고, 온라인으로 당비를 납부하고, 당원정보시스템이나 인트라넷을 통해 의사결정을 할 수 있는 시스템마련 등에 물적·인적자원을 투자하였다. 2002년 새천년민주당은 대통령후보를 선출하는 과정에서 전자투표를 이용한 제한적 국민참여경선제를 처음으로 도입하였다. 2008년 통합민주당은 일부 지역구에서 실시한 모바일 투표 결과를 일정 비율 공천에 반영하거나, 인터넷을 통해 총선공천심사위원회 자문기구인 시민심사위원단을 공모하여 10명을 위촉하기도 하였다. 또한 노무현 정부의 핵심인사들을 중심으로 온·오프라인 풀뿌리 참여에 중점을 둔 국민참여신당과 시민주권모임[13]이 움직이고 있다. 이러한 정치적 실험은 정보통신기술의 활용으로 가능했다.

그럼에도 불구하고, 이러한 노력들은 많은 비판의 대상이 되기도 한다. 국민참여경선제의 경우 선거인단의 표심을 잡기 위해 오히려 과거보

13) 시민주권모임은 노무현 정부 핵심인사들을 중심으로 미국의 무브온을 벤치마킹한 시민정치조직이다.

다 조직적인 흑색선전과 폭로전이 난무하기도 하였다(〈조선일보〉, 2009년 9월 14일자 기사). 국민참여신당과 시민주권모임의 경우 '정권재창출에 실패한 열린우리당 구성원들의 마지막 몸부림'(〈연합뉴스〉, 2009년 11월 27일 기사), '노 전 대통령 정치유산 계승을 둘러싼 민주당과 국민참여신당 간의 적자 논쟁'(〈한국일보〉, 2009년 11월 11일자 기사) 등과 같이 정치적 갈등을 불러일으키는 반응들이 적지 않다.

한국의 정당정치가 국민 참여공간을 넓히는 방향으로 정치개혁을 추진해 왔지만, 근본적인 문제해결은 쉽지 않아 보인다. 문제는 정당이 디지털환경을 현재 시민의 정치적 이익이 무엇이고, 어떻게 변화하였는지에 대한 고민의 바탕 위에서 활용하기보다는 선거 때 유권자를 현혹하거나 동원하는 수단 정도로만 간주하고 있다는 것이다. 지금의 한국 정당은 유권자들이 정당에 매력을 느껴 자발적으로 동원되도록 유도하기보다는 표심을 얻기 위해 유권자의 겉모습을 쫓아가기에 바쁜 형상을 띤다.

(2) 정당권력구조의 변화

디지털환경에서 살펴보아야 할 또 다른 측면은 정당의 의사소통 권력구조의 변화이다. 과거 정당은 다수가 집단적으로 공유한 이해관계를 대표했기 때문에 지지자의 조직화를 위해 위계적이고 중앙집중적인 의사소통 방식을 운영하였다. 더욱이 한국의 정당정치는 3김시대 이후에도 여전히 정당의 리더가 당 조직을 장악함으로써 당원보다도 소수엘리트에 권력이 집중되었다. 이러한 현상의 지속은 디지털환경의 대두로 인한 새로운 정치참여형태에 적절히 대응하지 못하는 정당실패의 한 단면을 보여줄 가능성이 높다.

디지털환경에서 정치적 소통방식은 수평적이고 자율적인 네트워크형태이다. 그 가운데 이야기되는 정치적 이슈 역시 사소하고 일상적인 것들이 눈에 띈다. 과거처럼 지역주의, 민주 대 반민주, 대북 문제와 같은 경성 이슈에 익숙한 정당정치는 생활중심적인 연성 이슈에 관심을 보이는 다양한 시민의 선호를 대표하기 힘들다. 더욱이 여전히 정당은 상대적으로 경직성을 지니고, 이념지향적이기 때문에 새로운 이슈와 환경 변화에 제대로 적응하지 못하고 있다(임성학, 2009). 임혁백(2009)은 디지털시대의 시민참여가 하나의 이슈에 집중함으로써 총체적으로 사회를 바라보는 것을 어렵게 만든다고 지적한다. 이는 탈집중과 탈권위의 시민참여를 더욱 용이하게 한다(윤성이·류석진·조희정, 2008). 따라서 기존 정당의 거대담론을 중심으로 한 중앙집중적 소통방식의 변화를 통해 정당권력구조의 분산이 필요하다.

디지털환경의 대두에 따른 이슈의 다층적 분산은 정당의 주요한 기능이 유권자의 다양한 선호를 집약하는 것이라고 할 때 기존 정당의 대표기능에 상당한 제약을 가한다. 정당이 유권자가 선택할 수 있는 다양한 선택지들을 마련해 주지 못한다면, 정당이 존재할 근거는 더 이상 없기 때문이다. 더욱이 지금의 정치환경에서 일상적인 생활이슈가 풍부해지면서 사회적 파장이 큰 이슈가 무엇이 될지 예측할 수 없게 되었다. 이러한 상황에서 정당이 유권자의 선호영역에 더욱 친밀하게 다가가기 위해서는 생활정치적 기구로서 자리매김해야 한다.

(3) 선거캠페인의 변화

디지털환경은 정당 및 정치인의 선거캠페인에도 많은 변화를 가져왔다. 조희정(2009)은 온라인 선거캠페인을 크게 세 시기로 구분하였다. 제1기는 1991년 이후 웹 사용이 보편화되면서 홈페이지를 통해 자기홍보에 주력한 시기를 일컫는다. 이때의 선거캠페인방식은 일방적인 정보제공이 대부분이었다. 제2기는 2000년 블로그, 2005년 UCC의 등장으로 선거운동방식의 획기적인 변화가 일어난 때이다. 이때부터 정치인들은 블로그나 UCC를 통해 정치인으로서의 모습뿐만 아니라 생활인으로서의 모습을 보여주기 시작한다. 또한 유권자들은 UCC를 이용하여 정치인을 감시하기 시작하고, 이를 블로그나 미니홈피에 업로드하여 정치인에 관한 정보를 확산시켰다. 제 3기는 2008년부터 현재까지에 해당되며, 선거캠페인에 소셜네트워크 서비스를 이용하기 시작한 시기이다. 마이스페이스, 페이스북, 유튜브, 트위터 등과 같은 소셜네트워크 서비스가 정치인과 유권자, 유권자와 유권자 사이를 연결하는 플랫폼 역할을 함으로써 무엇보다 유권자들 사이의 자발적 연계를 가능케 하는 정치환경을 제공하기 시작했다.

문제는 이러한 환경의 변화가 정당에 위협요소로 작용할 수 있다는 것이다. 이제 정당은 과거보다 더욱 많은 정치적 정보를 습득하고 생성할 수 있는 유권자를 상대로 '유리한 정보'만을 제공하기가 상당히 어려워졌다. 더욱이 지금의 유권자는 정당의 선거캠페인 메시지를 표심을 얻기 위한 일시적인 전략으로 여긴다. 때문에 정당이 디지털환경에 적합한 다양한 선거캠페인 도구들을 증가시켜도 여전히 정당을 향한 유권자의 신뢰는 향상되지 않는다. 결과적으로 전통적 대의기제와 유권자 사이의 갈등의 폭은 점점 커진다. 덧붙여 정부는 규제시스템을 통해 새로이 형성된 유권자의 정치적 소통의 통로를 제어하기에 바쁘다. 포털의 영향력이 승대되기 시작한 2005년 말부터 포털의 사회적 규제방안에 대한 논의가 등장한다. 2008년 12월에는 포털의 뉴스서비스를 신문법과 언론중재법상에서 처벌하도록 하는 내용의 언론법 개정안을 국회에서 발의하였다. 이 밖에 사이버모욕죄관련 정보통신망법 개정과 제한적 본인확인제의 확대시행 등에 대해 찬반의견이 극명하게 대립하면서 사회적 갈등의 한 축을 이루고 있다.

선거환경의 변화는 이에 따른 법적·제도적 정비를 수반한다. 지난 1992년 대선에서 TV 정치광고를 허용하고, 1997년 대선에서 TV 토론을 선거캠페인의 일환으로 본격화한 이후, 2004년 3월 각종 미디어를 활용한 선거캠페인을 확대하기 위해 공직선거법을 개정한 경험이 있다. 디지털기술이 선거캠페인의 주요한 도구로 사용되고 있는 지금, 이러한 환경에 적합한 선거법의 개정 또한 요구될 것이다. 그러나 위에서 언급한 것처럼 인터넷을 둘러싼 여러 법적 공방은 시민의 표현의 자유와 제도권의 규제를 양 축으로 심각하게 대립하고 있다. 게다가 선거법 개정에는 선거에서 유리한 위치를 고수하고자 하는 정치권의 사심이 상당히 작용하기도 한다. 정당의 생존과 발전을 위해서는 유권자와의 소통이 법제도 개정의 방향을 결정하는 기준이 되어야 한다.

4) 디지털시대 정당개혁

지금의 한국 정당은 스스로의 문제점을 하루빨리 극복하고, 대의민주주의의 본래적 기능을 회복하는 노력이 필요하다. 정당정치의 정당성은 유권자들의 다양한 선호를 대표하는 정책을 마련하고, 이를 실천할 때 비로소 확보된다. 그러나 선거 때마다 양산되는 정당 및 정치 후보자의 정책 공약들은 선거캠페인기간 동안에만 존재한다. 당선 후 집권당 및 선출직 공직자의 공약지키기는 좀처럼 행해지지 않으며, 유권자 또한 관심 밖이다. 우선, 유권자의 의미 있는 선택을 위해서 유권자 선호에 기반한 정당정책이 중요하다는 것을 고려할 때(Klingemann et al., 1994: 80), 시민과 소통할 수 있는 구조를 마련하는 것이 정당의 시급한 과제이다.

(1) 정책정당으로 가는 길

정책정당의 부재는 한국정치의 지역주의 정당시스템이 주요한 원인으로 작용한다. 민주화 이후 지역균열을 기반으로 한 정당 간 경쟁구도와 당 리더를 중심으로 한 선거바람은 유권자들을 동원하는 데 충분했다. 그러나 현재 한국정치의 정당은 과거의 모습과 다르다. 지금의 정당정치는 낮은 정치적 지지와 정책적 역량의 위기를 실감한다(김호기, 2008). 특히 정책적 역량의 위기는 그 무엇보다도 심각하다. 정책적 역량의 위기가 정치적 지지의 약화를 초래하는 주요한 요인이 될 뿐만 아니라, 디지털환경의 진전에 따른 시민집단지성의 확산이 정당의 전문적이고 투명한 정책산출기능을 더욱 강하게 요구하기 때문이다.

중앙선거관리위원회는 정당과 시민 사이의 정책적 소통을 위해 홈페이지(www.nec.go.kr)에 '정당정보시스템'을 개설하여 각 정당들의 정책을 공개하고, 유권자들이 이를 비교가능하게 하였다. 나아가 유권자가 직접 공약을 제안하고, 정치후보자에게 전달할 수 있는 '공약은행' 메뉴를 마련함으로써, 정당이 유권자 선호에 기반한 정책을 제시할 수 있도록 하는 매개자 역할을 자임하였다. 그러나 정당들의 정책공개란은 선거기간에만 한시적으로 운영되어 유권자가 원할 때 정보에 쉽게 접근할 수 없다.

〈그림 7-1〉 중앙선거관리위원회 홈페이지 '공약은행' 메뉴

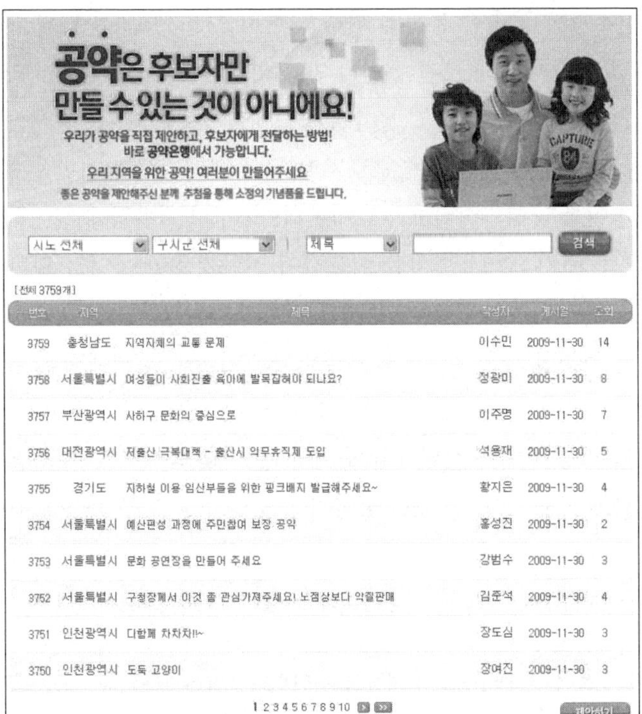

자료: http://www.nec.go.kr:8080/people/peopleparticipation/publicpledgebank/list.x html

공약은행 역시 유권자의 정책 제시들은 있으나, 이에 대한 정치권의 피드백을 온라인상으로 전혀 확인할 수 없어 원활한 시민 참여기제로 활용되지 못하였다. 진정한 정당의 변화는 정보통신기술을 활용한 환경을 구축하는 것을 넘어서서 그 환경을 능동적인 정치공간으로 만들 수 있는 정당 스스로의 참여와 지속적인 노력이 있어야 가능할 것이다.

유권자의 의미 있는 선택을 위해서 유권자 선호에 기반을 둔 정당의 정책마련이 중요하다는 것을 고려할 때(Klingemann et al., 1994: 80), 우선 시민과 소통컨대, 미국의 공화당이나 민주당은 헤리티지미국진보센터 등과 같은 싱크탱크들과 연계하여 지속적인 정책 개발에 박차를 가하고 있다. 미국 민주당은 민주정책연구원을 중심으로 지속적으로 비공개토론을 갖고, 민주당의 전략을 분석해 왔다(〈동아일보〉, 2008년 11월 28일자 기사). 특히 최근 미국의 포린 폴리시 인 포커스(Foreign Policy in Focus)[14]가 행한 '미국의 정책세계'(U.S. Policy World) 프로젝트는 정책을 생산하는 데 정보통신기술을 활용함으로써 미국의 대외정책의 기반을 마련하는 데 시민참여를 활성화시키고자 노력했다. 누구나 자유롭게 참여하여 글을 쓸 수 있는 '위키'(Wiki) 방식을 이용하여 전문가뿐만 아니라 일반 대중들의 참여를 가능케 했다는 점이 주목할 만하다.[15] 그리고 이를 통해 생산된 진보적 정책문건들을 무상으로 제공했다. '미국의 정책세계'의 책임자인 에릭 리버(Erik Leaver)는 이미 블로그나 인터넷을 통해 기존과 완전히 다른 방식의 소통을 하는 시민들을 주목하고, 이를 통해 시민이 정책의 직접적인 이해관계자가 될 수 있는 방법이 무엇인가에 대한 고민에서 이 프로

---

14) 미국의 대표적인 진보적 싱크탱크인 '정책연구소'가 운영하고 있는 국제문제 및 미국외교정책 전문 웹사이트이다. 여기에는 약 600명의 전문가들이 참여하여 진보적 성향의 외교정책들을 제안한다. 자세한 사항은 웹사이트 www.fpif.org 를 참조.

15) 단 '미국의 정책세계'는 누구나 글을 쓸 수 있는 위키피디아와 달리 로그인 절차를 거치도록 했다.

〈그림 7-4〉 미국의 포린 폴리시 인 포커스 웹페이지

젝트가 시작되었다고 설명한다(http://makehope.org).

이처럼 '미국의 정책세계'는 정치후보자들의 정책을 검증하고, 대중의 협력적인 지식 생산을 바탕으로 한 진보적 정책 생산 공간을 제공하고자 했다. 이 프로젝트에서는 2008년 미국 대선에 참여한 후보자들의 외교문제에 대한 정책과 입장을 모니터링했다. 이를 위해 핵군축, 카운터테러리즘, 지구적 건강·환경·경제, 군사정책, 지역 등을 범주로 한 정책영역을 구성하고, 대선후보로 나선 공화당과 민주당 후보들의 정책을 자신들의 기준에 따라 정리하였다. 이를 통해 일반시민들이 각 정당 후보의 정책을 서로 비교할 수 있는 환경을 제공하였다.

한국정치는 정책을 개발하는 데 있어서 정당, 시민사회, 지식사회 수준 모두를 포괄하는 유기적인 분업구조가 아직 정착되지 않았다고 김호기(2008)는 지적한다. 이러한 측면에서 볼 때, 미국의 사례와 같이 정보통신기술을 활용하여 정당 및 정치후보자의 정책공약과 시민 사이의 공감대를 형성하고자 하는 노력은 정당의 정책적 역량을 제고하는 데 중요

한 기반을 마련한다.

(2) 의원의 전문성 및 합의문화 강화

'네티즌정치'의 시대에 있어서 정당이 개혁해야 할 또 다른 부분은 당론정치 위주로 진행되는 현 정치구조이다. 한국의 정당정치는 의원 개개인이 당론과 다른 생각을 갖더라도 자신의 소신을 쉽게 행동에 옮기기 어려운 구조를 가지고 있다. 실제로 '의원은 국민의 대표자로서 소속정당의 의사에 귀속되지 아니하고 양심에 따라 투표한다'는 국회법이 존재하지만, 현실은 이와 다르다. 특히 집권당일 경우 국정책임성을 강화한다는 명분 아래 당론을 강제하는 경우가 종종 발생한다. 참여정부 시절 열린우리당은 '당론강제' 방침[16] 으로 인해 거센 당내반발을 일으킨 경험이 있다. 이는 국가보안법이나 사립학교법 등과 같은 정치적으로 민감한 법안에만 제한적으로 적용되는 것임에도 불구하고, '의회민주주의에 어긋난다', '국회의원의 위상을 떨어뜨리는 것이다' 등과 같이 소속의원들의 원성을 샀다.

이러한 현상을 바라보는 시민들의 회의감 또한 적지 않다. 최근 24개국 국민들을 대상으로 조사한 국회의 대의민주주의기능에 대한 평가를 살펴보면,[17] 한국의 경우 '개별 의원들이 당론 대신 개인의 소신과 판단

16) "참여정부 시절 집권당이었던 열린우리당은 과거사법 표결에서 열린우리당 참석의원 과반수가 반대표나 기권표를 던진 사태를 고려하여, 당론강제방침을 내놓았다. 이것은 '의원총회에서 공개투표를 통해 출석의원의 75% 이상이 찬성했는데도 본회의 표결에서 반대방향으로 투표를 한다면 징계를 하겠다'는 방침을 말하는 것으로, 집권당으로서 갖춰야 할 안정적이고 일관된 모습을 보이기 위한 목적으로 취한 것이다." 〈한겨레신문〉 2005년 5월 19일자 기사.

17) 국제의원연맹(IPU)이 주관하고 월드퍼블릭오피니언(WPO), 동아시아연구원(EAI), 매일경제가 참여하여 24개국 국민들에게 각국의 의회민주주의에 대한 인식과 평가를 물어본 결과이다. 이 조사는 2009년 4월 4일부터 6월 30일까지 진행되었다. 더욱 자세한 사항은 EAI 여론브리핑 제 58호를 참조할 것.

을 추진할 수 있다'라는 질문에 불과 12%만이 동의함으로써 조사대상국들 중 최하위를 기록하였다. 이는 소신 없는 정당의 집단주의가 민주적 대의기제의 운영에 방해요소가 된다는 것을 여실히 보여준다. 더욱이 대화와 토론이 존재하지 않고, 폭언과 몸싸움이 난무한 한국정당정치의 현실은 시민이 당연스럽게 정당을 외면하도록 한다.

이처럼 현 정당정치에 팽배하고 있는 '집단주의적 획일성'(임성호, 2009)은 국회의원에게 있어서 국정 현안에 대한 무관심을 증폭시킨다. 동시에 의원 개개인의 전문성 함양을 더욱 어렵게 만든다. 우리 사회에서 정치인의 역할이 사회갈등을 조정하고, 최선의 해결책을 찾을 수 있는 토대를 만드는 것이라고 할 때, 의원 개개인의 전문성은 정당정치가 제 역할을 찾는 데 있어서 무엇보다 중요한 요소이다. 특히 다양한 정치행위자들의 의견 및 이익표출이 용이한 지금의 정치사회구조는 이러한 의원의 자질이 더욱 절실히 요구된다.

제도적인 측면에서 살펴보면, 당론이 아닌 의원 개개인의 소신에 맡겨 투표할 수 있는 '교차투표제도'를 마련하는 것도 지나친 당론중심주의에서 벗어날 수 있는 좋은 방안이다. 그러나 지금 우리 사회에서 무엇보다 필요한 것은 소속 의원들 사이의 충분한 대화와 토론 공간을 마련하는 것이다. 주요 법안 및 정책 내용에 대한 교육은 물론이고, 의원 상호 간의 정보 교환 혹은 의견 제시가 일상화되어야 한다. 이것이야말로 당론과 의원의 자율성을 모두 보장할 수 있는 길이며, '한국민주주의의 성장통(*growing pains*)'[18]을 넘어설 수 있는 기회이다.

따라서 지금 한국의 정당정치는 무엇보다 '합의의 문화'를 뿌리내리는 작업이 시급하다. 이를 위해서는 정당 내 정책네트워크 기반을 마련하여

18) "2009년 1월 28일 〈로스앤젤레스타임스〉(*LAT*)는 1면 고정기획기사인 칼럼원(Column One)을 통해 쇠망치와 전기톱, 소화기가 등장했던 한국국회의 폭력사태를 소개하고, 이를 한국민주주의의 성장통(*growing pains*)이라고 분석했다." 〈조선일보〉 2008년 1월 30일자 기사.

의원 상호 간 교류가 활발히 이루어져야 한다. 미국 오바마 정부의 '열린 정부'(Open Government)는 협력정부 창출을 위해 전문정책영역의 온라인 전문가 네트워킹체계를 구축하였다. 열린 정부웹페이지에는 연방기관 사이, 연방·주·지방정부 사이, 공적-사적 파트너십, 자치 정부 메뉴가 마련되어 있어 다양한 정책영역의 전문가들이 지식을 공유하고, 의견을 나눌 수 있다. 프랑스는 정책 어젠다 설정을 위한 정당별 블로그가 개설되어 있어 정당이 지속적으로 정책을 개발하고 홍보할 수 있는 환경이 마련되어 있다(류석진, 2009). 프랑스의 정당은 블로그를 통해 어젠다를 설정하고, 설정된 어젠다는 개별 혹은 공동 정책블로그의 협력을 통해 정당의 최종정책으로 채택된다(〈전자신문〉, 2008년 9월 22일자 기사; 류석진, 2009. 10.).

〈표 7-1〉

의원 의사표현 자율성: 의원이 당론과 다른 의사표현의 자유가 있는가?

국가	순위	%	국가	순위	%
칠레	1	52	미국	13	24
남아공	2	50	이라크	14	24
우크라이나	3	41	영국	15	23
이스라엘	4	40	러시아	16	23
파키스탄	5	39	아르헨티나	17	21
케냐	6	36	터키	18	20
중국	7	33	아제르바이잔	19	19
프랑스	8	31	인도네시아	20	19
이집트	9	29	팔레스타인	21	12
인도	10	29	독일	22	11
멕시코	11	28	한국	23	10
나이지리아	12	25	23개국 평균	(폴란드 제외)	28

자료: 2009 WPO, EAI, 매일경제 국제조사결과 및 순위.

5) 결론

정당은 전통적으로 의제설정, 이해집약, 중개, 동원, 정치엘리트양성 등의 기능을 수행하였다. 극심한 정당 위기와 퇴조에도 불구하고 이러한 고유 기능은 정당의 존속을 뒷받침하였다. 그러나 네트워크환경에서는 이러한 기능을 수행하려는 대체집단들이 용이하게 조직화되고 있기 때문에 정당의 독점적 지위가 보장되기는 어렵다. 디지털시대 시민은 정치과정의 결과물을 소비하는 수동적인 존재에 그치는 것이 아니라 정치적 쟁점의 형성과 여론의 향배 등을 적극적으로 주도하는 등 정치과정 자체에 영향력을 행사하는 적극적인 생산자로서 역할을 한다. 산업사회에서의 대의방식이 공급자중심의 모델이었다고 한다면, 디지털사회에서의 대의

〈그림 7-4〉 열린 정부 웹페이지의 정책 네트워크 기반

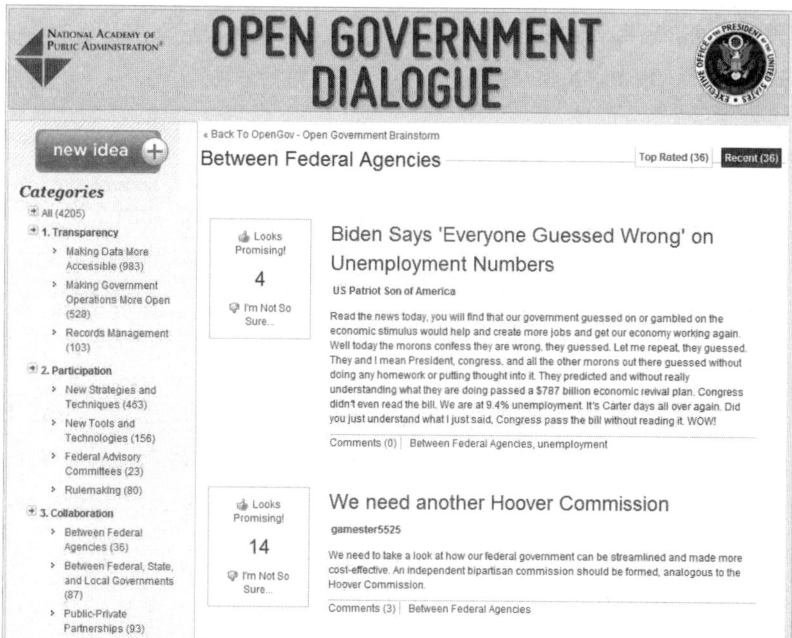

방식은 '수요자중심 참여모델'이라고 할 수 있다. 디지털시대의 정치참여 역시 기존의 정치참여와는 전혀 다른 양상으로 전개된다. 즉, 선거 등의 제도적인 영역을 우회하여 비제도적인 영역을 중심으로 네트워크운동이 펼쳐지면서 대의민주주의의 대표체제와 이해표출을 완전히 허물어뜨리는 방식으로 나타나기도 한다. 그렇다고 정당과 선거 등의 제도정치의 영역이 소멸되지는 않을 것이다. 여전히 시민을 정치적으로 매개하는 정당의 기능은 중요하고 앞으로도 그러할 것이다. 단, 정당이 매개 혹은 '대의'해야 하는 대상으로서의 시민이 변화하고 있다는 점과 함께 '무엇을' '어떻게' 대의할 것인가의 문제, 즉 '대의'의 대상과 내용 그리고 방식이 변화하고 있다는 점이 중요하다.

새로운 비제도적 통로가 나타나고 있고, 그 중요성이 증가하고 있으며, 이 부분에 대한 정당의 적극적 대응이 필요하다. 정당은 이러한 변화를 정확히 파악하여 구태를 벗고 새로운 시대에 맞는 방식으로 거듭나야 정치 매개집단으로서의 역할을 원활히 수행할 수 있으며, 대의민주주의를 디지털사회에서 강화시키는 성과를 얻을 수 있을 것이다.

6. 신(新)정당문화를 위한 정당제도개혁에 대한 제언

1) 문제의 제기

한국의 정당은 국민들로부터 비난과 불신의 대상이 되고 있다. 유권자들의 지지 없이 정당은 생존할 수 없으며, 정권의 창출은 정당활동의 가장 중심적인 목표가 된다. 그렇기에 유권자들의 정당에 대한 비판에 정당 스스로 무심할 수는 없다. 그 결과 우리는 여러 차례의 정치개혁, 정당개혁을 경험하였다. 그럼에도 불구하고 국민들의 정당에 대한 불신은 여전히 지속되고 있으며, 특히 최근 국회에서 의원들 간의 물리적인 폭력사태가 빈번하게 발생하면서 이제 정당정치는 거의 외면당하는 지경에 까지 이르고 있다. 그렇다면 그간의 정당개혁은 실질적인 성과 없는 정치적 시도에 불과했는가. 물론 유권자를 의식하여 졸속으로 만들어진 개혁 법안들도 있었음을 부인하기는 어렵다. 하지만 민주화 이후로부터 23년이 지난 현 시점에서 반추해 보면 정당정치도 조금씩 진화한 측면이 분명히 있다. 그럼에도 불구하고 한국사회와 제반 정치・사회제도의 급속한 변화속도와 비교할 때 정당정치는 양질의 발전을 하지 못한 채 오히려 다른 정치제도들의 발전을 저해하는 주범으로 간주되는 지경에 이르렀다. 사실 민주주의제도에서 정당은 유권자와 정책결정기구를 연계하는 가장 핵심적인 역할을 담당하며, 정당의 무능함은 국정운영 전반에 지대한 영향을 미칠 수밖에 없다. 이제는 정당에 대해 보다 적극적인 처방과 그 현실화를 가능하게 하는 데 정치개혁의 초점이 맞추어져야 한다.

이러한 맥락에서 이 글은 지난 2004년 정당개혁의 성과와 한계를 지적하고, 이를 토대로 새로운 정당체계를 형성할 수 있도록 하는 제도개혁의 방향을 논의하고자 한다. 정당에 대한 진단과 처방은 선거제도, 의회제도, 정치자금제도 등 관련제도들과 연계될 수밖에 없다. 정당조직에 대한 논의가 정당체계 전반에 대한 논의와 분리될 수 없는 것도 사실이다. 따라서 이 글에서는 먼저 지난 2004년 정당개혁에 대한 평가를 토대로 새로운 정당개혁이 정치체계 전반의 통치력 확보에 기여하기 위해서 어떤 부분에 더 무게중심을 두어야 할 것인지에 대해 논의하고자 한다. 이를 바탕으로 새로운 정당정치가 그간의 문제점을 극복하고 발전하기 위한 방향성을 제시하고 이에 대한 몇 가지 제도적인 제안을 하고자 한다. 특히, 제도개혁을 위한 제언에서는 정당 차원에서 고민할 문제들과 정당체계의 재편과 관련된 문제들을 연계하여 논의하고자 한다.

2) 정당개혁의 성과와 한계

1987년 민주화 이후 한국 정당정치의 변화에 대한 기대는 이른바 '3김'의 퇴진 이후로부터 본격화되었다. 민주화 이후로부터 김대중 정부까지 공정한 선거제도를 정착시켜 지배의 정당성을 공고히 하는 부분에 대한 제도적 교정과 실행이 이루어졌다면 그로부터 오늘에 이르는 기간에는 정당제도와 이를 뒷받침하는 정치자금제도 등 보다 제도화된 정당정치를 위한 개혁의 시도가 이루어졌다고 볼 수 있다. 그 시작은 아마도 김대중 정부의 마지막 해이며 대통령선거가 있었던 2002년, 상향식 공천제도의 획기적인 실험으로 봐야 할 것이다. 당시 새천년민주당은 국민참여경선제를 도입·실시하여 예상치 못했던 노무현 대통령 후보를 선출하였다. 국민참여경선제의 실시는 정당정치 폐해의 핵심으로 지적되었던 후보자 공천과정을 상향식으로 바꾸어 실시한 것으로서 그간의 폐쇄적, 배타적인 하향식 공천제에 대한 획기적 전환이었다는 점에서 정당개혁의 시작을 알리는 것이었다. 이와 함께 급속하게 진행된 정보화는 새로운 정치적 동원의 수단으로 그 힘을 보여 주었으며, 대대적인 대선자금 수사, 정치인의 구속 등 정치개혁에 대한 그간의 요구들이 어떤 방식으로든 수용되지 않을 수 없는 환경을 갖추게 되었다.

이러한 정치, 사회적 변화에 따라 2004년 정당법, 정치자금법, 선거법 개정을 포함하는 대폭적인 개혁이 이루어졌다. 2004년 정당개혁은 3김시대의 보스형 정당조직을 벗어나 분권적 조직을 도모하면서 정치부패와 고비용 저효율의 정당정치 폐해를 없애는 데에 초점이 맞추어졌다.

먼저 "돈 먹는 하마"로 인식된 지구당을 폐지하였다. 지구당은 고비용 정당 운영의 근원으로 지목되면서 이를 폐지하고 시·도당이 그 역할을 맡도록 한 것이다. 이러한 개혁조치의 이면에는 지구당이 위원장의 사당처럼 운영되면서 많은 정치적 비용을 남용하여 정치부패와 불신의 주범이 된다는 비판이 작용했다. 즉, 지구당을 폐지함으로써 정당정치의 투명성을 제고하고 그 과정을 경량화하는 데 목적을 둔 것이다. 그러나 지구당 폐지는 당시 정치개혁에 대한 국민들의 강한 요구에 정치권이 반응하지 않을 수 없는 상황에서 충분한 논의와 준비 없이 이루어진 것으로서 결국 본래의 의도와는 무관한 부작용을 가져왔다. 정당정치는 시민사회와 정책결정과정을 연계하는 중요한 부분을 담당한다. 따라서 민의를 수렴하는 장치로서 지방정당은 매우 중요하다. 물론 이전의 지구당이 많은 문제점을 지니고 있었으며 그에 대한 개혁은 반드시 진행되었어야 한다는 사실을 부인하는 것은 아니다. 하지만 지구당 폐지조치는 이를 대신할 수 있는 새로운 지방정당에 대한 논의와 준비 없이 졸속으로 이루어진 것으로서 사실상 소기의 목적을 달성하지 못했다(김용호, 2008; 전진영, 2009). 예컨대 정당정치의 투명성을 제고하는 부문에 있어서 어느 정도 기여한 바가 있다는 평가도 가능하겠으나 사실 투명성의 문제는 정당운영 전반에 대한 절차상의 규제나 정치자금법 개정 등을 통해서도 교정될 수 있는 것이었다.

지구당이 폐지되면서 그 자리를 대신하게 된 것은 당원협의회, 혹은 지역위원회로 이는 지구당과 달리 사무실을 설치하거나 유급직원을 둘 수 없다는 점에서 큰 차이를 지닌다. 당원협의회로 전환되면서 이전의 지구당이 위원장의 사조직과 같이 운영되었던 문제점을 많이 극복했다는 긍정적인 평가도 가능하다(김용호 외, 2008). 지구당 폐지의 부작용은 당원협의회, 혹은 지역위원회가 풀뿌리 의견수렴의 장치로서 기능을 다하지 못하고 있다는 점에서부터 찾을 수 있다. 지구당이 폐지되면서 오히려 유권자들의 정치참여 기회가 제한되는 부작용을 가져왔다는 비판이 그것이다(김용호, 2008; 전진영, 2009). 또 당원협의회 위원장은 현역의원이 맡게 되었으며, 이 경우 현역의원은 사무실도 운영하고 의정보고 등의 정치활동도 허용된다는 점에서 선거경쟁에서 현직의 이점을 충분히 활용할 수 있게 된다(전진영, 2009). 더욱이 지구당이 폐지된 지 여러 해가 지나면서 각 정당들은 편법을 활용하여 사실상의 지구당 사무실과 유사한 방식의 당원협의회를 운영하고 있다. 문제는 당원협의회는 법정조직이 아니기 때문에 활동 및 회계 보고를 할 의무를 지니고 있지 않다는 점에 있다. 이러한 현실은 지구당 폐지를 통해 기대했던 투명성 제고라는 목표가 현실화되지 못할 수 있다는 가능성을 충분히 보여주고 있다. 결국, 지구당 폐지는 민의의 수렴, 참여의 확대, 투명성의 제고라는 개혁의 목표를 제대로 달성하지 못하면서 최근 이를 부활하여야 한다는 주장마저 대두되고 있는 것이다.

둘째로 주목할 정치개혁의 주제는 공천방식의 변화다. 2002년 새천년민주당의 국민참여경선제는 이전의 하향식 공천제가 갖는 비민주적 정당운영의 관행을 획기적으로 바꾼 것이었다. 국민참여경선제는 당시 새천년민주당의 지지율을 60% 이상으로 올려놓을 만큼 국민적 환영을 받았다. 이후로부터 국민참여경선제는 정당의 후보자 선정 방식으로 자리매김을 하게 되었고, 이에 따라 2004년 국회의원선거, 2006년 지방선거, 그리고 2007년 대통령선거까지 유권자참여경선, 여론조사, 후보자검증토론회, 공천심사위원회 등 다양한 방식을 도입하게 되었다. 이러한 개혁적 조치의 이면에는 물론 정당내부의 정치적 계산도 작용했겠으나 전반적으로 후보자 경선에 있어서 투명성과 공정성을 증대하고 유권자에 대한 연대를 확대하여 참여와 개방성을 증진하는 효과를 기대할 수 있는 것이었다.

그럼에도 불구하고 그간의 국민참여경선제 역시 소기의 목적을 충분히 달성하지는 못하고 있는 것으로 보인다. 우선, 유권자의 참여비율이 그다지 높지 않다. 특히 대통합민주신당의 대통령선거후보 경선에서는 전북지역이 과대대표되기도 해 대표성에 있어 문제가 제기되기도 했다(김용호, 2008). 국민참여경선제는 허수의 당원이 많은 한국정당에서 후보자의 공천이라는 정당운영의 핵심적 절차를 유권자들에게 돌려주어 참여를 도모하고 상향식 절차를 통한 분권화와 개방화를 이루어 민주적인 정당운영을 기대한 것이었다. 그러나 그간의 공천제도는 그 절차와 규칙을 정하는 과정에서 지나치게 정략적인 계산이 작용하면서 넓은 범주의 유권자 참여를 유도하는 지지자중심의 정당으로 전환되지도 못하고, 당원들에게 적절한 지위와 특권, 또 그에 따르는 의무와 책임감을 부여하지도 못하게 되는 난국에 처하게 되었다. 특히 지난 2007년 대선을 비롯하여 여론조사 결과를 후보자 경선 절차에 포함시킨 것은 효율성이나 대표성, 공정성 등 그 어느 측면에서도 정당성을 찾을 수 없는 것이었다.

세 번째 개혁의 주제는 원내정당화로 요약되는 정책정당화이다. 원내정당화는 의원들이 원외에서 많은 시간과 노력을 소모함으로써 정당정치의 고비용 저효율이 양산되고, 정당 본연의 기능인 정책수립능력이 매우 취약했다는 점에서 이를 개혁하고자 제시된 것이었다. 즉, 조직으로서의 정당으로부터 의회 내의 정당으로 그 무게중심을 옮겨 의원들이 보다 자율성을 가지고 정책중심의 활동을 벌이도록 하는 제반의 개혁을 포함하는 것이었다. 그 가운데에는 정당운영의 방식을 총재중심의 방식으로부터 당대표와 원내대표를 따로 두는 이원적 방식으로 전환하는 조직변화가 포함된다. 그렇게 함으로써 보스중심적 정당구조를 탈피하고 정당의 상시적 활동영역과 의정활동영역을 분리함으로써 의원의 자율성, 정책효율성과 분권화를 달성한다는 데 목적을 두고 있었다. 이러한 개혁으로 정당총재 중심적인 일인보스형 정당의 모습은 많이 개선된 것으로 볼 수 있다. 그럼에도 불구하고 당대표가 국회의원을 겸직하고 있고, 또 국회의원들이 원외당직도 하는 등 현실적인 이원화가 이루어지지 못하고 있어 기대한 효과를 거두지 못하고 있다. 이는 결국 당직을 지녀야 선거에 필요한 정보와 자금, 그리고 공천 등에서 중요한 채널을 가지게 되는 것을 의미하며, 따라서 의원들 스스로가 자율적인 의정활동을 하는 것을 꺼리는 이익의 연쇄작용이 가져온 결과다. 따라서 당총재 일인중심의 조직으로부터는 벗어났지만 차기 대권후보(또는 그에 준하는 인물)를 중심으로 하는 파벌들이 형성되어 정당조직의 분파성이 커지고(조정관, 2009), 이러한 특성이 의정활동으로도 이어져서 의원개인의 자율성이 아닌 계파 간 응집성이 강하게 작용하여 입법과정이 보다 복잡한 갈등의 양상으로 전개되는 측면을 보이고 있다.

이처럼 지난 2004년 정당개혁은 본래의 취지를 달성한 측면도 있지만 많은 부분에서 그 목적을 달성하지 못한 채 표류하고 있거나 다른 문제들을 양산하고 있다. 먼저 유권자참여의 상향식 공천제는 정당의 개방성을 증대시키는 성과를 거두었다고 볼 수 있다. 물론 상기한 바와 같이 충분한 기대효과를 가져온 것은 아니었지만 그래도 짧은 시기에 참여 증대로 개방성을 높이고 그 절차를 공개함으로써 투명성이 진작된 것은 의미 있는 성과였다. 유사한 효과를 기대한 지구당 폐지는 그 결정과정부터 정치적으로 여론을 의식한 졸속의 조치였으며, 이로 인해 근본적 문제를 해결하기보다는 대안 없는 개혁으로서 부작용을 낳고 있다. 결국 이러한 일련의 결과들은 조직으로서의 정당 약화를 유도했다(장훈, 2002; 김용호, 2008; 박경미, 2006).

한편, 정당 조직의 이원화를 포함하는 정책정당화, 원내정당화의 시도 역시 본래의 목적을 충분히 달성하지 못한 것으로 보인다. 오히려 대권주자들을 중심으로 하는 정당 내 파벌화는 강화되었고 정당체계 차원에서 정당 간의 경쟁과 계파 간의 갈등이 복합적으로 나타나는 현상을 보이고 있으며, 여기에 지역주의에 근거한 정당편성이 지속적으로 나타나고 있다. 결국 2004년의 정당개혁은 매우 획기적인 조치들을 포함하는 것으로서 개방성과 분권화, 투명성의 제고에는 어느 정도 기여한 측면을 인정할 수 있겠으나 정당 본연의 기능이라고 할 수 있는 의견 수렴의 대표성, 정책활동의 효율성을 통한 정당체계의 안정적 제도화 측면에서는 여전히 많은 문제를 안고 있는 것으로 요약할 수 있다.

3) 새로운 정당개혁의 방향

2004년의 경험을 토대로 할 때 새로운 정당정치의 개혁방향은 무엇인가. 무엇보다 정당정치 동학의 방향전환이 필요하다. 그간의 정당정치는 유권자들의 참여를 끌어들이고 기존의 보스중심적 정당구조를 해체하는 방식으로의 전환이 개혁논의를 이끌어 왔다. 그러나 그러한 개혁방안이 실제로 정당의 정책수립이나 당내 의사결정과정에서 대표성, 반응성이 확보되는 정당정치 발전을 가져온 것은 아니었다. 그 결과 한국정당체계는 여전히 지역적 정서에 호소하는 지역주의 정당편성의 틀에 안주해 왔다. 그간의 정당개혁 논의는 참여의 확대 측면에서 많은 실험을 단행했다. 그러나 막상 정당의 핵심기능인 이익집약과 정책결정의 측면에서는 여전히 무능함을 보이고 있다. 따라서 이제는 정당이 정당한 대표성에 근거하여 이익집약 기능을 수행하고 이를 정책경쟁으로 발전시키는 기능을 되찾아 통치능력(*governability*)을 확보하도록 해야 한다. 이제 한국정당은 의사의 대표성, 정책결정의 효율성에 기반한 안정적 제도화를 추구하는 방향으로 노선을 전환하여야 하는 것이다.

이를 위해서는 먼저 정당 차원에서는 중앙당과 지구당의 관계가 적절한 모습으로 회복되어야 한다. 지난 정당개혁의 취지에서도 반영되었듯이 정당의 경량화는 정치과정의 투명성과 공정성 측면에서 매우 중요하며, 그런 취지에서 지구당의 병폐는 극복되어야 했다. 그럼에도 불구하고 졸속으로 처리된 지구당 폐지조치는 여러 문제를 가져왔다. 이를 구조적으로 재정비하기 위해서는 우선 중앙당과 지방당의 역할구분을 더 명확하게 할 필요가 있다. 현재 많은 문제점을 안고 있는 당원협의회를 풀뿌리 정당조직의 근저가 될 수 있는 방향으로 재개혁해야 한다. 현실을 그대로 방치할 경우 2004년 지구당 폐지 이전의 상황으로 다시 돌아갈 가능성이 크기 때문이다. 아마도 현 당원협의회를 중앙당의 사실상의 "풀뿌리 기지"인 시·도당이 되도록 하고 그 산하에 선거구별 사무실을 둘 수 있도록 하여 이들이 모두 활동 및 회계 보고를 하도록 의무화하는 방법을 고려할 수 있다. 이렇게 하는 경우 선거구사무실이 다시 개혁 이전 지구당과 같은 폐해를 가져올 수 있다는 염려가 제기될 수 있다. 그러나 이제는 공직선거법과 정치자금법에 의해 정치부패나 지구당 운영의 고비용구조가 재현되기 어려운 환경적인 요건들이 갖추어져 있다는 점에서 이전과는 다르다(전진영, 2009). 이러한 선거구사무실에 대해서는 평상시에 민의의 수렴기구로서 기능을 다할 수 있도록 하여 풀뿌리 조직으로 기능하도록 하고 선거기간에는 선거운동의 기지로 활용하게 한다면 그동안 지구당 폐지의 부작용으로 나타났던 문제들이 적지 않게 해결될 수 있을 것이다. 한편 중앙당은 시·도당에게 민의수렴의 기능을 주는 대신 정당의 홍보와 정당노선의 구축 등 상시관리 및 정당전반에 관한 사항을 관장하도록 한다(정진민, 2008). 이러한 방안을 통해서 정당이 민의를 보다 적극적이고 상시적으로 반영할 수 있도록 함으로써 이익집약의 기능을 제고할 수 있을 것이며, 아울러 정당조직의 체계적 의사소통 채널이 확보될 수 있다.

새로운 정당정치는 무엇보다 정책과 정당의 활동결과를 바탕으로 생존이 결정되는 경쟁구도로 전환되어야 한다. 그간의 정당개혁이 번번이 소기의 성과를 거두지 못한 이유는 이러한 경쟁구도의 전환이 제대로 달성되지 못한 데에 있다. 정당의 가장 핵심기능인 이익집약을 통한 정책전환기능이 발휘되지 못하는 상황이다 보니 정당은 지속적인 비난의 대상이 될 수밖에 없었다. 이러한 정당의 무능함(*immobilism*)은 여러 가지 제도적, 조직적인 특성에서도 기인하지만 결국 정당활동의 중심이 되는 의원과 의원후보자들이 재선을 위한 공천과 자금, 정보에 민감하게 반응할 수밖에 없다는 현실과 직결된다. 예컨대 의원들의 자율성을 제고하여 의회에서 교차투표가 어느 정도 활성화될 수 있도록 하는 개혁의 효과를 기대했지만 의원들은 당론이라는 틀에서 벗어나서 자율적으로 활동하기를 스스로 꺼려 왔다. 당론의 거역은 다음 선거에서 본인들의 공천과 직결될 수 있는 문제이기 때문이다. 따라서 경쟁의 구도가 정책을 둘러싼 것이 되도록 하기 위해서는 공천과 당론의 문제가 핵심적으로 논의되어야 한다.

먼저, 공천과 관련해서는 국민참여경선제가 갖는 장점들도 인정되지만 그간 지적된 문제점을 중심으로 제도를 보완할 방안을 모색해야 한다. 일반 유권자를 참여시키는 경우 정당조직이 약화되고, 기대와는 달리 오히려 대표성 확보의 문제, 후보자의 당선경쟁력이나 자질검증의 차원에서 오히려 취약할 수 있다는 지적들을 보완해나가야 한다. 즉, 상향식 공천방식을 유지하되 분권화를 지향하면서 포용성(*inclusiveness*)과 배타성(*exclusiveness*) 사이의 균형점을 찾는 방식을 채택할 필요가 있다(전용주, 2005). 예컨대, 중앙당과 시·도당이 공천권을 분담하는 방법이 그것이다. 물론 이 경우 공정성과 투명성이 손상되지 않도록 하는 방법이 함께 고려되어야 한다. 또한 효율성이나 대표성 등의 측면에서 취약할 수밖에 없는 일반인 여론조사를 공천의 기준으로 삼는 현행 방식은 철회되어야 한다.

많은 국가에서 공천방식은 선거 때마다 논란의 대상이 되고 있다. 원론만으로는 해결될 수 없는 제반 변수들을 예측하기 힘든 데다 후보당사자들의 이해가 직접적으로 연계된 정치적 전략마저 개입되는 상황에서 그 규칙이 정해지기 때문이다. 따라서 여기에서 제안하는 방식을 정당개혁 방안으로 법제화하거나 강제할 수는 없을 것이다. 그러나 앞으로의 정당개혁이 대표성과 효율성에 기반을 둔 정당정치의 질적 제고를 지향한다면 우선 후보자의 자질을 사전검증하는 단계가 필요하다는 점을 지적하지 않을 수 없다. 따라서 중앙당 차원에서 더 객관적인 공천심사위원회를 구성하여 여기에서 엄정한 공통의 평가기준을 마련하도록 하는 것이 필요하다. 즉 공천심사위원회는 후보자 선정의 기본원칙을 먼저 결정하고, 그 근거에 의거하여 후보자를 선정하는 심판자 역할을 해야 한다. 다시 말해서 지역사례별로 접근하기보다는 대원칙과 세부절차를 먼저 결정한 다음 그에 따라 후보자를 선별하는 방식으로 운영하여 객관성과 형평성을 확보하도록 해야 한다. 심사결과는 기준과 함께 공개하도록 하고 적법한 절차에 의하여 결정된 사안이 최고위원회나 특정의원 등에 의해 번복되는 일이 없도록 공개성과 공정성이 담보되어야 한다. 이를 현실화하기 위해서 공천심사위원 중 외부심사위원의 비율을 높여 의원들 간의 이해관계에서 더 자유롭고 공정한 공천이 되도록 하는 방법이 도입되는 것도 공정한 공천을 앞당길 수 있는 방법이 될 수 있다. 이 경우 공천심사위원회에 참여한 인사가 다시 후보로 나가는 등의 부조리가 있었다는 점에서 이에 대한 배제도 엄정하게 이루어지도록 할 필요가 있다.

이와 더불어 현직의원의 경우 정책과 활동 위주의 경쟁이 되게 하기 위해서는 상시적인 평가시스템을 도입하여 유권자들이 이를 언제나 모니터링할 수 있도록 할 필요가 있다. 사실 객관적인 평가시스템은 이제 우리 사회 전반에 일상화되고 있다. 기업, 학교 등에서 객관적인 평가시스템을 구축하고 이를 실제 인사, 승진 등에 반영해야 한다는 데에 대부분이 동의하고 있다. 이제는 정치권도 그러한 대상에 포함시켜 활동이 투명하게 보고되고 의원이나 후보자들에 대한 객관적인 평가자료들이 공개되어 그 결과가 다음 공천과 선거과정에 반영되도록 의무화할 필요가 있다.

이와 관련하여 당장 정당 차원의 문제는 아니지만 윤리위원회를 객관적인 제3자로 구성하여 그 결정이 보다 강제성을 갖도록 함으로써 정책입안자들의 질적 제고가 이루어지도록 할 필요성도 다시금 강조할 만하다. 국민이 선출한 의원에 대한 평가라는 점에서 그 결과에 대한 강제성의 수위는 논란의 대상이 될 수 있다. 그러나 재심의의 기회를 허용하는 선에서 위원회의 객관성과 그 결정의 강제성 수위를 현재보다 높일 필요성이 있다고 본다. 이러한 평가시스템을 구축하기 위해서는 지원조직체계 구축과 국회운영제도 개선 등 제반 사항들에 대한 논의가 함께 진행되어야 할 것이므로 정당 차원에서 일방적인 결론을 내리는 데에는 무리가 있다. 따라서 이 문제는 국회개혁과의 연계선상에서 보다 종합적인 개혁패키지로 제안, 실행되어야 한다.

공천과 연계되어 의원들의 자율적 활동을 저해하는 또 다른 요소는 당론의 문제다. 우리 정당은 그 기율이 매우 강해서 오히려 효율적인 정책결정을 저해하고 극단적 갈등을 유발하고 있다. 정당 기율은 정당 일체감과 정책적 책임성을 담보할 수 있다는 점에서 필요하다. 그러나 한국 정당의 경우에는 당론을 따르지 않게 되면 공천에서 배제되고 당 중심으로부터 멀어져 본인의 정치생명에 지장을 초래할 수 있다는 우려가 너무 크기 때문에 의원들의 자율적이고 창의적인 정책활동이 도모되기 어렵다. 정책결정의 가이드라인이 되어야 할 당론이 오히려 정당의 정책 기능을 저해하고 있는 면이 강한 것이다. 그러나 당론은 정당의 정체성과 이념적 특성을 보여 주고, 유권자들에게 정책 책임성의 소재를 알려 준다는 점에서 필요한 것 역시 사실이다. 따라서 이를 효과적으로 보완하기 위해서는 당론이 결정되는 과정과 범주를 원칙으로 정할 필요가 있다. 당 지도부가 모여 당론을 결정하는 방식에서 벗어나서 의원들의 의견이 제대로 수렴되도록 하는 민주적 절차를 구성하여 이에 따라 결정하도록 한다면 당론의 부당성도 어느 정도 극복하면서 결정이 갖는 구속력 또한 힘을 얻게 될 것이다. 그렇다고 해서 모든 안건에 대해 당론이 지배하게 된다면 이 역시 의원들의 자율적이고 창의적인 정책활동 의지를 좌절시키게 될 것이므로 정당의 당헌과 당규, 이념, 선거 시 전반적인 공약의 방향성과 같이 정당의 정체성과 기본적 원칙에 관련된 사안에 한해서 당론을 정하고 이에 대해서는 구속력을 갖도록 할 필요가 있다(강원택, 2005; 정진민, 2008).

정당체계의 차원에서 나타나는 주요 문제로는 정당 간 경쟁은 물론 계파 간의 경쟁구도가 복합적으로 이루어지고 여기에 지역주의 구도가 가세함으로써 빚어지는 분파성의 가속화와 지역주의에 근거한 정당 편성의 고착화를 들 수 있다.

정당체계 차원에서의 개혁 논의는 선거제도 개혁에 초점이 주어질 수밖에 없다. 선거제도를 통해서 의회에 진입하는 정당의 수가 영향을 받게 되며 그에 따라 정당조직 차원에서 공천제도를 포함하는 제도의 변화가 유도되기 때문이다. 선거제도의 문제는 다른 장에서 다루고 있기 때문에 여기에서는 구체적인 논의는 하지 않기로 한다. 다만 이와 관련하여 이 장에서는 정당체계의 변화를 위해서 비례대표제의 확대와 선거구 재획정이 필요하다는 점을 강조하고자 한다. 이미 잘 알려져 있듯이 비례대표제는 다당제를 유도하게 될 것이라는 점에서 정당체계의 분파성을 오히려 촉진시키게 될 것이라는 예측이 가능하다. 그러나 이 문제는 비례대표제의 의석배분기준을 조정함으로써 조절할 수 있다. 여기에서 비례대표제의 확대를 강조하고자 하는 것은 그보다는 지역주의 정당 편성의 완화를 유도할 필요가 있다는 점에서이다. 비례대표제를 확대하게 되면 우선 선거에서 정당의 정체성이 더 확립될 수 있으며 지역주의에 대한 의존도가 낮아지면서 정책이슈중심의 자율적인 의정활동가능성을 더 열어 줄 수 있다는 점에서 정당 차원에서 지적된 문제들을 보완하는 효과를 가져올 수도 있다.

또한 지역주의 정당편성을 해체하는 보다 적극적인 방법으로는 선거구 재획정을 생각해 볼 수 있다. 여기에서 지역주의 정당편성이 완화되어야 하는가에 대한 정당성의 문제가 제기될 수 있다. 정당체계가 지역을 중심으로 형성된 제반 사회이익을 집약하는 방식으로 편성되는 상황에서는 이러한 주장이 설득력을 갖기 어렵다. 그러나 한국 정당체계의 지역적 편성양상은 민주화 이후 정치지도자를 중심으로 한 선거전략의 차원에서 발생된 지역적 할거(割據)이며 이것이 정당정체성과 동일시되고 있음으로 해서 정책적 성향이나 이념적 노선에 의한 정당정체성이 형성될 수 있는 길을 차단하고 있다. 따라서 이는 정책중심의 정당정치발전을 저해하는 측면이 강하다고 볼 수 있다.

사실 선거구재획정의 문제는 비단 정당체계의 변화를 위해서만 필요한 것은 아니다. 선거구의 획정은 대표성의 등가성을 확보하는 일이라는 점에서 정기적으로 행해져야 한다. 그러나 실제로 선거구획정의 최종결정이 이해당사자인 정치인들에게 주어짐으로 해서 공정성과 등가성이 보장되는 선거구획정은 늘 미비한 채로 남아 있게 되었다(심지연, 2005; 김형준 · 김도종, 2003). 따라서 선거구획정위원회의 구성에서 정치인을 배제하고 이를 상시기구로서 독립시키며 그 결정 역시 구속력을 갖도록 하는 제도적 장치가 먼저 마련되어야 할 것이다. 지역할거 정당체계를 변화시키기 위해 인구변화를 반영하여 기존 선거구의 틀을 완전히 벗어나는 획기적인 선거구획정을 도모하는 것도 한 가지 방법이 될 수 있다. 그러나 이런 경우 기존 정치인들이 쌓아온 선거구활동의 결과가 무산될 수 있다는 점에서 현실화하기에 많은 저항과 어려움이 있다. 따라서 전문성과 현실성의 적정선에서 균형 있는 대안이 제시되어야 할 것이다. 개혁은 때로 강한 구속력을 지니고 추진될 때 기대한 효과를 거둘 수 있지만, 그 절차와 과정에서의 저항을 줄여 불필요한 사회적 비용을 줄이는 것 역시 중요하기 때문이다.

4) 결 론

이상에서 2004년 정당개혁의 성과와 한계를 간략히 지적하고 이를 토대로 새로운 정당정치를 위한 개혁의 방향성을 몇 가지 대안과 함께 소개하였다. 그간의 정당개혁은 참여의 증진을 통한 개방성과 투명성의 확보에 초점이 주어졌다. 반면, 그 반대급부로 정당조직의 와해와 분파성의 강화가 나타났으며, 개혁의 목적이었던 정책정당화는 달성되지 못한 것으로 보인다. 따라서 새로운 정당개혁은 그간의 개혁의 성과를 유지하면서 지역할거적 정당체계의 한계를 극복하고 정당의 정체성을 확보하면서 정책과 정당활동이 정당 경쟁의 중심 동력이 될 수 있도록 하는 방향으로 전개되어야 한다. 다시 말해서 이익집약과정에서 대표성을 확보하고 이익을 정책으로 전환하는 효율적인 정당운영이 이루어지도록 하는 가운데, 정당의 정체성을 중심으로 하는 수직적 연대와 정책을 중심으로 전개되는 수평적 연대가 동시에 진행될 수 있는 제도개혁이 고민되어야 한다. 정책활동을 중심으로 한 정당경쟁의 동학이 전개될 때 정치과정 전반의 통치력이 발휘될 수 있기 때문이다.

7. 정치자금

1) 정치자금 개혁의 성과, 특성과 한계

불법정치자금, 금품선거, 정경유착 등 저발전 정치의 징후들이 끈질기게 한국 민주화를 방해했었다. 천문학적 액수의 정치자금이 선거기간에 살포되었고, 이런 불법선거비용을 마련하기 위해 후보와 정당이 대기업에 손을 벌리면서 자연스럽게 정경유착이 발생하였다. 정당과 정치인은 일반국민을 대표하기보다는 정치자금을 제공할 수 있는 기업과 단체의 이익을 대표하게 되어 민주주의가 제대로 실현되기 어려웠다. 그러나 최근 일련의 정치개혁으로 정치자금문제는 많이 개선되었고 많은 사람들이 이런 사실을 피부로 느끼게 되었다. 일반국민이나 전문가 모두 과거에 비해 한국 정치자금이 매우 깨끗해지고 규모도 줄어들었다는 점을 인정하고 있다. 객관적인 조사에서도 밝혀지고 있다. 선관위에서 선거 때 실시하는 유권자 의식조사에 따르면 대표적인 불법정치자금 및 선거운동의 사례인 '금품·음식물·선심관광 등 기부행위'는 16대 20.8%에서 18대는 7.6%로 줄어들었다(〈그림 7-4〉 참조). 민주화의 경험이 부족하고 역사가 일천함에도 불구하고 정치자금 개혁은 과감하게 진행되었다. 80년대부터 시작된 제 3의 민주화물결에 속하는 국가들 중 정치자금문제가 한국과 같이 개혁된 사례는 찾아보기 힘들다. 또한 개혁의 기간으로 비교해 본다면 어떤 선진국보다도 단기간에 이 문제를 해결하였다고 평가할 수 있다.

개혁된 정치자금법[19]은 정치자금의 수요와 공급을 줄이고, 투명성을 강화하는 방식으로 추진된 것이 특징이다. 수요측면에서 살펴보면 돈 먹는 하마라고 비판받던 지구당을 폐지하였고, 과거 조직동원형 고비용·

---

19) 개혁된 정치자금제도의 특징은 한국정당학회가 2008년 10월 24일에 한국외국어대학교에서 개최한 세미나에서 "정당발전을 위한 환경개선: 정치자금제도"로 발표된 임성학의 논문에서 발췌, 수정한 것임.

저효율 선거운동을 매스미디어를 이용하는 저비용 고효율 선거운동방식으로 전환해 선거비용을 급격히 줄일 수 있는 정치환경을 조성하였다. 공급측면에서는 법인·단체의 정치자금 기부를 금지하였고, 후원회모금 한도를 하향 조정하여 대규모 정치자금의 조성을 막았다. 회계보고제도를 강화하고 수입과 지출 내역을 쉽게 확인할 수 있는 방법으로 사용하게 하여 투명성을 높였다. 정치자금과 선거비용이 획기적으로 줄어들어 불법정치자금의 소지를 없앴다는 점에서 저비용의 정치자금제도가 정착해 가고 있다고 평가할 수 있다.

그러나 이런 새로운 정치자금제도가 정치발전과 민주주의 고양이라는 정치의 본질적 기능을 활성화하기보다는 저해하고 있다는 비판이 제기되고 있다. 대표적인 예로 지구당 폐지를 들 수 있다. 지구당 폐지로 정치자금의 수요는 줄어들었지만, 정당정치의 뿌리가 없어졌고 유권자의

〈그림 7-4〉 국회의원선거에서 개선해야 할 문제

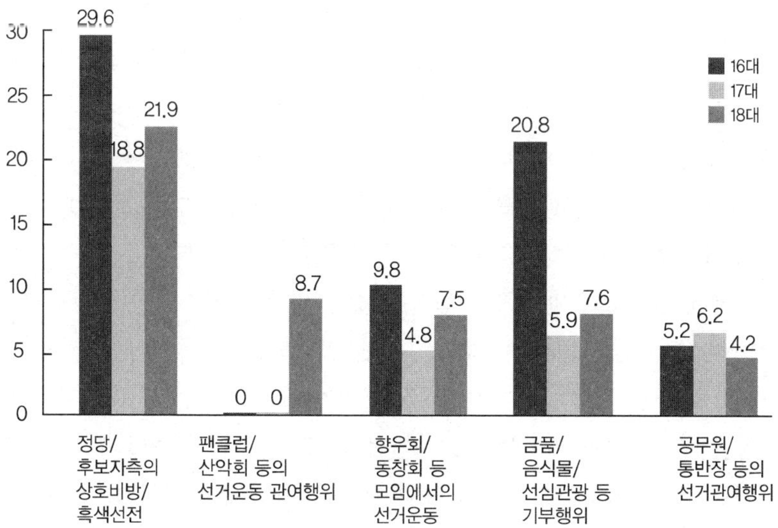

자료: 중앙선거관리위원회 선거정보센터 제 16, 17, 18대 국회의원선거에 관한 유권자 의식조사의 자료를 종합함(http://elecinfo.nec.go.kr/: 검색일 2010. 1. 12.)

정치인에 대한 접근성이 떨어져 민의의 수렴과 전달에 문제가 발생한다. 비판받던 지구당은 폐지되었지만 기간당원을 중심으로 한 당원 자발조직인 당원협의회(또는 지역위원회)가 지구당을 대신하는 역할을 하고 있으나 이에 대한 규제나 감시할 제도가 없어 더 많은 문제를 야기한다. 따라서 과거와 같은 조직동원형 정치방식이 줄어들고 있고 정당정치의 발전과 유권자의 접근성 확보를 위해서도 투명성이 확보될 수 있다면 지구당을 부활시키는 것이 타당하다. 또한 정당과 정치인의 합리적 정치활동에 필요한 정치자금을 합법적이고 합리적으로 모금할 수 있는 제도를 제공해야 불법·탈법 정치자금의 소지를 없앴을 수 있을 것으로 예상된다.

2) 정치자금제도의 발전을 위한 제2차 개혁

(1) 개혁 어젠다

정치개혁에 대한 국민의 열망을 담아 2004년 개정된 정치관련법을 시행된 지 6년이 지났다. 전반적으로 정치자금제도가 제도화되고 있다고 평가할 수 있지만 개선해야 점도 많이 남아 있다. 정치자금제도의 발전을 위한 2차 개혁은 다음 3가지 점이 고려되어야 한다. 먼저 과도한 기대와 목표를 보다 현실화해야 한다. 비현실적 기대와 목표는 정치인, 정당 더 나아가 민주주의 발전을 막고 정치사회에 대한 불신만 조장하게 될 수도 있기 때문에 위험하다. 둘째, 한국적 현실이나 역사적 조건이 무시된 상황에서 선진국의 제도를 수입하는 것을 막아야 한다. 한국적 상황에 맞는 제도가 도입되어야만 제도는 쉽게 정착하고 효과가 있을 수 있다. 마지막으로 민주주의적 가치에 대한 국민적 합의를 만들어 내는 것이다. 다양한 민주주의의 가치는 상호보완적이기도 하지만 상충할 수도 있다. 자유와 평등, 안정성과 다양성 등의 가치는 동시에 실현되기 어려운 민주주의적 가치들이다. 어떤 가치를 추구할 것인지에 대한 국민적 합의가 필요하다.

개혁 어젠다로 먼저 정치자금의 현실화를 살펴보자. 민주화 이후 시민사회는 급속히 발전하였고 이에 따라 다양한 사회적 요구와 관심이 표출되었다. 이런 국민의 다양한 요구와 관심을 모아 정책으로 만들고 다시 국민들의 지지를 얻어 정책이 집행되어야 하는 것이 민주주의체제의 본질이다. 그러나 이런 과정들이 매우 쉽고 적은 비용으로 가능하다면 큰 문제가 없겠지만 현실은 그렇지 못하다. 국민의 의견을 수렴하고, 정책을 설계하고, 다른 정책과 경쟁하면서 만들어진 정책을 홍보하고, 집행하는 것은 매우 많은 비용이 든다. 기업이 새로운 제품을 만들어 시장에 내놓을 때 시행하는 시장선호조사, 신제품 개발 및 홍보, 판촉활동 등과 비교해 본다면 이런 과정에서 지출되는 비용이 엄청나다는 것을 쉽게 알 수 있을 것이다. 올해 2월 8일 열린 미국 프로풋볼 결승전인 슈퍼볼의 경우 30초당 광고 단가가 250만~300만 달러로 알려졌다.[20] 이처럼 한 개의 제품을 홍보하는 데에도 엄청난 비용이 드는데, 더 많은 국민에게 영향을 주는 정책 홍보를 위해서는 얼마나 많은 비용을 사용해야 하는지에 대해 진지하게 생각할 때가 왔다. 현재 국회의원 후원회의 후원금은 사무실을 운영할 수 있는 정도를 충당할 수 있다. 또한 정당은 후원금을 받을 수 없는 실정이다. 이런 상황 속에서 국민의 다양한 요구와 기대에 부응하기 위해 적절한 자금의 확보와 지원은 민주주의 발전에 필수적이다. 물론 이런 지원은 국고보조금의 투명한 사용, 정당조직의 경직성, 정책개발능력부족 등의 문제점이 선결된다는 전제 하에 가능하다.

둘째, 한국적 현실을 고려한 정치자금제도이다. 선진국 제도를 무비판적으로 수용하는 것과 한국 정치문화에 대한 고려가 부족한 것은 한국의 현실이 고려되지 않는 경우들이다. 먼저 한국은 선진국 정치제도의 시험장과도 같았다. 선진국에서 성공한 제도는 한국적 상황에 대한 고려

---

20) 〈서울신문〉, http://www.seoul.co.kr/news/newsView.php?id=20100209028013(검색일: 2010. 2. 11.)

없이 도입되었다. 심지어 정치운영원리가 아예 다른 국가들의 제도를 가져다 적용하였다. 예를 들면 대중정당적 제도와 포괄정당적 제도가 혼재하고 있다. 정당의 역할을 강화하고 정책기능을 보완하기 위해 정당에 국고보조금을 지급하고 정당연구소를 지원하는 반면 정당의 기초조직인 지구당을 폐지하고 중앙당후원회를 폐지하여 정당의 기능을 축소시키고 있다. 한국의 정당체제는 정당중심의 유럽식 모델과 의원중심의 미국식 모델 양자를 혼합한 매우 특이한 체제이다. 물론 이런 새로운 체제가 선진국의 정당체제보다 더 효과적으로 작동한다면 문제가 없겠지만 더 많은 문제점을 야기하고 있다. 그 근본적인 원인은 개별 정당모델의 정치제도가 그 모델에 작동하도록 개발되고 발전한 제도라는 데 있다. 따라서 한국의 경우 어떤 정치 혹은 정당체제가 더 적합한지에 대해 논의하고 의견을 수렴하여 이에 맞는 정치제도를 선택하는 것이 필요하다.

정치제도는 정치적 역사와 문화의 산물이기도 하다. 따라서 정치문화가 고려된 제도만이 그 사회에 뿌리를 내릴 수 있다. 한국 정치자금공급은 과거의 다액소수 기부에서 소액다수 기부로 전환하려 하고 있다. 사실 이것이 바람직한 방향이라는 것은 모두 인정하고 있지만 기부문화가 정착되지 않은 한국에서는 단기간에 성과를 거두기 어렵다. 정치인들과 정치자금의 수입에 대한 인터뷰를 통해 알 수 있었던 사실은 정치기부의 대부분을 차지하는 것은 친인척과 친분이 있는 사람들의 기부라는 것이었다. 이런 상황 속에서 소액기부를 중심으로 한 제도를 만든다면 결국 적정한 정치자금이 공급되기 어렵다.

마지막으로 한국이 추구할 민주주의적 가치에 대한 논의이다. 최근 미 대법원의 판결은 미국 민주주의가 추구해야 하는 가치가 무엇인지를 잘 보여주고 있다. 올해 1월 미국 대법원은 찬성 5, 반대 4로 기업들이 특정 후보를 지지하거나 낙선시키려는 정치광고에 금전적 지원을 하지 못하도록 한 1974년의 법 규정이 헌법이 보장한 '표현의 자유'를 위배한다고 판결하였다. 이에 따라 미국 기업이나 단체 등은 선거기간 동안 특정 후보를 지지하거나 떨어뜨리기 위한 광고를 할 수 있게 되었다. 친기업적 성향인 공화당은 대법원의 결정에 찬성하고 있지만 기업체의 정치적 영향력을 우려하는 민주당은 판결에 비판적이다.[21] 오바마 대통령은 의회 국정연설에서 "이 판결은 지난 1세기 동안 적용됐던 법을 바꿔, 이제 외국 기업들을 비롯해 특수 이해집단들이 우리나라 선거에 무제한으로 돈을 쓸 수 있게 수문(*floodgate*)을 열어 놓았다"고 대법원 판결을 비판했다.[22] 결국 미 대법원은 표현의 자유를, 오바마 대통령과 민주당은 정치적 형평성을 우선시해야 하는 민주적 가치로 생각하고 갈등하고 있는 것이다.

위의 예는 정치자금에 있어서 자유성과 형평성의 가치가 충돌한 것을 보여주고 있다. 그 외에도 안정성과 다양성도 상호대립적인 민주적 가치일 수 있다. "국민이나 국가에 따라 다양성과 안정성 둘 중 더 선호하는 가치가 있을 수 있다. 다양성은 사회의 다양한 의견이 쉽게 대표될 수 있는 체제라면 높아질 수 있다. 다양성은 건전한 정치발전을 위해서도 필요하다. 새로운 이슈나 환경에 적응하기 위해서는 이런 문제를 대표하고 표출시킬 수 있는 여러 정치집단이나 기구가 있어야 가능하기 때문이다. 안정성을 추구하는 국민들은 정치적 불안을 가져오는 정도까지 다양성을 보장하는 데는 반대한다. 다양성을 추구하다 보면 정치체제의 불안정성, 예를 들면 분점정부, 연합정부, 정당이나 후보의 난립 등으로 안정적이고 효율적인 국정운영이 어렵기 때문이다. 또한 책임성(*accountability*)의 문제도 발생한다. 책임성은 정치인 혹은 정당이 국민의 의사나 요구를 수행하고 이를 선거를 통해 평가받음으로써 책임 있는 정치가 이루어질 수 있다는 의미이다. 이런 의미에서 파월(Powell)은 대표성(*representation*)

---

21) 〈한겨레21〉, http://h21.hani.co.kr/arti/world/world_general/26665.html (검색일: 2010.02.01.)

22) 〈조선일보〉, http://news.chosun.com/site/data/html_dir/2010/01/29/2010012901387.html?srchCol=news&srchUrl=news2, 2010.01.30. (검색일: 2010.02.01.)

과 책임성은 영합적 관계라고 설명한다.[23] 즉 사회의 다양한 의견이나 주장을 대표할 수 있는 비례대표제 혹은 다당제가 대표성을 높이지만, 연합정부의 형성이나 선거 후 협상과정을 통해 만들어진 새로운 정부나 정책에 대해 누가 책임을 져야 할지 불분명하기 때문에 책임성은 떨어진다고 주장한다."[24] 안정성과 다양성 중 어떤 가치를 더 중요시하는가에 따라 정치자금제도는 달라질 수 있다. 다양성을 중요시한다면 선거공영제, 국고보조금제 등을 통해 소수정당을 보호하고 진입장벽을 낮추어 정치신인이나 새로운 정당이 출현할 수 있도록 제도를 만들어야 한다.

(2) 추진전략

선진국의 정치자금 역사를 보면 정치자금의 개혁이 항상 지연되거나 무산된 역사라고 할 수 있다. 정치개혁의 당사자인 정당과 정치인이 개혁의 대상이었기 때문에 자발적인 개혁이 어려웠고 자신들의 이해를 지키기 위해 개혁을 막아온 것이 가장 큰 원인이다. 따라서 이런 문제점을 극복하고 보다 선진화된 정치자금제도를 추진하기 위해서는 몇 가지 전략이 필요하다.

먼저 국민적 합의를 형성해나가는 것이다. 정치자금제도는 정치체제나 국민들이 추구하는 가치에 따라 달라질 수 있다. 이런 정치자금제도는 그 나름대로의 장점도 가지고 있지만 한계도 있다. 위에서 살펴본 것과 같이 자유성과 형평성, 안정성과 다양성은 상호대립적일 수 있기 때문에 이에 대한 국민적 이해가 필요하다. 이런 문제를 정치적 이슈화하여 국민들의 의견을 수렴하고 이에 맞는 정치자금제도를 모색한 후 추진

---

23) Bingham G. Powell Jr., *Elections as Instruments of Democracy: Majoritarian and Proportional Visions*, New Haven: Yale University Press, 2000.

24) 이 내용은 임성학의 2006년도 논문에서 발췌한 내용임. "민주주의의 가치와 민주적 제도의 정합성: 정치자금제도를 중심으로." 한국세계지역학회 24 (3): 247~69.

하는 것이 필요하다.

둘째, 정당과 정치인에게 당근과 채찍을 동시에 제시하여 개혁에 동참할 수 있는 요인을 제공하는 것이다. 정치자금의 현실화는 민주주의 발전을 위해 매우 시급히 해결해야 하는 문제인 동시에 정당과 정치인이 가장 바라는 부분이다. 정치인과 정당에게 더 쉽게 많은 정치자금을 공급받을 수 있는 제도를 제공하는 대신에 엄격하고 투명한 회계제도를 도입하여 불법 정치자금의 수요와 공급을 막는 것이다.

마지막으로 다양한 사회세력이 압력을 행사해야 한다. 2004년 정치관계법 개정은 16대 대선 불법정치자금이라는 정치적 스캔들이 개혁을 이끄는 데 중요한 도화선 역할을 하였지만 시민단체, 학계, 언론 등 시민사회의 적극적 역할이 없었다면 용두사미의 개혁으로 끝났을 가능성이 높았다. 시민단체와 학계가 국민들에게 다양한 대안을 제시하고 선의의 경쟁을 한 후 국민 의견을 수렴하는 것이 가장 바람직하다.

■ 참고문헌

강원택(2010), "폐쇄적 지역 정당 구조와 정치개혁: 지방정치를 중심으로", 〈한국정치연구〉, 9(1).

______(2009), "지역주의 극복과 정치 통합을 위한 선거제도 개혁의 방안", 〈입법과 정책〉, 1(1).

______(2009), "디지털 컨버전스 환경에서의 대의제 변화와 정당의 역할: 디지털 컨버전스 기반 미래연구", 정보통신정책연구원.

______(2005), 《한국의 정치개혁과 민주주의》, 인간사랑.

강장석(2008), 《국회제도개혁론》 서울: 삼영사.

곽진영(2001), "한국 정당체계의 민주화: 정당-국가 간 관계를 중심으로," 〈의정연구〉, 7(1).

국제의원연맹(IPU) 주관/ WPO, EAI, 매일경제 공동 24개국 세계여론조사. 2009. EAI 여론브리핑 58.

국회운영제도개선 자문위원회(2008. 12), 《국회운영제도개선 자문위원회 활동 결과 보고서》.

김민전(2004), "정당과 국회", 심지연(편), 《현대정당정치의 이해》 제 8장, 서울: 백산서당.

______(2008), "글로벌 지식정보사회와 국회의 발전방향", 최대권 외 저, 《사회변화와 입법》, 서울: 오름.

김상봉(2004), "민족과 서로주체성", 〈시민과 세계〉, 5.

김용호(2008), "최근 한국 정당의 개혁조치에 대한 평가", 〈한국정당학회보〉, 7(1).

김 욱(2006), "독일연방의회 선거제도가 한국의 선거제도 개혁에 주는 시사점", 〈세계지역 연구논총〉, 24(3).

김형준·김도종(2003), "국회의원선거구획정의 제도개혁에 관한 연구: 인구대표성과 지역대표성의 조화를 중심으로", 〈대한정치학회보〉, 11(2).

김호기(2008), "위기의 시대 진보 - 개혁은 무엇을 할 것인가, 정책능력 제고 방안," 한겨레신문 연중기획 - 다시 그리고 함께 제 5부.

류석진(2009), "소통형 디지털 정부 구현을 위한 정책 제언", 〈CIO Report〉, 14. 한국정보화진흥원.

민 희·윤성이(2009), "정보화 시대에 있어서 대의제의 적실성 탐색", 〈21세기 정치학회보〉, 19(2).

박경미(2006), "민주화 이후 한국의 정당쇄신: 17대 국회의 정치개혁을 중심으로", 〈비교민주주의 연구〉, 2(2).

박세일·장 훈(2004), 《정치개혁의 성공조건: 권력투쟁에서 정책경쟁으로》, 서울: EAI.

박종흡(2001), "국회개혁의 방향과 과제", 국회관계법 개정에 관한 공청회 자료, 국회정치개혁특별위원회.

손봉숙(2004. 9. 10), "교섭단체, 폐지되어야 한다", 〈국회보〉, 455.

심지연(2005), "국회의원선거구획정의 변화", 〈한국정당학회보〉, 4(2).

______·김민전(2006), 《한국정치제도의 진화경로》, 서울: 백산서당.

______(2009), 《한국정당정치사: 위기와 통합의 정치》, 서울: 백산서당.

울리히 벡(1997), 《정치의 재발견》, 서울: 거름.

윤성이·김용철(2009), "디지털 컨버전스 환경에서의 정치 거버넌스의 변화", 디지털 컨버전스 기반 미래연구. 정보통신정책연구원.

______ · 류석진 · 조희정(2008), "인터넷 정치참여와 대의민주주의: 2008년 촛불집회를 중심으로", 국회입법조사처.

이원태(2004), "인터넷 정치참여에 관한 연구: 2004년 한국의 제17대 총선 정국을 중심으로", 서강대 정치외교학과 박사논문.

이현출(2009), "원내교섭단체 제도와 당론," 〈의정논총〉, 4(1).

임성호(2009), "한국, 무엇을 해야 할 것인가: 의회정치 업그레이드", 〈동아일보〉.

임종훈(2008. 12. 23), "국회 입법 60년의 평가와 과제," 한국입법학회 학술대회 발표논문.

______(20091. 9), "원내대표 밀실협상 없애라," 〈중앙일보〉.

임혁백(2009), 〈신유목적 민주주의: 세계화, IT혁명 시대의 세계와 한국〉, 서울: 나남.

장 훈(2002), "보이는 목표와 보이지 않는 결과", 〈의정연구〉, 8(2).

______(2009), "민주화 20년의 정당정치", 〈한국과 국제정치〉, 25(1).

______(2009. 2. 7), "국회 소음 커질수록 국민 절망 깊어진다," 〈동아일보〉.

전용주(2005), "후보자공천과정의 민주화와 그 정치적 결과에 관한 연구: 제 17대 국회의원선거를 중심으로", 〈한국정치학회보〉, 39(2).

전진영(2009), "지구당 폐지의 문제점과 부활을 둘러싼 쟁점 검토", 〈현대정치연구〉, 2(2).

정진민(2008), 《한국의 정당정치와 대통령제 민주주의》, 서울: 인간사랑.

조정관(2009), "민주화 이후 국회 - 대통령 - 정당의 상생관계?: 역사적 관점에서", 〈의정연구〉, 15(1).

조희정(2009), "네트워크 사회의 선거운동 전략에 관한 연구: 2008년 미국 대통령선거를 중심으로", 〈국가전략〉, 15(2).

최장집(2004), "한국 민주주의의 취약한 사회경제적 기반", 〈아세아연구〉, 47(3).

카스텔, 마뉴엘(2004), 《인터넷 갤럭시》, 서울: 한울아카데미.

한국정당학회(2010), "지역주의 양상의 변화 대응방안: 선거제도를 중심으로", 사회통합위원회 연구용역 최종보고서.

Aldrich, John H. (1995), *Why Parties?*, Chicago: University of Chicago Press.

Axelrod, Robert(1970), *Conflict of Interest: A Theory of Divergent Goals with Applications to Politics*, Chicago: Markham.

Blondel, Jean, & Maurizio Cotta(eds.)(1996), *Party and Government: An Inquiry into the Relationship between Governments and Supporting Parties in Liberal Democracies*, New York: Macmillan.

Bowler, Shaun, David M. Farrell, & Richard S. Katz(eds.)(1999), *Party Discipline and Parliamentary Government*, OH: Ohio State University Press.

Budge, Ian, David Robertson, & Derek Hearl(eds.)(1987), *Ideology, Strategy and Party Change: Spatial Analysis of Post-War Election Programmes in 19 Democracies*, Cambridge: Cambridge University Press.

Cox, Gary, & M. McCubbins(1993), *Legislative Leviathan: Party Government in the House*, Berkeley: University of California Press.

Diamond, Larry. (1999), *Developing Democracy*, Baltimore: Johns Hopkins University.

Jaung, Hoon(2010), "Political Parties and Democracy in Korea", In Kay Lawson and He Baogang(eds.), *Political Parties and Democracy: Post-Soviet and Asian Political Parties*(forthcoming), New York: Greenwood.

Katz, Richard S. (ed.)(1987), *Party Governments: European and American Experiences*, New York: de Gruyter.

Klingemann, Hans-Dieter, Richard Hofferber & Ian Budge(1994), *Parties, Policies and Democracy*, Boulder: Westview.

Laver, Michael, & Ian Budge(eds.)(1992), *Party Policy and Government Coalitions*, New York: St. Martin's Press.

Laver, Michael, & Norman Schofield(1990), *Multiparty Government: The Politics of Coalition in Europe*, London: Oxford University Press.

Lee, Hyunchool(2010), "The Legislature's Response to Globalisation: with a Focus on the Ratification of FTA", *Journal of Contemporary Asia* (forthcoming).

Lijphart, Arend(1984), *Democracies: Patterns of Majoritarian and Consensus*

Government in Twenty-One Countries, New Haven, CT: Yale University Press.

______(1999), *Patterns of Democracy*, New Haven: Yale University Press.

Loveday, P., & A. Martin(1966), Parliaments, Factions and Parties: The First Thirty Years of Responsible Government in New South Wales, 1856~1889. Melbourne, Australia: Melbourne University Press.

Mayhew, David(1991), *Divided We Govern*, Conn.: Yale University.

Mershon, Carol(1994), "Expectations and Informal Rules in Coalition Formation", *Comparative Political Sciences*, 27: 40~79.

Polsby, Nelson W. (1975), "Legislatures", In *Handbook of Political Science* 5, Greenstein and N. W. Polsby(eds.), MA: Addison-Wesley.

Rose, R. 1975. *The Problem of Party Government*, New York: Macmillan.

Schattschneider, E. E. (1942), *Party Government*, Westport, CT: Greenwood Press.

Wellman, B., K. Hampton, I. de Diaz, & K. Miyata(2003), "The Social Affordances of the Internet for Networked Individualism", *Journal for Computer Mediated Communication*, 8(3).

08

지방분권형 국가운영

신도철 · 이기우 · 김성배

1. 서론

오늘날 지역문제는 지역차원을 넘어 국가 전체의 권력구조 재편을 요구하고 있다. 세계화로 지역 간 경쟁이 국경을 넘어 전 세계적으로 전개되고 있다. 주민과 기업을 유치하기 위한 입지경쟁에서 어떤 국가인지보다 어떤 지역인지, 어떤 도시인지가 더욱 중요해졌다. 지역경쟁력을 강화하기 위해서 지역문제를 그들 지역이 결정하도록 권력 분점을 요구하고 있다.

산업사회의 중앙집권적 권력구조는 지식정보사회에는 더 이상 적합하지 않게 되었다. 지식정보사회는 중앙집권적이고 획일적인 지배 대신에 부분공동체 중심의 자율적 활동을 통한 창의성과 다양성을 요구한다. 다극적인 권력주체 간의 공존과 협력이 중요하다. 또한 미래에 대한 예측의 불투명성과 불확실성이 증대하는 위험사회는 위험의 분산을 요구하고 있다.

이렇게 변화된 경제 · 사회적 환경은 권력구조의 설계에 있어서 근본적인 변화를 요구한다. 국가권력을 독점한 중앙정부의 입법부 - 행정부 간 수평적인 권력분립 논의만으로는 대응할 수 없게 되었다. 이제는 초국가기구 - 중앙정부 - 지방정부 - 민간 · 시민사회 간의 수직적 권력분립은 물론 지방정부 상호 간의 수평적 · 공간적 분업과 협력관계의 재설정이 필요하다.

우리나라 헌법은 제 117조와 제 118조에서 지방자치를 보장하고 있기는 하지만 그 구체적인 내용은 매우 빈약하다. 지방자치단체가 어떤 사무를 어떻게 수행하는지에 대한 지침이 없어 입법자들의 재량에 맡겨두고 있다. 이른바 제도적 보장이론을 통하여 지방자치를 보장하려는 시도가 있지만 그 내용도 대단히 추상적이고 논자에 따라 다른 내용을 의미하고 있어 입법이나 재판의 실무에서 한계를 드러내고 있다. 결국 대부분의 중요한 정책을 결정하는 입법권을 중앙정부가 독점함으로써 지방정부는 정책적인 기능을 하기 어렵다. 지방정부는 중앙정부가 이미 결정한 사항을 집행하는 역할에 그치는 경우가 대부분이다. 다양성과 창의성이 요구되는 지식정보사회에서 중앙정부는 과부하로 인한 기능마비에 시달린다. 모든 일을 다 하려고 하니 어느 하나도 제대로 하기 어려운 것이다.

또한 대부분의 지방정부는 자신의 살림살이를 중앙정부에 의존하게 된다. 지역문제에 대해서 중앙정부는 지방정부에, 지방정부는 중앙정부에 책임을 미루게 되어 사실상 아무도 책임을 지지 않게 된다. 무책임정치가 된다. 지방은 절약할 동기도 없고 새로운 혁신을 해야 할 이유도 없다. 중앙정부로부터 예산과 특혜를 따내는 것이 유능한 정치가 된다. 이런 헌법구조 속에서 세종시 문제와 같은 뺏고 빼앗기는 제로섬의 분배투쟁이 지역 간 갈등을 심화하고 중앙정치의 발목을 잡게 된다.

지역경쟁력 향상과 국가발전을 위해서는 국경을 넘어 지역 간 경쟁의 주체가 되고 있는 지방정부의 위상에 대한 근본적인 재검토가 필요하다. 지방분권이 강화되면 제공되는 공공재의 종류와 정도가 지역주민의 취향에 더 잘 부합하는 방향으로 정해진다. 지방정부는 주민들과 더 가까이 있기 때문에 주민들의 선호에 더 잘 대응할 수 있으며, 공공재에 대해 유사한 취향을 가진 사람들끼리 같은 곳에 모이는 경향이 있으므로 거주자들이 원하는 공공재의 유형과 양을 더 쉽게 파악할 수 있다. 나아가 국가사무의 지방이양은 중앙정부와 지방정부의 행정능력을 함께 높일 것이다. 지방분권은 행정분야에 시장규율과 경쟁질서를 확립하는 데 기여할 것이며, 행정책임을 중앙정부에서 지방정부로 이전하여 중앙정부에 가해지는 정치적 압력을 감소시키는 역할을 할 것이다.

세계화, 정보화, 지식기반사회화가 심화되어가고 있는 21세기는 제도경쟁의 시대이다. 이 경쟁의 요체는 어떤 제도가 국민의 창의성과 다양성을 극대화하고 예측불가능성에 대한 적응능력을 높이느냐에 있다. 느슨하게 연결된 시스템으로서의 지방분권 국가운영시스템은 다양성과 적응능력 제고에 효과적이다. 분권체제에서는 각 부분이 중앙의 직접적 통제를 받지 않고 자율적으로 작동하면서 동시에 중앙과 기능적으로 연결되어 있다. 다양성 · 자율성에 기초한 지방분권은 정책실험의 장(場), 정책학습의 장을 제공한다.

환경의 변화에 따라 지방분권강화에 대한 요구는 증가하고 있고, 세계 각국도 지방분권강화를 위한 제도적 개선에 힘을 기울이고 있다. 프랑스는 2003년 지방자치와 분권을 강화하기 위한 개헌을 단행하였고, 독일도 자신의 연방제를 해석하고 운영함에 있어 이른바 협력적 연방주의보다는 경쟁적 연방주의를 점차 더 내세우고 있다. 일본에서도 더욱 근본적인 지방분권을 이루어내기 위한 도주제 도입논의가 활발하게 진행되고 있다.

세계화 · 정보화가 빠른 속도로 진행되고 있는 오늘날, 각 지역이 책임의식을 가지고 환경변화에 효율적이고 창의적으로 대응하도록 하기 위해서는 분권적 국가운영이 필수적으로 요청된다. 개헌논의의 대상이 될 수 있는 분야는 여러 가지가 있을 수 있으나, 시대가 요구하고 있는 획기적인 지방분권 강화를 위해서는 지방자치에 관한 헌법조항의 보강 · 확충이 반드시 필요하다.

이 글은 다음과 같이 구성되어 있다. 제 2절에서는 우리의 지방분권화

노력이 지향해야 할 하나의 방향으로서 시장보호형 분권체제를 제시한다. 제 3절에서는 우리나라 지방재정의 현황을 살펴보고 지방정부의 자주재정권을 보장하기 위한 재정제도의 개편방향에 대해 살펴본다. 제 4절에서는 지방분권형 국가운영체제를 정립하기 위한 헌법개정방향을 제시한다. 마지막으로 제 5절에서는 논의를 요약하고 지방분권형 국가운영체제의 정립은 통일에 대한 준비로서의 의미도 갖게 됨을 언급하면서 글을 마무리한다.

2. 시장보호형 분권체제

분권의 형태는 제도적 환경이 다른 국가별로 매우 다양한 모습으로 나타나고 있다. 거시적으로 볼 때 유사한 경우도 구체적인 내용을 들여다보면 매우 다른 것이 일반적이다. 여기에서는 최근 국가발전에 기여하는 분권형 거버넌스 방식의 하나로 제시된 "시장보호형 연방제"(*market preserving federalism*)를 토대로 하여 우리에게 적합한 분권모형을 개발·제시하고자 한다. 특별히 이 모형을 택한 것은 와인개스트(Weingast, 1993, 1995)와 매키넌(Mckinnon, 1997) 등 일단의 정치학자와 경제학자들이 제시한 시장보호형 연방제가 현재 체제전환을 시도하는 과거 공산권 국가들과 분권형 개혁을 시도하는 개발도상국들이 추구해야 하는 가장 바람직한 모형으로 인식되고 있기 때문이다.

이 절의 내용은 다음과 같다. 첫째, 시장보호형 연방제가 제시된 이유에 해당하는 부분으로서 시장과 정치 간의 불편한 관계를 살펴본다. 둘째, 시장보호형 연방제의 핵심적인 속성을 살펴본다. 셋째, 시장보호형 연방제가 어떻게 국가발전을 가져올 수 있는가를 살펴보고, 역사적으로 그러한 체제 하에서 급속한 경제성장을 이룬 나라들의 사례를 살펴본다. 넷째, 시장보호형 연방제에 대한 비판의 주요 내용들을 살펴본다. 다섯째, 시장보호형 연방제를 우리나라에 적용할 경우 고려해야 할 점들과 우리에게 적합한 시장보호형 분권체제 모형의 구축을 위해 필요한 노력들을 제시한다. 끝으로, 시장보호형 분권체제를 구축할 경우에 기대되는 점들과 우려되는 점들을 언급한다.

1) 시장과 정치의 불편한 관계

체제전환을 시도하는 사회주의 국가들이나 개발도상국의 발전을 위해 해당 국가에 시장경제체제를 구축해야 한다는 데 대해서는 이의가 없을 것이다. 소련을 위시한 공산체제의 붕괴로 자본주의 경제체제가 제도적인 측면에서 우위에 있다는 것이 입증되었기 때문이다. 현실적으로도 세계은행을 위시한 국제기구들은 세계 여러 나라들의 개혁과정에 관여하여 시장경제체제 구축을 위해 다양한 노력을 기울이고 있다. 그러나 기대와는 달리 그동안의 노력에서 얻은 성과는 실망스러운 경우도 많았다.

시장경제를 정착시키려는 노력이 실패하는 원인은 다양한 측면에서 찾아볼 수 있겠지만, 무엇보다도 각국에 처방된 시장중심의 경제정책이 치명적인 한계를 지니고 있었다는 주장에 주목할 필요가 있다(Rodden & Rose-Ackerman, 1997). 이 주장의 핵심은 그러한 정책들이 토대로 하고 있는 가정이 잘못되었다는 것이다. 즉, 재산권이나 개인의 자유가 보장되도록 정부를 통제할 수 있는 정치제도가 구축되지 않은 상황에서도 시장이 효율적으로 작동할 수 있으리라고 본 가정에 문제가 있다는 것이다. 사실 이 가정이 잘못되었다는 것은 정치로부터 자유로운 시장이 현실적으로 존재할 수 없다는 점에서 쉽게 알 수 있다. 시장의 효율적인 작동을 위해서는 특정한 개인이나 조직들이 계약과 재산권의 행사를 강제할 수 있어야 한다. 만일 그러한 강제자가 없을 경우에는 경제주체들 간의 거래는 무질서해질 수밖에 없다. 사람들은 모두가 기회주의적으로 행동하리라고 인식하여 그들 역시 기회주의적으로 행동할 것이기 때문이다. 그 결과 홉스가 《리바이어던》(*Leviathan*)에서 경고한 바와 같이, 경제주체들 간의 거래가 원활하게 일어나지 못하는 상황이 발생하게 된다. 계약과 재산권을 강제하는 주체는 당연히 정부일 수밖에 없다. 그런데 정부의 행태는 정치체제의 영향을 받으므로, 세계역사를 통해 드러난 것처럼 잘 발달된 시장체제는 항상 잘 발달된 정치체제 속에서 생겨나는 것이다. 결국 시장경제를 도입한 나라들의 실패는 시장경제 그 자체보다는 그것을 지원할 수 있는 정치체제가 제대로 갖추어지지 못했기 때문에 발생한 것이다.

정부와 시장의 관계는 어려운 문제를 내포하고 있다. 정부는 계약을 집행하고 재산권을 강제하기 위해서 필요한 것이다. 그러나 이러한 기능을 충분히 수행할 정도로 힘을 가진 정부는 자신의 이익을 위해 개인의 재산권으로부터 발생하는 수익에 대해 과도한 세금을 부과함으로써 그 재산권에 침해를 가할 수 있다. 현실적으로 정부는 그러한 일에 대한 강력한 유인을 가지고 있다. 우선 정부는 자체 유지를 위해 재원이 필요하다. 정치적 지지를 얻기 위해서나 내부 및 외부의 적으로부터 자신을 보호하기 위해서도 재원이 필요하다. 또한, 정치적으로 영향력을 가진 집단들은 정부가 자신들에게 유리하게 행동할 것을 요구할 수도 있다. 간혹, 그러한 편익은 다른 경제주체들의 희생을 기반으로 얻어질 것이다. 그들은 정부가 자신들의 경쟁자들에게 세금부과를 통해 수익을 거두어가고, 혹은 그들에게 독점적 권리, 경쟁으로부터 보호 혹은 특별한 혜택을 부여할 것을 요구할 것이다.

이상을 통해 볼 때 국가발전을 위한 핵심 과제는 정부가 시장을 지원하거나 보호해야지 시장을 침해하지는 않아야 한다는 것이다. 그러면 어떻게 그것을 달성할 수 있을 것인가? 우선 하나의 접근법은 올바른 가치와 비전을 가진 정치적 지도자를 찾는 것이다. 그리하여 그가 시장이 바르게 작동할 수 있도록 정치력을 발휘하면 해결될 수 있다. 이 방법의 문제점은 올바른 결정이 정치인의 유인구조에서 나오는 것이 아니라 그의 개인적 자질에 의해 좌우된다는 것이다. 물론, 여러 나라의 경우에 훌륭한 정치적 지도자가 어려운 결정을 내림으로써 문제를 해결한 사례가 없는 것은 아니다. 그러나 오랜 기간에 걸쳐 이루어진 선진국들의 경제적 성공을 단순히 특출한 정치인들의 존재만으로 돌릴 수는 없을 것이다.

다른 접근법은 경제적 결정과정에 정치적 요인을 제거하는 것이다. 흔히 경제는 경제논리에 따라서 그리고 정치는 정치논리에 따라서 해야 한다는 것이 이 접근법을 반영한 주장들이다. 가장 보편적이면서도 쉽게 제시할 수 있는 주장이다. 그러나 이 접근법의 문제는 정치인이나 시민들 모두가 정책결정과정을 정치화하려는 강력한 유인을 가지고 있다는 점이다. 사실 세계역사를 보면 정치지도자가 경제적 결정을 내리는 데 관여하지 않은 사례는 찾아보기 어려울 것이다. 따라서 이 접근법은 이상적이고 비현실적이다. 흔히 경제정책가들이 주장하는 "경제정책은 경제논리에 따라야 한다"는 주장은 틀린 것이다. 경제정책의 결정에 정치를 배제하려는 노력은 필연적으로 실패할 수밖에 없기 때문이다.

끝으로, 가장 현실적인 대안은 시장의 작동을 보호하고 지원할 수 있는 정부를 찾아내는 것이다. 시장이 역동적으로 작동하기 위해서는 정부가 필요한데, 그렇다고 모든 정부가 다 시장의 작동에 도움이 되는 것은 아니다. 시장을 침해하는 정부를 제한할 수 있는 제도적 장치를 갖춘 정부를 찾아내야 할 것이다. 따라서 국가발전의 문제를 해결하기 위해서는 정부나 또는 정부 내에서 결정권을 행사하는 사람들의 자의성과 권한을 제한할 수 있는 정치적 제도를 찾아내야 한다. 개인의 자유를 보호하는 제도가 여기에 해당한다. 오래전에 하이에크가 주장했듯이 자유사회를 보전할 수 있는 하나의 원칙이란 모두에게 적용될 수 있는 일반적이고 추상적인 원칙을 강제하는 경우 이외에 행사되는 강제력을 엄격하게 통제해야 한다는 것이다. 따라서 국가발전을 위해서는 경제정책을 찾아내는 것과 더불어 시장을 지원하는 정치제도를 찾는 문제도 동시에 해결해야 한다.

시장을 통한 국가발전을 위해서는 통제된 정부가 필수적이지만, 그러한 정부를 찾아내는 것은 결코 쉬운 일이 아니다. 사실 정부를 통제할 수 있는 쉬운 방법이란 없다. 다만 두 가지 원칙만 제시할 수 있다. 우선 정부 내 다른 부처나 계층들이 서로 견제와 균형의 관계에 있도록 하는 것이 필요하다. 만일 하나의 부처가 법에 의해 주어진 권한을 과도하게 행사하는 경우 다른 부처나 계층의 정부가 제재를 가하도록 하는 것이다. 다음으로는 그러한 제재는 자의적으로 가해져서는 안 될 것이다. 제재의 수단 자체도 법에 구속되어야 한다. 이것은 제재가 약하다는 것을 의미하는 것이 아니라 믿을 수 있어야 한다는 것이다.

이러한 제재수단과 유인구조를 구축하는 방법 역시 두 가지가 있다. 그 하나는 강력한 중앙정부를 견제할 수 있는 견제와 균형체제를 구축하는 것이다. 그러한 체제 하에서 각 부처 간 경쟁은 서로 간의 행동을 통제하도록 하는 유인을 제공할 것이다. 프랑스가 대표적인 경우이다. 다른 방법은 정부를 계층화하는 것으로서 연방제를 들 수 있다. 연방제 하에서 다른 계층의 정부들은 서로를 통제하게 된다. 이 체제 하에서 다른 계층 정부의 행동을 통제할 유인은 각 계층 정부가 자기의 이익을 추구하는 과정에서 생겨난다. 예를 들면, 기초, 광역 그리고 중앙정부가 특정한 분야의 기업에 대해 각각 세금을 부과하는 경우를 상상해보자. 각 정부들은 세금을 올린다면 해당 기업들이 투자를 줄일 것이라는 점을 잘 알고 있다. 그 결과 특정한 계층의 정부가 부과할 수 있는 세금은 줄어들게 될 것이다. 따라서 각 계층의 정부들은 다른 계층의 정부가 세금을 적게 부과하도록 할 유인을 갖게 될 것이다. 그 결과 특정한 계층의 정부가 개인의 재산권을 줄이는 행동은 궁극적으로 다른 계층의 정부가 부과할 수 있는 세금액수를 줄이게 될 것이다. 그 결과 중앙정부 내의 부처가 아니더라도 다른 계층의 정부들 간에 조정이 일어나고 균형에 이르게 될 것이다. 캐나다가 대표적인 사례이다.

미국의 경우는 두 가지 체제를 모두 갖춘 나라이다. 연방정부 내에 부처들 간 견제와 균형 메커니즘과 아울러 강력한 연방제를 구축하고 있다. 그 결과 대통령은 자신의 자의적인 행동을 견제할 수 있는 여러 집단을 대면하게 되는 것이다. 상원제, 독립적인 사법기관, 주와 지방정부, 그리고 연방의 전문관료 등이 여기에 해당한다. 정부의 권한을 제어하는 두 가지 방식의 조합을 통해 예외적으로 높은 수준의 재산권보호를 실현하고 있는 것이다. 많은 나라들은 그 어느 한 가지 체제도 제대로 갖추지 못하고 있다. 연방제나 견제 · 균형이 문서로만 되어 있는 경우도 허다하다. 멕시코와 아르헨티나가 그러한 경우에 해당하는데 분권에 실패한 이유가 바로 여기에 있다. 이 나라들에서는 권한은 두 가지 의미에서 과도하게 집중되어 있었다. 중앙정부가 연방제 하에서도 과도한 권한을 행사하였던 것이다. 그리고 연방정부 내에서는 대통령이 과도한 권한을 행사하였던 것이다. 그러한 이유로 인해 자의적인 행동이 생겨나고 그 결과, 발전에 저해요인이 발생한 것이다. 다음에서 제시하고자 하는 시장보호형 연방제는 이처럼 불편한 관계에 있는 시장과 정치 간 관계를 국가발전에 도움이 되는 방향으로 유도할 수 있는 하나의 거버넌스 방식으로 탄생된 것이다.

2) 시장보호형 연방제의 속성

시장보호적 연방제는 시장과 정부 간 불완전한 관계를 해소할 수 있는 하나의 거버넌스 시스템으로 고안된 것이다. 이 연방제는 개인의 재산권을 보장하고 계약이행을 강제할 수 있을 정도로 강한 정부라면 시민들의 부를 강탈할 수 있을 정도로 강할 수 있다는 정치적 딜레마를 내포하고 있다. 따라서 시장경제의 활성화를 위해서는 재산권의 보호와 계약이행의 강제를 위한 제도를 확충함과 동시에 국가가 시민들의 재산을 강탈할 가능성을 최소화할 수 있도록 정치적 기반을 구축하는 일이 중요하다.

와인개스트(Weingast, 1993, 1995)는 이러한 목적을 달성할 수 있는 거버넌스 구조의 하나로 시장보호적 연방주의를 제안하였다. 그 핵심은 국가가 시장을 보호하고 활성화시키리라는 신뢰를 줄 수 있어야 한다는 것인데, 이는 정치 관료들이 바뀌더라도 그들의 자의적 판단에 의해 시장경제를 침해하는 경우가 생겨나지 않도록 제도적 기반을 구축함으로써 가능하다는 것이다. 여기서 신뢰를 주는 것의 핵심은 정부의 권한에 대한 억제가 자기강제적(*self-enforcing*)이어야 한다는 점이다. 이러한 자기강제성은 적절한 거버넌스 구조(*governance structure*)의 구축을 통해 가능하다. 와인개스트의 주장에 따르면 시장보호적 연방제는 다음의 다섯 가지 조건이 충족되어야 가능하다. 각 조건들의 구체적인 내용은 다음과 같다.

첫째, 계층적 정부(*hierarchy of government*)조건이 충족되어야 한다. 이 조건은 시장보호형 연방제가 되기 위해서는 적어도 2층제 이상의 정부가 동일한 지역과 사람들을 지배하는 상황이 전제되어야 한다는 것이다. 각 정부에 대해서는 권한의 범위가 정해져 있고, 각 정부는 그 자체적으로 독립적이어야 한다. 이는 연방제가 되기 위한 최소한의 조건에 해당한다. 만일 권한의 분산을 중앙정부 관료들이 자의적으로 결정하는 경우에는 분산된 권한이 언제든지 회수될 수 있기 때문에 진정한 의미의 계층제 정부가 되지 못할 것이다.

둘째, 지방정부에 일차적 경제규제기능(*primary regulatory responsibility over the economy*)을 부여해야 한다. 이 조건은 경제활동에 대한 일차적 규제를 지방정부들이 수행할 수 있어야 한다는 것을 의미한다. 중앙정부가 경제정책을 만드는 역할은 제한적으로 수행해야 한다는 것이다. 지방정부가 지방의 경제를 위한 공공재와 공공서비스 공급에 대해 최우선적으로 권한을 행사할 수 있어야 한다는 조건이다. 이 조건은 지방정부들이 자신의 여건에 합당한 정책을 채택할 수 있는 권한이 있다는 것을 의미한다. 이 조건하에서 지방정부들은 지역의 시장을 통제하는 권한을 가질 것이고, 공공서비스를 지역의 실정에 맞게 공급할 것이며, 지역의 세율을 공공서비스의 비용을 반영하여 결정할 것이다.

셋째, 공통의 시장(*common market*) 조건을 들 수 있다. 이 조건은 하위정부가 주어진 권한으로 지역 간 무역에 장애물을 구축하지 못하도록 해야 한다는 것을 의미한다. 구체적으로는 연방에 참여한 지방정부들의 지역경계를 넘어 상품무역과 요소이동이 제약 없이 자유롭게 이루어지는 것을 의미한다. 이 조건은 미국을 위시하여 성공적인 연방제를 구축한 나라들에서 관찰되는 가장 두드러진 특징의 하나이다. 반면 실패한 연방제 사례로 거론되는 인도는 내부적 제약이 존재하고 러시아는 노동·자본·재화의 이동에 여러 가지 형태로 제약을 가하고 있다(Weingast, 2006). 만일 지역 간 무역과 요소이동이 자유롭지 않다면 개별 지역들은 사실상 지역경계 내에서 독립적인 국가가 될 것이다. 지역 간 이동에 대한 제약이 존재하는 경우에는 지역 간 경쟁을 저해할 것이고, 아울러 지역단위 정부의 시장 개입, 지대추구 또는 부패에 부과할 수 있는 벌칙을 배제하게 될 것이다.

넷째, 엄격한 예산제약조건(*hard budget constraints*)을 들 수 있다. 지방정부의 예산제약은 엄격해야 하는데, 화폐를 발행할 수 있거나 혹은 무한정으로 재원을 사용할 수 있어서는 안 된다는 것이다. 만일 하위정부의 재정관리 실패에 대해 중앙정부가 지원을 통해 구조한다면, 하위정부는 자신들의 재정결정에 대해 책임성이 약해질 것이기 때문에 이 조건이 충족되지 않을 것이다. 결국 이 조건은 지방정부들이 그들이 수행하는 정책으로 인한 재정적 결과에 책임을 져야 한다는 것을 의미한다. 이 조건 안에서 지방정부는 자신이 감당할 수 있는 정도를 넘는 지출을 억제할 것이고 실패하는 기업들에 대한 지원을 삼갈 것이다. 이 조건은 지방의 정치인들에게도 건실한 재정 관리를 하도록 하는 유인을 제공하게 되는 것이다. 샤(Shah, 1997)가 주장했듯이, 재정적 건전성을 확보하기 위해서는 모든 정부가 그들의 결정에 대한 재정적 결과를 책임질 수 있어야 하는 것이다.

끝으로, 시장보호형 연방제 하에서는 권한과 책임의 제도화(*institutionalization of authority and responsibility*)가 충족되어야 한다. 이는 정부간 권한과 책임의 배분이 지속성을 지닐 수 있어야 한다는 조건이다. 정부의 권한과 책임은 중앙정부가 임의로 바꿀 수 없고 또한 지방정부들의 요구에 따라 변경시킬 수 없어야 한다는 것이다. 이 조건은 분권화된 시스템이 지속되도록 하는 데 필수적이다. 분권화가 중앙정부의 자의적이고 일방적인 판단에 의해 좌우되어서는 안 되기 때문이다. 사실, 중앙정부가 지방정부의 자치권의 성격을 바꾸거나 취소하지 못하게 하는 제도적 장치가 마련되어 있어야 할 것이다. 그러한 조건이 충족되지 않을 경우에는 중앙정부는 지방정부의 자치권을 무력화할 수 있고 그 결과 경쟁으로 인한 편익을 감소시킬 수 있을 것이다.

자치권을 확보할 수 있는 제도적 장치를 마련한다는 것은 개념적으로는 이해할 수 있으나 실제로는 쉬운 일이 아니다. 최근 라이커(Riker, 1964)의 주장을 반영하여 정당체제가 연방제를 지속하는 핵심이라는 주장이 제기되고 있다. 특정한 정당제도 내에서 국가의 엘리트가 정당을 주도할 수 있고, 다른 정당체제에서는 지방엘리트가 주도권을 행사할 수 있을 것이다. 그런가 하면 국가 및 지방 엘리트들의 힘의 행사가 균형상태를 이루는 정당체제도 있을 것이다. 만일 국가엘리트가 주도권을 행사하는 경우에는 그들이 지방의 엘리트들에게 압력을 가하여 지방정부의 자치권을 약화시키게 될 것이다. 반대로 지방의 엘리트가 주도권을 행사하는 경우에는 그들이 국가엘리트에게 압력을 가하여 지방정부들의 공유재원 포획현상을 받아들이도록 하거나 혹은 지방정부의 부채를 무마하도록 할 것이다. 국가 및 지방 엘리트들이 균형을 이루는 정당제도에서는 각 엘리트집단들이 자신들의 고유권한을 지키려 할 것이기 때문에 분권화가 보존되고 지속될 가능성이 큰 것이다.

3) 시장보호형 연방제와 국가발전

시장보호형 연방제는 어떻게 국가발전을 가져오는가? 시장보호형 연방제가 가져다줄 수 있는 경제적 효과는 이미 오래전에 하이에크(Hayek, 1939) 나 티부(Tiebout, 1956) 등을 통해 잘 알려진 바 있다. 이들은 이 제도가 국가발전에 기여하는 핵심적인 이유를 무엇보다도 연방제 하에서는 중앙정부와 지방정부 사이나 혹은 지방정부들 간에 다양한 형태로 경쟁이 촉발되므로 경제적 효율성이 높아진다는 점에서 찾고 있다.

우선 지방정부들 간 경쟁이 촉발된다. 지방정부들은 자본, 노동 그리고 경제활동들을 확보하기 위해 다양한 정책들로 경쟁할 것이다. 중앙정부의 규제권한에 대한 제약과 지방정부들 간의 경쟁이 합쳐지면서, 그 어느 정부단위도 경제규제에 관해 독점적인 통제권을 가지지 못하기 때문이다. 자본과 노동의 이동이 제대로 이루어진다면, 시장보호형 연방제 하에서 하위정부들이 정치적으로 경제활동에 제한을 가하는 일은 불가능할 것이다. 그러한 규제는 자원의 지역 간 이동을 촉발할 것이기 때문이다.

다음으로 지역 간 경쟁은 지역의 주민들이 기꺼이 감수하고자 하는 규제들만 살아남을 수 있게 한다. 만일 한 지역이 산업카르텔을 통해 정치적 압력에 대응하려고 한다면, 노동력은 지역 간 이동성으로 인해 보다 좋은 조건을 제공하는 지역으로 이동할 것이다. 만일 한 지역이 산업의 부를 갈취하려고 한다면, 자본의 이동성으로 인해 기업들은 새로운 지역으로 이동할 것이다. 따라서 자원의 이동성은 특정한 정책을 추진하는 지역들에게 경제적 비용을 초래할 것이므로, 그 지역들은 정치적으로 이익이 있을 경우에만 그러한 정책을 추진하게 될 것이다.

그런가 하면, 이 연방제는 경제적 측면에서의 지대추구행위나 분배적 연합의 형성정도와 빈도를 크게 줄이게 될 것이다. 그것은 지방정부들 간 경쟁이 지대추구로 인한 성공을 줄이기 때문이다. 경쟁으로 인해 경제적 지대추구현상과 분배를 위한 연합이 쉽게 만들어지지 않을 것이기 때문에 효율성을 높이게 될 것이다. 지대추구를 가능케 하는 규제는 지역적으로 이루어지기 때문에 지역 밖에 있는 기업에게는 규제받는 기업들에 비해 이점을 제공하게 될 것이다.

그러면 시장보호형 연방제 하에서 지방정부들 간 경쟁은 왜 일어나는가? 지방정부들 간에 경쟁이 가능하기 위해서는 몇 가지 조건이 충족되어야 할 것인데, 시장보호형 연방제는 이러한 조건을 충족시킨다. 우선 지방정부들 간 경쟁이 일어나기 위해서는 그들이 자신의 여건에 합당한 정책을 채택할 수 있는 권한이 있어야 한다. 시장보호형 연방제의 두 번째 조건이 이를 충족시킬 수 있다. 그 조건에 따라 지방정부들은 지역의 시장을 통제하는 권한을 가질 것이고, 공공서비스를 지역의 실정에 맞게 공급할 것이며, 공공서비스의 비용을 반영하여 지역의 세율이 결정될 것이다. 둘째, 지역 간 경쟁이 이루어지기 위해서는 지역경계를 넘어 무역과 요소들의 이동이 자유롭게 이루어져야 한다. 이는 시장보호적 연방제의 세 번째 조건에서 충족될 수 있다. 만일 지역 간 무역과 요소의 이동이 자유롭지 않다면 개별 지역들은 사실상의 지역경계 내에서 독립적인 국가가 될 것이다. 지역 간 이동에 대한 제약이 존재하는 경우에는 지역 간 경쟁을 저해할 것이고, 아울러 지역단위 정부의 시장에 대한 개입, 지대추구 또는 부패에 대해 부과될 수 있는 벌칙을 배제하게 될 것이다. 셋째, 지역 간 경쟁은 엄격한 예산조건 하에서 그 실질적인 의미를 지니게 될 것이다. 만일 엄격한 예산이 지켜지지 않는 상태에서는 중앙정부로부터 만일의 경우에 실패에 대한 보호를 받고 있는 지방과 그렇지 않은 지방 간의 경쟁은 제대로 이루어질 수 없을 것이기 때문이다. 시장보호적 연방제의 네 번째 조건이 이를 뒷받침하는 것이다. 끝으로, 책임과 권한의 배분을 제도화하는 조건은 경쟁을 위한 필요조건이라기보다는 충분조건에 해당하는 것으로서, 이 조건이 충족될 때 지역 간 경쟁에 침해가 발생하지 않을 것이다. 만일 중앙정부가 책임과 권한의 배분을 자의적으로 조정할 수 있다면, 지방정부들 간 경쟁에 대해서도 필요에 따라서는 개입을 통해 그러한 경쟁을 저해할 수 있을 것이다. 시장보호형 연방제의 다섯 번째 조건은 이러한 제도화에 관한 부분을 내포하고 있는 것이다.

와인개스트(Weingast, 1995)는 지난 300년간의 세계역사를 돌아보고, 시장보호형 연방제가 급속한 경제성장을 경험했던 사례들을 제시하고 있다. 대표적 사례들로는 16세기 후반에서 17세기 중반까지의 네덜란드, 17세기 후반 혹은 18세기 초반에서 19세기 중반까지의 영국, 19세기 후반에서 20세기 후반까지의 미국 그리고 1970년 후반 이후의 중국 등이 여기에 포함된다. 이 나라들이 과연 어떠한 유형의 분권을 채택하였고, 또 그러한 분권이 어떻게 급속한 경제성장에 기여하였는가를 분석하는 것은 흥미로운 일이다. 다음에서는 각국의 정치체제 중 시장보호형 연방제의 특성을 갖는 부분을 간략하게 소개하고자 한다.

첫째, 시장보호형 연방제는 16세기 후반에서 17세기 중반까지의 네덜란드의 급속한 경제성장을 지원한 것으로 인식되고 있다(Weingast, 1995). 이 시기는 네덜란드의 황금시기라고 불리는 시기이다. 이 기간 동안 네덜란드는 무역, 과학 그리고 예술 등의 분야에서 세계 최고의 수준을 자랑했다. 이 당시 네덜란드의 정치체제는 일곱 개의 주들로 구성된 연방제의 공화국이다. 각 주들은 자신의 독자적인 정부를 갖고 매우 독립적이며 각 주들은 주지사에 의해 통치되었다. 반면 연방정부는 일곱 개의 주들을 대표하는 대표자들이 연방정부가 위치한 헤이그에서 합의제에 의해 국가를 다스리는 시스템이었다. 이러한 형태의 네덜란드 공화국은 1795년 프랑스 혁명군이 네덜란드를 침범하기 전까지 유지되었다.

둘째, 17세기 후반 혹은 18세기 초반에서 19세기 중반까지 영국에서도 시장보호형 연방제가 국가의 경제성장에 크게 기여한 것으로 나타나고 있다. 이 시기 동안 영국에서는 명예혁명이 일어났다. 두 가지 이유로 인해 이 기간 동안에 산업혁명이 전통적인 상업부문이 아닌 다른 분야에서 일어날 수 있었다. 그 하나는 경제적 통제를 지역별로 달리하게 한 규제권한의 분권화이고 다른 하나는 경제적 규제가 없는 지역에 대한 중앙정부의 통제가 불가능했다는 점이다. 특히 이 시기에는 지방정부가 중앙에서 가해진 기업들에 대한 규제를 무시하거나 제거할 수 있었다. 이는 17세기 후반에 이른바 법에 의한 통치가 가능했기 때문인데, 이로써 국가의 경제활동 침범에 법적 통제를 가할 수 있었다. 명예혁명은 지방정부의 힘을 강하게 하였고 중앙정부가 지방경제에 침범하는 것을 억제함으로써, 시장보호형 연방제의 확립에 이바지한 것이다. 그리고 그러한 변화로 인해 산업혁명이 더 쉽게 일어날 수 있었던 것이다.

셋째, 19세기 후반에서 20세기 후반까지 미국의 급속한 성장의 정치적인 토대도 시장보호형 연방제에서 찾을 수 있다. 미국이 이러한 형태의 연방제를 채택한 것은 헌법제정부터 1930년대 중반까지이다. 이 당시 대부분 주의 주민들은 연방정부가 특정한 지역이나 이해당사자들에 의해 영향을 받을 가능성 때문에 이를 불신하는 경향이 있었다. 결국 균형법칙 즉 상원에서 북부와 남부가 동일한 수준으로 대표하게 하는 원칙이 만들어지게 되었고, 이 원칙이 연방정부의 정책결정을 주들로 하여금 거부할 수 있게 하는 제도적 장치가 되었던 것이다. 비록 미국에서는 독재자가 존재하지 않았지만, 특정 지역이 연방정부를 지배하고 정책결정을 자신들에게 유리하게 할 가능성이 존재하고 있었던 것이다. 이 문제는 양 지역 모두에 해당하는 것이었기 때문에 양 지역이 국가의 권한을 억제하는 데 동의한 것이다. 연방정부의 정책결정 권한에 대한 이러한 제약이 미국에서 시장보호형 연방제가 정착되는 데 크게 기여하였던 것이다.

마지막으로, 1970년 후반 이후의 중국의 급속한 경제성장 역시 시장보호형 연방제의 도입에 기인한 것으로 주장되고 있다. 이 시기 동안 중국의 지방도시와 지방기업들은 중국 경제성장의 원동력이 되었다. 당시 지방정부가 소유한 기업들은 중앙정부가 소유한 기업들과는 판이하게 다른 유인구조를 가지고 있었고, 따라서 전혀 다른 양상을 보였다. 지방정부는 지방의 자산이나 기업을 완전히 자신의 통제 아래 둠으로써 중앙정부가 확보할 수 없는 정보들에 접할 수 있었고, 그 결과 기업들에게 중앙정부로부터 자신들의 수입을 훼손당하지 않을 수 있다는 확신을 심어줄 수 있었던 것이다. 더욱이 지방정부는 지방공공재 공급에 대한 책임을 지고 있었기 때문에, 국가는 민간기업보다 지방기업들을 침범할 유인이 적었던 것이다. 이는 지방공공재 공급에 지방정부의 재원이 사용될 수 있다고 믿었기 때문이다. 아울러, 지방정부들은 은행을 통제하지 못했고 화폐를 발행할 수 없었으므로 제한된 범위의 권한을 행사할 수 있었다. 은행이 채무를 통제하는 한편 지방정부는 지방기업에 대한 정보를 확보하고 있는 이러한 거버넌스의 구조를 통하여 이른바 시장보호형 연방제의 조건을 충족시킬 수 있었던 것이다.

4) 시장보호형 연방제에 대한 비판

시장보호형 연방제에 대한 비판이 없는 것은 아니다. 비판의 핵심은 그 모형이 수요측면의 요구를 고려하여 구축되었지만, 실제로 그 모형이 작동할 수 있는지에 대해서는 충분히 고려하지 않았다는 것이다(Rodden & Rose-Ackerman, 1997). 다시 말해, 시장보호형 연방제가 공급측면에서는 뒷받침이 되지 못한다는 지적이다. 이러한 비판은 전통적 기업이론이 제도적 측면을 도외시하고 발전되었다는 점을 지적하면서 이를 비판한 접근법과 유사한 것이다. 즉, 비록 시장보호형 연방제 모형에서 시장이 제대로 작동하기 위해서 정치제도가 중요하다는 점을 인식한 것은 타당하지만, 과거 신고전주의 경제이론이 기업에 대해 그랬던 것과 같이, 정치제도를 블랙박스(*black box*)처럼 간주하여 모형을 개발한 것이 문제라는 것이다.

이러한 비판은 구체적으로 시장보호형 연방제 모형이 실제로 활동하는 중앙과 지방의 정치인들의 행태와 유인구조에 대한 구체적인 분석 없이 그들이 그 모형이 기대하는 것과 같이 행동하리라고 가정함으로써, 그 연방제가 가져올 수 있는 경제적 효과를 과대평가하는 결과를 초래하고 있다고 지적하고 있다. 또한 정부관료나 정치인들에 대한 가정에도 문제가 있다고 지적하고 있는데, 시장보호형 연방제는 공공선택론의 입장에서 사전에 그들의 성향이 악의적이라고 가정하고 있다는 것이다. 그러나 정치인들을 사전에 선의적 혹은 악의적이라고 가정하기보다 그들은 주민들의 정치적 지지를 극대화하고자 한다고 가정하고 출발하는 것이 타당하다는 것이다. 그리고 그들의 커리어 발전은 기본적으로 선거에서 당선되거나 조직 내에서 승진하는 등의 방식으로 이루어진다고 주장한다. 아울러 시장보호형 연방제는 전통적 접근법들과 마찬가지로 지방분권을 외생적으로 주어지는 것으로 보고 있다는 점이 문제라고 지적하고 있다. 지방분권 그 자체도 정치적 상호작용의 결과로 내생적으로 이루어진다고 보는 것이 더 타당하다는 것이다.

이러한 맥락에서 시장보호형 연방제에 대해 이루어진 로덴·로즈 애커만(Rodden & Rose-Ackerman, 1997)의 보다 구체적인 비판은 다음과 같이 정리할 수 있다. 첫째, 지방정치의 실질적인 작동과정을 분석해 보면, 지방정부들이 지역 간 경쟁에 제대로 반응하지 않을 가능성이 크다는 점이다. 지방정부들이 수요측면에서 가해지는 압력에 대해 제대로 반응할 때 시장보호형 연방제가 달성하고자 하는 것들이 달성될 수 있겠지만, 만일 지방정부가 반응하지 않는다면 시장보호형 연방제는 국가발전에 오히려 저해요인이 될 수도 있다는 것이다. 지방정부가 경쟁의 압력에 제대로 반응하지 않을 가능성은 지역정치의 속성에서 찾아볼 수 있다. 지역의 정치인들이 자신들의 정치적 생명을 유지하기 위해서는, 지역에서 정치적으로 강한 영향력을 지닌 일부 세력과 결탁하여 지역 간 경쟁에 제대로 반응하지 않을 가능성이 있다. 허쉬만(Hirschman, 1970)이 지적했듯이, 지역 간 이동이 가능하지 않은 자산을 소유한 자들의 경우는 가해지는 압력에 대한 대응으로 이동이라는 수단보다는 다른 수단을 활용할 가능성이 크다. 그들은 오히려 이동보다는 정치세력과 결탁하거나 혹은 다양한 루트를 통해 그들의 주장을 관철하는 노력을 하게 될 것이다. 이러한 현상이 발생할 경우에는 시장보호적 연방제가 주장하는 결과는 초래되지 않을 수 있다는 것이다.

둘째, 로덴·로즈 애커만(1997)은 시장보호형 연방제가 원래 제시된 바와 같이 구축된다면 중앙정부가 당연히 수행해야 할 일을 제대로 하지 못하는 결과가 초래되어 그러한 형태의 연방제는 본질적으로 지속될 수 없다는 한계를 지닌다고 지적하고 있다. 예를 들면, 지방정부들의 지역 간 이동을 저해하는 행위라든가 혹은 공공재의 공급과 관련되어 발생하는 비용의 지역 간 외부효과의 문제를 통제할 수 있을 정도로 충분한 힘을 가진 중앙정부가 있다면, 그러한 정부는 시장보호형 연방제가 제시하는 중앙정부의 역할을 넘어서는 것으로서 약탈정부가 될 가능성이 크며 따라서 연방제를 훼손할 수 있다는 것이다.

셋째, 시장보호형 연방제 하에서의 지역 간 경쟁은 지역 간 불균형을 심화시키고, 지역 간 불균형이 존재하는 상황에서는 시장보호형 연방제가 유지될 수 없다고 지적하고 있다. 예를 들어 상대적으로 경제적 우위에 있는 지역의 경우는 연방제에서 탈퇴할 수 있다는 위협으로 중앙정부에 압력을 가함으로써 지역 간 지원을 위한 자신의 부담을 줄일 수 있을 것이다. 반면 경제적으로 취약한 지방의 경우는 애당초 정책의 결정권한을 자신들이 행사하기보다는 중앙으로 넘김으로써 경제적 어려움을 벗어나려 할 가능성이 크므로, 이러한 유인들이 작동하게 될 경우 시장보호적 연방제가 지속되지 못한다는 것이다.

5) 우리나라에 대한 시사점

이상에서 시장보호형 연방제의 속성과 한계 등을 살펴보았다. 물론 이 개념은 아직도 발전과정에 있고 앞으로도 더 많은 이론적 및 경험적 연구들을 통해 발전되어야 할 것이다. 그럼에도 불구하고 이 모형은 현재 지방분권의 노력을 진행 중인 우리에게 많은 시사점을 제공할 것이다.

시장보호형 연방제의 조건은 현재 우리나라의 경우에 충족되고 있는가? 우선 계층제의 조건은 중앙정부, 광역자치단체, 기초자치단체의 계층구조를 가진 우리나라의 경우 충족되고 있다고 보아야 한다. 둘째, 지방정부에 주어지는 경제권한 조건은 현재로서는 전혀 지켜지지 않고 있다. 셋째, 공통의 시장조건은 단일정부체제를 유지해 온 우리로서는 충족되고 있다고 할 것이다. 넷째, 엄격한 예산의 조건은 현재 잘 지켜진다고 볼 수 없을 것이다. 끝으로, 중앙정부의 침해를 방지할 수 있는 조건은 현재 제도적으로 잘 갖추어져 있다고 할 수 없을 것이다.

그러면 우리나라에서 시장보호형 연방제의 조건을 충족시키기 위해서는 어떠한 노력이 필요할 것인가? 이상의 논의들을 토대로 우리나라에서 시장보호형 분권체제를 구축할 경우 그 방향을 제시해 본다면 다음과 같이 정리할 수 있다.

첫째, 시장보호형 분권체제를 구축하기 위해서는 중앙과 지방 간 권한의 재배분이 필요하다. 기본적으로 어느 단위의 정부가 업무를 더 잘할 수 있느냐를 기준으로 그 업무권한을 배분해야 할 것이다. 다만 우리나라의 상황에서는 보충성의 원칙에 기초하여 기초자치단체로의 권한배분을 먼저 추진하기보다는, 중앙정부와 광역정부 간의 권한배분을 우선적으로 추진해야 할 것이다. 다시 말해, 중앙정부의 권한 중 필요한 것들을 광역정부로 이양하여 광역정부를 기반으로 하는 분권형 거버넌스 체제를 구축할 필요가 있다. 특히 이 과정에서 광역정부에게 경제적 규제권한을 내려줌으로써 이른바 지역 간 경쟁을 촉발할 수 있는 체제를 구축하는 일이 중요하다. 그렇게 함으로써 자본이나 기업 등 지역 간 이동이 가능한 요소들을 두고 지역 간 경쟁이 광역정부를 단위로 일어날 수 있도록 해야 할 것이다. 또한 광역정부에 권한을 부여해야 하는 것은, 최근 지역이 국가 간 경쟁단위로 부각되고 있고, 경쟁의 주체로서 적절한 지역단위로서 광역정부를 고려할 수 있기 때문이다.

둘째, 시장보호형 분권체제를 구축하기 위해서는 정책결정에 대한 권한 이외에 재정에 대한 권한도 지방에 내려주어야 한다. 재정권한의 이전은 지방정부가 지출할 수 있는 재정의 규모를 늘리는 것보다는, 국세와 지방세의 비율조정 등을 통해 지방이 스스로 확보할 수 있는 재원의 폭이 커지도록 하는 것이 필요하다. 아울러 지방정부의 재정관리의 부실문제는 스스로 책임을 지도록 하고 중앙정부 차원에서의 지원이 이루어지지 않도록 해야 할 것이다.

셋째, 거버넌스 체제가 분권형으로 바뀌게 되면 필연적으로 권한의 행사를 통제하는 방안을 마련할 필요가 있다. 성공적인 분권을 위해서는 현재와 같이 중앙이 지방을 평가하는 행정적 시스템을 구축하기보다는 수평적 책임성 확보방식, 즉 주민에 의한 통제방식을 활성화하는 것이 무엇보다도 중요하다. 만일 중앙정부가 수직적으로 책임을 묻는 방식이 보편화된다면, 지방은 스스로 책임지기보다는 중앙의 지시와 통제에 순응하게 되어 진정한 의미의 분권을 달성할 수 없다. 특히 지방분권의 핵심이라 할 수 있는 재정분권의 경우, 중앙정부는 지방의 재정지출 재량권을 늘려주면서 다른 한편으로는 책임성 확보를 위해 여러 가지 통제를 가하는 것이 보편적이다. 그런데 성공적 재정분권을 위해서는 지출에 대한 재량권을 부여하고 그것을 통제하는 수직적 방식보다는, 지출과 수입 모든 부분에 대한 권한을 함께 내려주고 지방정부로 하여금 재정지출로 인한 즐거움과 재정확보과정의 고통을 모두 느끼도록 함으로써 책임성을 확보하는 수평적 방식을 활용하는 것이 보다 효과적이다.

끝으로, 시장보호형 분권체제에서는 정책결정 책임과 재정조달 책임을 모두 각 계층의 정부에 부여하고 지방정부들은 중앙정부의 관여가 최소화된 상황에서 독자적으로 작동할 수 있어야 한다. 중앙정부와 지방정부 간의 관계가 상하관계가 아니라 협조관계가 되어야 할 것인데, 이를 위해서는 광역지방정부가 중앙정책에 관여할 폭을 늘릴 필요가 있다. 광역지방정부의 대표자들이 중앙정부의 정책결정에 참여하고 필요한 경우에는 거부할 수 있는 권한을 가지도록 제도적 장치를 마련할 필요가 있다. 그리고 각 수준의 정부들이 수행하는 일에 대해서는 더 이상 중앙정부의 지시가 작동할 수 없어야 하고, 아울러 국가적으로 필요한 사업이라도 특정한 지역에서 추진되는 경우에는 해당 지역의 정부와 긴밀하게 협조하여 이루어져야 할 것이다. 정부 간 관계가 이러한 체제로 구축되기 위해서는 정책에 대한 책임을 법률에 근거하여 명확하게 배분하는 것이 매우 중요할 것이다.

6) 소결

이상에서 시장보호형 지방분권체제 구축방안을 제시하였다. 여기서 제안된 분권체제의 골격은 공공재의 공급이나 서비스의 제공에 대한 책임을 기본적으로 광역자치단체에 부여하고, 아울러 광역자치단체에 일정한 수준의 규제권과 조세권까지도 부여하는 것이다. 특히 광역정부에 권한을 많이 부여하는 이유는, 그 정부가 티보(Tiebout)의 지방정부 간 경쟁이 일어날 수 있는 최적의 공간단위일 뿐만 아니라 최근 국가의 역할이 줄어드는 대신 지역이 국제경쟁의 주역으로 부각되고 있기 때문이다. 또한 분권형 지역발전체제가 실질적으로 작동하기 위해서는 중앙정부가 가진 권한을 지방정부로 내려주어야 할 뿐만 아니라, 법적으로 권한배분 관계를 명시함으로써 분권형 체제의 안정성을 높일 필요도 있을 것이다. 한마디로 진정한 분권형 지역발전체제는 지역발전정책의 추진주체와 그 정책으로 인해 편익을 누리는 주체가 괴리되었던 그동안의 제도적 상황을 양자가 일치되도록 교정하는 노력, 즉 발전에 대한 유인구조를 바르게 구축하기 위한 노력이 요구된다. 지역발전에 관한 제도적 기틀이 이러한 방식으로 재구축된다면 우리의 지역발전에 대한 노력들이 지역발전에 실질적으로 기여할 수 있는 가능성은 한층 높아질 것이다.

마지막으로, 분권화를 주장할 때면 항상 그렇듯 시장보호형 지방분권체제를 구축하였을 때 제기될 수 있는 우려들을 고려하지 않을 수 없다.

우선 정부정책에 대한 권한을 광역이나 기초자치단체로 내려주다 보면 낙후된 지역들에 대한 지원이 줄어들어서 그 결과 그러한 지역들이 낙후 상태에서 벗어나지 못하는 게 아닌가 하는 우려가 그것이다. 즉, 재정권을 분권화시킬 경우 우려되는 것은 중앙정부가 상대적으로 낙후된 지역을 지원하는 것이 어려워질 수 있다는 점이다. 사실 정부 간 형평화 교부금과 세제 혜택이 낙후지역의 지원을 위한 중앙정부의 핵심적인 수단인데, 우리가 제안하듯이 권한이 광역정부에 내려가고 광역정부들 간에 제한 없는 수평적 경쟁이 일어난다면 잘사는 지역은 더욱 잘살고 못사는 지역은 더욱 못살게 하는 부의 격차를 가져올 수 있다는 것이다. 그러나 현실은 이러한 우려와는 반대의 결과를 보여주고 있다. 미국의 경우 1950년대 후반 남부지역의 빈곤은 매우 심각한 수준이었다. 그러나 그 지역에 대해 연방에서 지원하는 복지정책의 수준을 낮추고, 지역노동시장을 보다 유연하게 하며, 다른 지역들에 비해 낮은 세율을 적용한 결과 남부지역의 경제가 활발하게 성장한 사례가 있는 것이다. 1970년경 빈곤했던 남부지역들은 이른바 선벨트 지역으로 탈바꿈했던 것이다. 그와는 반대로 유럽과 캐나다의 경우 지역불균형을 해소하기 위해 지속적으로 활용해 왔던 균형화 보조금은 경쟁을 통한 균형화과정을 저해한 것으로 나타났다(McKinnon, 1997). 특히 이탈리아의 경우 빈곤한 남부지역으로 매년 GNP의 약 10%에 해당하는 막대한 재정이전을 지속적으로 추진해 왔지만 여전히 낙후지역으로 남아서 더욱 중앙정부의 복지정책에 의존하는 상황이 발생한 것이다. 캐나다의 경우도 수 세기 동안, 낙후된 해안지방에 대해 연방정부가 막대한 이전 재정을 투입하였지만, 캐나다의 다른 지역과의 소득격차는 전혀 줄어들지 않았던 사례가 있다.

또한, 분권형 체제의 도입과 더불어 부각되는 또 다른 우려로는 지방정부 역량부족문제이다. 일반적으로 지방정부의 역량은 성공적인 분권화를 위한 필수조건이라고 인식된다. 지방의 역량이 충분하지 않은 상태에서 권한을 내려주면 해당 업무를 제대로 수행하지 못하여 분권의 부작용만 커질 수 있기 때문이다. 흔히 지방의 역량이 충분히 성숙되지 않았다는 이유로 분권을 유보하거나 연기하는 경우를 보게 되는 것도 바로 이 때문이다. 그러나 지방정부의 역량이 부족하다고 분권을 연기하거나 분권의 대상범위를 축소하는 일이 있어서는 안 될 것이다. 세계은행보고서는, 지방분권의 성공여부가 지방이 보유한 역량보다는 중앙정부의 의지와 주민의 적극적 참여에 크게 좌우된다는 점을 강조하고 있다(Shah & Thomson, 2004). 사실 지방의 제도적 역량구축이 중요하지만, 그러한 역량은 분권의 초기단계에는 내・외부적으로 차용하여 사용할 수 있다. 예컨대 중앙정부 공무원을 희망근무지를 고려하여 각 지방정부로 재배치할 수도 있다. 부족한 지방의 역량을 외부 수혈을 통해서 보완한다면, 분권이 본격화된 이후에는 그 역량이 단기간에 자라나게 될 것이다. 분권을 성공적으로 추진하기 위해서는 지방의 역량이 부족하더라도 분권을 추진하되, 지방정부의 책임성을 묻는 메커니즘을 바르게 구축하는 것이 중요하다.

3. 지방재정제도의 현황과 개편방향

우리나라가 그동안 지방자치제도를 실시하면서 여러 가지로 긍정적인 효과를 가져온 것은 사실이지만, 지방정부가 자신의 행위의 결과에 대해 스스로 책임을 져야 한다는 측면에서 보면 아직까지 갈 길은 멀어 보인다. 지방정부가 자신의 사무를 자신의 책임 아래 행할 수 있는 권한으로서의 자치권은 입법고권, 조직고권, 계획고권, 재정고권 등 주요 내용을 포함한다고 할 수 있다. 그러나 실제로는 국회 및 중앙정부에서 세세한 부분까지 정한 법률과 시행령, 부령 등이 전국에 일률적으로 적용되고 있어 지방정부가 스스로 정할 수 있는 사항은 극히 제한되어 있다. 그리고 1995년 지방자치제가 본격적으로 실시된 이후 국가사무의 지방이양 등으로 지출측면에서 국가총재정에 대한 지방정부재정의 비중은 이제 중앙정부의 그것을 능가하게 되었지만, 지방의 자체재원의 비중은 오히려 줄어들어 재정자립도는 감소했다.

여기에서는 우선 우리나라 국가운영체제를 지방분권적인 것으로 전환하기 위해 중앙정부, 광역지방정부, 기초지방정부 사이의 사무배분을 근본적으로 변화시키고 광역지방정부의 규모를 좀더 키울 필요가 있음을 지적한다. 다음으로 지방분권이 실효성을 갖기 위해서는 무엇보다 재정분야에서 지방정부의 자율성과 책임성이 확보되어야 함은 물론이지만, 현재 지방정부의 재정적 기반은 매우 취약함을 관련통계를 통해 알 수 있다. 이어서 지역별 생산, 세입, 세출, 인구, 면적 등의 통계치를 분석해본다. 이 분석을 통해 1인당 총 세출의 지역 간 격차는 많은 부분이 1인당 면적의 차이에 기인함을 알 수 있다. 이러한 논의에 기초하여 우리는 지방재정제도의 개편방향을 제시해본다. 각급 정부의 재정수요가 기본적으로 충족되도록 세원을 배분할 것을 제안하고, 구조적 요인에 의한 지역 간 재정격차문제를 다루기 위한 재정조정의 대체적인 방법에 대해 언급한다.[1)]

1) 정부 간 사무배분과 광역지방정부의 규모

중앙정부와 광역지방정부 그리고 기초지방정부 사이의 사무배분은 어느 단위의 정부가 해당 사무를 가장 잘 수행할 수 있느냐를 기준으로 정해야 할 것이다. 정부가 제공하는 공공재의 외부효과(*external effect*) 범위와 규모의 경제(*economy of scale*) 정도 등의 요소가 어느 단위의 정부가 해당사무를 가장 잘 수행할 수 있는지에 영향을 미칠 것이다. 한편, 세계적으로 규모의 분업이 진행되고 불확실성이 증대되고 있는 상황에서 창의와 자율 그리고 다양성의 보장이 더욱 중요해지고 있다. 민간에게 맡

---

1) 여기에서의 지방재정제도의 현황과 개편방향에 관한 글은 신도철(2008; 2010)을 주로 참조한 것이다.

길 수 있는 것은 먼저 민간에게 맡기고, 기초지방정부에게 맡길 수 있는 것은 기초지방정부에 맡기며, 다음으로 광역지방정부, 중앙정부 순서로 사무를 배분하는 것이 적합할 것으로 보인다. 따라서 정부의 역할과 크기를 전반적으로 줄인다는 전제 하에, 중앙정부는 외교, 국방, 안보, 위기관리, 연금, 의료보험, 통화, 금융시스템 등의 사무를, 광역지방정부는 항만, 공항, 공공사업, 경제·산업·과학, 노동·고용, 고등교육, 경찰 등의 사무를, 그리고 기초지방정부는 생활보호, 복지, 보육, 유치원, 소방, 문화, 초·중등교육, 도서관, 공원, 가로, 주택, 하수도 등의 사무를 맡도록 하는 것을 생각해볼 수 있다. 그리고 현재의 교육 지방자치제도는 일반 지방자치제도에 통합시키는 것이 합당하다고 생각한다.

다음으로 우리나라 광역지방정부의 규모를 좀더 키울 필요가 있다고 생각한다. 현재 광역시와 이를 둘러싸고 있는 도가 독립된 광역자치단체로 되어 서로 경쟁·대립하는 경우가 많아, 통일적인 계획에 기초하여 더 넓은 지역에 걸쳐 대도시권을 정상적으로 발전시키고 주변지역과 연계시키는 것이 어렵다는 지적이 있었다. 아울러 기업의 입지선택은 용지의 가격, 인력확보 가능성, 세제, 사업서비스·판로·공항·항만의 접근성 등 여러 가지 요소를 고려하여 이루어지는데, 현재의 개별 광역자치단체는 제반 여건의 개선을 통해 국내외 기업을 유치할 수 있기에는 그 규모가 너무 작다는 점이 지적된다. 오늘날 세계화와 지방화의 동시적 진행 즉 세방화(*glocalization*)의 추세는 지역이 세계적 경쟁의 중심에 서도록 만들고 있다. 그리고 지방정부가 무한경쟁의 세계시장에서 자본과 기술과 인력을 유치하고 지역을 발전으로 이끄는 주체가 되고 있다. 유럽의 강소국들은 유럽연합의 다른 나라 및 지역들과 느슨한 연계를 유지하는 한편으로 독자적·자립적 경제주체로서 각자의 발전을 추구해나가고 있다. 참고로 이들 나라의 인구규모를 보면, 네덜란드 1,637만 명, 포르투갈 1,060만 명, 벨기에 1,058만 명, 스웨덴 905만 명, 오스트리아 812만 명, 덴마크 546만 명, 핀란드 529만 명, 아일랜드 424만 명 등으로 나타난다. 그리고 일본의 인구는 약 1억 2,780만 명인데 일본 전역을 9~12개의 도주로 묶는 안이 본격적으로 논의되고 있는바, 이 경우 도주의 평균 인구는 1,065만~1,420만 명으로 계산된다. 인구 6,447명의 프랑스는 현재 22개의 레지옹을 6개의 대지역으로 통합하려고 시도하고 있고, 그 경우 대지역의 평균 인구는 1,075만 명으로 계산된다. 인구 8,221만 명의 연방국가인 독일의 경우 16개 주를 9개의 광역주로 재편하는 논의가 진행 중이다. 이렇게 재편될 경우 광역주의 평균 인구는 913만 명으로 된다. 50개의 주로 구성된 미국의 인구는 현재 3억 명을 조금 넘는 수준이므로 주의 평균 인구는 약 600만 명으로 계산되는데, 인구 100만 명 미만의 주들도 상당수 있지만 동시에 캘리포니아(3,655만 명), 텍사스(2,390만 명), 뉴욕(1,930만 명), 플로리다(1,825만 명), 일리노이(1,285만 명), 펜실베이니아(1,243만 명), 오하이오(1,147만 명), 미시간(1,007만 명) 같은 대규모 주들도 있다. 이러한 통계치는 우리나라의 광역지방정부의 적정규모를 생각함에 있어 많은 시사점을 제공할 것이다. 하나의 유력한 안은 인구 1,000만~1,500만 명 규모의 광역지방정부를 3~5개 정도 두는 것이다.

2) 지방정부의 낮은 재정자립도와 중앙집권적 국가운영의 폐해

〈표 8-1〉은 지방자치단체의 재정자립도 추이를 보여주고 있다. 표에서 보는 바와 같이 지방자치단체의 전국 평균 재정자립도는 1997년에 63%이던 것이 2006년에는 54.4%로 되었다. 〈표 8-1〉은 또한 특별시와 광역시의 재정자립도는 도의 그것보다 높고, 시와 자치구의 재정자립도는 군의 그것보다 높음을 보여주고 있다.

지방자치단체의 재정자립도가 전반적으로 감소해온 것은 지방자치단체의 늘어나는 재정수요를 중앙정부의 지방이전재원이 주로 보전해 왔기 때문이다. 〈표 8-2〉는 중앙정부의 지방이전재원과 지방가용재원의 추이

〈표 8-1〉 지방자치단체의 재정자립도 추이

단위: %

	1997	1998	1999	2000	2001	2002	2003	2004	2005	2006	2007
전국평균	63.0	63.4	59.6	59.4	57.6	54.8	56.3	57.2	56.2	54.4	53.6
특·광역시	89.4	90.0	81.8	84.8	82.9	79.8	82.2	81.4	80.3	78.5	73.9
도	42.5	42.1	38.3	37.9	35.6	34.6	39.4	41.3	36.6	36.1	34.9
시	53.3	54.1	52.0	50.6	43.4	40.2	38.0	38.8	40.6	39.4	39.5
군	21.2	22.9	23.4	22.0	18.1	17.4	16.3	16.6	16.5	16.1	16.6
자치구	51.6	49.7	52.3	46.9	45.0	45.1	42.3	42.6	44.3	40.5	37.5

주: *전국평균은 순계규모, 나머지는 총계규모.
자료: 행정자치부, 지방자치단체 예산개요.

를 보여주고 있다. 2001년에 지방가용재원의 규모가 급등한 것은 지방교육세 도입, 교육교부세율 인상 등에 기인한다. 2005년에는 양여금제도가 없어지고 양여금의 많은 부분이 교부금 항목으로 흡수되었으며, 대신 균특회계가 신설되었다. 지방자치단체의 재정자립도가 전반적으로 감소해온 반면 총 조세(국세+지방세) 대비 지방가용재원(지방세+지방이전재원)의 비중이 전반적으로 증가해온 것은 주로 지방이전재원 규모가 확대되어왔기 때문이다. 지방교부세 법정교부율은 2000년 15%에서 2005년 19.13%, 2006년 19.24%로 증가하였으며, 지방교육교부세율은 2001년 13%에서 2005년 19.4%로 증가하였다.

위에서 본 바와 같이 지방자치단체의 업무수행관련 재정지출은 중앙정부의 그것보다 오히려 많게 되었지만, 재정수입은 중앙정부로부터의 이전재원에 크게 의존하고 있는 실정이다. 이런 상황에서는 지방자치단체가 스스로 자기책임 하에 지역발전을 위한 전략과 수단을 개발하고 집행하기 어렵다. 자율적인 지방행정의 물적 기초인 자주재원을 확보하지 못한 지방정부는 각종 이전재원을 지원받는 과정에서 불가피하게 중앙정부의 간섭과 통제를 받게 된다.

〈표 8-2〉 중앙정부의 지방이전재원 및 지방의 가용재원 규모

단위: 조 원

	1985	1990	1995	1996	1997	1998	1999	2000	2001	2002	2003	2004	2005	2006
지방이전재원	3.6	9.3	22.5	26.6	30.6	30.7	31.6	35.8	46.1	46.4	53.2	54.2	60.6	65.3
교부금	3.1	7.2	13.7	15.2	16.2	16.6	15.5	18.1	27.1	27.5	32.1	32.8	43.8	46.0
양여금	-	-	4.9	6.7	8.5	7.4	7.5	8.9	8.4	8.0	9.0	8.6	-	-
국고보조금	0.5	2.1	3.9	4.7	5.9	6.7	8.6	8.8	10.6	10.9	12.1	12.8	11.3	13.4
균특회계*	-	-	-	-	-	-	-	-	-	-	-	-	5.3	5.9
지방가용재원	5.3	15.7	37.8	44.0	49.0	47.9	50.2	56.4	72.7	74.7	82.0	88.4	95.6	100.6
(총조세 대비, %)	39.0	47.3	52.4	53.4	55.5	56.4	53.3	49.7	59.4	56.6	57.1	58.2	58.8	59.0

* 균특회계 중 보조금만 계상

자료: 기획예산처, 연도별 예산서

그리고 지방의회도 제 기능을 발휘할 수 없는 상황에 놓여 있다. 지방의회의 가장 중요한 기능은 조례를 제정하고 예산 등 지역의 주요안건에 대해 결정을 내리며, 지방자치단체의 장이 지방의회가 정한 바대로 행정을 잘 수행하고 있는지를 감시하는 것이라 할 수 있다. 그러나 국회 및 중앙정부에서 세세한 부분까지 정한 법률과 시행령 부령 등이 전국에 일률적으로 적용되고 있어 지방정부가 스스로 정할 수 있는 사항은 극히 제한되어 있다.

지방자치단체의 최대 관심사는 중앙정부로부터 어떻게 이전재원을 많이 확보하고 개발사업을 많이 유치하느냐이다. 중앙정부가 그 비용의 많은 부분을 부담하는 지역개발의 경우 그 혜택은 해당 지역주민에 집중되는 데 반해 비용은 전 국민에 분산된다. 그리하여 각 지방정부는 그러한 지역개발 프로젝트를 가능한 한 많이 유치하고자 한다. 주민들은 그 프로젝트가 국가 전체의 관점에서 낭비적이라 하더라도 별로 상관하지 않는다. 그러한 프로젝트를 많이 유치한 지방자치단체장은 유능한 것으로 평가받으며, 선거에서 후보자들은 자신이 그런 일을 잘할 수 있다고 내세운다. 지역구 출신의 국회의원도 해당 지역에 국책프로젝트를 얼마나 유치했는가에 따라 그 능력을 평가받고, 따라서 헌법이 요구하는 바와 같이 국가를 위해 일하는 것이 아니라 표를 의식하여 지역을 위해 일하는 경우가 허다하다.

지방선거가 지역별로 실시되고 국회의원이 지역단위로 선출되는 상황에서 지역개발에 대한 결정이 주로 중앙정부에 의해 이루어질 경우, 개발사업의 유치 내지 이전재원의 더 많은 확보를 위한 지역 간의 배타적 대립과 갈등은 증폭될 수밖에 없다. 각 지방정부는 비용이 수반되는 공공재 공급을 어떻게 적절한 수준으로 공급하여 주민의 만족도를 높일 것인가를 두고 서로 경쟁하는 것이 아니라, 어떻게 하면 중앙정부로부터 더 많이 받아낼 것인가를 두고 경쟁하게 되는 것이다. 이러한 경쟁은 국가 전체적으로 보면 낭비적인 경쟁이요, 지역 간 갈등을 증폭시키는 경쟁이다. 각 지방자치단체가 기본적으로 자기 살림을 살 수 있을 때 선의의 경쟁과 협력이 지배할 수 있다.

3) 지역별 생산, 세입, 세출, 인구, 면적 등의 분석과 시사점

〈표 8-3〉은 2005년도 광역시도별 지역내총생산(GRDP)과 1인당 GRDP를 나타내고 있다. 1인당 GRDP가 가장 높은 지역은 울산광역시로서 3,890만 원에 이르는 반면, 가장 낮은 지역은 대구광역시로서 1,088만 원에 불과했다. 이와 같이 1인당 GRDP는 광역시도 간에 상당한 격차를 보이고 있는 것이 사실이다. 그러나 이러한 1인당 GRDP의 광역시도 간 격차가 바로 해당 지역 주민들의 소득격차를 그대로 이야기해 주는 것은 아니다. 오히려 그 격차는 광역시도의 경계구분에 의해 작위적으로 생겨난 측면이 강함은 주지의 사실이다. 예컨대 대구시의 많은 주민들이 대구시 경계 밖 경북에 속하는 지역에 입지한 공장 등 생산시설에 근무하고 있는데, 이 경우 그 생산활동은 대구시가 아니라 경북의 GRDP에 포함되는 것이다.

〈표 8-4〉는 〈표 8-3〉을 재구성하여 서울+인천, 경기+강원, 충전주, 경상주 등 광역지역별로 지역내총생산(GRDP)과 1인당 GRDP를 표시해 본 것이다.[2] 이 표에서 알 수 있듯이, 남한지역을 4개의 광역주로 나눌

2) 여기에서 충전주라 함은 대전, 광주, 충북, 충남, 전북, 전남, 제주 지역을 포괄하는 지역을, 경상주라 함은 부산, 대구, 울산, 경남, 경북 지역을 합친 지역을 일컫는다. 신도철(2008)은 광역지방정부에 대한 하나의 유력한 지역 구획 방법으로 서울, 인천과 그 근처의 도시권을 포괄하는 가칭 서울주, 경기도의 여타 지역과 강원도를 포괄하는 가칭 경강주(京江州), 대전 광주 충북 충남 전북 전남 제주 지역을 포괄하는 가칭 충전주(忠全州), 부산 대구 울산 경남 경북 지역을 합친 가칭 경상주(慶尙州) 등 4개 주를 두는 〔통일 후에는 북한지역의 예컨대 평안주(平安州)와 함경주(咸鏡州) 2개 주를 포함하여 모두 6개주를 두는〕 안을 제시한 바 있다.

경우 광역주 사이의 1인당 GRDP는 격차가 거의 없게 된다.

2005년도 광역시도별 일반회계 세입의 규모와 내역을 정리해 보여주고 있는 〈표 8-5〉는 광역시도 세입의 상당부분을 중앙정부로부터의 이전재원으로 충당하고 있음을 재확인해주고 있다.

한편 〈표 8-6〉은 2005년도 광역시도별 일반회계 세출의 규모와 내역을 정리해 보여주고 있다. 사회개발비와 경제개발비의 합이 총 세출의 70% 이상을 차지하고 있는 것으로 나타난다. 〈표 8-5〉의 총 세입 규모

〈표 8-3〉 2005년도 광역시도별 지역내총생산(GRDP)과 1인당 GRDP

시도별	GRDP (당해년가격, 백만 원)	인구 (명)	1인당 GRDP (원)
전국	817, 811, 875	47, 041, 434	17, 384, 927
서울특별시	185, 091, 210	9, 762, 546	18, 959, 318
부산광역시	46, 278, 512	3, 512, 547	13, 175, 201
대구광역시	26, 729, 159	2, 456, 016	10, 883, 137
인천광역시	37, 915, 746	2, 517, 680	15, 059, 796
광주광역시	17, 853, 839	1, 413, 644	12, 629, 657
대전광역시	18, 639, 434	1, 438, 551	12, 957, 089
울산광역시	40, 648, 318	1, 044, 934	38, 900, 369
경기도	163, 982, 651	10, 341, 006	15, 857, 514
강원도	22, 381, 340	1, 460, 770	15, 321, 604
충청북도	25, 460, 466	1, 453, 872	17, 512, 179
충청남도	47, 514, 659	1, 879, 417	25, 281, 595
전라북도	24, 777, 546	1, 778, 879	13, 928, 742
전라남도	40, 872, 833	1, 815, 174	22, 517, 309
경상북도	57, 748, 323	2, 594, 719	22, 256, 099
경상남도	54, 253, 972	3, 040, 993	17, 840, 874
제주도	7, 663, 867	5, 304, 686	14, 441, 434

자료: 통계청.

〈표 8-4〉 2005년도 광역지역별 지역내총생산(GRDP)과 1인당 GRDP

시도별	GRDP (당해년가격, 백만 원)	인구 (명)	1인당 GRDP (원)
전국	817,811,875	47,041,434	17,384,927
서울+인천	223,006,956	12,280,226	18,159,841
경기+강원	186,363,991	11,801,776	15,791,182
충전주	182,782,644	10,310,223	17,728,292
경상주	225,658,284	12,649,209	17,839,715

가 〈표 8-6〉의 총 세출 규모보다 많은 것은 〈표 8-5〉의 세외수입 중에는 순세계잉여금과 이월금이 포함되어 있기 때문인 것으로 보인다.[3)]

〈표 8-6〉을 재구성하여 광역시도별 1인당 총 세입과 1인당 지방세 수입, 1인당 총 세출 등을 보여주고 있는 것이 〈표 8-7〉이다. 광역시도들 사이에 인구밀도, 산업구조 등의 측면에서 상당한 차이가 존재함에도 불구하고 1인당 지방세 수입의 지역 간 차이는 그렇게 크지 않음을 알 수 있다. 서울 지역의 1인당 지방세수입액이 가장 많은 것은 지방세의 상당 부분을 취득세 · 등록세 등 재산거래와 관련된 세목이 차지하고 있는 것과 관련이 있는 것으로 보인다. 1인당 지방세수입액이 가장 많은 서울지역과 가장 적은 전북지역의 격차는 2.2배 정도이다. 참고로 1인당 지방

3) 지방자치단체 일반회계의 세외수입은 크게 경상적 세외수입과 임시적 세외수입으로 나뉘는데, 경상적 세외수입에는 사용료, 수수료, 재산임대수입, 사업수입, 징수교부금수입, 이자수입 등이, 임시적 세외수입에는 재산매각수입, 순세계 잉여금, 이월금, 전입금, 예탁금 및 예수금, 융자금원금수입, 부담금, 잡수입, 과년도수입 등이 포함된다. 2005년도의 일반회계 세외수입 규모는 30.87조 원, 그 중 경상적 세외수입의 규모는 3.85조 원, 임시적 세외수입의 규모는 27.02조 원 규모였으며, 임시적 세외수입 중 순세계 잉여금은 5.80조 원, 이월금은 16.49조 원 규모인 것으로 나타난다. 행정자치부, 지방세외수입 연감, 2006 참조.

〈표 8-5〉 2005년도 광역시도별 세입 (일반회계)

단위: 백만 원

시도별	총 세입	지방세수입	세외수입	지방교부세	조정교부금	보조금	지방채
전국	122, 922, 689	35, 976, 900	30, 884, 090	20, 018, 269	5, 837, 381	28, 408, 020	1, 798, 030
서울특별시	17, 842, 065	10, 011, 732	4, 509, 032	189, 842	1, 649, 987	1, 481, 473	-
부산광역시	5, 879, 255	2, 265, 338	1, 321, 181	360, 598	453, 025	1, 256, 401	222, 713
대구광역시	3, 730, 000	1, 523, 228	832, 776	311, 787	347, 777	707, 283	7, 150
인천광역시	4, 440, 398	1, 739, 789	980, 809	205, 379	299, 087	864, 502	350, 832
광주광역시	2, 433, 892	773, 481	510, 821	269, 946	207, 887	595, 664	76, 093
대전광역시	2, 293, 421	919, 761	528, 834	167, 039	237, 279	440, 009	500
울산광역시	2, 218, 228	836, 498	559, 578	227, 858	139, 907	375, 936	78, 450
경기도	22, 969, 446	8, 968, 589	6, 509, 549	1, 528, 944	1, 540, 253	3, 902, 045	520, 066
강원도	7, 247, 904	889, 276	1, 865, 563	2, 172, 987	87, 060	2, 093, 584	139, 433
충청북도	5, 203, 948	828, 296	1, 365, 203	1, 519, 152	95, 956	1, 370, 264	25, 078
충청남도	7, 780, 218	1, 419, 054	2, 064, 051	1, 900, 643	194, 278	2, 198, 373	3, 819
전라북도	7, 529, 777	834, 923	1, 293, 152	2, 086, 738	96, 341	3, 127, 923	90, 700
전라남도	9, 698, 139	921, 432	2, 293, 404	3, 055, 200	60, 458	3, 310, 838	56, 807
경상북도	10, 219, 652	1, 583, 213	2, 289, 362	3, 065, 640	138, 041	3, 089, 180	54, 215
경상남도	11, 171, 835	2, 061, 170	3, 510, 450	2, 374, 043	241, 877	2, 857, 557	126, 738
제주도	2, 264, 511	401, 121	450, 323	582, 475	48, 167	736, 990	45, 436

〈표 8-6〉 2005년도 광역시도별 세출 (일반회계)

단위: 백만 원

시도별	총 세출	일반행정비	민방위비	사회개발비	경제개발비	지원 및 기타경비
전국	101,925,426	17,092,317	2,016,343	43,760,481	30,588,621	8,467,165
서울특별시	16,179,040	2,658,407	412,402	7,812,132	2,874,672	2,421,427
부산광역시	5,355,374	771,842	114,905	2,396,471	1,456,660	615,496
대구광역시	3,253,332	474,692	92,072	1,544,388	700,022	442,159
인천광역시	3,862,732	562,923	93,632	1,825,621	910,552	470,004
광주광역시	2,167,062	309,976	47,293	969,952	537,018	302,823
대전광역시	2,012,928	290,862	52,118	917,732	429,516	322,700
울산광역시	1,749,692	252,247	41,031	761,950	497,005	197,458
경기도	18,873,882	2,789,624	363,400	8,559,216	5,274,378	1,887,265
강원도	5,842,009	1,198,623	111,979	2,019,043	2,260,779	251,585
충청북도	4,176,334	758,550	84,467	1,616,679	1,556,779	159,858
충청남도	6,153,630	1,175,195	96,376	2,450,124	2,130,129	301,807
전라북도	5,978,635	1,085,525	85,221	2,385,578	2,241,504	180,807
전라남도	7,640,315	1,316,070	112,863	3,254,538	2,814,758	142,085
경상북도	8,160,680	1,441,929	143,285	3,396,190	2,873,698	305,577
경상남도	8,566,800	1,634,441	128,301	3,154,933	3,294,662	354,462
제주도	1,952,982	371,410	37,499	695,935	736,487	111,652

자료: 행정안전부

세 + 세외수입액의 경우 가장 많은 강원지역과 가장 적은 광주지역의 격차는 2. 1배 정도로 나타난다.

한편 총 세출이나 (지방세 수입뿐만 아니라 세외수입과 중앙정부로부터의 이전재원 등을 포함하는) 총 세입의 경우 1인당 액수는 광역시도별로 상당한 차이가 있는 것으로 나타난다. 1인당 총 세출의 경우 가장 많은 전남지역과 가장 적은 대구지역의 격차는 (4, 209, 136원/1, 324, 638원=) 3. 2배 정도이고, 1인당 총 세입이 가장 많은 전남지역과 가장 적은 대구지역의 격차는 (5, 342, 815원/ 1, 518, 720원 =) 3. 5배 정도로 나타난다. (이전재원을 포함하는) 1인당 총 세입 혹은 1인당 총 세출이 광역시도별로 상당한 차이를 보이는 요인 중의 하나로 지역별 인구밀도 내지 1인당 면적의 차이를 들 수 있을 것이다. 〈표 8-7〉에서 보는 바와 같이 1인당 면적이 상대적으로 작은 특별시와 광역시에 비해 1인당 면적이 상대적으로 큰 강원, 경북, 전남, 충북 등 도 지역의 경우가 (이전재원을 포함하는) 1인당 총 세입 혹은 총 세출이 상대적으로 많은 것으로 나타나기 때문이다.

〈표 8-8〉은 〈표 8-7〉을 재구성하여 서울+인천, 경기+강원, 충전주, 경상주 등 광역지역별로 1인당 총 세입과 1인당 지방세 수입, 1인당 면적 등을 표시해본 것이다. 광역주들 사이의 1인당 지방세 수입 혹은 1인당 지방세 + 세외수입은 그 격차가 크지 않음을 알 수 있다. 한편 (이전재원을 포함하는) 1인당 총 세입 혹은 1인당 총 세출은 1인당 면적과 높은 상관관계를 가지고 있음을 관찰할 수 있다.

지금까지의 논의를 요약하면, 우선 1인당 GRDP는 현재의 16개 광역시도 간에는 상당한 격차를 보이고 있지만 4개 광역주 사이에는 격차가 거의 없어지는 것으로 나타나며, 1인당 지방세 수입 내지 1인당 지방세+세외수입의 광역주 간 격차는 크지 않지만, (중앙정부로부터의 이전재원을 포함하는) 1인당 총 세입 내지 1인당 총 세출 규모는 광역주 사이에 상당한 격차를 보이는데, 그 격차의 많은 부분은 1인당 면적으로 설명할 수 있다는 것이다.

〈표 8-7〉 광역시도별 1인당 총 세입, 지방세수입, 총 세출, 면적 등(2005년)

시도별	인구(명)	1인당 총 세입(원)	1인당 지방세수입	1인당 지방세+세외수입	1인당 총 세출(원)	면적(㎢)	1인당 면적(㎡)
전국	47,041,434	2,613,073	764,792	1,421,321	2,166,716	99,678	2,119
서울특별시	9,762,546	1,827,604	1,025,525	1,487,395	1,657,256	605	62
부산광역시	3,512,547	1,673,787	644,927	1,021,059	1,524,641	765	218
대구광역시	2,456,016	1,518,720	620,203	959,279	1,324,638	884	360
인천광역시	2,517,680	1,763,686	691,029	1,080,597	1,534,243	1,002	398
광주광역시	1,413,644	1,721,715	547,154	908,505	1,532,962	501	354
대전광역시	1,438,551	1,594,258	639,366	1,006,982	1,399,275	540	375
울산광역시	1,044,934	2,122,840	800,527	1,336,042	1,674,452	1,057	1,012
경기도	10,341,006	2,221,200	867,284	1,496,773	1,825,150	10,132	980
강원도	1,460,770	4,961,701	608,772	1,885,881	3,999,267	16,613	11,373
충청북도	1,453,872	3,579,371	569,717	1,508,729	2,872,560	7,432	5,112
충청남도	1,879,417	4,139,698	755,050	1,853,290	3,274,223	8,600	4,576
전라북도	1,778,879	4,232,878	469,353	1,196,301	3,360,900	8,055	4,528
전라남도	1,815,174	5,342,815	507,627	1,771,090	4,209,136	12,095	6,663
경상북도	2,594,719	3,938,635	610,157	1,492,483	3,145,111	19,026	7,333
경상남도	3,040,993	3,673,746	677,795	1,832,171	2,817,106	10,522	3,460
제주도	530,686	4,267,139	755,854	1,604,421	3,680,108	1,848	3,482

〈표 8-8〉 광역지역별 1인당 총 세입, 지방세 수입, 총 세출, 면적 등

(2005년)

시도별	전국	서울+인천	경기+강원	충전주	경상주
인구(명)	47,041,434	12,280,226	11,801,776	10,310,223	12,649,209
1인당 총 세입*	2,613,073	1,814,499	2,560,407	3,608,448	2,626,170
1인당 지방세 수입	764,792	956,947	835,287	591,458	653,752
1인당 지방세 +세외수입	1,421,321	1,403,994	1,544,935	1,416,444	1,326,786
1인당 총 세출	2,166,716	1,632,036	2,094,252	2,917,676	2,141,310
면적(㎢)	99,678	1,607	26,745	39,071	32,254
1인당 면적**	2,119	131	2,266	3,790	2,550

주: *단위: 원, **단위: ㎡

4) 재정제도의 개편방향

우리나라에서는 지방자치단체의 늘어나는 재정수요를 중앙정부의 지방이전 재원으로 주로 보전했다. 현재의 이러한 지방재정제도는 지방정부의 자기결정과 자기책임의 원칙과 부합하지 않음은 물론이다. 그러면 지방재정제도는 어떻게 개편할 것인가?

우선 세원을 중앙정부, 광역지방정부, 기초지방정부별로 구분한다. 세원은 각 수준 정부의 재정수요가 기본적으로 충족되도록 배분되어야 할 것이다. 어느 세목을 어느 수준의 정부에 배분할 것인지를 정함에 있어서는 해당 세목이 어느 수준의 정부가 잘 관리할 수 있는지, 어느 수준 지역단위의 주민들이 그 세목에 더 큰 관심을 가지고 세정을 잘 감시할 수 있는지, 해당 세목관련 징세의 효율성과 전국적 통일성이 얼마만큼 중요한지 등의 요소를 고려하여야 할 것이다. 현행 세원배분방식으로는 지방정부가 전반적으로 자족적인 재원을 확보할 수 없으므로, 현재 국세로 되어있는 소득세, 법인세, 부가가치세 등은 공동세로 만들어 중앙정부, 광역지방정부, 기초지방정부가 일정비율로 그 세수를 나누어 가질

필요가 있을 것이다. 그리고 지방정부에 배정된 세목 중 그 성격상 적합한 일부 세목에 대해서는 해당 지방정부가 세율 등을 자유롭게 정하도록 할 수 있을 것이다.

이런 식으로 세원을 각급 정부에 배분할 경우, 어떤 지방정부에서는 재정수요에 비해 재정수입이 모자라고 어떤 지방정부에서는 재정수요에 비해 재정수입이 오히려 많아지는 현상이 발생할 수 있다. 따라서 지방정부 간의 재정조정이 요구될 것이다. 그러나 이 재정조정을 중앙정부가 주관하도록 해서는 안 된다. 중앙정부가 주관할 경우, 지방정부를 지배관리하는 통로가 새롭게 생겨나는 셈이다. 지방정부 간 재정조정은 각 지방정부의 재정수요 및 재정수입에 영향을 미치는 인구, 관할면적, 지역내총생산, 지역내 자산 총가치 등의 객관적인 지표를 이용하여 기계적으로 행하는 것이 바람직할 것이다. 그 산식이 복잡해지면 자의가 개입할 소지가 많아지고, 그렇게 되면 우리가 피하고자 했던 지방정부 간 갈등과 소모적인 경쟁이 다시 살아날 수 있다.

실제로 통계자료를 분석해보면 지방자치단체의 재정수요액은 인구와 관할면적 두 변수만으로도 아주 잘 설명되는 것으로 나타난다. 2005년도 통계를 사용하여 16개 광역지방자치단체의 총 세출(X)을 당해 자치단체의 인구(P)와 관할면적(L)에 회귀시켜보면 그 결과는 다음과 같다.

$$X = 1.5911P + 270.30L \qquad R^2 = 0.9753$$
$$(0.0577) \quad (27.00)$$

위 회귀분석에서 총 세출(X), 인구(P), 관할면적(L)의 단위는 각각 백만 원, 명, km^2이므로, 위 식은 각 광역지방자치단체의 총 세출은 인구가 1명 늘어남에 따라 159만원, 관할면적이 1km^2 늘어남에 따라 2억7천만 원 정도 증가하는 경향이 있음을 나타내고 있다. 그리고 16개 광역지방자치단체의 총 세출(X)의 평균치는 6,370,339백만 원(약 6조 3,703

억 원), 인구(P)의 평균치는 294만 명, 관할면적(L)의 평균치는 6,230km²인바, 이를 이용하여 평균적인 규모의 광역지방자치단체에 있어 인구 및 관할면적에 대한 총 세출의 탄력성을 구해보면 각각 0.7343과 0.2643으로 계산된다. 즉 평균적인 규모의 광역지방자치단체인 경우 인구가 1% 증가하면 세출은 0.73%, 면적이 1% 증가하면 세출은 0.26% 정도 증가하는 것으로 나타난다.

분석결과 결정계수(R^2)의 값이 아주 높게 나와 지방자치단체의 총 세출 내지 재정수요액을 인구와 관할면적에 의해 설명하고자 하는 모형이 상당한 현실적합성을 가지고 있음을 시사하고 있다. 참고로 〈그림 8-1〉은 2005년도 광역지방단체별 총 세출의 실제치와 회귀분석에 의한 예측치를 대비시키고 있다.

세원이 중앙정부, 광역지방정부, 기초지방정부 사이에 배분되면 정부별 세수도 예측할 수 있게 된다. 지역내총생산, 지역내 자산 총가치 등의 지표를 통해 정부별 세수와 세외수입 등 재정수입의 규모를 예측하고, 다른 한편으로 인구와 관할면적 등을 통해 정부별 재정지출의 규모를 예측한 후, 필요한 정부 간 재정조정을 행한다. 재정수입의 규모를 예측할 경우에도 지역내총생산, 지역내 자산 총가치 등의 객관적 지표를 통해 이를 행해야지, 각 지방정부의 재량적인 세율조정 등을 통한 세수의 증감을 반영해서는 안 된다. 세율증가 등으로 인한 세수증대가 재정조정으로 인해 해당지방정부의 가용자원증대로 이어지지 않게 된다면 인센티브는 왜곡되고 자주재원의 원칙은 무너지게 될 것이다.

앞에서 소득세, 법인세, 부가가치세 등의 공동세화 필요성에 대해 언급한 바 있지만, 지방정부의 지역발전 등에 대한 인센티브의 관점에서 보면, 공동세 세수의 일정비율을 중앙정부가 나머지를 지방정부가 갖도록 하는 일반적인 배분방법보다 더 나은 방법이 있음이 지적된 바 있다(Weingast, 2006: 18~21 참조). 예컨대 어떤 지역에서 10조 원의 소득세 수입이 있고, 세수의 60%를 중앙정부가, 40%를 지방정부가 갖는다고

〈그림 8-1〉 2005년도 지방자치단체별 총세출 — 실제치와 예측치

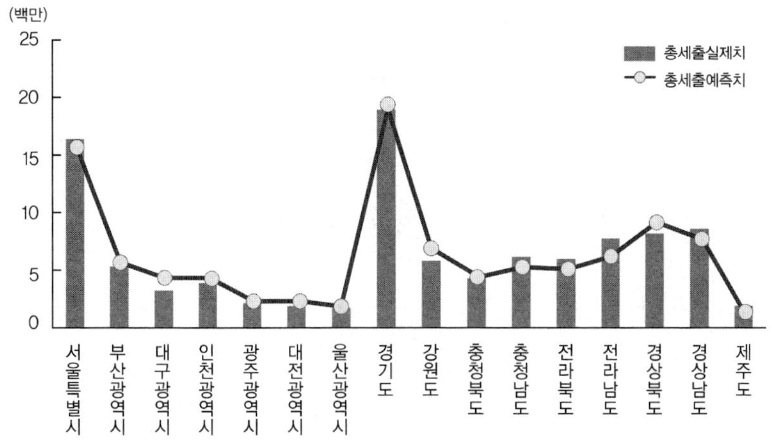

하자. 이러한 전통적 방법에서는 지방정부가 해당 지역의 소득증대를 위해 열심히 일할 인센티브가 아주 강하지는 않다. 왜냐하면 소득증대로 인한 세수증가의 40%만을 지방정부가 갖기 때문이다. 이제 8조 원까지의 소득세에 대해서는 중앙정부가 70%, 지방정부가 30%를 갖지만, 8조 원을 초과하는 소득세 부분 즉 2조 원에 대해서는 중앙정부가 20%, 지방정부가 80%를 갖도록 하는 배분방식을 채택한다고 하자. 그러면 해당 지역의 소득세 수입이 10조일 경우 지방정부가 갖게 되는 세수가 4조 원이 되는 것은 동일하지만, 세수증가에 따른 지방정부 가용재원의 한계확보율은 80%에 이르게 되어 해당 지역 주민의 소득증대를 위해 열심히 노력할 지방정부의 인센티브는 크게 강화된다.[4] 지방재정제도 및 재정조정제도를 잘 설계하면 중앙정부로부터 지역개발사업과 재정지원을 가

4) 다만 지역경제가 활성화되고 따라서 소득세의 세수가 늘어났을 때, 배분율이 차등화되는 기준점(위의 예에서는 8조 원)을 높여버리게 되면 이를 예상하는 지방정부는 열심히 일할 인센티브가 약화될 것이다. 이러한 문제는 그 기준점을 예컨대 최근 5년간 소득세수 평균의 80%로 정하는 방식 등을 채택함으로써 완화시킬 수 있을 것이다.

능한 한 많이 받아내기 위한 지방정부들 간의 소모적 경쟁과 갈등을 크게 줄이면서 지방정부들로 하여금 주민의 복지증진과 지역의 발전을 위해 열심히 일할 인센티브를 갖게 할 수 있다.

4. 지방분권형 국가운영을 위한 헌법개정 방향

오늘날 변화된 경제 · 사회적 환경은 권력구조의 설계에 있어서 근본적인 변화를 요구한다. 이제는 초국가기구 - 중앙정부 - 지방정부 - 민간 · 시민사회 간의 수직적 권력분립은 물론 지방정부 상호간의 수평적 · 공간적 분업과 협력관계의 재설정이 필요하다.

우리나라 헌법은 제 117조와 제 118조에서 지방자치를 보장하고 있기는 하지만 그 구체적인 내용은 매우 빈약하다. 지방자치단체가 어떤 사무를, 어떻게 수행하는지에 대한 지침이 없어 입법자들의 재량에 맡겨두고 있다. 즉, 헌법이 입법이나 재판에 뚜렷한 지침을 제공하지 못하고 있다. 현행 헌법은 지방자치를 지방행정의 일종으로 인식하고 있어 지방정부가 떠맡아야 할 시대적 요구를 수용하지 못하고 있는 실정이다.

지역경쟁력 향상과 국가발전을 위해서는 국경을 넘어 지역 간 경쟁의 주체가 되고 있는 지방정부의 위상에 대한 근본적인 재검토를 요구한다. 특히 국가와 광역지방정부인 도의 지위를 어떻게 설정할 것인지의 문제가 놓여있다. 여기에서는 먼저 우리나라 헌법의 지방자치 관련규정의 현황과 문제점을 살펴보고, 이어서 헌법이 시대적 요구에 부응할 수 있도록 하기 위해서는 지방분권 관련규정, 특히 광역지방정부 관련규정이 어떻게 개정되어야 할 것인지에 대해 살펴보기로 한다.

1) 현행 헌법과 지방자치

헌법 제 117조 제 1항은 지방자치단체의 자치권을 규정하고 있고, 제 117조 제 2항은 지방자치단체의 종류를 법률에 유보하고 있다. 제 118조는 지방자치단체의 기관으로 지방자치단체의 의회와 지방자치단체의 장을 규정하고 그 조직, 권한, 선임방법을 법률에 유보하고 있다.

(1) 지방자치단체의 기능

헌법 제 117조 제 1항은 지방자치단체는 '주민의 복리에 관한 사무'를 처리한다고 함으로써 자치의 대상을 보장하고 있다. 즉, 지방자치단체가 무엇을 하는지 활동의 대상적 범위를 보장하고 있다.

지방자치단체의 기능을 헌법이나 법률로 규정하는 방법에는 두 가지가 있다. 지방자치단체의 기능을 헌법이나 법률에 한정적으로 열거하는 방식이 이에 속한다. 예컨대 영국이나 캐나다, 스페인 등에서는 지방정부의 권한을 규정하고 나머지 권한(잔여권한)은 중앙정부에 속하는 것으로 한다. 이에 비해 대부분의 국가에서는 우리나라와 마찬가지로 지방자치단체의 권한을 구체적으로 규정하지 않거나 예시하도록 하여 개방적으로 규정한다.

지방자치단체의 관할에 속하는 사무는 법률에 의하여 일일이 한정적으로 결정되는 것이 아니라 반대로 법률에 특별한 규정이 없는 한 주민의 복리에 관한 모든 사무에 대하여 포괄적으로 관할권을 갖는다. 이를 가리켜 전 권한성의 원칙이라고 한다.[5] 하지만 이는 헌법이론상 인정된 지

---

5) 이러한 전 권한성의 원칙으로 인하여 법령에 다른 규정이 없는 한 지방자치단체의 권한에 속하는 것으로 추정된다(홍정선, 2000: 35~36 참조). 전 권한성은 독일어인 Allzuständigkeit를 번역한 말이다. 실제로 지방자치단체가 어떤 기능을 수행하는지 여부는 각 지방자치단체의 의사결정과 재정능력에 따라 매우 상이할 수 있다. 전 권한성의 원칙은 지방자치단체가 활동 가능한 범위

방자치에 관한 제도적 보장이론에 의한 것이고 헌법의 문맥상 명백한 것은 아니라고 할 수 있다.

(2) 재산관리권

헌법 제117조 제1항은 "지방자치단체는 … 재산을 관리하며 … "라고 규정하여 지방자치단체의 재산관리권을 규정하고 있다. 재산의 관리란 재산의 사용·수익·처분을 의미한다. 문자 그대로 해석하면 지방자치단체의 공유재산의 관리를 의미할 뿐 이로부터 재정고권 즉 수입고권과 지출고권을 도출하는 것은 해석에 의존하는 것이고 무리가 따른다.

(3) 자치입법권

헌법 제117조 제1항은 "지방자치단체는 … 법령의 범위 안에서 자치에 관한 규정을 제정할 수 있다"고 규정하여 자치입법권을 보장하고 있다. 이 조항은 헌법상 관계된 여러 조항과 결합하여 해석할 필요가 있다. 먼저 본 조항은 헌법 제40조의 "입법권은 국회에 속한다"는 규정에 대한 예외라고 할 수 있다(김철수 외, 1988: 641 참조). 즉, 자치입법권은 국회입법주의에 대한 예외로서 헌법이 보장하는 지방자치단체의 입법권이라고 볼 수 있다. 지방자치법은 자치입법권으로 조례와 규칙, 회의규칙 등을 규정하고 있으나 헌법은 자치입법권의 종류에 대해서는 언급을 하지 않고 있다.

헌법상 보장되는 지방자치단체의 자치입법권은 "법령의 범위 안에서" 보장된다. "법령의 범위 안에서"를 어떻게 해석할 것인지에 대해서는 여러 가지 견해가 있으나 대체로 법률과 자치입법의 관계에 있어서 법률우위의 원칙을 규정한 것이라고 해석한다. 즉, 자치입법이 법령에 위반되

를 나타낸 것이며, 실제 지방자치단체의 활동분야와는 상당한 차이가 있을 수 있다.

지 않는 범위 내에서 지방자치단체는 자치입법을 할 수 있다고 보는 것이 일반적이다. 하지만 "법령의 범위 안에서"라는 표현은 자치입법이 법령에 위반해서는 안 된다는 소극적인 의미를 넘어서 입법자에게 지방자치단체의 자치입법권을 제한하고자 하는 경우에는 반드시 법률에 근거할 것을 요구함으로써 법률상 근거 없는 자치권 제한을 억제하는 의미를 가짐과 동시에 법률에 근거해서 지방자치단체의 입법권을 제한할 수 있는 가능성을 열어주는 수권적 기능을 한다. 입법자는 법률로써 지방자치단체가 어떤 입법권을, 어떤 범위 내에서, 어떻게 행사할 것인지를 규정할 수 있다. 다음 단계로 입법자가 법률로써 지방자치단체의 자치입법권을 제한하고 있는 경우에 지방자치단체는 그러한 법률에 위반되지 않는 범위 내에서 조례를 제정할 수 있다는 것을 의미한다. 조례의 법률 적합성을 보장함으로써 전체로서 국가 법질서의 통일성을 기하려는 것이다.

문제되는 것은 지방자치단체가 자치입법권을 행사함에 있어서 법률유보의 원칙이 적용되는지 여부이다. 즉 지방자치단체가 자치입법권을 행사함에는 반드시 법률의 위임이 있어야 하는지 여부이다. 헌법 제 117조 제 1항은 지방자치단체의 자치입법권의 행사에 대하여 행정입법인 법규명령과는 달리 별도의 법률유보를 요구하고 있지 않다.

예컨대 헌법 제 75조는 "대통령은 법률에서 구체적으로 범위를 정하여 위임받은 사항 … 에 관하여 대통령령을 발할 수 있다"라고 규정하여 대통령령에 대한 법률유보의 원칙을 명문으로 요구하고 있는 데 비하여 지방자치단체의 자치입법권을 규정하고 있는 헌법 제 117조 제 1항은 "지방자치단체는 … 법령의 범위 안에서 자치에 관한 규정을 제정할 수 있다"라고 규정하여 조례를 제정하기 위한 근거규정을 별도로 요구하고 있지 않다. 제 117조의 "법령의 범위 안에서"는 자치입법권의 행사에 요구되는 법률유보가 아니라 자치입법권을 제한하는 국가권력에 대한 법률유보를 의미한다. 따라서 지방자치단체는 원칙적으로 법률에 의한 위임 없이도 지방자치단체가 주도로 자치입법권을 행사할 수 있다(도회근, 2004: 32

참조).

다만 헌법에 기본권조항이나 죄형법정주의, 조세법률주의와 같이 별도의 법률유보를 요구하는 경우의 조례에도 적용이 되는지 여부에 관한 문제이다. 지방자치법 제22조는 "지방자치단체는 법령의 범위 안에서 그 사무에 관하여 조례를 제정할 수 있다"고 하면서 그 단서에서 "주민의 권리제한 또는 의무부과에 관한 사항이나 벌칙을 정할 때에는 법률의 위임이 있어야 한다"고 함으로써 침해적 조례에 있어서 법률유보를 요구하고 있다. 학설로서는 지방자치법 제22조 단서가 지방자치를 보장하는 헌법 제117조 제1항에 위배된다는 주장[6]과 헌법상의 법률유보요구조항(기본권제한에 대한 법률유보조항인 제37조 제2항, 죄형법정주의에 관한 헌법 제13조, 조세법률주의에 관한 헌법 제59조)의 취지에 비추어 제22조 단서는 이들 헌법조항의 취지를 확인한 것에 불과하므로 헌법에 합치된다는 주장(김홍대, 1999: 103 이하)이 첨예한 대립을 보인다.

이들 의견대립의 근본적 원인은 헌법상의 법률유보조항에서 말하는 법률이 형식적인 의미에서 법률에 한정되는가 아니면 지방자치단체의 사무에 관한 한 조례도 포함되는가의 견해차에 기인한다. 헌법이 요구하는 제37조 제2항의 법률유보에서 법률, 죄형법정주의에서 법률, 조세법률주의에서 법률에 조례가 포함될 수 있는지 여부에 대해서는 상반된 견해가 있다.

---

6) 예컨대, 박윤흔(1995: 134)은 "…지방자치법 제15조 단서에 의하여 조례는 … 법률의 위임이 있어야 정할 수 있다. … 그러나 이는 위헌적 요소가 있다고 할 것이다. 그것은 헌법 제117조 제1항에서는 조례를 법령의 개별적 위임이 있는 경우에만 제정할 수 있는 국가행정기관의 위임 입법과 구별하여, 자치사무에 관하여는 그 내용이 어떠한 것이든 간에 '법령의 범위 안에서' 제정할 수 있게 하였는데, 지방자치법 제15조 단서에서는 주민의 권리제한 등에 관한 사항은 '법령의 범위 안'에서도 제정할 수 없게 하고 법령의 개별적 위임이 있는 경우에만 제정할 수 있게 하여 추가적인 제한을 가하고 있기 때문이다"라고 위헌의 근거를 제시하고 있다.

민주주의의 원칙, 예측가능성과 계산가능성을 보장하려는 취지, 입법권과 집행권을 구분하려는 권력분립의 취지, 공권력행사의 내용적 타당성을 확보하려는 취지 등의 측면에서 검토하면 지방자치사무에 관한 한 이들 법률유보가 조례유보로도 족하다는 주장에 타당성이 없는 것은 아니다. 다만 헌법에서 명문으로 "법률"에 의한 유보를 요구하고 있다는 점에서 이를 조례유보로 갈음하려고 하는 것은 무리인 점이 없는 것은 아니다.[7)]

(4) 기능수행의 방식에 대한 보장: 자기책임성 문제

지방자치단체는 그에게 부여된 기능을 자기책임 하에 수행하는 것을 의미한다. 자기책임성이란 지방자치단체가 그 업무를 처리함에 있어서 법령에 의해 일반적이고 추상적인 제한을 받는 것 외에는 외부로부터 어떠한 간섭도 받지 않고 스스로 합목적적이라고 생각하는 것에 따라 결정할 수 있음을 의미한다. 좀더 극단적으로 얘기하면 지방자치단체는 어리석은 결정이라도 할 수 있는 가능성을 보장하는 것이 자기책임성의 원칙이라고 할 수 있다. 이러한 자기책임성의 원칙은 자신의 결정에 대한 위험을 스스로 부담한다는 것이다. 잘된 결정을 하면 그로 인한 긍정적인 결과를 지역주민이 향유하고, 잘못된 결정으로 인한 부정적인 효과도 주

---

7) 조례 법률설에서는 "국민의 권리·자유의 규제에 관하여 법률의 근거를 요하는 이유는 국민이 자기의 승인에 의하지 않고는 자기의 권리·자유를 침해받지 아니한다는 민주주의 원리에 근거한 것인바, 이 같은 요청은 조례가 주민의 대표기관인 지방의회의 의결에 기하여 제정되는 이상 충분히 충족된다고 본다. 따라서 법률에 의한 국민의 권리·자유에 대한 제한과 조례에 의한 국민의 권리·자유의 제한은 그 성질에 있어서 동일한 까닭에 양자가 허용된다고 본다". 김철수, 1989: 849 참조. 법률유보가 요구되는 이유로는 민주주의적인 측면과 법치국가적인 양 측면에서 논의되어야 한다. 민주주의 측면에서 살펴보면 이 견해가 타당하다고 본다. 다만 조례가 법치국가적인 측면에서 법률유보의 요건을 충족시키는지에 대해서는 별도의 검토를 요한다.

민들이 감수하여야 하는 것을 의미한다. 자기책임성의 원칙은 부당한 간섭의 배제를 의미한다. 이는 지방자치의 가장 핵심적인 요소로 지방자치단체가 어떻게 그 업무를 처리하는지에 관련된 문제이다. 그럼에도 불구하고 헌법에서는 지방자치단체의 자기책임성에 대한 명시적인 언급이 없다. 헌법상 자기책임성은 어디까지나 헌법이론상 인정된 지방자치에 대한 제도적 보장이론에 근거하여 자기책임성이 보장된다고 보고 있다. 자기책임성에 대한 헌법상 명시적인 근거는 희박하다고 하더라도 지방'자치'라는 개념 속에는 자기책임성이 이미 전제되어 있다고 보아야 한다. 왜냐하면 외부의 간섭을 받아 업무를 처리하게 된다면 더 이상 자치가 아니라 타치(他治)가 되어버리기 때문이다.

(5) 지방자치단체의 종류의 법률유보

헌법 제117조 제2항은 "지방자치단체의 종류는 법률로 정한다"라고 규정하여 지방자치단체의 종류를 헌법에 규정하지 않고 법률에 유보하고 있다. 시·도나 시·군·자치구를 지방자치단체로 하지 아니하고 군과 시·읍·면을 지방자치단체로 하더라도 헌법에 위배되는 것은 아니다. 그러다 보니 정치권을 중심으로 시·도를 폐지한다거나 시·군을 통합하여 1계층으로 한다는 등의 정책이 나오고 있다.[8] 헌법에서 지방자치단체의 종류를 법률에 유보한 것은 입법자의 입법재량을 확대하여 지방자치단체의 종류를 정치적 판단에 맡긴 것으로 생각된다. 지방자치단체의 계층 내지 지방자치단체의 종류문제는 지방자치제도의 근간에 해당한다. 이렇게 중요한 문제를 그때그때의 국회 다수에 맡긴다는 것은 엄청난 혼란을 초래할 수도 있다.

---

8) 도 폐지론자들은 2005년과 2008년 두 차례에 걸쳐 지방행정체제개편 특별위원회를 구성하여 도 폐지, 시·군 통합을 추진하려고 하였으나, 학계와 시민사회의 강력한 비판에 부딪힌 사실이 있다.

(6) 지방자치단체의 기관

헌법 제 118조는 지방자치단체의 기관을 규정하고 있다. 지방자치단체의 기관으로 헌법 제 118조 제 1항은 지방의회를 두도록 하고 있으며 제 2항은 지방자치단체의 장을 규정하고 있다. 지방의원 선거나 지방의회 권한, 조직, 지방자치단체의 장의 선임방법, 기타 지방자치단체의 조직과 운영은 법률로 규정하도록 하고 있다. 지방의원은 선거방식에 의해 구성한다는 것을 제외하고는 헌법이 특별히 지침을 정한 것은 없다.

2) 지방자치관련 헌법규정의 의의와 문제점

전술한 바와 같이 헌법은 제 8장에서 지방자치라는 제목으로 제 117조와 제 118조에서 지방자치를 규정하고 있다. 헌법에 지방자치를 규정한 것은 그 자체로 중요한 의의를 가지고 있지만, 시대적 요청을 반영하여 지방자치 내지 지방분권을 실효성 있게 보장하고 있는지는 의문이다.

(1) 지방자치관련 헌법규정의 의의

외국에서도 독일, 일본, 프랑스, 스페인 등 대부분의 나라에서 지방자치를 헌법에서 보장하고 있다.[9] 유럽지방자치헌장은 지방자치를 불가피한 경우를 제외하고는 헌법으로 보장할 것을 요구하고 있다. 지방자치를 최고규범인 헌법에 규정하는 것은 그것을 단순히 법률적인 제도가 아닌 헌법적 질서의 일부로 인정하여 그 보장을 강화하는 데 주된 목적이 있다고 볼 수 있다(Schaffarzik, 2002: 85 참조). 헌법은 국가의 최고가치질서

9) 2003년 3월 28일 프랑스에서는 헌법을 개정하여 제 1조에서 국가조직은 지방분권화되어야 한다고 규정하였다(조성규, 2005a: 119; 배준구, 2004: 54 이하 참조). 일본헌법에서는 제 92조 내지 제 95조에서 4개 조문에 걸쳐 지방자치를 규정하고 있다. 특이한 것은 제 95조에서 하나의 지방공공단체에만 적용되는 특별법에 대해서는 주민투표를 의무화하고 있는 점이다.

로서 모든 국가기관을 구속한다. 특히 지방자치에 대한 헌법상의 보장이 중요한 것은 법률에 대한 헌법의 관계에 기인한다. 지방자치에 대한 헌법상의 보장은 입법자의 입법권행사의 방향과 범위와 한계를 설정하는 데 가장 큰 의미가 있다.

바이마르헌법은 지방자치를 법률의 한계 내에서 보장한다고 함으로써 지방자치의 헌법적 보장은 국법학에서 큰 의미를 갖지 못하였고 이 헌법규정은 경시되었다. 적지 않은 학자들이 헌법상의 지방자치조항을 "공허한 기본권 조항"에 속한다고 보았다.[10] 이에 대응하여 칼 슈미트는 제도적 보장이론을 주장하였다. 비록 입법자라 할지라도 지방자치제도 자체를 폐지하거나 본질적인 내용을 왜곡시키는 것은 금지된다고 하여 지방자치제도의 헌법적 의미를 강화하는 데 기여하였다. 그 이후 그의 제도적 보장이론은 학계와 실무계에 급속하게 확산되어 독일에서 지배적 학설로 인정되고 국경을 넘어 한국·브라질 등 다른 나라에도 영향을 미치게 된다.[11]

지방자치를 헌법적으로 보장하여 입법자의 입법권을 제한하는 것은 지방자치의 내용을 그때그때의 다수에 의한 변질로부터 방어한다는 의미이다. 특히 한국의 경우 헌법개정을 위해서는 엄격한 절차를 거쳐야 하고 국회에서 의결은 재적 3분의 2 이상의 찬성과 국민투표를 요한다. 이것은 일시적 다수를 차지한 정치세력이 지방자치제도를 본질적으로 변화시키려 하는 경우에 안전장치로서 기능한다. 이 점에서 지방자치에 대한 헌법적 보장은 가중된 의결정족수와 엄격한 절차를 통하여 소수자보호에 기여한다고 볼 수 있다.

헌법의 지방자치에 대한 보장적 기능 내지 방어적 기능을 충분히 하기 위해서는 헌법에 지방자치의 본질적인 내용과 발전지침을 규정하는 것이

10) 예컨대 Anschütz, 1930: 511 참조. 당시 바이마르헌법은 지방자치를 기본권의 일종으로 규정하였다.

11) 제도적 보장론에 대한 비판적 견해로는 오동석, 2000: 219 이하 참조.

필요하다. 만약 헌법의 지방자치에 대한 보장이 고도로 추상화되어 있다면 입법자에 의한 다양한 해석이 가능하여 형성의 자유를 넓혀주는 장점이 있는 반면에 그때그때의 다수세력에 의한 자치제도의 변질 내지 왜곡에 부딪히게 된다. 지방자치에 관한 헌법상의 보장을 통설에 따라 제도적 보장이라고 이해한다고 하더라도 지방자치의 본질적인 내용이 무엇인지에 대해서는 학자에 따라 다른 입장을 가질 수 있고 그만큼 헌법의 보장적 기능은 약화된다. 이에 지방자치의 불가결한 요소에 대해서는 직접 헌법에 규정함으로써 일시적 다수세력에 의한 지방자치 공동화를 방지하고 장기적 방향성을 설정하는 것이 필요하다.

지방자치를 최고규범인 헌법에 규정하는 것은 입법자의 입법재량의 한계를 설정하는 의미를 가진다. 법원이나 헌법재판소가 재판을 하는 기준이 되며 법령을 해석하는 데에도 중요한 지침을 제공한다.

(2) 헌법규정상의 문제점

현행 헌법의 근본적인 문제점으로는 다음과 같은 것을 지적할 수 있다. 첫째로, 현행 헌법의 가장 큰 문제점은 내용의 빈곤을 들 수 있다. 헌법이 지방자치를 보장한다고 하지만 실질적인 보장내용이 없어 공허한 보장이 되고 있다. 입법자에 대한 지침적 기능이 약하고 사법에 대한 판단의 기준으로도 충분하지 않다. 독일에서 발달된 제도적 보장이론에 의해서 내용적인 보충을 시도하고 있으나 매우 불충분한 상태이며 제도적 보장이론 자체에 대한 회의적인 견해도 있다. 혹자는 헌법의 추상성을 들어 구체적인 규정을 할 필요가 없다고 주장하기도 하지만 정도의 문제이다. 현행 헌법과 같이 불충분한 규정을 가지고는 현대국가에 요구되는 분권의 수준에 이르는 데 근본적인 한계가 있다. 특히 문제되는 것은 지방자치단체의 입법권과 관련된다. 현행 헌법에 의하는 한 지방자치단체의 입법권은 매우 협소하게 인정될 수밖에 없으며 지역정책을 조례를 통하여 실현하는 것은 불가능에 가깝다.

둘째로, 현행 헌법은 지방자치단체의 종류에 대한 언급이 없어 모든 종류의 지방자치단체에 동일하게 적용된다. 현행 법률에 인정되는 시·도와 시·군·자치구의 경우는 그 정치적인 위상이나 역할에 현저한 차이가 있음에도 불구하고 헌법이나 지방자치법상으로 아무런 구별이 없이 동일한 규정이 적용되고 있다. 이에 광역지방자치단체인 시·도에는 헌법상 보장이 과소하게 작용하여 현실적인 정치적 위상을 헌법의 규정이 뒷받침하지 못하는 결과를 가져온다. 더구나 현행 헌법상 지방자치에 대한 보장이 매우 불충분하여 기초지방자치단체를 위해서도 과소보장이 되고 있다.

(3) 헌법 정책적 문제점

현행 헌법상 지방자치에 관한 규정은 지방자치에 관한 시대적 요청을 전혀 반영하지 못하고 있다. 현행 헌법상 지방자치에 관한 보장은 외국에서 일반적으로 기초지방자치단체에 해당하는 읍·면 수준의 지방자치를 염두에 두고 만들어진 것이다. 이것은 주민들의 일상적인 생활편익, 즉 생활체육시설, 문화시설, 쓰레기처리장, 공원, 산책로 조성 등 시설을 설치하고 관리하는 기초지방자치단체 수준의 지방자치에 관한 것으로서 국경을 넘어 지역 간 경쟁의 단위가 되는 광역지방정부인 시·도를 단위로 하는 지방자치의 지위와 역할, 활동방식에 대해서는 헌법이 알지 못하고 있다는 점이다.

지방분권은 지역적 특성을 바탕으로 지방정부 간의 입지경쟁을 통하여 지역을 주민이 더욱 생활하기 좋은 곳, 기업하기 좋은 곳으로 만들어 주민의 삶의 질을 높이는 데 기여하도록 하자는 것이다. 이는 무엇보다도 더 나은 정책을 더 낮은 비용으로 실현하는 데 있다. 정책경쟁과 조세경쟁을 통하여 주민의 복리를 극대화하려는 것이다. 현재의 지방자치제도하에서 정책경쟁은 궁극적으로 자주입법권이 전제되어야 하고 조세경쟁은 자주과세권이 보장되어야 한다. 현행의 지방자치제도하에서 자주입법권, 과세자주권을 확대하기 위한 조례제정권확대[12]와 법정외세도입[13]의 논의를 십수 년 동안 전개하였으나 헌법상의 한계로 진전된 것이 없다. 현행 헌법에서 보장된 지방자치의 틀 속에서는 앞으로 단기간에 이론적 해결을 보기도 어렵다. 시대적 요구에 부응하는 자치입법권과 과세자주권을 확보하기 위해서는 국가경영의 근본적인 틀을 바꾸는 수준의 새로운 국가구조를 구상할 필요가 있다. 이를 위하여 헌법개정은 필요하고 정당화될 수 있다.

3) 지방분권 강화를 위한 헌법개정의 필요성

(1) 지방분권 강화의 필요성

세계화와 지식정보사회의 도래로 중앙집권적 권력구조로 대응하기 어렵다는 데는 오늘날 대체적인 공감대가 성립되어 있다. 지난 정부에서 지방분권정책은 행정권한의 지방이양에 한정되어 있었고 그나마 잘 추진되지 못하였다. 지역 간의 정책경쟁을 통하여 국가와 지방의 효율성을 높이고 지역의 자생력을 높이기 위해서는 지역 간 정책경쟁과 조세경쟁이 가능하도록 하는 국가구조로의 개편이 필요하다. 위험분산과 지방의 혁신을 통해 지역을 활성화시켜 지방정부가 단순히 경합적 입법권을 통해 법률이 규정하지 않는 공백을 메우는 수준을 넘어서 일정한 영역에서 독자적인 자치입법권을 부여할 필요가 있다. 즉, 지방정부의 배타적인 입법영역을 설정하여 지역 간 정책경쟁을 활성화하는 것이 필요하다.

(2) 시대적 흐름

오늘날 적지 않은 나라에서 수직적인 국가권력구조의 개편이 이루어지

---

12) 이에 관한 최근의 논의로는 조성달, 2007; 이기우, 2007; 강수경, 2006; 조성규, 2005b 등 참조.

13) 이에 관한 최근 논의로는 이전오, 2007; 정수현, 2001 등 참조.

고 있다. 과거에 단일국가를 유지하던 나라가 연방국가 내지 지방분권국가 구조로 전환하였거나 전환하려고 한다. 또한 연방국가를 취하고 있던 나라에서도 지방분권적 경쟁요소를 강화함으로써 국가구조를 개선하려고 한다. 후자에 속하는 나라로는 독일을, 전자에 속하는 나라로는 벨기에 등을 들 수 있다. 스페인이나 이탈리아는 단일국가지만 상당한 수준으로 분권화되어 있으며 연방국가로 전환이 시도되기도 한다. 영국은 단일국가형태를 여전히 유지하고 있지만 잉글랜드와 웨일즈, 북아일랜드, 스코틀랜드가 거의 국가처럼 작용한다. 일본에서도 도주제의 도입이 검토되고 있으며 연방국가로 전환하려는 움직임이 있으며 지방분권적인 개혁이 꾸준히 진행되고 있다. 이러한 일련의 움직임은 중앙정부의 권력독점에서 지방정부와의 권력분점이라는 일정한 경향성을 가지고 있다. 그중에서 특히 선진국에서 진행되고 있는 수직적인 국가권력구조의 변천은 세계화현상 속에서 국가의 경쟁력을 강화하려는 목적을 띠고 있다.

(3) 광역지방정부의 중요성

일상적인 생활문제를 처리하는 단위로서 기초지방자치단체와 생활의 비교적 큰 문제, 지역정치적인 문제, 광역적인 경제적 인프라의 구축을 위한 광역지방정부의 역할은 상당한 차이가 있다. 그러나 현행 헌법은 시·도에 대해서 특별한 규정을 하고 있지 않다. 이에 시·도와 시·군·자치구의 헌법상 지위는 동일하다고 볼 수 있다. 그러다 보니 시·도의 기능은 자치사무에 있어서는 대부분 시·군·자치구와 업무가 중복되고, 국가사무의 수행에 있어서 시·도는 단순한 경유기관인 경우도 적지 않다. 이에 도를 폐지해야 한다는 주장이 제기되기도 한다. 또한 도의 기능을 전환하여 자치단체로서 성격을 지양하고 국가기관으로 전환해야 한다는 주장도 나오고 있다. 현재 도의 적정한 위상을 찾기 위해서는 여러 가지를 동시에 고려해야 한다.

먼저 도는 기초지방자치단체보다는 훨씬 정치적인 단위로서 성격이 강하다는 점을 상기할 필요가 있다. 실제로 도의회나 도지사의 경우는 선거에 정당이 매우 중요한 기능을 하며 기초의회나 기초단체장에 대해서는 정당공천의 배제를 주장하는 입장이 압도적인 것이 현실이다. 이는 기초지방정부에 비하여 광역지방정부의 정치적인 성격이 매우 강하다는 것을 간접적으로 시사한다.

즉, 광역지방정부는 주민에 가까운 정부로서 일상적인 주민생활을 챙기는 의미보다는 정책결정적인 의미가 강하다는 것이다. 또한 주민의 숫자나 면적 측면에서 보더라도 단순한 일상적인 주민복지해결기관으로서 기능보다는 정책적인 결정을 하기에 적합한 규모라고 볼 수 있다. 다만, 광역시에 대해서는 일반 시와 차이가 상대적이기 때문에 도와 똑같이 다루는 데는 문제가 있다. 시·도의 지위와 위상에 관한 모델을 구상하기 위해서는 종전의 틀을 깨고 새로운 발상을 할 필요가 있다(신도철, 2008 참조).

4) 지방분권 강화를 위한 헌법개정의 방향

(1) 개설

최근 한국에서 개헌을 둘러싼 논쟁에서 시·도의 위상을 높이기 위한 논의를 하면서 몇 가지 유형을 제시하고 있는 글이 나오고 있다. 예컨대 시·도에 적용할 수 있는 모델로 지방자치강화형 모델, 광역지방정부형 모델, 연방제정부형 모델로 구분하고(김병기, 2007 참조), 이에 따라 개헌논리를 전개하는 경우가 늘고 있다.[14] 이러한 모델에 의한 유형화는 자칫하면 한 모델을 채택하는 경우에 다른 모델에서 제시하는 요소를 도입할 수 없다는 오해를 주기 쉽다. 예컨대, 법률안제정권 부여는 연방제

---

14) 홍준형, 2008; 최우용, 2008 등 참조. 최우용(2008)은 홍준형(2008)의 모델을 소개하면서 광역정부형 또는 준 연방제형과 분권강화 지방정부형으로 구분하고 이에 따른 헌법개정안을 제안하고 있다.

모델에서 허용되기 때문에 지방자치강화형 모델이나 광역지방정부형 모델에서는 채택될 수 없다는 편견을 주기 쉽다. 이 모델들 중간에 수많은 선택가능한 모델들이 있을 수 있다.

예를 들어 영국이나 스페인은 단일국가로 연방제도를 채택하지 않고 있음에도 불구하고 지방정부에게 법률제정권을 부여하고 있는 것이다. 다른 요소의 경우에도 수많은 조합이 가능할 것이므로 분권모델을 세 개로 단순화한다는 것은 불가능하고 오해와 편견으로 이끌 수 있다. 중요한 것은 헌법에 어떤 분권내용을 규정하는지 여부이지 어떤 모델의 국가형태 내지 분권을 채택하는지 여부가 아니다.

이에 구체적인 헌법개정안을 논의함에 있어서는 모델설정에 치중하여 억지로 헌법내용을 맞출 것이 아니라 현실적인 헌법적 요청에 맞추어 어떤 헌법내용으로 담아낼 것인지를 살펴야 한다.

(2) 입법권의 배분방안

헌법상에 지방분권을 규정하는 방법으로는 실체법적인 내용을 구체적으로 규정하는 방법과 헌법에 절차법적인 규정을 두는 방법이 있다.

먼저, 헌법에 중앙정부와 지방정부의 입법권을 구체적으로 규정하는 방법에 대해 살펴본다. 현재수준의 조례를 통해 도의 입법권을 보장하는 것으로는 도가 지방정책의 독자적 주체로 자리매김할 수 없다. 국가의 위험을 분산하고 지역적 특성을 살려 혁신을 유도하기 위해서는 기초와는 달리 도에게 법률제정권을 주고, 이를 헌법에 규정하는 것이 바람직하다. 논자에 따라서는 지방정부의 법률제정권은 연방국가에서나 가능하다는 반론을 제기하고 우리나라는 연방제도를 도입할 수 없다고 반대할 수 있다. 하지만 지방정부의 법률제정권은 연방국가에만 국한되는 것으로 볼 수는 없다. 지방정부(도)의 법률제정권을 헌법에 보장하는 것으로 충분하다. 연방국가를 표방하지 않는 스페인, 영국, 이탈리아 등도 헌법규정으로 지방정부에 법률제정권을 부여하고 있다.

지방정부의 법률제정권을 규정함에 있어서는 먼저 중앙정부의 배타적인 입법권을 규정하여 지방정부가 관여할 수 없는 입법권을 규정하고, 또한 중앙정부와 지방정부가 경합적으로 입법권을 갖는 분야를 규정하는 것이 일반적이다. 또한 지방정부만 갖는 배타적 입법권을 별도로 규정하는 경우도 있다(예컨대 독일에서 취하는 방법이다). 한편 헌법에 명시적으로 규정하지 않은 잔여권한을 누가 갖는지는 대단히 중요한 문제이다. 독일이나 미국 등에서는 지방정부인 주의 권한으로 규정하는 반면에 스페인이나 캐나다에서는 연방에 귀속되는 것으로 하고 있다. 이러한 외국 사례 등을 참조하면서 중앙정부와 지방정부 간의 법률제정권의 배분을 예시해보면 다음과 같다.

① 중앙정부의 배타적 입법권

- 외교, 국방, 국세
- 통화, 물가정책, 금융정책, 수출입정책
- 농산물 · 임산물 · 축산물 · 수산물 및 양곡의 수급조절과 수출입
- 국가종합경제개발계획, 국가하천, 국유림, 국토종합개발계획, 지정항만, 고속국도 · 일반국도, 국립공원
- 근로기준, 측량단위
- 우편, 철도
- 항공관리, 기상행정, 원자력개발
- 기타 성질상 중앙정부의 입법권이 명확한 경우

② 도의 배타적인 입법권

- 지방자치단체의 구역, 조직, 행정관리 등에 관한 사무
- 도시계획과 지역개발 및 주택건축에 관한 사무
- 주민복지시설과 생활환경시설, 기타 도 및 시 · 군 · 자치구의 공공시설의 설치 및 운영

- 교육 · 체육 · 문화 · 예술의 진흥에 관한 사무

③ 경합적 입법권

중앙정부와 지방정부가 각각 행사할 수 있는 입법권으로서, 대체로 지역적인 사무의 성질을 갖지만 전국적인 통일성의 필요가 있는 사무가 이에 속할 수 있다. 이 경합적인 입법권은 헌법에 열거적으로 규정되어야 한다.

④ 잔여입법권

헌법에 중앙정부나 지방정부의 입법권으로 명시되지 않은 권한은 도의 입법권으로 규정한다.

다음으로 헌법에 중앙정부와 지방정부의 입법권을 헌법에 구체적으로 명시하지 않고 대신에 중앙정부의 입법권과 지방정부의 입법권의 범위를 결정할 수 있는 절차를 헌법에 규정함으로써 권한규정을 개방적으로 규정하는 방식에 대해 살펴보기로 하자. 이러한 방법은 헌법상 권한배분이 명확하지 않다는 단점에도 불구하고 헌법제정 혹은 개정 시 구체적인 권한배분에 대한 합의를 쉽게 할 수 없는 경우에 채택할 수 있으며 또한 헌법개정에 의하지 않고 연방과 지방 사이의 권한배분에 대한 시대적 요구를 반영하여 탄력적으로 적응할 수 있다는 장점이 있다. 특히 우리나라 경우처럼 헌법개정을 위하여 국민투표를 요구하는 경성헌법국가에서 그 의미가 크다.

이 방법을 채택하고 있는 대표적인 국가로는 스페인을 들 수 있다. 스페인헌법에서는 중앙정부의 권한, 지방정부의 권한이 규정되어 있으나 이는 어디까지나 가능한 범위를 규정한 것에 불과하고, 광역지방정부인 자치공동체의 설치여부, 자치공동체의 구체적 권한 등을 각 자치공동체의 자치헌장과 국가조직법에 규정하도록 하되, 국가조직법의 규범적인

효력을 헌법보다는 하위이지만 법률보다는 우선하도록 규정하고 있으며 개정절차에 특별한 정족수(국회의 재적과반수 찬성)를 요구하고 있다. 이러한 방식에 따라 구체적인 헌법개정안을 예시하면 다음과 같다.

① 중앙정부의 배타적 입법권

앞에서 제시한 내용, 즉 제 1목(외교, 국방, 국세)부터 제 8목(기타 성질상 중앙정부의 입법권이 명확한 경우)까지의 내용을 중앙정부의 배타적 입법권으로 헌법에 명시한다.

② 경합적 입법권

중앙정부의 배타적 입법권에 속하지 않은 사항 중에서 국회는 재적의원 3분의 2 이상의 찬성으로 국가지방조직법에 중앙정부와 지방정부가 각각 입법권을 행사할 수 있는 경합적 입법권을 규정하도록 한다. 이를 개정하는 경우에도 같다. 국가지방조직법은 헌법에 위반할 수 없으며 법률에 우선하는 효력을 갖는다.

③ 잔여권한

헌법과 국가지방조직법에 의하여 규정되지 아니한 사항에 대해서는 지방정부가 입법권을 가진다.

(3) 행정권의 배분

지방정부가 입법권을 가진 사항에 대한 행정권은 자치사무로 수행하도록 하고 중앙정부는 관여권을 갖지 않도록 하는 것이 바람직하다. 다만 경합적 입법권에 속하는 사항에 대해서는 중앙정부가 경합적 입법권의 행사를 통하여 일반적, 추상적인 개입이 가능하도록 하되 전국적인 규율을 필요로 하는 경우에 한정하도록 함으로써 입법권에 의한 중앙정부의 개입을 최소화하도록 하는 것이 바람직하다.

중앙정부가 배타적 입법권을 가지는 경우에는 중앙정부가 행정권을 가지되 지방정부에게 위임할 수 있도록 하여 경비절감과 지방정부의 종합적 행정을 가능하도록 하는 것이 바람직하다.

(4) 지방재정권의 보장

지방정부의 재정적인 책임성을 헌법에 규정하고 지방의 중앙정부에 대한 의존성을 해소하는 것이 필요하다. 도의 세원을 헌법에 규정하고 세율과 세금징수에 관한 사항을 도의 법률로 정하도록 하는 것도 생각해볼 수 있다.

재정적 측면에서 보면 지출과 수입에 관한 문제에 대해서도 보충성의 원칙이 적용될 수 있다.[15] 지방분권적 국가조직의 긍정적인 효과를 발휘하도록 하기 위하여 지출권한을 사무배분에 연계하는 것이 필요하다. 경제적 예산집행을 위해 노력하게 되기 때문이다. 사무를 결정하는 권한을 가진 자가 지출도 하도록 하는 자기책임성을 보장하는 것이 견련성의 원칙(*Konnexitätsprinzip*)이다.[16]

보충성의 원칙에 의하여 요구되는 하위공동체의 자기책임성은 각 공동체수준의 수입자율성을 전제로 한다. 재정적 자율성을 보장하기 위해서는 사무수행주체가 사무수행에 필요한 수입을 결정할 수 있어야 한다. 즉, 지방정부가 공과금의 종류와 범위를 자유롭게 정할 수 있어야 한다. 이를 통하여 하위의 지방정부는 비로소 자율적인 문제해결의 전제조건을 갖추게 된다.[17]

---

15) 연방주의체제에서 업무수행을 위해 지방정부에게 재정교부를 중앙정부가 인위적으로 결정하는 것은 최악의 상황이다. 이에 대해 지출과 수입을 분권화하여 지방정부로 하여금 결정하게 하는 것이 최상의 해결책이다. 이러한 고려를 못하게 되면 보충성 원리의 파괴를 가져올 수 있다. 네프, 2006: 41 참조.

16) 견련성의 원칙에 대해서는 애머만(Ammermann, 2007), 문병효(2006) 등 참조.

수입고권과 사무권한을 긴밀하게 결합하는 것은 비용충당의 측면에서뿐만이 아니라 주민들의 조세부담인식과 관련하여 의미를 가진다. 사무와 수입 및 지출이 연계되는 재정구조 속에서만 주민들은 행정서비스가 자신의 비용부담으로 제공된다는 것을 인식하게 된다. 이를 통하여 절약적이고 효과적인 공공수단의 사용을 자극하게 된다(Döring, 1999 참조). 재정자립성·재정자율성의 보장을 통한 재정적인 자기책임성의 보장이 지방분권적 질서를 형성하는 데 가장 중요하다.

다른 지방이나 중앙정부에 대한 의존성을 탈피하여 자신의 경비로 자신의 사무를 처리하도록 하는 것이 지방분권제도를 통한 효율성 제고에 핵심적인 요소이다.

(5) 지방정부의 국정참여제도

지방정부가 중앙정부의 권력남용을 방지하고 견제하기 위해서는 중앙정부의 의사결정과정에 참여할 수 있는 권한과 통로가 있어야 한다. 지방분권형태를 취하는 많은 국가에서 양원제도를 채택하고 있다. 대개 하원이 전체국민의 이익을 대표하는 데 비하여 상원은 지역의 이익을 대변하게 된다. 특히 지방의 이익에 관한 법률을 하원이 제정하고자 하는 경우에 동의권을 행사한다든지 일정한 경우에 법률안 제안권을 가지는 등 지방의 이익을 중앙정부에 대변하는 기능을 하게 된다. 한국에서도 상원의 필요성에 대한 다양한 논의가 이루어지고 있다(안성호, 2007 참조). 이러한 상원을 구성하는 방법에는 독일과 같이 국민들이 직접 선출하지 않고 주정부가 임명하는 형태가 있을 수 있으며 미국과 같이 국민의 직접 선거에 의하여 구성하는 방식이 있을 수 있다.

---

17) 과세의 정당성에 대한 "No taxation without representation"도 중요하지만 동시에 자치권보장을 위해서는 "No representation without taxation"이 필요하다. 과세할 수 없는 정부는 진정한 자치를 한다고 볼 수 없다.

5. 결론

우리나라 헌법은 지방자치를 보장하고 있기는 하지만 그 구체적인 내용은 매우 빈약하다. 그리하여 대부분의 중요한 정책은 중앙정부가 독점하고 있다. 또한 지방정부는 자신의 살림살이를 중앙정부에 의존하고 있다. 이런 중앙집권적 국가운영체제 하에서 제로섬의 분배투쟁이 지역 간 갈등을 심화시키고 중앙정치의 발목을 잡고 있다.

최근 국가발전에 기여하는 분권형 거버넌스 방식의 하나로 제시된 "시장보호형 연방제(*market preserving federalism*)" 모형은 우리에게 시사하는 바가 크다. 이 모형은 시장의 활성화를 통해 국가를 발전으로 이끌기 위해서는 정치관료들이 자의적 판단으로 시장경제를 침해하지 못하도록, 그리고 지방정부들이 자본과 노동과 경제활동을 확보하기 위해 서로 정책경쟁을 하도록 제도적 기반을 구축해야 한다고 주장한다. 시장보호형 연방제가 요구하는 제 조건 중 우리나라가 충족하지 못하고 있는 것으로는 지방정부의 자율성 조건(지방정부가 지역공공서비스 공여와 지역경제의 발전에 대해 일차적 권한을 가질 것), 경성예약 조건(지역발전을 위해 수행하는 정책과 사업의 재정적 결과에 대해 지방정부가 스스로 책임을 질 것), 제도화 조건(분권화가 중앙정부나 정치권의 자의적이고 일방적인 판단에 의해 좌우되지 않도록 제도화되어 있을 것) 등을 들 수 있다. 이러한 시장보호형 연방제모형에 대해서는 낙후지역이 낙후상태에서 벗어나지 못할 것이라든가, 지방정부의 역량부족으로 그 도입이 어려울 것이라든가 하는 비판 내지 우려의 목소리가 있는 것도 사실이다.

그러나 역사적 경험은 이러한 우려가 별로 근거가 없음을 보여준다. 한때 낙후되었던 미국 남부지역은 세율감소 등 자율적인 정책을 통해 이제는 이른바 선벨트 지역으로 부상하였고, 이탈리아의 남부지역은 막대한 재정이전에도 불구하고 여전히 낙후지역으로 남아 있다. 지방정부의 역량도 분권이 본격화되면 적절한 방법과 노력을 통해 단기간에 향상될 수 있을 것으로 보인다.

우리나라 국가운영체제를 더욱 지방분권적인 것으로 전환하는 것은 시대가 요청하는 바이다. 중앙정부와 광역지방정부 그리고 기초지방정부 사이의 사무배분은 어느 단위의 정부가 해당 사무를 가장 잘 수행할 수 있느냐를 기준으로 정해야 할 것이다. 그리고 광역지방정부가 무한경쟁의 세계시장에서 자본과 기술과 인력을 유치하고 지역을 발전으로 이끄는 주체가 될 수 있도록 그 규모를 좀더 키울 필요가 있을 것이다. 지방분권이 실효성을 갖기 위해서는 무엇보다 재정분야에서 지방정부의 자율성과 책임성이 확보되어야 하는바, 각급 정부의 재정수요가 기본적으로 충족되도록 세원을 배분해야 할 것이다. 구조적 요인에 의한 지역 간 재정격차 문제를 다루기 위해 재정조정을 할 필요가 있겠지만, 재정조정은 지방정부의 자기 살림은 자기가 살겠다는 인센티브를 왜곡하지 않는 방식으로 이루어져야 한다. 지방재정제도 및 재정조정제도를 잘 설계하면 중앙정부로부터 지역개발사업과 재정지원을 가능한 한 많이 받아내기 위한 지방정부들 간의 소모적 경쟁과 갈등을 크게 줄이면서 지방정부들로 하여금 주민의 복지증진과 지역의 발전을 위해 열심히 일할 인센티브를 갖게 할 수 있다.

재차 강조하거니와, 오늘날 국경을 넘는 장소경쟁에서 유리한 지위를 차지하기 위해서는 지역의 특성에 부합하는 다양한 정책이 개발되고 실현될 수 있어야 한다. 즉, 지역 간의 입법경쟁이 지역발전의 관건이 된다. 중앙정부에서 정한 획일적인 법률은 지역사정에 부합하지 않는 경우가 많다. 모든 지역의 사정에 부합하는 입법을 해야 하는 중앙정부에서는 좋은 정책을 선택하기보다는 전국적으로 흠이 가장 적은, 덜 나쁜 정책을 선택하는 경우가 많다. 지역에 가장 좋은 정책은 사장되고 덜 나쁜 정책이 대신하게 된다. 이런 식으로는 지역 간의 정책경쟁에 대응하기 어렵다. 지금보다는 규모가 커진 광역지방정부 내지 도에게 그 지역에 관한 입법기능을 행사하도록 함으로써 전국적 위험을 국지적 위험으로 분산시키고 도의 혁신적 정책을 입법화할 수 있도록 가능성을 부여하는 것이 필요하다.

현행 헌법 하에서는 이러한 입법수요를 법률개정만으로는 달성하기 어려운 법 이론적인 한계가 있다. 세계화에 대응하는 정책경쟁을 위해 입법권을 재배분하기 위해서는 법률개정의 수준을 넘어 헌법개정으로 풀어주어야 한다. 최근에 논의되고 있는 헌법개정은 대통령의 임기나 중앙정부의 권력구조에 관한 것으로 의원내각제냐 대통령제냐, 혹은 이원집정부제냐 등의 문제에 집중되고 있으나, 정작 헌법을 개정해야 하는 당위성과 정당성은 변화된 시대적 요구를 담아내기 위한 지방분권의 강화에 있다. 그것은 또한 세계적인 흐름과 일치한다. 프랑스가 지방분권을 위해 개헌을 한 바 있으며 일본, 스페인, 이탈리아 등에서 지방분권을 강화하기 위한 헌법개정이 논의되고 있다.

지방분권 강화를 위한 헌법개정을 논의함에 있어서 특정한 국가유형에 집착하는 것은 바람직하지 않다. 우리는 단일국가이므로 입법권의 지방이양 등은 불가능하다든가, 연방제도는 우리와 맞지 않으므로 어떠한 연방제적인 요소도 도입하기 어렵다는 등의 편견은 버려야 한다. 스페인의 입법례가 참조가 될 수 있을 것으로 본다. 스페인의 자치공동체는 헌법적으로 연방국가의 주와는 법적인 지위가 다름에도 불구하고 법률제정권을 가지고 있다. 또한 영국의 스코틀랜드 의회도 법률제정권을 부여받았다.[18] 영국이나 스페인의 사례에서 보는 것처럼 단일국가형태인 나라에서도 헌법규정에 의해서 지방의회가 법률제정권을 가지는 것은 가능하다. 연방국가에서만 지방의회(도의회)가 입법권을 가진다는 경직된 사고에서 벗어날 필요가 있다. 헌법이 지방의회에 법률제정권을 부여하면 지방의회는 당연히 헌법의 범위 안에서 법률을 제정할 수 있게 된다.

---

18) 스코틀랜드 의회는 보건, 교육, 사회복지, 주택과 공간계획, 지방자치, 법무와 내무, 경제발전, 교통, 농·임·수산업, 환경, 문화와 체육 등에 관한 일차적인 입법권한을 가지고 있다.

지방분권에 관한 헌법의 개정내용은 그 범위가 매우 넓다. 구체적인 입법권, 행정권, 사법권, 재정권 등의 배분이라든지 제 2원의 설치방법, 권한 등을 정하는 데는 많은 이견이 나올 수 있다. 설사 지방분권의 범위에 대해서 합의를 도출하여 국가와 지방정부의 권한을 헌법에 규정하게 되었다 하더라도 얼마 지나지 않아서 헌법개정의 필요성이 다시 생길 수 있다. 한국에서 헌법개정절차는 국회의결은 물론 국민투표를 거쳐야 하므로 헌법에 권한배분을 구체적으로 규정하게 되면 헌법개정의 어려움 때문에 시대적 요구에 대응하는 것이 어려울 수 있다. 이에 헌법에서는 지방정부의 권한을 직접 결정하는 대신에 스페인처럼 권한이나 재정을 배분하는 절차를 규정하고 구체적인 권한은 이에 따라 별도로 확정하도록 하는 방법이 더욱 현실적인 방안이 될 수 있다. 구체적인 권한배분 등은 헌법보다는 하위에 있고 법률보다는 상위에 있는 법 형식으로 국가와 지방의 권한을 결정하도록 하는 것이 바람직할 수 있다.

한편 한국이 분단국가라는 점을 감안하면 통일을 대비한 국가구조의 구상이 필요하다. 남한과 북한이 60년이 넘게 매우 이질적인 정치체제하에서 기본적인 생활문제의 해결방식을 달리했다는 점을 고려하면 하나의 획일적인 정치질서로는 통일의 충격을 흡수하기 어렵다. 통일을 위해서는 전체로서 국가의 동질성을 유지하면서도 지역문제에 관한 정치적 결정을 책임지고 할 수 있는 정책결정권을 갖고 정치적 결과에 대한 위험을 부담하도록 함으로써 스스로 변화를 추구하는 국가구조의 도입이 필요하며, 연방주의 내지 지방분권적 국가운영에서 그 모델을 발견할 수 있다.[19]

19) 지금까지 우리나라에서 연방주의에 관한 논의는 주로 통일방안으로서 연방주의에 대한 것이었다. 2000년 6월 15일 남북정상회담에서 합의된 '낮은 단계의 연방제'나 그 이전에 북한에 의해서 제안된 '고려연방제', 김영삼 정부에 의해서 제안된 '한민족공동체안' 등은 실질적으로 국가연합을 의미하는 것이지 한 국가의 조직형태로서 연방국가에 관한 것이라고 보기는 어렵다. 남북한의 통일방안으로서 주장된 것에 대해서 간결하게 정리한 글로는 성낙인, 2007 참고. 남한과 북한이 주장하는 연방제의 비교에 대해서는 장수련, 2001 참조.

통일이 예정된 시간적 플랜에 따라 진행될 수 있는 것이 아니고 남한과 북한의 정치적인 상황변화에 따라 갑자기 찾아올 수도 있다는 점에서 통일을 대비한 국가구조를 미리 구상하고 실현가능한 범위 내에서 정착시키는 것이 요구되고 있다.

통일 후 정치혼란 속에서 근본적 정치개혁에 해당하는 새로운 국가구조를 형성해내는 것은 쉽지 않을 것이다. 이에 남한만이라도 먼저 통일에 대비한 국가구조를 담은 헌법을 실시하고 통일이 되면 통일헌법에 북한지역을 가입시키도록 하는 방식이 더 실현가능성이 높을 수 있다. 이러한 예는 독일의 통일에서 찾을 수 있다. 독일의 통일은 서독이 동독을 흡수하여 통일하는 형식이 아니라 독일연방공화국에 동독의 주들이 가입하는 형식을 취하였다. 또한 정치적, 사회적, 문화적인 통합과정에서도 서독의 주정부와 동독 주정부가 파트너십을 통하여 동독사회의 전환을 가져오고 또한 동독지역의 주정부에 의해서 파트너주인 서독 주정부의 변화가 이루어졌다는 점에서 많은 시사점을 얻을 수 있다. 이 점에서 남한만이라도 통일 후에 실시할 수 있는 연방주의적인 헌법모형을 먼저 도입하고 안정화하는 것이 필요하다.[20] 연방주의적 내지 지방분권적 국가구조를 도입하여 통일의 충격을 흡수하고 북한지역의 특성을 살리면서 실질적인 통합에 이를 수 있도록 하는 것이 바람직하다.

낮은 단계의 연방제안과 북한의 연방제안에 대한 비판으로는 제성호, 2006 참조. 독일 및 예멘의 통일과 헌법에 대해서는 장명봉, 2001 참조.

20) 만약 통일 후에 비로소 연방제 내지 지방분권적 국가운영체제를 도입하려고 한다면 남북한 전체가 새로운 정치체제 때문에 혼란을 겪게 될 것이다. 독일 통일의 경우에 서독지역에 존재했던 독일연방공화국에 동독의 5개 주가 가입하는 형식을 취함으로써 정치적 혼란을 줄이고 정치를 안정화하는 데 기여했다.

■ 참고문헌

강수경(2006), “지방자치단체의 조례제정권의 한계”, 〈법학연구〉 24: 37~55.

김병기(2007), “미래를 위해 먼저 쓴 대한민국 헌법개정안”, 최병선/김선혁(공편), 《분권헌법: 선진화로 가는 길》, 동아시아연구원(EAI).

김철수(1989), 《신고 헌법학개론》, 박영사.

______ 외(1988), 《코멘탈 헌법》, 법원사.

김홍대(1999), 《지방자치입법론》, 박영사.

네프, 로베르트(2006), “스위스 연방주의와 지방정부 - 조세자율”, 박응격 외, 《서구연방주의와 한국》, 인간사랑.

도회근(2004), “지방분권과 법제개혁 - 헌법적 과제를 중심으로”, 〈울산대학교 사회과학 논집〉 12(2): 23~40.

문병효(2006), “독일의 재정조정시스템과 재정헌법의 개혁”, 〈외법논집〉(한국외국어대학교 법학연구소) 22(5): 119~152.

박윤흔(1995), 《최신행정법강의(하)》, 박영사.

배준구(2004), 《프랑스의 지방분권》, 금정.

성낙인(2007), “통일헌법상 권력구조에 관한 연구”, 〈공법연구〉 36(1): 453~489.

신도철(2008), “새로운 지역발전패러다임: 광역분권의 필요성과 제도개편방안”, 한반도선진화재단, 일본PHP종합연구소, 조선일보가 2008년 5월6일 주최한 세미나 자료집, 〈21세기 광역분권형 국가운영〉: 41~79.

______(2010), “지방분권 강화를 위한 헌법개정 방향”, 국회미래한국헌법연구회, 〈국민과 함께하는 개헌이야기〉 2: 689~699.

안성호(2007), “지역대표형 상원의 논거와 특징 및 설계구상”, 〈한국행정학보〉 41 (3): 117~142.

오동석(2000), “지방자치의 제도적 보장론 비판”, 〈공법연구〉 29 (1).

이기우(2007), “부담적 조례와 법률유보에 관한 비판적 검토”, 〈헌법학연구〉 13 (3): 353~389.

이전오(2007), “과세자주권의 확대방안에 관한 연구”, 〈토지공법연구〉 37(1): 349~372.

장명봉(2001), 《분단국가의 통일과 헌법》, 국민대출판부.

장수련(2001), “한국의 ‘연방제’와 북한의 ‘연방제’ 비교 · 분석”, 〈북한학보〉

26: 71~102.

정수현(2001), "지방자치단체의 재정자주권에 관한 연구", 〈공법학연구〉 3 (1): 343~381.

제성호(2006), "북한의 낮은 단계 연방제안: 전략적 의도와 문제점", 〈북한학보〉 31: 129~162.

조성규(2005a), "지방자치의 보장과 헌법개정, 헌법개정 어떻게 볼 것인가?", 한국공법학회 2005년도 연차학술대회자료집: 101~138.

______(2005b), "법치행정의 원리와 조례제정권의 관계 - 조례에 대한 법률유보의 문제를 중심으로", 〈공법연구〉 33 (3): 371~399.

조성달(2007), "국가와 지방자치단체 간 입법, 사무권한 및 재원의 배분", 〈공법연구〉 36 (2): 33~70.

최우용(2008. 8. 27), "지방자치관점에서 본 헌법개정", 한국지방자치학회 토론회 자료집, 지방자치와 헌법개정 자료집: 7~34.

홍정선(2000), 《지방자치법학》, 법영사.

홍준형(2008), "분권헌법의 길 - 선진화를 위한 전략", 부산분권혁신운동본부가 2008년 7월 21일 주관하여 개최한 토론회 자료집, 지방분권개헌토론회, 〈헌정 60년, 이제는 지방분권개헌이다〉: 7~22.

Ammermann, Thomas (2007), *Das Konnexitätsprinzip im kommunalen Finanzverfassung*, Würzburg.

Anschütz, Gerhard (1930), *Die Verfassung des Deutschen Reichs vom* 11. 8. 1919, 13. Aufl., Berlin.

Döring, Thomas (1999), Marktwirtschaftliche Ordnung und Föderativer Staatsaufbau, in: Mückel, Wolfgang (Hrsg.), *Subsidiarität*, Paderborn: 63~91.

Hayek, Friedrich von (1939), The Economic Conditions of Interstate Federalism, in: Friedrich von Hayek, *Individualism and Economic Order*, Chicago University Press.

Hirschman, Albert O., Exit (1970), *Voice and Loyalty: Responses to Decline in Firms, Organization and States*, Cambridge, MA: Harvard University Press.

McKinnon, Ronald I. (1997), Market-Preserving Fiscal Federalism in the

American Monetary Union, in: Mario I. Blejer and Teresa Ter-Minassian (eds.), *Macroeconomic Dimension of Public Finance*, New York: Routledge.

Riker, William (1964), *Federalism: Origin, Operation, Significance*, Boston: Little Brown.

Rodden, Jonathan & Susan Rose-Ackerman (1997), Does Federalism Preserve Markets?, *Virginia Law Review* 83: 1521~1572.

Schaffarzik, Bert (2002), *Handbuch der Europäischen Charta der kommunalen Selbstverwaltung*, Stuttgart.

Shah, Anwar (1997), *Fiscal Federalism and Macroeconomics Governance: For Better or Worse*, World Bank Working Paper.

_____ & Teresa Thomson (2004), *Implementing Decentralized Local Governance: A Treacherous Road with Potholes, Detours and Road Closures*, World Bank Policy Paper 3353.

Tiebout, Charles (1956), A Pure Theory of Local Government Expenditure, *Journal of Political Economy* 64 (5): 416~424.

Weingast, Barry R. (1993), Constitutions as Governance Structures: The Political Foundation of Secure Market, *Journal of Institutional and Theoretical Economics* 149 (1): 286~311.

_____ (1995), The Economic Role of Political Institutions: Market-Preserving Federalism and Economic Development, *Journal of Law, Economics and Organization* 11: 1~31.

_____ (2006), *Second Generation Fiscal Federalism: Implications for Decentralized Democratic Governance and Economic Development*, Working Paper, Hoover institution, Stanford University.

09

동아시아 구상과 한반도통일

김용호 · 강준영 · 조영기 · 진창수

1. 새로운 동아시아질서의 필요성

서울 컨센서스는 오늘날과 같은 문명사적 전환기에 국제사회에서 일어나고 있는 정치 · 경제적 변동을 반영하고 있다. 이러한 변동의 핵심은 1970년대 이래 전 세계적으로 전개되고 있는 민주화, 1980년대 이래 가속화되고 있는 세계화와 그에 따른 세계경제의 상호의존성과 유동성의 증가, 냉전종식 후 일어나고 있는 세계 권력의 분산화와 다주체화, 태평양시대의 등장 등으로 요약할 수 있다(박세일, 2010: 98~106). 전 세계가 이러한 변동에 효과적으로 대응하여 평화와 번영을 지속하려면 서울 컨센서스가 필요하다. 2008년 글로벌 금융위기가 각국 경제에 미친 영향에서 알 수 있는 것처럼 이제 개별 국가만으로는 오늘날의 정치 · 경제적 문제를 효과적으로 해결하기 어렵기 때문에 서울 컨센서스와 같은 글로벌 합의가 필요하다. 특히 이 장에서는 태평양시대의 등장을 중심으로 이러한 변동에 적절히 대응하는 방안을 논의하고자 한다. 산업혁명 이래 세계의 중심은 대서양이었으나 이제 세계화와 정보화 시대를 맞아 태평양이 세계의 중심으로 등장하고 있다. 태평양중심의 시대 혹은 아시아의 시대는 일본의 전후 복구에서 시작되어 다음은 이른바 네 마리의 용의 등장, 즉 한국, 싱가포르, 대만, 홍콩 등의 고도성장 시대를 거쳐, 이제는 중국과 인도가 본격적으로 전면에 등장하는 시대로 이동하고 있다(박세일, 2010: 104~106). 우리들은 다가오는 태평양의 시대, 아시아의 시대에 어떻게 대응해야 할 것인가? 첫째, 미래지향적인 사고가 필요하다. 둘째, 보편적인 가치와 원칙에 따라 새로운 아시아를 만들어나가야 한다.

일반적으로 태평양시대, 아시아시대라고 했을 때 지리적인 범위는 주로 동아시아를 의미한다. 한국, 중국, 일본, 동남아, 서남아 등을 포괄한 지역을 일반적으로 동아시아라고 한다. 흔히 중동을 제외하는 경향이 강하다.[1] 이제 문명사적 전환기를 맞아 동아시아질서를 어떻게 재편할 것인가, 그리고 동아시아의 평화와 번영을 위해 무엇을 해야 할 것인가 등이 매우 중요한 과제로 등장하게 된다. 그리고 동아시아의 평화와 번영에 최대 걸림돌로 작용하고 있는 한반도문제를 어떻게 해결하는 것이 좋은가, 하는 문제를 다루어야 한다. 이러한 질문에 해답을 찾기 위해 먼저 주요 국가(한국, 미국, 일본, 중국 등)들의 동아시아 구상과 한반도전략을 비판적으로 검토한 후, 서울 컨센서스 연구팀이 새로운 동아시아 구상을 제안하고자 한다. 이러한 구상에 기초하여 한반도문제의 해결방안을 논의해 보고자 한다.

---

1) 동아시아의 범위를 어떻게 설정할 것인가 하는 문제는 매우 논쟁적이고 정치적이다. 이 글에서 동아시아는 주로 동북아를 의미하는데, 자연지리적인 개념보다 정치지리적인 시각에서 한국, 북한, 미국, 중국, 일본, 러시아의 연해주, 몽골, 대만 등을 포함한다. 그런데 향후 동아시아공동체를 이들 국가에만 국한시킬 필요가 없고 점차 동남아, 호주, 인도 등을 포함시켜나가야 할 것이다.

2. 주요 국가의 동아시아 구상과 한반도전략

동아시아는 지정학적으로 4대 강국의 이해관계가 교차하는 곳이다. 제 2차 세계대전 이후 미국은 세계패권국가이자, 태평양의 파수꾼 역할을 맡고 있다. 미국은 주로 양자동맹을 중심으로 동아시아에 관여하면서 최근 들어 동아시아지역협력에도 적극적으로 참여하고 있다. 아시아태평양경제협력체(APEC: Asia Pacific Economic Cooperation), 아세안지역포럼(ARF: ASEAN Regional Forum), 동아시아정상회의(EAS: East Asia Summit) 등이 대표적인 사례다. 한편 중국과 일본은 동아시아에서 주도권을 잡아야 한다는 생각을 버리지 않고 있다. 양국은 미국에 뒤이어 세계 2, 3위의 경제력을 가진 국가로서 자국의 안보와 번영을 위해 동아시아질서를 자국에게 유리하게 재편하기 위해 노력하고 있다. 최근 중국이 부상함에 따라 일본이 적극적으로 대응해나가야 하는 부담을 안고 있다. 마지막으로 러시아는 비록 구소련시대에 비해 상대적으로 정치적, 군사적 영향력이 약화되었으나 여전히 중국, 일본 등과 협력 및 경쟁관계에 놓여있다. 특히 러시아는 연해주를 비롯한 아시아 지역을 개발하기 위해 노력하고 있다. 따라서 이들 4대 강국의 합의와 협력 없이는 동아시아의 평화와 번영을 도모하기 어렵다. 이제 이들 국가들이 동아시아에 대해 어떤 인식을 가지고 있으며, 이들의 동아시아와 한반도 전략은 무엇이며, 특히 이들 국가들의 이해관계에서 공통점과 차이점이 무엇인지 살펴보자.

1) 미국의 동아시아 인식과 전략

(1) 미국의 동아시아 인식

미국의 동아시아에 대한 인식은 매우 다양하다. 최근 오바마 행정부의 동아태차관보로 임명된 캠벨(Kurt Campbell)은 아시아를 'i'로 시작되는

2가지의 상반된 특성을 보여주고 있다고 파악한다. 첫째, 부상하는 아시아는 무역·문화·안보 등에서 통합(*integration*)이 가속화되고, 금융·나노·환경 분야의 혁신(*innovation*)을 주도하고 있으며 기간산업과 인적자원 개발에 과감한 투자(*investment*)를 하고 있다고 판단한다. 두 번째는 아시아가 여전히 많은 문제점을 안고 있는바, 강대국 간 군비경쟁, 과거사와 영토분쟁 등으로 인한 불안(*insecurity*), 환경오염, 극단주의, 마약, 무기밀매 및 인신매매가 횡행하는 불안정(*instability*), 그리고 국가 간에, 그리고 국가 내의 빈부격차가 여전히 심한 불평등(*inequality*) 등이 그것이라고 본다(Kurt M. Campbell, Nirav Patel, & Vikram Singh, 2008). 이처럼 미국은 동아시아에 대해 긍정적인 요소와 부정적인 요소를 모두 파악하고 있다.

미국의 동아시아 전략은 미국의 세계전략에 기반을 두고 있기 때문에 먼저 오바마 행정부의 세계전략을 분석해 보자. 오바마 행정부가 최근 발표한 국가안보 전략(NSS: National Security Strategy) 보고서의 핵심은 국내에서 힘을 키우고, 이를 바탕으로 국제질서를 조성한다(*Building at Home, Shaping Abroad*)는 것이다(이상현, 2010). NSS는 서문에서 미국은 국내에서 취하는 정책이 곧 해외에서 힘과 영향력의 원천이라는 인식을 가지고 있다. 그리고 장기적으로 미국의 안보는 다른 국가들에게 두려움을 주는 능력이 아니라 그들의 희망을 말하는 능력에서 비롯되며, 미국이 예의와 품위를 가질 때 가장 잘 작동한다고 본다. 이번 NSS는 오늘날 미국의 국가안보 전략이 성공하려면 세계를 있는 그대로 보고 대응해야 한다고 주장한다. 그 현실이란 지구상의 아무리 강한 나라일지라도 혼자 힘으로는 글로벌 차원의 문제들을 효과적으로 처리할 수 없다는 것이다. 미국은 변화를 가져올 수 있는 국가들과의 협력을 통해 미래를 준비해야 한다고 강조하고 있다. 과거 공화당 행정부가 주로 힘을 앞세워 일방적 외교에 치중했다면 민주당의 오바마 행정부는 대화를 통한 다자주의적 접근을 선호하고 있다.

이번 오바마 행정부의 국가안보 전략은 미국의 리더십을 회복하는 데 초점을 두고, 국내에서 먼저 힘의 원천을 다지고 이를 바탕으로 해외에서 우호적인 국제질서를 조성하려는 것이다. 이런 인식을 바탕으로 이번 NSS는 미국의 상대적인 영향력 감소를 배경으로 국제협조를 가장 중시하는 정책을 내세웠다. 오바마 대통령은 미국이 수많은 안보도전에 대처하기 위해 다자적 접근을 채택할 것이라고 밝혔다. 그는 무력의 행사가 때로 필요하지만 전쟁을 택하기 전에 가능한 모든 수단을 다 동원할 것이라고 말했다. 이처럼 오바마 행정부의 국가안보 전략은 협상을 통한 관여(*engagement*), 그리고 대결보다는 설득에 입각한 외교를 중시한다.

(2) 미국의 동아시아와 한반도전략

미국은 냉전종식 후 여러 차례에 걸쳐 동아시아 전략구상(EASI: *East Asia Strategic Initiative*), 또는 동아시아 전략보고서(EASR: *East Asia Strategic Report*)를 통해 전략의 기초와 방향을 제시했다. 〈표 9-1〉은 1990년 이후 미국의 동아시아 전략의 전개양상을 정리한 것이다.

오바마 행정부는 군사력과 외교, 하드파워와 소프트파워, 중동과 아시아에 대한 관심에 있어서 균형을 추구하고 있다. 지금까지 미국은 포괄 안보 위협(*comprehensive security threats*)을 중시하면서 이를 주로 양자 간 동맹관계를 통해 대응할 것인지, 아니면 지역의 다자 간 협력을 통해서 해결해나갈 것인지에 대한 뚜렷한 입장을 보여주지 못했다(김성한, 2009: 67). 동아시아 역내 현안들이 포괄적 성격을 띠어 가면서 미국 혼자, 혹은 양자 동맹만으로 이를 다루기에는 너무 복잡해짐에 따라 오바마 행정부는 중장기적으로 역내 다자 협력기구에 대해 과거에 비해 전향적인 모습을 보여주고 있다. 이러한 변화는 중국의 공세적 다자 및 지역주의 외교를 차단하고 미국의 역내 주도권을 유지·확대하려는 의도를 담고 있다. 사실 전임자인 조지 W 부시대통령이 이미 북핵문제가 순조롭게 해결된 이후에는 6자회담을 역내 안보현안을 다루는 다자 안보협력

〈표 9-1〉 미국의 동아시아 전략의 변화

	EASI I (1990)	EASI II (1992)	EASR (1995)	EASR (1998)	EASR (2006)*	EASR (2010)
대통령	아버지 부시	아버지 부시	클린턴	클린턴	아들 부시	오바마
대외정책 기조	미국의 리더십+다자협력 (봉쇄전략 종식)	지역별 선택적 개입(서유럽→아태지역)	관여 (*engagement*)와 확대 (*enlargement*)	포괄적 관여	반테러 · 반확산 · 자유의 확대	반테러 · 반확산 · 양자-다자 간 대화와 국제 협조체제 확립, 핵무기 없는 세계
동맹정책	재조정 (병력 축소)	동맹 유지 확대 (zone of peace 확대)	미일동맹, 한미동맹 유지	97년 9월 미일 방위협력 지침 개정으로 동맹 강화	반테러 동맹체제 구축(미일 동맹 강화, 미일호 3자협력)	포괄적 동맹체제 확립
대중국 정책	안정적 미중 관계 유지	중국의 핵 · 미사일 확산 우려	중국의 군사현대화는 초기단계/장기 목표 불분명(우려 표현 삭제)	대중국 포괄적 관여 (미중 군사 교류증대)	협력=경쟁	전략적 경제 대화를 전략적 정치군사-경제대화로 격상
지역 주둔 및 협력	1990~1992년 1만5천2백명 감축	1992년 12월까지 필리핀에서 철수 완료	당분간 10만 병력 주둔 유지/전진배치 전략/ARF, 동북아다자안보 협의체 모색	10만병력 주둔 재확인/ 지역협력을 통한 포괄안보위협 대처	동맹 우선/ 지역주의 · 다자주의는 보완적 기제로 활용	동맹 강화, 다자기구 (ARF, APEC, 6자회담) 적극 참여
한반도	1990년, 1992년 주한미군 7천명 철수	북핵문제로 추가 감축 (6천5백명) 연기	한반도 억지/ 북한의 위협 잔존	통일이후에도 한국 주둔 희망	2004~2008년 주한미군 1만2천5백명 감축	한미동맹 공동비전 합의/ 포괄적 전략동맹/ 확장된 억지력 제공/ 북한의 핵, 미사일, 인권문제 해결 노력/
기타	부시대통령 1990년 8월 2일 연설(범세계 봉쇄전략에서 지역별접근으로 전환)	1993년 1차 북핵위기 시작	1997년 2월 백악관 NSS 발표	1998년 2월 중국방위백서 발간	중국 군사력 평가보고서 (2005년 7월)/ GDR (2006년 2월)	김정일 사망 이후를 대비

주: * 2006년의 경우 발표 내용이 아니라 전망.

자료: 김성한, "미국의 신안보 구상과 동아시아 전략", 《국방정책연구》, 25(4), 통권 86호: 68, 2009년 겨울; 2010 East Asian Strategic Review 보완.

기구로 격상시킬 수 있다는 입장을 보여 주었다. 결국 오바마 행정부는 협력 및 지역협력을 위한 노력을 보완적 차원에서 병행하고 있다. 한편 중장기적으로 볼 때 미국은 점차 동맹정책과 다자주의, 지역주의정책 간에 균형을 맞추는 방향으로 나갈 것으로 전망된다.

오바마 행정부에서도 대외정책의 기조는 크게 달라지지 않았는데, 반테러, 반확산을 유지하는 가운데 글로벌 금융위기 이후 일시적으로나마 미국의 패권적 지위의 상대적 약화를 감안하여 국제 협조체제를 강조하고 있다. 동맹정책에 있어서 21세기의 새로운 안보 위협에 대처하기 위해 동맹을 지리적으로나 내용적으로 '포괄화' 및 '전략화'하는 모습을 보여주고 있다. 미국의 패권적 지위를 위협할 가능성이 가장 큰 나라인 중국에 대한 미국의 정책은 협력과 경쟁을 병행해나가되 중국에 대한 전방위 견제 메커니즘을 확충하는 데 힘을 쏟고 있다. 최근 천안함 피격사건 이후 미국이 동해와 서해에서 대규모의 한미합동군사훈련을 실시한 것은 북한에 대한 견제 외에 중국에 대한 견제도 포함하는 것이다. 미국은 동아시아 지역주둔 및 협력정책에 있어서도 기존의 틀을 유지하는 가운데 동맹과 다자주의를 병행하려고 노력하고 있다. 미국이 하토야마 정부의 반대에도 불구하고 일본 오키나와 후텐마에 새로운 미군 주둔 기지를 건설한다는 종래의 미일 간의 합의를 고집한 것도 이런 맥락에서 설명할 수 있다. 한편 미국은 한반도정책에 있어서 과거에 못지않게 한미동맹을 강화하는 방향으로 움직이고 있다. 북한이 2009년 2차 핵실험을 한 후 미국은 강력한 대북 제재를 가하고 있는 가운데 천안함 피격 사건에 대한 책임을 묻고, 한미합동군사훈련을 통해 대북 압박을 가하고 있다. 그러나 주한미군의 기동성을 높이기 위해 해·공군 위주로 재편해나가고 있다.

오바마 행정부의 동아시아정책을 요약해보면 첫째, 아시아 지역에서 미국의 지속적인 영향력을 유지하기 위해서는 새로이 부상하는 강대국과의 조화와 균형을 추구하는 '균형의 힘'이 요구되며, 이는 미국의 일방적인 정책추구가 아니라 새로운 세력들의 부상을 인정하고 책임 있는 역할을 하도록 유도해나가는 것이다. 현재 중국이 약 7,000억 달러 이상의 미국 국채를 보유하고 있고, 중국의 경기부양책 효과가 어떠한가가 미국의 경제에도 영향을 미칠 것으로 예상되기 때문에 과거와 같은 중국 견제 정책 대신 견제와 협력을 동시에 추구하고 있다.

둘째, 오바마 행정부는 균형정책의 일환으로 기존의 동맹관계 이외에도 지역 다자주의 강화정책을 통해 아시아에서 미국의 지속적 개입을 추구하고 있다. 예를 들면 APEC과 ASEAN과 같은 기구에 적극적으로 참여하여 아시아에서의 미국의 역할을 증진하려고 노력한다. 클린턴 국무장관도 미국-일본-인도-호주 간 4국 협력체제 강화를 통해 테러리즘, 기후변화, 에너지문제 및 세계경제문제를 다루어나가고 있다. 오바마 행정부에서 동아태 차관보로 일하고 있는 캠벨은 또한 〈전략적 리더십: 21세기 국가안보 전략을 위한 프레임워크〉라는 보고서에서 아시아에서의 미국의 포괄적 개입(*comprehensive engagement*)정책을 주장하고 이를 위해 지역 다자주의를 강조한 바 있다. 즉, 중국과 인도가 자유무역주의와 국제규범을 준수하는 국가로 거듭나도록 노력을 경주하는 동시에, 일본·한국·호주 등 기존의 동맹국들과의 협력 체제를 강화하여 이들 국가들이 중국 등으로부터 위협감을 느끼지 않도록 노력해야 한다는 것이 포괄적 개입정책의 핵심이다. 제프리 베이더(Jeffrey Bader) 백악관 국가안보회의 아시아담당 선임보좌관은 2007년 브루킹스 연구소에서 미중일 3국 포럼과 같은 소(小) 다자주의를 통해 아태지역의 안정을 달성해야 한다고 주장한 바 있다(Bader, 2007). 이처럼 오바마 행정부는 과거에 비해 다자주의적 해결책에 상대적으로 강한 관심을 보여 주고 있기 때문에 동아시아의 통합에 기여할 수 있을 것으로 전망된다.

셋째, 오바마 행정부의 대(對)중국정책은 기본적으로 관여(*engagement*)와 헤징(*hedging*)의 균형을 도모한다. 오바마 행정부는 오바마-바이든 플랜(Obama-Biden Plan)에서 중국에 대한 균형 잡힌 정책을 천명한 바 있다(Obama & Biden, 2007). 즉, 중국을 국제체제에 편입시켜서 공동의 정치・경제・환경 그리고 안보 목표를 달성하기 위해 협력관계를 구축하려고 시도하고 있다. 한편으로는 미국이 중국의 군사적 근대화에 대해 경계하고, 양안문제의 평화적 해결을 모색하며, 중국이 국제사회의 의무를 다하도록 촉구하는 것이다. 이는 과거 중국에 대해 비호의적이었던 미국 민주당의 대중국정책과 다른 점이다. 클린턴 국무장관 역시 금세기 가장 중요한 양자관계는 미중관계라고 언급하였으며(Clinton, 2009), 2009년부터 부시 행정부 시기의 미중 '경제대화'를 '포괄적 대화'로 전환시켜 2+2 전략대화를 개최하였다. 그런데 중국이 다루기를 꺼려하고 있는 인권 및 온실가스문제, 한반도문제 등을 두고 양국은 의견 차이를 보인다.

넷째, 미국의 동아시아 동맹정책의 핵심은 미일동맹이다. 오바마 행정부의 동북아지역정책에 있어서 주목할 부분은 일본과의 관계인데, 기본적으로 미일동맹이 미국의 대아시아정책의 초석임을 인지하고, 기후변화 및 기근과 같은 문제해결을 위해 일본과의 협조를 강화해나가고 있다. 2009년 2월 24일 미일 정상회담의 결과 양 정상은 미일동맹을 기축으로 동 지역 및 국제사회가 직면한 금융 및 국제경제, 아프가니스탄, 기후변화, 에너지 등 여러 사안에 대해 긴밀히 협력하기로 하였다. 또 북한문제의 경우 일본인납치문제, 핵・미사일을 비롯한 모든 현안이 포괄적으로 처리되어야 한다는 데 의견을 같이하였다. 조지프 나이(Joseph Nye)는 그의 2007년도 국제전략문제연구소 보고서에서 미일동맹 강화방안으로 여러 가지를 제시하고 있는데, 그 중 두 가지 사항에 대해 주목할 필요가 있다. 먼저 미일 자유무역협정(FTA) 체결의 추진 필요성에 대해 언급하고 있는데, 이는 미일 안보동맹을 강화시켜줄 것으로 예상한다. 실제로 일본 사회의 고령화에 따라 일본 농업구조가 근본적으로 변해 FTA체결의 장애물이었던 일본 쌀시장 개방문제가 완화될 것으로 예상한다. 또 하나는 일본 헌법 9조의 개정에 관한 것으로 지금까지 일본의 평화유지, 재난복구, 인도적 지원 등에 대한 참여확대에도 불구하고 미국은 일본이 이러한 국제협력을 더욱 확대해 줄 것을 기대하고 있다. 이와 관련하여 2009년 CNAS(Center for a New American Security) 보고서는 미일관계 강화가 중국과의 관계 악화가 되어서는 안 된다는 지적과 함께, 일본이 지역안보와 경제문제에 있어 더욱 적극적 역할을 해야 한다는 의미로 "보다 정상국가적인 일본을 지지한다(*promoting a more normal Japan*)"고 언급하였다(Kurt M. Campbell, Nirav Patel, & Vikram Singh, 2008). 이러한 일본의 정상국가화에 대한 언급은 미일 양국 내에서 이미 논의되어 오고 있는 반테러, 아프가니스탄 문제에 대한 양 국가의 협력 방안과 관련이 있다. 즉, 일본에서는 2008년 12월 일본 의회에서 대테러 특별조치법 수정안이 통과되었고 해상 자위대의 인도양 연료공급활동을 1년 연장한 바 있다.

마지막으로 오바마 행정부는 한미동맹관계의 강화 및 발전에 적극적이다. 오바마 행정부는 한미관계 발전을 위해 21세기 도전에 맞서기 위한 공동의 비전을 개발한 결과 '21세기 전략동맹'에 합의하였다. 군사뿐만이 아니라 정치, 경제, 문화를 아우르는 포괄적 관계로 한미동맹관계를 발전시키고, 동맹의 범위도 한반도뿐만이 아니라 아태지역 및 범세계적 평화와 번영에 기여할 수 있도록 만들자는 것이 21세기 전략동맹의 핵심이다. 2009년 6월 이명박 - 오바마 정상회담은 '동맹미래비전'을 발표하면서 이러한 점을 다시 확인하였다. 한편 한미 자유무역협정(FTA)과 관련, 오바마는 공정한 무역(*fair trade*)을 주장하며 대미 수출에 부당한 정부보조를 제공하거나 미국물품 수입에 비관세 장벽을 부여하는 국가에 대해 반대하는 입장을 견지하고 있어서 한미 간의 합의가 이루어지지 못하고 있다.

2) 중국의 동아시아 구상과 한반도전략[2)]

(1) 중국의 세계전략

1978년 이후 개혁개방정책의 성공적 추진 아래 국제정치적 위상이 크게 제고된 중국은 자국의 지속적인 경제발전을 세계전략의 핵심정책으로 설정하고 있으며 외교정책에 있어서도 경제발전이 최우선적 고려대상이 된다. 이러한 인식하에 덩샤오핑(鄧小平)은 '평화와 발전(和平與發展)'을 현 국제사회의 두 가지 특징으로 규정하였으며, 장쩌민(江澤民)도 이러한 입장을 충실히 고수하였다. 현 중국의 최고 지도자인 후진타오(胡錦濤) 역시 이러한 개념을 발전시켜 평화와 발전의 전제 위에 '조화로운 국제사회' 건설을 역설한다(鄧小平, 1993: 104~106; 胡錦濤, 2007). 이러한 주장들은 모두 중국이 가급적 국제분쟁에 말려들지 않고, 경제발전에 매신할 것을 강조하는 것이다. 이러한 평화발전 외교전략 아래 중국은 지속적인 경제발전에 유리한 외부환경을 조성하는 동시에 '중국 위협론'을 불식시키고 국제사회에서 책임 있는 강대국으로서의 역할을 강화해 가는 것을 핵심 외교전략으로 삼고 있다. 중국의 책임 있는 강대국으로서의 역할 강조는 자국의 신장된 국력을 바탕으로 한 자신감의 표출이라고 볼 수 있다. 또한 미국과의 관계 악화가 자국의 발전에 이롭지 않다고 판단하고 미국의 요구를 적극 수용한 측면이 있다.

한편 중국은 자국의 발전에 대한 다른 나라들의 우려의 목소리에 대해서도 적극적으로 대응하고 있다. 중국의 경제력과 국력의 신장이 결국에는 군사대국화로 나아가는 기초가 될 것이며, 이는 국제사회에 대한 위협이 될 수도 있다고 판단하는 경향이 바로 그것이다(Christensen, 2001). 이러한 경향은 중국의 발전을 경계하는 미국과 일본으로부터 제기되고 있는데, 이로 인해 중미 간에는 갈등이 불가피하다는 주장이 제기되기도

---

2) 이 부분의 집필자, 강준영(한국외국어대 교수).

한다(Kaplan, 2010). 중국은 미국에 대해 조건반사적인 경계심을 가지고 있으며, 미국 역시 중국경제의 폐쇄성, 비민주적 정치, 군사력의 불투명성을 이유로 의심의 눈길을 보내고 있다(袁鵬, 2007; 張蘊岭, 2001).[3)]

중국은 자국의 발전이 국제사회에 위협이 될 것이라고 가정하고 있는 '중국 위협론'에 대처하고 자국에 대한 불신을 해소, 완화하는 데 목적을 두고 '화평굴기(和平崛起)'(郭震遠, 2004) 또는 '화평발전'론을 제기하고 있다. 동시에 스스로 지역이나 세계적인 패권을 추구하지 않겠다고 주장하면서, 어떠한 패권주의정책에도 반대한다는 '반패권주의'를 앞세워 자국의 발전에 대한 우려를 불식시키고자 노력하고 있다. 즉 '중국 위협론'을 완화시키고 미국과의 마찰을 최소화하기 위해 중국은 제한적이나마 미국과 협력함으로서 국제평화와 공동발전에 기여하고 있다는 이미지를 구축하는 데 진력하고 있다.

중국은 또 현 국제질서가 다극화의 방향으로 나아가고 있다고 판단하고, 국제사회의 질서유지와 안정을 위해 책임 있는 강대국들이 국제사회의 건설적 참여자로서의 역할을 해야 한다고 본다. 이러한 관점에서 볼 때 중국은 현재의 당면과제를 정치와 경제의 적절한 분리를 통하여 정치적으로는 미국 주도의 질서구축을 견제하면서, 경제적으로는 그들이 주장하는 대로 지금은 '평화와 발전의 시대'라는 개념을 통해 이 시기에 최대한의 국가경제발전을 달성하는 데 전략적 목표를 두고 있다고 할 수 있다. 이러한 상황에서 중국이 UN 등 각종 국제기구나 지역조직과의 협력을 추구하면서 활동을 확대·강화하는 것은 당연한 것이다. 이러한 지역조직 활동 외에도 중국은 세계 각국과 '전략'관계나 '동반자'관계를 적절

---

3) 중국은 국제사회가 다극화의 경향으로 발전해 가고 있지만, 여전히 세계 초강대국으로서 미국의 지위에 대해 일정한 의구심을 가진다. 이는 세계적 차원에서 그리고 지역적 차원에서 미국의 패권주의정책을 경계하는 모습으로 나타난다. 미국의 대테러 전쟁 이후 중미관계가 개선된 측면이 있지만 중국은 여전히 미국이 중국에 대한 견제정책을 고수하고 있다고 여긴다.

히 활용하면서 쌍무관계를 지속적으로 강화하고 있다.[4] 중국은 이러한 활동 등을 기본적으로 중국의 안전을 보장받는 근본적 조치이며, 중국이 냉전질서 붕괴 후 가장 우려하고 있는 이른바 '중국 봉쇄론'이나 '중국 포위론'을 분쇄하는 정책으로 인식하고 있다.

(2) 중국의 한반도전략

한반도는 중국과 국경선을 마주하고 있기 때문에 한반도의 불안정 상황은 중국의 안보에 직접적인 영향을 미칠 뿐 아니라 자국의 경제발전에도 불리할 수 있다는 측면에서 중국은 한반도문제에 대해 민감한 반응을 보였다. 중국의 한반도 전략의 기조는 한반도의 평화와 안정의 유지에 있다. 이 과정에서 중국은 지역 강대국으로서 한반도의 평화와 안정에 적극적인 참여자로서 자신의 역할을 확대해 가는 데 초점을 맞추고 있다. 이는 평화로운 주변 환경의 조성이라는 중국의 세계전략 기조와도 맥을 같이하면서, 동시에 책임 있는 강대국으로서의 역할을 강조하는 기조와도 관련된다. 중국의 한반도전략은 평화적인 방식으로 한반도의 비핵화 실현, 북한체제의 유지, 한반도에 대한 영향력 제고, 책임 있는 지역 강대국으로서의 역할 강화와 동북아 지역에서 미국의 영향력 확대 방지 그리고 한반도 평화체제 구축에 적극적 참여 등이다.

이러한 중국의 한반도정책 기조는 다음의 다섯 가지 기본적 인식에서 출발한다. 첫째, 중국은 일관되게 한반도 비핵화 원칙을 견지하면서 한반도문제가 중국의 안정과 발전에 부정적 영향을 미치지 않기를 바라고 있다. 중국이 일관되게 북한의 핵개발을 반대하는 이유는 북핵문제는 북·미관계를 악화시켜 한반도의 불안요인을 증대시킬 뿐 아니라, 일본 및 대만의 핵무장을 비롯한 동북아 지역에서의 군비증강까지 야기할 수 있기 때문이다. 또한 북한의 핵개발은 동아시아 지역에 대한 미국의 군

---

4) '전략관계'의 개념에 대해서는 강준영, 2009를 참고할 것.

사력 강화의 빌미를 제공할 수 있다는 차원에서 중국은 한반도의 비핵화를 더욱 절실히 주장하고 있다(溫家寶, 2007). 또 한반도의 비핵화 및 안정의 유지를 위해 중국은 북한 핵문제를 무력이나 제재 등과 같은 수단을 통해 해결하려 할 경우, 오히려 사태를 더 악화시킬 수 있다고 여겨 대화를 통해 평화적인 방식으로 문제를 해결할 것을 주장했다. 중국은 우선 당사자 해결 원칙에 입각해 한반도문제의 해결에 있어 남북 당사자 간 대화를 통한 해결을 지지한다고 여러 차례 밝힌 바 있다.

둘째, 북한체제의 유지는 한반도의 평화와 안정에 있어서 중요한 요소일 뿐 아니라 중국의 안보문제에 직결된다는 측면에서 강조된다. 북한이 가지고 있는 지정학적 중요성은 중국으로 하여금 대북한 기본전략을 완전히 변화시킬 수 없게 하였다. 중국은 북한의 체제유지에 주목하면서 불안한 정국을 유지해 가고 있는 북한체제가 붕괴되지 않는 방향으로 대북정책의 초점을 맞추었다. 북한에서 발생할지도 모르는 돌발 사태는 중국의 안보와 경제발전에 불리하기 때문이다. 중국은 일단 북한에서의 급격한 상황변화 없이 현재의 한반도 분단 상태가 유지되는 것이 자국의 전략적 이해관계에 있어 문제가 되지 않는다고 여기고 있다. 그러나 취약한 북한정권의 붕괴라든가 한국으로의 흡수통일이라든가 아니면 미국의 대북 공격과 같은 상황발생은 중국으로서는 감당하기 어려운 것으로 판단하고 있다(李敦球, 2007).

셋째, 한국과 북한에 대한 영향력 제고는 중국의 한반도전략의 핵심으로 작용하고 있다. 한반도가 남북으로 분단된 후, 더욱 부각된 북한의 지정학적 가치는 중국과 북한의 관계를 강화시키는 기초로 작용하였다. 중국과 북한은 한국전쟁 이후 혈맹관계를 유지하면서, 상호 간 교류를 강화했다. 그러나 중국의 개혁개방정책 실시 이후, 실용주의적인 중국의 입장에서 북한은 여전히 폐쇄적이고 고립되어 있는 존재로 인식되기 시작했고, 한국의 눈부신 경제성장은 북한과는 대조적으로 중국의 관심을 끌기에 충분하였다. 중국의 경제발전 우선전략은 점차 한국과의 경제교류를 심화·발전시켰으며, 이를 바탕으로 정치교류의 확대로까지 이어졌다. 이를 통해 중국은 한국으로부터 경제적, 정치적 이해관계를 가지게 되었고, 한국에 대한 일정한 영향력을 확대하는 데 있어서도 큰 진전을 보았다. 또한 한반도문제의 해결에 있어 당사자들 간의 관계를 중시한다는 입장을 여러 차례 천명함으로서, 한국의 지지를 얻기도 했다. 중국은 외견상 한국과의 수교와 자국 경제발전의 필요성으로 인해 과거 북한과의 전통적 혈맹관계에서 탈피, 일반국가 관계로의 전환을 중심으로 남북한 간 등거리정책을 추진했다. 이는 중국의 대북 영향력 약화를 초래하였고, 중국은 이러한 상황을 극복하기 위한 노력을 전개하였다. 중국이 미국이 주도하는 북한에 대한 제재를 거부하거나, 대북한 무상원조 등 경제적 지원을 통해 북한의 위기상황이 파국으로 치닫는 것을 견제하는 것은 모두 북한에 대한 영향력을 회복시키는 데 일조할 것으로 판단하고 있기 때문이다. 중국은 한국과의 정치경제관계를 진전시키면서 동시에 북한체제의 유지에 도움을 주는 과정에서 남북한 양측에 대한 영향력을 제고하기 위해 한반도문제의 평화적인 해결을 주장하고 있다. 이는 중국의 외교적 위상을 높이는 동시에 북한에 대한 일정한 영향력 유지를 통해 대미, 대일관계의 주도권 장악에 유리하기 때문이다.

넷째, 한반도에서의 평화정착을 위해서는 책임 있는 강대국으로서 자국의 역할을 십분 발휘할 필요성을 제기하고 있다. 중국은 6자회담 진행 과정에서 어디로 튈지 모르는 북한을 협상테이블로 이끌어내는 데 성공함으로써 영향력 있는 중재자로서의 위치를 공고히 했다. 따라서 6자회담의 성공적인 진행은 미국의 주도권을 적절히 견제할 수 있으며, 동시에 자국의 협상력 및 중재자로서의 영향력을 강화시켜 책임 있는 강대국으로서의 지위를 높일 수 있다.

마지막으로 중국은 평화로운 주변 환경조성을 위한 한반도 평화체제 구축에 적극적으로 참여하는 것이다. 중국은 미국의 북한에 대한 위협으로 인한 북한의 안보 우려를 해소하고, 장기적인 평화와 안정을 유지하기 위해서는 평화체제의 확립이 중요한 요소라고 여기고 있다. 또 이 과정에서 자국이 참여할 수 있는 여지를 확대하고, 적극적인 역할을 통해 영향력을 확대하고자 한다. 더불어 한반도 비핵화와 평화체제를 구축해 가는 데 있어 한중일 3국의 긴밀한 협력도 강조하고 있다(人民日報, 2007). 중국의 이러한 입장은 동아시아공동체 수립에 긍정적으로 기여할 수 있지만 다른 한편으로는 미국과 한일 등에서 일부 세력이 중국 주도의 동아시아 신질서 구축에 대한 우려를 제기하고 있다.

3) 일본의 동아시아 구상과 한반도전략[5)]

(1) 일본의 동아시아 구상

최근 일본은 새로운 세계전략과 동아시아 구상을 모색하고 있다. 2009년 민주당이 집권한 후 과거 자민당의 대미 중시 외교에서 벗어나 아시아 중시 외교를 추진하고 있다. 아사히신문사와 도쿄대학의 다니구치(谷口將紀) 연구실의 공동조사에 의하면 민주당과 자민당의 외교전략에는 차이가 뚜렷하게 나타났다. 민주당 정권의 외교정책은 긴밀하고 대등한 미일관계와 함께 아시아에서는 동아시아공동체를 형성하는 균형외교를 하겠다는 것이다. 이는 일본이 초강대국 미국과 중화사상의 중국 사이에서 자립된 일본을 만들어 일본, 미국, 그리고 중국의 3각 관계를 형성하겠다는 의도를 가진다. 이 점에서 민주당의 외교는 자민당 정권과는 다른 발상임에 틀림없다. 자민당 정권시기의 외교는 아시아와의 관계는 다소 불편한 관계에 있더라도 미일관계만 좋으면 큰 문제가 없다는 인식이 강하였다. 그 예로 고이즈미 총리는 야스쿠니문제로 한국과 중국으로부터 정상회담조차 거부당했음에도 불구하고 탄탄한 미일관계를 강조하면서 일본외교는 문제가 없다고 말할 정도였다. 이와 대조적으로 민주당 정권

---

5) 이 부분의 집필자, 진창수(세종연구소 일본연구센터장).

〈그림 9-1〉 일본의 주요 정당의 노선

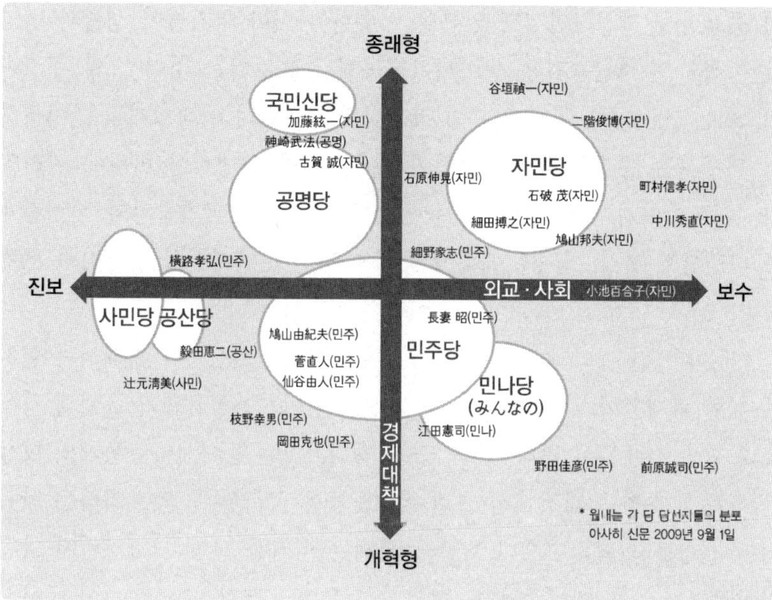

은 아시아와의 관계를 발전시키면서 미일관계에서는 균형을 주장하였으나 최근 들어 이러한 외교정책을 추진하는 데 심각한 어려움을 겪고 있다.

비록 8개월 만에 사퇴하였지만 민주당의 초대 내각을 이끈 하토야마 전 총리의 동아시아 구상은 일본 사회의 새로운 외교 노선을 대표하기 때문에 그의 구상을 분석해 볼 필요가 있다. 그는 〈보이스〉 2009년 9월호에 실린 '나의 정치철학'에서 우애(友愛) 외교를 주창하였다(鳩山由紀夫 2009). 현 시점에서 우애는 글로벌 현대자본주의의 과도함을 바로잡는 '자립과 공생'의 시대정신이라고 했다. 우애의 정신으로 일본 국내에서는 '지역주권국가'를 확립하고, 외교에서는 동아시아공동체를 실현해야 한다고 주장하였다. 현재 국제질서는 미국 1극체제의 종언과 중국의 대두라는 변화과정에 있다고 그는 파악한다. 이 상황에서 일본은 아시아에 위치한 국가라는 정체성을 잊지 말고 우애의 이념에 따라 아시아 국가들과 동아시아공동체를 창설하여야 한다고 주장한다. 미국과의 동맹관계의 중요성을 인정하면서도 일본을 비롯한 아시아 국가들이 생존과 번영을 이룩할 수 있는 것은 동아시아공동체밖에 없다는 것이 그의 주장이다. 이는 1990년대 이후 일본의 장기침체를 극복하고 경제재건을 이룩하기 위해서는 중국과의 경제협력이 필수적이라는 생각이 바탕에 깔려있다. 하토야마가 말하는 동아시아공동체는 아시아 국가들과의 신뢰관계를 바탕으로 통상, 금융, 에너지 등의 다양한 분야에서의 협력이다(榊原英資, 2009).

하토야마 전 총리가 주장한 동아시아공동체를 실현하기 위해서는 실천해야 할 과제들이 많다. 하토야마 자신도 동아시아공동체가 유럽의 경우보다 훨씬 장애물이 많다는 것을 시인했다. 그는 동아시아공동체의 형성을 위해 노력하는 과정에서 그런 장애물들을 극복할 수 있으리라는 낙관적인 전망을 피력하였으나 최근의 사태는 이러한 전망이 지나치게 낙관적이었다는 것을 보여주었다. 하토야마 수상의 조기 퇴진은 그의 동아시아 구상에 치명적인 타격을 주었다. 앞으로 그의 동아시아 구상이 실현되려면 다음과 같은 점들이 우선적으로 해결되어야 한다.

첫째, 동아시아공동체는 포괄적인 개념이기에 총론에서 합의하기 쉬우나, 각론에 들어가게 되면 동상이몽이 될 수밖에 없다. 예를 들면 구성멤버를 어떻게 하느냐를 놓고도 의견이 많다. 미국과의 관계를 어떻게 설정할 것인지에 대한 문제는 차치하고라도 아세안+3(한국, 일본, 중국)만으로 한정할 것인가, 아니면 동아시아 정상회담처럼 거기에 인도, 호주, 그리고 뉴질랜드까지 포함시킬 것인가를 둘러싸고 벌써 중일 간의 주도권 다툼이 치열하다. 둘째, 동아시아공동체 형성의 첫걸음이 신뢰구축이라면 하토야마 전 총리의 '역사를 직시할 용기를 가지고 있다'는 말이 얼마나 실천될 수 있을지가 관건이다. 하토야마는 '무라야마 담화'를 답습할 것을 주장하고, 야스쿠니 신사에 참배하지 않겠다는 것을 확실히 밝혔다. 하토야마의 역사에 대한 확고한 신념은 아시아의 협력에 장애가 되고 있는 역사문제를 극복하는 데 도움이 될 것이다. 그러나 한일정상회담에서 하토야마가 과거사 문제에 대해 '시간이 필요하다'고 말한 것은 일본 국내의 합의를 얻어내기가 그만큼 힘들다는 것을 인정한 셈이다. 이 점에서 과거사에 대한 일보전진을 위해서도 하토야마를 비롯한 민주당 지도자의 리더십이 더욱더 요구되고 있다. 하토야마의 후임으로 취임한 간 나오토 총리는 한일합방 100년을 맞아 발표한 담화에서 사죄와 함께 조선왕실 의궤 등을 반환하고 재 사할린 한국인 지원, 한국인 실종자 유골 반환 지원 등을 약속하였다. 미흡한 점이 있으나 간 나오토 신임 총리가 과거사 문제를 해결하려고 노력하고 있는바, 앞으로 미래지향적인 한일관계가 필요하다.

셋째, 중일 간의 신뢰회복 여부가 관건이다. 중일 간의 현실적인 과제는 동중국해의 가스전 문제가 걸려있다. 2009년 6월의 중일합의에도 불구하고 공동개발을 위한 작업은 진행되지 못하고 있다. 당시 중일회담에서 하토야마 전총리가 '동중국해를 다툼의 바다가 아닌 우애의 바다로 만들고 싶다'고 한 것도 양국 간의 분쟁을 대화로 풀자는 의사표시일 것이다. 그렇지만 말로 해결될 수 있는 사안이 아닌 것은 분명하다. 최근 센카쿠 열도에서 일본 해군이 중국 어선을 나포하여 선원들을 구속시킨 후 선장을 석방시키지 않음에 따라 중국이 대일 무역제제를 가할 만큼 중일 간의 분쟁이 증폭된 사건에서 보듯이 중일 간에 신뢰 구축이 여전히 쉽지 않다는 것을 알 수 있다.

마지막으로 미국의 1극 지배는 더 이상 지속되지 않을 것이라는 전제하에 동아시아공동체 구상을 밝히고 있음에도 불구하고 미국과의 관계가 불투명한 것도 문제이다. 민주당이 집권하던 시기에 미일 간의 주요 현안인 주일미군의 재편과 관련하여 일본 민주당 연립정권의 3당 합의에서는 재검토의 방향으로 임한다고 명기하였다. 그러나 최근 미일 간의 최대 쟁점이었던 후텐마 비행장의 이전문제가 기존의 안대로 결정되었다. 또 미일 지위협정에 관해서도 개정을 해야 한다는 주장이 연립정권 합의에 포함되어 있으나 미일정상회담에서는 구체적인 논의는 뒤로한 채 장기적으로 해결한다는 합의만 하였다. 앞으로 중일 간의 갈등이 심각해지는 상황에서 일본의 민주당 정부가 미일관계를 희생시켜가면서 아시아 중시정책을 추진할 수 있을지가 의문이다.

(2) 동북아의 미래와 한일 관계

이제 동북아의 미래 질서를 전망해 보고, 이러한 질서 속에서 한일관계의 방향을 논의해 보자. 앞으로 예상되는 동아시아의 국제질서는 첫째 미중 관계가 갈등관계로 발전할 것인가 아니면 협력관계로 발전할 것인가, 둘째 중일관계가 협력적인가 갈등적인가에 따라 많은 영향을 받을 가능성이 높다(이상현, 2006). 중국과 미국은 지역적 차원에서 많은 이익을 공유하고 있지만, 양국이 쉽게 합의에 도달하기 어려운 문제들도 존재한다. 북핵문제, 대만 문제, 그리고 에너지문제 등의 사안에서 전략적 이익이 충돌하고 있으며, 동시에 가치, 규범, 그리고 상호인식의 측면에서도 양국이 갈등할 수 있는 요인이 존재한다. 또한 중일관계에서는 경제적인 상호의존이 확대되어 양국 간의 협력이 심화될 가능성이 높지만, 안보문제에서는 중국의 부상에 대한 일본의 군비확장, 대만 문제에 대한 중국의 세력 확대가 급격히 진행될 경우 일본과의 관계는 갈등으로 치달을 가능성이 높다. 또 최근 사태에서 보는 것처럼 센카쿠 열도 등을 둘러싼 영토분쟁이 언제든지 양국관계를 악화시킬 수 있다.

앞으로 동아시아 국제질서에서 예상되는 시나리오는 대체적으로 네 가지로 볼 수 있다(〈표 9-2〉 참조). 과연 이러한 시나리오 중 한일관계의 가장 바람직한 시나리오는 무엇일까? 우선 한국이 가장 어려운 선택에 처하게 될 경우는 네 번째 시나리오인 배타적인 미일동맹의 경우이다. 이 경우에 한국은 중국과 미일동맹 사이에서 선택을 강요당할 가능성이 높으며, 한국이 자율적으로 외교를 펼쳐가기에는 상당한 어려움에 처할 가능성이 높다. 반면 일본이 가장 싫어하는 시나리오는 두 번째 시나리

〈표 9-2〉 미중관계와 중일관계의 장래

		미중관계	
		협 력	갈 등
중일 관계	협력	1. 중국의 대미편승 포괄적인 다자주의	3. 동아시아공동체 지향 제한적인 다자주의
	갈등	2. 미국의 균형전략	4. 배타적인 미일동맹

오다. 이러한 미국의 균형전략시나리오는 미국이 중국에 대해 포용정책을 취하면서, 중국도 미국에 대해 개방적이고 유화적인 조치를 취하는 경우이다. 이에 비해 중국과 일본의 관계는 갈등적인 양상으로 나타날 것이다. 이 시나리오는 현재처럼 중국과 일본이 영토문제, 역사문제 등으로 갈등하는 것을 전제하고 있다. 이 경우 한국은 미국과의 관계를 돈독히 하면서 이를 바탕으로 일본과 중국 사이에서 일정 정도의 조정자 역할을 수행할 수도 있다. 이 시나리오대로 잘 진행된다면 한국은 중국과의 관계에서도 폭넓은 관계를 유지할 수 있으며, 한일관계에서도 한국과 미국의 우호적인 관계를 중심으로 기본적으로 협력관계를 유지할 수 있다. 그렇지만 미국과의 관계에서 과연 한국이 소 균형자의 역할을 제대로 수행할 수 있을지는 의문이며, 중국과 일본이 이를 묵인해 줄지도 의문이다(진창수, 2007).

이에 비해 일본 보수세력이 선호하는 시나리오는 네 번째 배타주의 시나리오일 것이다. 이 시나리오는 미국과 중국이 경쟁을 통해 대결구도를 형성하는 한편 중국과 일본도 서로를 경쟁상대로 인식할 경우, 미국은 신뢰성이 강한 일본에 힘을 실어줌으로써 중국을 배제하는 형태의 동맹구조가 이루어질 수 있다. 일본은 중국의 부상을 위협으로 인식하는 한편, 과거사 반성 및 야스쿠니 신사참배 중지 등 중국의 요구를 부당한 것으로 생각하여 받아들이지 않고 상호 간의 경쟁이 심화되는 상태이다. 따라서 현 상태의 동북아 국제정세는 이 시나리오에 가장 가깝다고 할 수 있다. 실제로 미국은 미일동맹을 강화하는 대신 중국을 포괄하는 안보협력관계에는 인색하다. 현재의 경쟁이 향후에도 지속된다면 미국과 일본은 안보협력을 강화하고 중국을 배제하는 대결형 구도가 될 것이다. 그렇지만 한국이 일본의 편인가 중국의 편인가 하는 편가르기 식의 사고방식도 구태의연하기 짝이 없다. 일본은 한국이 미국과 일본의 편에 서서 중국을 견제할 때 힘이 되어주길 바랄지 모른다. 하지만, 한국은 경제적으로 성장하고 북한에 대한 영향력을 가진 중국을 경시할 수 없다. 일본도 중국에 대한 대항전선 구축만으로 동아시아 외교를 구사할 수는 없다. 따라서 외부의 적에 대해 방어적으로 공동전선을 펴는 방식의 한일협력은 오래 지속될 수 없다.

한편 세 번째 시나리오는 현실적이지 않다. 일본의 정치적 변화에 따라서는 가능하지만 미국이 강하게 반발할 가능성이 높아 동아시아에서 우여곡절이 있을 수 있다. 이 점에서 한일 양국의 가장 바람직한 시나리오는 첫 번째 시나리오인 포괄적 다자주의가 될 것이다. 미국은 대중 협력노선을 통해 동아시아공동체를 형성해야 하며, 일본은 중국을 적극적인 동반자로 인식해야 할 것이다. 한국에게는 가장 이상적이지만, 일본도 동아시아공동체를 형성하면서 적극적인 평화를 유지한다는 점에서 나쁘지 않은 시나리오이다. 따라서 한일 양국이 첫 번째 시나리오 속에서 지향해야 할 공동의 목표는 자국의 평화와 번영을 확보하면서도 상대국의 평화와 번영과도 연계되는 '공생공영의 동아시아공동체'이다. 한마디로, 한국과 일본은 민주적이고, 평화로운 공동 번영체 창출(*democratic, peaceful and prosperous community building*)을 위해 적극적으로 파트너십을 형성해나가야 한다(진창수, 2006).

그렇다면 첫 번째 시나리오에서 한일협력은 어떠한 의미를 가지게 될 것인가? 자민당 시절의 한일협력은 경제적인 지원과 협력이 중요한 부분을 차지하였다. 앞으로 한일협력은 국제적 질서를 만들어가는 역할이 더욱더 중요해질 수 있다. 첫째, 한일 양국은 미국에 대해서도 일정한 협상력을 가짐으로써 새로운 동아시아질서를 수립하는 데 공헌할 수 있다. 포괄적인 다자주의 질서 속에서는 한국과 일본에게 미국과 같은 대등한 권력정치가 주어진다고는 할 수 없다. 하지만 첫 번째 시나리오에서 한국과 일본이 국제질서에서의 자립전략이 불가능한 것은 아니다. 한일 양국은 국제정치에서 대국과 같은 단독전략을 가질 수 없지만, 미국에 대해 공동 대응을 하는 경우 가능하다. 미국과의 균형을 유지하는 것이 쉽지만은 않기 때문에 한일 양국은 일상적인 외교에서 공통된 인식으로 '미국문제'를 논의하고, 경우에 따라서는 공동으로 미국에게 조언할 수 있는 자세가 양국에게 이익을 가져다줄 것이다. 한일 양국의 공동 목표 및 전략은 미국을 포괄할 수 있는 것이어야 하지만 미국의 질서에 일방적으로 함몰되는 방식보다 이슈를 중심으로 한 유연한 협력방식일 필요가 있다. 아세안 국가들이 강대국에 대해 공동의 목소리를 내는 모습에서 교훈을 얻어야 한다. 따라서 미국외교가 부당한 대중(對中) 정책을 취할 때 한일 양국은 전략적 협력 관계를 형성하여 미국을 설득할 수 있어야 할 것이다(添谷芳秀, 2005).

둘째, 중국과의 관계에서도 한일협력이 중요한 전략적 의미를 가진다. 한일 간의 전략적인 공조가 포괄적인 다자주의의 유지와 미중관계의 갈등관리에 매우 중요하다. 앞으로 중국은 경제성장과 더불어 내셔널리즘이 점차 강화될 것이며, 이때 한일협력은 새로운 동아시아질서를 수립하는 데 필수적이다. 만약 현재의 추세대로 중국이 계속 성장하게 된다면 세계적으로 에너지문제에 대한 심각한 갈등이 유발될 가능성이 높다. 이 점에서 자원이 부족한 한일이 협력하여야 할 부분이 많을 수밖에 없다. 안보 이외의 경제적인 측면에서도 한일의 전략적 협력은 중요한 의미를 지닐 것이다. 현재 한국은 중국과의 관계에서 무역흑자를 보고 있지만, 몇 년 내에 한국의 대중 경쟁력은 약화될 가능성이 높다. 중국은 아직도 공산주의 체제를 유지하고 있기 때문에 시장경제를 활성화시키기에는 많은 제약이 따를 수밖에 없다. 따라서 한국의 안정적인 경제파트너로서 중국의 앞날은 아직 불투명하다. 또 한중 간 무역에서도 앞으로 제조업 분야의 값싼 중국인 노동력으로 인해 가격경쟁력 측면에서 한국의 경쟁력은 약화될 수밖에 없다. 결국 한국은 첨단기술을 개발하고 발전시켜야만 중국 시장을 확대시킬 수 있을 것이다. 이 점에서 일본과의 경제협력은 중요한 의미를 지니고 있으며, 앞으로 일본과의 경제협력은 한국의 시장 확대와 경제성장과 연관되어 중요한 의미를 지닐 것이다. 또한 이러한 안보와 경제부분 이외에도 시민사회의 교류를 통한 협력도 중요한 전략적인 가치를 가질 것이다. 한일 교류는 앞으로도 점차 발전되어 한중일 경제협력과 시민공동체를 만들어 갈 기반을 제공해 줄 가능성이 높다.

셋째, 국제질서를 어떻게 만들어 갈지 논의하고 이를 실현하는 데 한일협력의 시너지 효과는 높다. 예를 들면 북한문제를 고려하더라도 경제적 지원에 있어서 일본의 역할은 필수적이다. 따라서 북한문제를 해결하기 위한 국제 공조에서 한미일 공조는 중요한 의미를 지니고 있다. 중국을 압박하거나 설득하는 데 일본과의 공조는 무엇보다도 중요하다. 또한 환경문제나 에너지문제에서 한일협력은 그 어느 국가보다 실현가능한 질서를 만들 가능성이 높다. 예를 들면 태양전지나 연료전지 분야에서 한일의 기술력과 연구 성과는 세계적인 수준에 있다. 그렇지만, 한일 양국의 기술력과 연구 성과를 묶어줄 제도적인 기반이 마련되어 있지 않아 국제사회에서 양국의 파워는 적을 수밖에 없다. 이 점에서 분야별, 기능별 수준에서 한일 양국의 협력은 국제사회에서 많은 역할을 할 수 있을 뿐만 아니라, 한일 양국의 국익에도 많은 도움을 줄 것이라고 본다.

앞으로 한일 양국이 공동의 미래를 설계하여 국제질서에서 협력을 강화시키기 위해서는 한일협력이 쌍방의 국가이익을 극대화시키는 전략이라는 인식의 전환이 필요하다. 이 점에서 양국이 공유한 부분을 넓히고 심화시켜가는 동시에, 공동의 이익과 목표를 확대해 가는 노력 없이는 포괄적 협력관계의 구축은 어렵다. 포괄적 협력관계를 통한 한일 양국의 공동이익 창출은 양국의 공동번영과 동반자적 평화질서가 기반을 이루는 적극적 평화여야 하며, 단순히 양국관계 및 지역질서에 한정되지 않고 국제사회에서의 존재감 강화와 소프트파워 향상을 위한 적극적 연계로 이어져야 할 것이다. 한일양국은 민주주의와 시장경제라는 공통된 기반을 가지고 있으며, 시민사회 간의 연계를 통한 장기적인 안정화 세력의 존재 등으로 인해 협력의 잠재력이 아시아에서 어느 국가보다 높다고 할 수 있다. 그러나 한일 간 협력관계는 양자 간의 역학 속에서 정체되어 있어 동아시아 지역공동체의 차원으로 승화·발전시키지 못하고 있는 것이 현실이다.

한일 공동미래의 설계를 위해서는 양국의 공통점과 공동이익에 대한 확실한 의지를 가진 인식공동체(*epistemic community*)의 창출이 선행되어야 한다(박철희, 2006). 양국의 미래를 공동설계할 수 있는 지적, 이념적, 철학적 비전의 공유를 선도하고 이를 전파할 수 있는 '한일협력의 비전'을 형성시켜야 할 것이다. 이런 인식과 아이디어의 공유와 더불어 한일 양국은 공동의 이익(*common interests*)을 창출하기 위한 제도적 노력을 배가시킬 필요가 있으며, 이를 위해서는 양국 정치지도자들의 정치적 의지의 교환과 결단이 무엇보다도 중요하다. 현재 간헐적으로 이루어지고 있는 한일 정상 간 '셔틀외교'가 명실상부한 형태로 협력의 장으로 거듭나야 한다. 한일 정상들은 셔틀외교를 할 때마다 선언이나 과거사에 대한 부담을 느끼는 경우가 많다. 앞으로 한일정상회담은 국제질서를 만들어 가는 전략적 대화로서 자리 잡아야 하며, 한일 간의 미래전략이 정치적 힘을 가지는 장이 되어야 한다. 한일 양국이 동아시아질서를 구축함에 있어 어떠한 전략적 이점이 있으며, 이것이 동아시아질서에 어떠한 영향을 가져올 것인가에 대한 전략적 사고가 필요하다.

4) 한국의 동아시아 전략과 한반도 정책

1980년 말 냉전의 종식과 함께 민주화가 진전되면서 한국은 급격한 국제정세의 변화에 효과적으로 대응하고 국내의 다양한 요구를 수용하기 위해 새로운 외교전략과 통일방안을 모색하면서 동아시아의 새로운 대안적 질서를 찾기 위해 노력하였다. 더욱이 북한의 핵무기개발, 중국의 부상과 일본의 보수화 등으로 인한 정치·경제적 갈등, 세계화와 정보화의 급속한 진전, 동아시아 외환위기, 최근 미국발 금융위기 등을 경험하면서 동아시아 지역에 새로운 지역협력체의 필요성을 절감했다. 이러한 변화에 적응하기 위해 한국 정부와 시민사회는 다양한 분석과 처방을 제시했다. 특히 한국의 동아시아 지역에 대한 인식, 동아시아 구상, 그리고 한반도통일전략은 국내외 정치경제상황의 급격한 변화에 따라 진화되어 나오고 있다.

(1) 한국의 동아시아 인식의 변화

한국의 동아시아 지역에 대한 인식은 고정되어 있는 것이 아니라 꾸준히 진화되어 나오고 있다. 한국인들의 동아시아에 대한 인식은 단순한 지리적 경계를 넘어 정치, 경제, 사회문화적인 상호작용 아래 끊임없이 재창조되고 새롭게 정의된다. 제 2차 세계대전 이후 한국은 이 지역을 지칭하거나 포괄하는 용어로 아시아, 동양, 동아시아, 극동, 동북아시아, 태평양, 아시아-태평양, 환태평양, 태평양 연안 등을 주로 사용하였다. 이 중에서 가장 보편적으로 사용된 아시아태평양, 동북아, 동아시아라는 3가지 용어의 역사적 전개과정을 살펴보면 한국의 동아시아에 대한 인식이 어떻게 변화되어 나오고 있는지를 알 수 있다.

1980년대까지 한국에서 가장 많이 사용한 지역 개념은 아시아태평양이었으나 1990년대 이후 국내외 정치·경제적 상황의 변화에 따라 동북아, 또는 동아시아가 폭넓게 사용되기 시작하면서 지역개념은 분화, 다양화되고, 어떤 의미에서는 상호 경쟁적 상황에 놓이게 되었다. 냉전시기에 한국의 지역 개념을 지배하였던 아시아태평양은 1989년 APEC 출범이후에도 계속 사용되었으나 1997년 아시아 경제위기 이후 사용빈도가 점차 줄어들었다. 이승만 대통령의 태평양 동맹(Pacific Union) 제안, 박정희 대통령의 아시아태평양이사회 회의(ASPAC: Asia Pacific Council), 전두환 대통령의 태평양 정상회담(Pacific Summit) 제안 등이 대표적인 사례다. 1989년 노태우 정부가 일본과 호주가 주도하는 APEC에 적극적으로 참여하였고, 김영삼 정부에서는 APEC 외에 지구적 차원의 OECD, 그리고 새로운 지역협력기구인 ARF, ASEM 등에 참여하는 등 다양한 행보를 보였다. 그런데 아시아경제위기를 겪으면서 APEC이 별다른 도움이 되지 않았기 때문에 APEC에 대한 관심이 줄어들기 시작하였다.

냉전종식과 더불어 동북아에 대한 관심이 높아졌다. 그 이유는 노태우 정부가 북방정책을 추진하고, 북한의 핵문제가 첨예한 외교안보적 과제로 등장함에 따라 남북한을 포함한 미국, 일본, 소련, 중국 등의 협조가 필요했기 때문이다. 1988년 노태우대통령이 유엔총회에서 6개국이 참여하는 동북아평화협의체를 제안하고, 김영삼 정부가 한반도 평화체제 수립을 위해 4자회담을 제안함으로서 동북아에 대한 관심이 높아졌다. 그리하여 기존의 아시아태평양은 경제영역에 치중하고, 동북아는 외교안보적 차원의 문제해결을 위한 것으로 비쳤다. 특히 노무현 정부가 동북아중심국가, 동북아 경제중심국가, 동북아시대 등을 제창하면서 동북아에 대한 관심이 고조되었으나 별다른 성과를 얻지 못한 결과 최근 들어 논의가 줄어들었다.

동아시아라는 지역개념은 한국에서 역사가 가장 오래되고 포괄적으로 사용되었다. 동양을 대체한 일본의 동아(東亞)로부터 시작된 동아시아는 대동아 공영권의 나쁜 기억 때문에 냉전시기에 아시아태평양에게 자리를 내주었으나 1990년대 이후 다음과 같은 3가지 차원에서 관심을 끌게 되었다.

첫째, 경제발전유형으로서 동아시아다. 1970년대 말 서구 언론에 의해 동아시아의 경제발전논의가 점화되기 시작하여, 1980년대 일본이 미국에 필적할 만한 경제 강국으로 부상하고 한국, 대만, 홍콩, 싱가포르가 아시아의 네 마리 용으로 불리며 중남미를 비롯한 다른 지역에 비해 높은 경제성장을 이룩하자 그 비결에 대한 관심이 높아졌다. 동아시아발전론, 유교자본주의론, 아시아적 가치론 등이 제기되었다. 이러한 개념에는 동아시아에 동남아를 포함시키는 경향이 있었다. 그런데 1997년 동아시아 외환위기 이후 동아시아 발전론이 흔들리고 동아시아 경제발전을 비판하는 도덕적 해이, 정실자본주의론이 등장하였다.

둘째, 대안으로서의 동아시아다. 서구자본주의와 그 대안으로 자처한 소련식 사회주의, 양자 모두를 비판하면서 동아시아의 전통을 바탕으로 제 3의 선택을 모색하는 대안으로 동아시아론이 제기되었다. 주로 인문학자들을 중심으로 제기된 동아시아론은 동아시아를 한중일 3국, 즉 전통적인 동양 3국을 토대로 가변적이고 유동적인 범위로 상정하고 있다. 대안으로서 동아시아론을 주장하는 학자들은 동북아, 동남아 등은 국민국가중심의 지리적 경계에 불과하기 때문에 앞으로 동아시아의 정체성을 확립하려는 주체들이 규정해나가는 것이 바람직하다는 입장이다.

셋째, 공동체로서의 동아시아이다. 아시아경제위기를 계기로 활성화된 ASEAN+3 중심의 협력메커니즘을 포괄하는 동아시아를 주로 의미한다. 처음에 말레이시아의 마하티르 총리가 1990년대 초반에 아시아 국가만의 경제협력체로 EAEG/EAEC를 제안하여 ASEAN 6개국과 한국, 일본, 대만, 홍콩 등을 구성원으로 포함시켰으나 이후 ASEAN의 팽창과 함께 ASEAN 10개국과 한국, 중국, 일본을 포함한 13개국으로 결국 동남아와 동북아를 결합한 지역범주를 상정하게 되었다. ASEAN+3을 토대로 하는 정부차원의 지역협력 프로젝트가 1997년 출범이후 빠른 속도로 발전되어 2005년에는 동아시아정상회의(EAS: East Asian Summit)를 개최하게 되었다. 그런데 2010년 7월에 개최된 제 17차 아세안안보포럼

(ARF: ASEAN Regional Forum)과 제 43차 아세안외무장관 및 확대외무장관회의(AMM/PMC: ASEAN Ministerial Meeting/Post Ministerial Conference)에서 미국과 러시아의 동아시아정상회의(EAS) 가입이 논의된 결과 2010년 10월말에 개최되는 제 17차 아세안정상회의에서 이에 관한 결정을 내리기로 하였다. 이로써 미국의 EAS 가입이 거의 기정사실화됨에 따라 EAS는 아세안+3에 미국, 러시아, 인도, 호주, 뉴질랜드 5개국을 합해 모두 18개국으로 늘어났다. ASEAN+3 체제는 중국이 중심이 될 수밖에 없다고 생각한 일본이 중국을 견제하기 위해 인도, 호주, 뉴질랜드에 이어 미국을 끌어들이게 된 것이 그 배경이다. 미국을 비롯한 역외 국가들이 EAS에 참여함으로써 긍정적인 효과가 있지만 동아시아정체성에 혼란이 생기고 특히 ASEAN+3의 역할이 축소되고, 또 ARF처럼 논의만 무성하고 구체적인 성과를 얻지 못할 우려가 생기게 되었다(신윤환, 2010; 이재현, 2010).

(2) 한국의 동아시아 전략의 변화

민주화 이후 한국의 동아시아 전략을 분석해 보면 국내외 정치·경제적인 상황에 따라 변화를 거듭한 결과 일관성이 부족하였다. 노태우 대통령은 아시아태평양경제협력기구(APEC)에 적극적으로 참여하는 한편 1988년에는 유엔총회 연설을 통해 남북한을 포함한 미국, 소련, 중국, 일본 6자로 구성되는 "동북아평화협의체"를 제안하였다. 전자의 경우 1990년대 후반까지 매우 활발하게 활동하였으나 여러 가지 이유 때문에 아시아 외환위기 이후에는 크게 약화되었다. 후자의 경우 당시에는 별다른 관심을 끌지 못했으나 2000년대 초반에 북한의 2차 핵위기 이후 중국의 주도 아래 부시 행정부가 북핵문제를 비롯한 한반도문제를 해결하기 위한 방편으로 6자회담을 주선하였다. 그러나 오바마 행정부 출범이후 2009년 북한의 2차 핵실험, 천안함 사건 등으로 인해 6자회담이 중단된 상태다. 먼저 APEC의 흥망성쇠를 보면 동아시아공동체 건설노력이 얼마나 힘든 작업인가를 알 수 있다. 오랫동안 아시아태평양 지역협력기구 창설을 위해 노력해 온 호주와 일본이 APEC을 탄생시키는 과정에 한국이 적극적으로 동조하였다. 1989년 호주의 호크 총리가 서울에서 노태우 대통령에게 APEC 창설을 최초로 제안하였을 때 이를 전폭적으로 지지하였다. 한미동맹을 중시하는 한국이 미국이 참여하지 않은 APEC 창설을 지지한 것은 당시로서는 매우 예외적인 것이었다. 더욱이 한국은 제3차 APEC 서울총회에서 적극적인 외교로 대만, 홍콩, 중국을 가입시키는 데 성공하여 APEC이 세계적인 관심 속에 제도화되는 데 공헌하였다. 김영삼 정부가 출범한 직후인 1993년부터 정상회담으로 확대된 APEC에 참여하였으나 1990년대 중반 이후 APEC은 여러 가지 이유에서 약화되었다. 지나치게 많은 회원국, 목적과 수단에 대한 합의의 부재, 추진력의 부재 등이 그 이유였다. 특히 1993년 뒤늦게 APEC에 참여한 미국이 APEC을 지역협력체 대신 무역자유화 추진기구로 변질시켰다. 이 과정에서 미일 간의 갈등이 해결되지 않아 APEC은 약화되기 시작하였다. 이후 아시아 경제위기를 겪으면서 APEC이 회원국의 외환위기에 아무런 도움이 되지 않음으로써 존재의미가 크게 약화되었다. 매년 정상회담이 개최되지만 동티모르 문제나 국제 테러리즘, 북한 핵문제 등을 비롯한 역내 문제에 대해 아무런 효과적인 대응방안을 내놓지 못하는 바람에 APEC의 효용성에 대한 회의적인 태도가 증가하게 되었다. 올해에도 G20 서울총회 직후에 일본에서 APEC 정상회의가 개최될 예정인데, G20에 비해 관심이 훨씬 적은 편이다.

1993년 출범한 김영삼 정부는 국제화, 세계화정책에 따라 경제개발협력기구(OECD)에 가입하는 등 지구적 차원의 기구에 관심이 많았으나 APEC에 계속 참여하였고, 또 1994년 ARF, 1996년 ASEM에 참가하는 등 다양한 지역협력기구에 지속적으로 참여하였다. 한편 1998년 출범한 김대중 정부는 외환위기 재발방지를 위한 지역협력기구의 역할을 APEC보다 동아시아지역 개념에 입각한 ASEAN+3을 통해 추구하였다. 후자에 대한 기대가 높았던 이유는 1997년 동아시아 경제위기를 맞아 세계경제 속에서 동남아와 동북아가 살아남기 위해서는 서로 연대해야 한다는 운명공동체적 공감대가 형성된 데 있다. 그리하여 ASEAN+3를 토대로 한 정부 차원의 지역협력 프로젝트가 1997년 출범 이후 10여년의 짧은 기간에 지금까지 동아시아 지역에서 제안되고 시도되었던 어떤 형태의 지역협력 프로젝트보다 빠른 속도로 제도화되어 2005년에는 동아시아 정상회의(EAS)를 개최하고 있다. 김대중 정부 전반기에는 동아시아 비전그룹이나 동아시아 스터디그룹의 설치를 제안하는 등 주도적인 역할을 하였다. 그런데 김대중 정부 후반기에는 경제위기가 완화되고 국내정치상황이 악화되어 동아시아 협력을 본격적으로 추진하지 못하였다.

이러한 배경에는 다음과 같은 요인들이 작용하였다. 첫째, 당시에는 아직도 동아시아 개념이 생소하였다. 특히 한미동맹을 강조해 온 한국의 입장에서 미국이 빠진 동아시아지역주의 프로젝트에 참여하는 것이 부담스러웠다. 둘째, ASEAN+3는 한국외교의 핵심과제인 북한이 빠져 있었다. 당시 김대중 정부는 2000년 남북정상회담 이후 대북 관계개선에 집중한 결과 동아시아 협력을 상대적으로 소홀히 하였다. 셋째, ASEAN+3 등이 여전히 동남아중심이라고 이해되었다. 한국 정부는 북한, 중국 등에 대한 관심이 상대적으로 높기 때문에 동북아에 우선순위가 있었다.

이러한 상황 아래 출범한 노무현 정부는 '평화와 번영의 동북아시대 구상'을 발표하였다. 이 구상은 종래 외교안보영역의 주요 관심사였던 동북아를 경제영역으로 확대하였다. 처음에는 동북아 구상이 금융과 물류허브 구축, 외국인투자 유치, 에너지 및 철도 분야의 협력을 중심으로 시작하였으나 정부 출범 후 1년여 동안 중장기 국가전략, 한반도 및 동북아지역 평화구축 등 외교안보영역까지 포괄하는 구상으로 확대되었다. 이 구상의 목표는 한국이 주도하여 동북아 역내 협력과 통합을 제도화하여 신뢰·호혜·상생의 지역공동체를 건설함으로써 평화와 번영의 동북아시대를 실현시켜나가는 것이었다. 여기서 평화란 한반도 평화체제 구축,

주변 4국과의 협력외교 강화, 다자 간 안보협력 증진 등 3가지 과제로 구성되었다. 하지만 이 구상은 구체적인 비전, 주체적 역량, 실현 가능성 등에 대한 체계적인 고려와 준비 없이 시작된 사실상 정치적 구호를 넘지 못하는 것으로 비판을 받았다.

2008년 출범한 이명박 정부는 기본적으로 한미동맹을 비롯한 양자관계를 중시하는 가운데, 글로벌 금융위기 극복을 위한 G20 정상회의에 적극적으로 참여하는 바람에 동아시아 협력에 대한 관심이 상대적으로 적은 편이다. 그럼에도 불구하고 기존의 APEC, ARF, ASEAN+3. EAS, ASEM 외에 새로이 2008년부터 한중일 정상회담을 정기적으로 개최하여 동북아 3국의 협력을 강화하고 있다. 2008년 가을 미국발 금융위기 극복을 위해 부시 행정부가 워싱턴 D.C.에서 개최한 G20 정상회의에 한국이 적극적으로 참여하여 재정확대를 통한 경기부양, 보호무역주의 방지 등에 합의하였다. 이어 오바마 행정부도 G20 정상회의를 2009년 봄과 가을에 각각 영국 런던과 미국 피츠버그에서 개최한 후 2010년 6월에는 캐나다 토론토에서 개최하여 국제공조를 통한 글로벌 금융위기 극복에 성공하였다. 올해 11월에는 한국에서 G20 정상회의를 개최하기로 결정함으로써 이번 서울회의에서는 글로벌 금융위기 극복과 관련된 정책공조 외에 글로벌 금융안전망 구축을 비롯한 세계경제의 중장기적 과제에 대해서도 논의할 예정이다.

이명박 행정부가 글로벌 금융위기 극복을 위해 G20를 중시하는 가운데 한중일 정상회의를 개최하여 3국 간의 협력을 강화했다. 2008년 12월 일본 후쿠오카에서 처음으로 3국 정상회담이 독자적으로 개최되어 동북아 평화, 공동번영, 그리고 금융위기 극복에 합심하기로 합의하였다. 특히 한일, 한중 간의 통화 스와프 금액을 증액함으로써 구체적인 성과를 올렸다. 제 2차 정상회담이 중국 베이징에서 개최되어 한중일 협력 10주년 공동성명과 함께 한중일 지속가능 개발을 위한 공동성명을 채택하였다. 이어 2010년 6월 한국의 제주도에서 개최된 제 3차 정상회담에서는 3국 간의 과학기술 혁신강화 공동성명을 채택하고, 기존의 3국 간의 과학기술 협력사업을 통일적으로 추진해나가기로 합의하였다. 이처럼 이명박 행정부는 동아시아 협력을 위한 한중일 정상회담을 제도화하려고 노력했다.

이제 민주화 이후 한국정부의 동아시아지역주의 전략을 평가해 보면 첫째, 처음에는 다른 지역의 지역주의화에 대응하는 소극적 차원이었으나 1997년 아시아 외환위기 이후 더욱 적극적인 대응으로 변모하였다. 둘째, 국내외 정치·경제적 상황에 따라 한국정부의 동아시아지역주의 전략이 변화함에 따라 일관성이 부족하였다. 노태우 정부는 APEC 설립에 적극적으로 참여하였고, 김영삼 정부는 OECD 가입을 추진하면서 ARF와 ASEM에 소극적으로 참여하였고, 김대중 정부는 ASEAN+3를 중심으로 동아시아 비전그룹과 스터디그룹 등에 주력하였고, 노무현 정부는 동북아시대 구상과 함께 6자회담에 전력하였고, 이명박 정부는 G20를 중시하는 가운데 한중일 정상회담에 높은 관심을 기울였다. 이렇게 역대 정부의 동아시아지역주의 전략은 변화무쌍하였다. 마지막으로 지적할 점은 동아시아에 대한 관심이 아시아태평양에서 동아시아를 거쳐 최근에는 동북아를 중시하는 방향으로 진화하고 있다는 것이다.

(3) 한국의 새로운 한반도전략 수립을 위한 고려사항

이제 세계화, 정보화, 민주화라는 문명사적 전환기를 맞아 우리의 한반도전략도 시대상황에 맞게 수정·보완되어야 한다. 한국이 변화하는 세계질서와 동아시아 국제경제상황에 적합한 새로운 한반도전략을 수립하는 데 있어서 ① 북한의 장래에 대한 불확실성, ② 대북 포용과 제재정책의 한계, ③ 북한 핵문제, ④ 한미관계와 한중관계 등 4가지 점을 고려해야 한다.

① 북한의 장래에 대한 불확실성

북한의 장래를 정확하게 예측할 수 없기 때문에 한반도전략은 매우 유연하게 만들어져야 한다. 냉전종식 이후 북한의 붕괴가능성이 높다는 주장이 여러 차례 제기되었으나 아직도 북한은 건재하다. 특히 1994년 김일성 주석의 사망 직후 북한체제의 붕괴가능성을 높게 평가하였다. 즉 절대적인 독재자의 사망이 권력투쟁을 유발할 가능성이 높고, 이러한 권력투쟁이 결국 체제 붕괴로 이어질 가능성이 높다고 보았다. 심지어 미국은 1994년 북미 간의 제네바 합의에서 너무 많은 양보를 했다는 비판에 대해 북한이 곧 붕괴할 것이므로 이러한 양보의 대가를 모두 치르지 않아도 될 것이라는 주장까지 나왔다. 그런데 김일성 사망 후 16년이 지났으나 아직도 북한체제는 건재하다. 최근 김정일 위원장의 건강이 악화됨에 따라 다시 북한 붕괴가능성에 대한 논의가 많아지고 있다. 28세라는 어린 나이에 후계자로 예상되는 그의 아들 김정은이 과연 북한체제를 유지할 수 있을 것인가에 대한 의문이 강력히 제기되고 있다. 더욱이 만성 식량난으로 인해 수백만 명의 아사자가 생기는 상황에서 북한체제가 오래갈 수 있을 것인지에 대한 회의가 많아지고 있다.

그러나 김일성 사망 직후에도 북한은 식량난으로 인해 수백만 명의 아사자가 발생하였으나 아직도 북한체제는 붕괴되지 않고 있다. 북한이 여전히 체제를 유지할 수 있는 비결은 무엇인가? 북한체제의 폐쇄성으로 인해 우리들이 접하는 북한의 내부 사정은 매우 피상적이어서 정확한 판단을 내리기 어렵다. 북한은 과연 붕괴할 것인가, 언제 붕괴할 것인가에 따라 대북정책이나 한반도통일전략은 다르고, 분명히 달라져야 한다. 북한이 쉽게 붕괴하지 않을 것이라는 판단 아래 수립한 대북정책과 북한이 곧 붕괴할 것이라는 판단 아래 수립한 대북정책은 엄청난 차이가 있다. 이러한 딜레마를 해결하는 방편으로 전문가들은 일방적으로 유연한 대북정책을 주장하거나, 또는 북한의 장래에 대한 다양한 시나리오를 염두에 둔 대북정책이 필요하다고 강조한다. 그런데 북한의 붕괴를 전제로 대북정책을 수립하는 것은 통일정책으로 간주하고, 북한체제의 유지를 전제로 하는 정책은 대북정책으로 이원화되어야 한다. 북한체제의 붕괴가능성이 거의 희박한 상황에서 흡수통일을 전제로 한 대북정책을 추진하는 경우 정책의 효과를 기대하기 어렵다.

② 대북 포용정책과 제재정책의 한계

과거 냉전시기에는 우리의 대북정책은 기본적으로 견제(*containment*) 내지 봉쇄였으나 1987년 민주화 이후 한국정부의 대북정책은 포용과 제재 사이를 오고 가는 경향을 보여 주고 있다. 그런데 우리 정부의 대북 포용정책이나 제재정책이 소기의 성과를 올렸다고 볼 수 없다. 다시 말해 포용정책도 북한을 변화시키지 못했고, 제재정책도 북한의 행동을 바꾸지 못하고 있다. 왜 이런 결과를 초래하였나?

먼저 포용정책을 평가해 보면 북한체제 자체가 개혁과 개방을 추진할 의사가 없기 때문에 우리의 대북 포용정책은 효과를 거두기 어렵다. 특히 북한에서 중국의 덩샤오핑이나 베트남의 보 반 키에트와 같은 개혁 리더십이 나오기 전에는 본격적인 개혁과 개방을 추진할 것으로 기대할 수 없기 때문에 대북 포용정책은 한계를 가지고 있다. 한편 대북 제재정책을 평가해 보면 주로 2가지 이유에서 성과를 거두지 못하고 있다. 첫째, 북한의 대외 의존도가 매우 낮고, 또 북한 사회가 폐쇄적이기 때문에 외부의 압력이나 제재에 견디는 힘이 다른 나라에 비해 강하므로 대북 제재정책의 효과가 크지 않다. 둘째, 대북 제재정책이 효과를 거두기 위해서는 국제사회의 공조가 절대적으로 필요한데 중국의 경우 거의 언제나 대북 제재에 동참하지 않고 오히려 대북 지원을 통해 자국의 영향력을 높이고 있다.

이처럼 대북 포용정책이나 제제정책의 한계를 인식한 일부 전문가들은 제 3의 정책대안으로 "선의의 무시"(*benign neglect*) 전략을 주장한다. 즉 북한이 중국이나 베트남처럼 스스로 변할 때까지 우리들이 기다리는 전략이 가장 유효하다는 것이다. 그 이유는 북한이 변하기 전에는 아무리 훌륭한 대북정책이더라도 북한이 받아들이지 않기 때문에 성과를 거둘 수 없다는 것이다. 그런데 3가지 이유 때문에 선의의 무시 전략이나 전략적 인내(*strategic patience*) 정책이 지속적으로 유지되지 못하는 경향이 있다. 첫째, 북한이 미국이나 한국의 관심을 끌기 위해 군사적 도발을 감행하기 때문에 북한을 무시하거나 변화할 때까지 기다리지 못하고 대응을 하지 않을 수 없다. 최근 천안함 사태는 대표적인 사례다. 둘째, 북한이 엄청난 자연재해를 겪거나 정책의 잘못으로 인해 주민들이 심각한 고통을 받는 경우 우리 정부가 이를 외면할 수 없기 때문에 인도주의적 입장에서 다시 대북 관여정책으로 돌아서는 경우가 많다. 마지막으로 주변 국가들이 한국처럼 선의의 무시 전략이나 전략적 인내 정책을 장기간에 걸쳐 지속적으로 수용하지 못하기 때문에 이 전략이 성과를 거두지 못하는 경향이 있다. 특히 한국 정부가 북한을 무시하거나 관여하지 않는 경우, 중국 정부는 대북 지원 비용이 증가하는 등 여러 가지 어려움이 발생하기 때문에 한국에게 남북관계 개선을 요구하는 경향이 강하다. 최근 천안함 사태 발생 후 중국은 북한의 행위를 비난하는 대신 유엔 안보리 등에서 북한의 입장을 옹호한 후 6자회담 재개를 추진함으로써 미국을 비롯한 국제사회의 대북 제재국면이 약화될 우려가 발생하였다. 따라서 우리 정부가 앞으로 대북 포용정책, 제재정책, 선의의 무시정책 중에서 어떤 정책을 선택할 것인지에 대한 논의도 중요하지만 선택한 정책의 예상 성과를 면밀히 검토해 보아야 한다.

③ 북한 핵문제

1990년대 초에 냉전이 종식된 후 우리 정부는 기본적으로 대북 포용정책을 구사했으나 이러한 정책을 추진하는 과정에서 어려움이 발생하거나 정책의 효과를 거두지 못한 최대의 걸림돌은 북한의 핵무기 개발이었다. 1992년 남북기본합의서가 발효되었으나 북한의 핵문제로 인해 이행되지 못하였고, 1994년 제네바합의를 통해 북핵문제의 실마리를 풀어나가면서 김대중 정부와 노무현 정부가 남북정상회담을 개최한 후 햇볕정책을 추진했으나 결국 북한의 핵문제가 악화되면서 계획대로 추진되지 못하였다. 우리 정부는 북한 핵문제를 해결하기 위해 20년 이상을 소비했으나 북한의 핵무기 개발을 저지하지 못한 가운데 북한당국은 오히려 2006년과 2009년에 각각 1차, 2차 핵실험을 실시하고 핵무기 개발능력을 강화해나가고 있다. 부시 행정부는 6자회담을 통해 북한 핵문제를 해결하기 위해 노력했으나 2008년 북한이 검증제도 도입을 거부하는 바람에 장기간 교착상태에 빠져있다. 최근 중국이 6자회담 재개를 위해 노력하고 있으나 천안함 사건에 대해 중국 정부가 군사적 도발을 감행한 북한을 감싸는 바람에 신뢰를 현저히 잃어버렸기 때문에 6자회담이 재개되더라도 성과를 기대하기 어려운 상황이다. 천안함 사건 이전에는 중국이 북한 핵문제 해결을 위해 '정직한 중재자'(*honest broker*)의 역할을 수행할 수 있을 것으로 기대했으나 천안함 사건으로 말미암아 이런 기대가 크게 약화되었다.

최근 한국과 미국의 한반도 전문가들은 여러 가지 이유에서 북한 핵문제는 북한체제의 붕괴 이전에 해결되기는 어렵다는 주장을 내놓고 있다. 이러한 주장은 1994년 북미 간의 제네바 합의의 협상과 이행과정, 그리고 2005년 이후 6자회담을 통한 핵문제 해결노력에 대한 비판적인 평가로부터 나온 것이다. 지금까지 미국과 한국을 포함한 주변 국가들이 많은 양보를 하면서 북한 당국과 핵관련 합의에 도달한 후 합의사항 이행을 위해 노력했지만 북한은 합의사항을 어기고 오히려 공개적으로 또는 비밀리에 핵무기 개발을 계속했다. 특히 2009년 5월 북한의 2차 핵실험 이후 거의 모든 전문가들이 북한은 핵무기 개발을 포기할 의사가 없는 것으로 판단했다.

그런데 북한 핵문제의 심각성은 우리들이 비외교적인 방법으로 이 문제를 해결할 수 없기 때문에 딜레마에 빠졌다. 즉 군사적 방법으로 북한의 핵무기 개발을 저지할 수 없기 때문에 북한 핵문제를 해결하기 위한 외교적 노력을 포기할 수 없지만, 이러한 외교적 방법으로 해결할 가능성이 거의 전무해 보이기 때문이다. 따라서 6자회담을 비롯한 외교나 협상을 통해 북한의 핵무기 개발을 늦추는 한편 북한체제의 붕괴에 대비하는 것이 바람직하다는 결론을 얻게 된다.

④ 한미관계와 한중관계

한반도문제는 우리 민족의 문제이자 동시에 국제적인 문제이다. 북한 핵문제, 주한미군문제, 조중 군사동맹, 주일 미군의 유엔사 지원 등을 비롯하여 한반도문제의 많은 쟁점들이 국제적 측면에서 해결되어야 하는 문제들이다. 특히 미국, 중국, 일본, 러시아 등이 한반도에 지정학적 이해관계를 가지고 있어서 우리 정부의 대북정책과 통일정책에 대해 매우 민감하게 반응한다. 이들 국가들은 한반도에 주도권을 행사하거나 영향력을 증대하여 자국의 지정학적 이익을 극대화하려고 노력한다. 과거 냉전시기에는 기본적으로 미국과 소련이 남북한 정부의 후원자(*patron*) 역할을 하였고, 중국과 일본이 북한과 남한 정부를 각각 지지함으로써 북방 3각 관계(북한 - 소련 - 중국)와 남방 3각 관계(한국 - 미국 - 일본)가 서로 세력균형을 취하는 구도였다. 그런데 냉전종식 후 소련을 대신하여 중국이 후원자 역할을 맡으면서 미중 간의 힘겨루기 현상이 발생하고 있다. 최근 천안함 사태를 처리하는 과정에서 중국이 북한 편을 들고, 미국이 남한 편을 들면서 새로운 냉전구도가 형성되는 것이 아닌가 하는 전망이 나오고 있다.

그런데 과거 냉전시대와 달리 한중관계는 경제적으로 매우 긴밀한 관계로 전환됨에 따라 우리 정부는 과거 동서진영 간의 대결시대처럼 단순하게 대중정책을 수립하고 집행해나가기 어려운 상황이다. 한중 간의 무역 총액이 미국과 일본을 합한 무역총액보다 많은 상황에서 한국이 중국에 정면으로 맞서기 어려운 실정이다. 한편 중국도 정치군사적으로 북한 편을 들지만 한중 경제관계를 완전히 무시할 수 없다. 따라서 중국의 지정학적 이해관계를 보장함으로써 중국이 북한 대신 남한을 지지할 수 있는 방안을 개발해야 한다.

중국이 가장 우려하는 것은 남한이 북한을 흡수통일한 후 주한미군이 압록강과 두만강까지 활동범위를 넓혀 중국 국경과 마주하는 상황이다. 한반도 전체가 미국의 영향력 속에 들어가는 것을 막기 위해 중국은 북한 체제의 붕괴를 막기 위해 노력하고 있다. 즉 북한을 완충지대(*buffer zone*)로 활용하고, 또 자국의 경제성장을 위해서는 한반도를 비롯한 중국 변방의 안정이 필요하기 때문에 남북한 통일로 인한 불확실성을 줄이고자 하는 것이다. 우리 정부가 중국의 입장을 고려하여 주한미군의 역할을 줄여나가면서 한국의 자율성을 높여나가려 할 경우 중국은 미군 없는 한국을 무시할 수 있다. 다른 한편 한미군사동맹을 강화할수록 한반도문제해결이나 한국 주도의 통일과정에서 중국의 지지와 협조를 얻기가 어려운 상황이 된다. 이러한 문제를 해결하는 방법은 결국 한반도문제 해결이나 남북한 통일노력을 동북아질서 재편과정과 함께 진행시키는 것이다. 이 점이 한국의 딜레마이다. 예를 들면 남북한 통일과정에서 미국은 주한미군의 역할이 남한에만 국한된다는 것을 공식적으로 천명하고, 통일 후 점차 미군을 철수시키는 방안을 제시하여야 한다. 한편 중국은 한국 주도의 한반도통일이 중국의 번영에 도움이 된다는 인식을 가져야 한국을 지지할 수 있을 것이다. 한국의 자율성이 증가할수록 중국의 대한 인식은 변화할 수 있다. 결국 한반도통일과 동북아질서 재편의 방안이 함께 만들어져야 한반도통일이 가능하다.

5) 4개국의 동아시아 전략에 대한 종합적인 평가와 전망[6]

지금까지 미국, 일본, 중국, 한국 등 4개국의 동아시아 인식과 전략을 개별적으로 분석하였는데, 이제 이들 국가의 인식과 전략을 종합적으로

6) 이 부분은 전재성, 2008의 글에 많이 의존함.

평가한 후 향후 동아시아질서의 미래를 전망해 보자.

(1) 주요 국가의 동아시아 전략에 대한 종합적 평가

최근 동아시아는 정치, 경제, 군사, 문화 등에서 매우 역동적이다. 냉전종식 이후 각국의 동아시아 인식과 전략을 종합적으로 평가해 보면 첫번째 특징이 근대이전의 인식(전통적인 중화 질서), 19세기 근대 이행과정의 유산(제국주의시대의 유산), 제 2차 세계대전 이후 본격적으로 진행된 근대적 인식, 냉전종식과 더불어 진행된 민주화·세계화·정보화에 따른 탈근대적 인식이 혼재하고 있다. 최근 중국은 경제적 부상에 따른 주변 국가들의 우려를 불식시키기 위해 전근대적 사대자소(事大字小) 질서를 다시 강조하고 있다. 전근대 질서 속에서 중국과 주변 왕조가 가졌던 관계가 오늘날에도 작동할 수 있을지 여부에 관계없이 중국은 과거 중화질서와 비슷한 이타적 패권(*benevolent hegemony*)을 추구하고 있다. 이런 가운데 각국의 동아시아 인식과 전략은 근대이전의 요소와 탈근대적 요소가 중첩적으로 나타나고 있다. 근대 이행의 불완전성은 국민국가의 미완성 내지 전근대적 유산을 청산하지 못한 점에서 엿볼 수 있다. 중국과 한국이 분단국가로서 근대적 민족국가의 미완성으로 남아있고, 또 동북아국가들이 서로 영토분쟁을 겪고 있다. 또 근대이전의 전통적인 시대는 물론이고 제국주의 시대의 역사를 자국의 입장에 맞추어 해석하는 바람에 아직도 동북아국가들 간에 역사인식의 문제가 정리되지 않아 오늘날의 외교에서도 갈등을 빚고 있다. 한편 최근 역내 국가들 간의 경제적·사회적·문화적 교류가 빠른 속도로 증대됨에 따라 양자·다자 간 협력이 이루어지고 있는 가운데 새로운 동아시아질서를 모색하는 노력이 등장하고 있다. 또 냉전의 종식과 더불어 새로운 현상이 나타나고 있다. 냉전의 벽을 넘어 동아시아 국가들 간의 경제교류가 활발해지고, 기업을 중심으로 시장의 통합이 진행된다. 더욱이 동아시아 국가들의 민주화와 더불어 각국의 시민사회 간에 교류협력이 늘어나고, 사회·문화적인 상호작용이 활발하게 진행됨에 따라 시민사회가 국제정치에 미치는 영향이 늘어나고 있다. 지역문제 해결을 위한 다자적 협력의 틀을 만들어 제도화하려는 노력이 증대하고 있다. 과거 정부중심의 군사안보문제가 이 지역을 압도하였으나 이제 테러, 환경, 비확산, 재난, 마약, 난민 등과 같은 인간안보문제에도 관심을 기울이고 있다. 이른바 탈근대 이행과정에서 연성권력, 제도적 권력, 지식권력 등 과거에 볼 수 없었던 요소들이 새롭게 등장하고 있다.

주요 국가의 동아시아 인식과 전략의 두 번째 특징은 미국의 패권적 질서에 대해 어떤 태도를 가지고 있고, 이러한 질서를 어떻게 자국의 이익에 맞게 변화시켜나가느냐 하는 데 초점이 맞추어져 있다. 제 2차 세계대전 이후 동아시아에서도 미소 양대 진영의 패권적 질서가 각축을 벌이다가 1990년대 초 소련연방의 해체로 인해 자연적으로 미국의 패권적 질서가 등장함으로써 근대적 세력균형질서가 아직도 핵심으로 작용했다. 더욱이 근대적 세력균형질서는 냉전시기에 볼 수 있었던 미소 양대 진영 간의 팽팽한 제로섬게임 논리가 사라진 가운데 21세기에 지구적 패권을 상악한 미국이 이 지역에서도 패권을 행사했다. 그런데 미국의 동맹국가인 한국과 일본이 냉전종식 후 과거와 달리 미국의 패권질서에 대해 무조건 순종하지 않는 태도를 보여줬다. 한국의 노무현 정부, 일본의 하토야마 정부가 대표적인 사례다. 이러한 현상은 중국의 경제적 부상에 따라 한국과 일본이 중국과 경제적 관계가 매우 긴밀해지면서 일어난 것이다. 특히 중국의 부상으로 인해 세력전이(*power transition*)의 가능성과 문제점에 대한 논의가 새롭게 등장했다. 앞으로 이 지역에서 기존의 세력균형이 깨어지고 세력전이 현상이 발생할 것인가, 이러한 세력전이 현상이 전쟁 등을 겪지 않고 평화적으로 진행될 것인가에 대한 관심이 많아졌다. 근대 국제질서는 본질적으로 무정부 상태이지만 현실적으로 위계적 세력분포를 보여주었다. 현재 동아시아는 미국이 중심이 되는 위계질서 속에서 중국과 일본이 포진한 가운데, 남북한과 대만 등이 따라오고 있다. 최근 중국의 경제적 부상으로 인해 이러한 위계질서에 변화가 오는 것이 아닌가. 그리고 종래에는 부상국과 기존 지도국의 국력이 균등상태에 도달하면 전쟁을 통해 자국의 패권을 확립하고자 하는 경향이 있었다. 이처럼 역사 속의 세력전이는 보통 전쟁을 통해 새로운 평형상태를 만들어왔다. 최근 미국은 중국의 도전을 견제하기 위해 일본, 인도, 호주를 잇는 새로운 연결망을 만들고 있으며, 이를 통해 중국의 팽창을 견제할 수 있는 환경을 만들려고 노력하고 있다. 그런데 미국이 중국의 도전을 물리칠 수 있을 정도로 경제력, 군사력 등에 있어서 중국과 큰 차이를 확보하여 아예 중국이 도전할 마음을 먹지 못하게 할 수 있을지, 그리고 미국의 패권을 지지하는 동맹을 과연 유지해나갈 수 있을지, 더욱이 중국이 미국중심의 동아시아질서에 만족할 수 있을 것인지는 불명확하다. 앞으로 중국의 도전이 거세지는 경우 미국이 중국의 요구를 받아들여 평화적으로 새로운 동아시아질서를 만들어낼 수 있을 것인지에 대한 관심이 증대하고 있다. 동아시아는 세력전이를 흡수할 수 있는 다자협력의 기제가 제도화되어있지 못하고, 또 세력전이가 어떻게 일어날 것인지를 정확히 예측하기 어렵다.

주요국의 동아시아 전략의 세 번째 특징은 중국의 부상에 따른 세력전이를 비롯한 향후 지역질서의 불확실성에 대비하기 위해 시장과 시민사회를 비롯한 각국의 다양한 세력들이 다자 간 협력을 위한 새로운 네트워크와 거버넌스를 마련하기 위해 노력한다는 것이다. 동아시아의 구조적 특성은 여전히 국가 간 경쟁체제이지만 이를 누그러뜨릴 수 있는 시장과 시민사회가 성장하고 있다. 최근 동아시아 국가들은 매우 빠른 속도로 경제적 교류를 증대시켰다. 중국은 개혁개방 이후 지난 30년 동안 자유진영과의 교역규모를 지속적으로 늘려 왔으며, 한중일은 물론 동남아시아와의 교역도 증대시켜 왔다. 한국의 경우 중국은 이미 수출입 양면에서 최대 규모의 교역상대국이 되었으며, 중국과의 교역액이 일본·미국과의 교역액을 합산한 것과 맞먹는 액수에 달하게 되었다. 또 중일 교역도 지속적으로 증가하여 중일 간의 정치, 안보적 충돌이 있더라도 경제적 교역 관계가 국가 전반의 관계를 악화시킬 수 없는 상황이 되었다.

한편 동아시아국가들 간에 차이는 있지만 각국이 민주화 내지 자유화를 이루면서 시민사회가 매우 역동적인 발전을 보이고 있다. 한중일 모든 국가에서 시민사회 집단이 빠른 속도로 증대하고 있으며 사이버 공간이 가세하면서 시공간을 넘어선 상호작용이 더욱 활발해지고 있다. 주요 사안이 등장할 때마다 정부를 우회하여 시민사회 집단 간의 교류가 활성화되고 있으며, 여기서 논의된 담론들이 정부 차원의 정책결정에도 많은 영향을 미치고 있다. 동아시아에 등장하고 있는 이러한 시장평화, 민주평화의 맹아적 요소가 동아시아의 다자 간 지역협력에 기여하겠지만 지나친 낙관은 금물이다. 시장평화의 경우 여전히 중상주의적 대립이 지속되고 있다. 예를 들면 한국이 미국과 자유무역협정을 체결하였을 때 중국은 이를 경쟁적으로 인식하는 경향이 있다. 또 동아시아 국가들의 다양한 무역 마찰이나 투자관련 갈등이 불거지는 경우 시장의 통합이 오히려 평화와 번영 대신 갈등과 대립을 부추기는 경우가 발생한다.

민주평화도 역시 속단하기는 이르다. 독도, 조어도, 역사 인식 등을 둘러싼 문제가 불거질 때마다 각국의 시민사회 집단이 이를 이성적으로 토론하기보다는 오히려 민족주의적 감정을 부추기는 경우를 볼 수 있다. 각국의 민주화로 인한 시민의 토론과 참여가 각국 간의 협력 대신에 오히려 정부의 합리적 정책을 좌초시킬 우려가 발생한다. 시민사회의 민족주의적 열정이 민주평화론 대신 민주갈등론을 불러올 수 있다는 점을 간과해서는 안 될 것이다. 최근 동아시아 국제질서는 정부 간 관계뿐만 아니라 비정부 행위자의 다차원적 관계로 형성되어 있어서 다층적이며 네트워크적 양상을 보인다. 그런데 이러한 네트워크가 동아시아 국가 간의 경쟁과 대립을 완화시켜 줄 수도 있지만 오히려 갈등을 증폭시키고 확대 재생산할 우려가 동시에 존재하는 것이다.

넷째, 최근 주요국가의 동아시아 전략을 보면 연성권력의 중요성이 높아지고 있다. 20세기에 동아시아 세력균형은 주로 군사력과 경제력을 중심으로 이루어졌으나 이제는 연성권력과 제도적 권력이 중요해지고 있다. 동아시아의 국제정치가 지식, 이념, 문화, 제도, 정책과 같은 연성권력에 의해 좌우되는 비중이 증대되었으며, 모든 국가들은 동아시아 국제정치의 주요 사안들에 대한 권위 있는 해석, 가치관, 정책내용, 이데올로기를 선점함으로써 동아시아 시민들에게 영향을 끼치며 나아가 각국의 정책에 대한 여론을 조성하는 데 영향을 미친다. 미국의 변환외교와 공공외교, 중국의 매력공세, 일본의 네트워크아시아론, 한국의 글로벌코리아(*Global Korea*) 등은 모두 정보와 지식, 가치관의 공간에서 동아시아인들의 마음을 얻으려는 노력이다. 미국은 오바마 행정부 출범 이후 소프트파워의 중요성을 강조한다. 중국 역시 중국의 부상에서 비롯되는 세력전이가 동북아의 불안정으로 이어지지 않을 것이라는 점을 강조하기 위하여 중국 부상의 평화적 성격을 강조했다. 이른바 중국의 매력공세로서 중국은 중국의 문명이 전통적으로 평화적이었다는 점, 그리고 이러한 전통문명이 현대의 문명과 조화가 가능하다는 점, 그리하여 21세기 중국의 부상이 평화적인 방법으로 동아시아의 전체 이익과 공존하면서 이루어질 것이라는 점을 강조하고 있다. 일본은 21세기 들어 보통국가화, 군사강대국화의 노선을 강조하면서 동아시아 이념의 지도자로서, 네트워크된 아시아를 이룩하고자 하는 새로운 정책목표를 설정하고, 동아시아 공동체 창설을 위한 다양한 담론과 정책을 생산하고 있다.

마지막 특징은 동아시아 국가들이 거의 모두 정치, 경제, 군사, 문화, 과학기술 등의 분야에서 다자 간 협력을 강조하면서 다양한 구상을 내놓고 있으나 여전히 자국의 이익을 극대화하기 위한 발상에서 출발하고 있다는 점이다. 예를 들면 한국은 노태우 정부 시절에 호주, 일본과 함께 APEC 창설에 참여하였다가 김대중 정부 시절에는 동아시아공동체에 관심을 보인 후 노무현 정부에 들어와서 동북아의 균형자론을 제창하였다. 한편 일본의 하토야마 정부는 대등한 미일관계를 주장하면서 동아시아공동체를 제창하였다. 한편 중국은 아세안+3에 주력하고 있는 가운데 미국은 패권을 유지하는 방편으로 APEC, ASEAN PMC, 동아시아 정상회의 등에 참여하고 있다. 동아시아 지역질서는 여전히 세력균형에 의해 영향을 받고 있지만, 다자주의, 지역주의 제도화를 둘러싼 국가들의 치열한 다툼도 진행중이다. 즉 다자주의 협력제도를 자국의 이익에 맞도록 조정하고, 이를 중심으로 질서를 재편하려는 이른바 "제도적 권력균형"(*balance of institutional power*)을 추구한다. 동아시아 강대국들은 다자적 제도가 부재한 이 지역에서 제도의 수요가 점차 증대할 것이라는 점을 잘 알고 있다. 그리고 이러한 제도를 만들어내는 과정에서 자국의 이익을 최대한 증대하려고 노력하고 있다. 자국의 이익을 가장 잘 실현할 수 있는 디자인에 기초한 제도를 만들어 냄으로써 구조적 이익을 반영하려는 새로운 경쟁이 등장하였다. 예를 들면 중국은 ASEAN+3를 중심으로 지역협력을 강화하려고 노력하는 반면 일본은 EAS에 인도 · 호주 · 뉴질랜드에 이어 미국과 러시아를 끌어들여 중국을 견제하려고 한다. ASEAN+3의 경우 중국이 주도하고 있어 일본이 혼자서 중국을 견제하기 힘들기 때문에 일본은 광역의 동아시아 지역협력을 만들어나가려고 노력하고 있다. 이처럼 동아시아질서는 아직도 근본적으로는 세력균형체제이지만 세계의 큰 흐름에 따라 국력자원이 다변화하고, 또 기존의 근대국가 개념으로 풀 수 없는 문제를 해결하기 위해 새로운 시도와 노력이 복합적으로 다양하게 진행되었다.

(2) 동아시아질서의 미래

이제 동아시아질서가 향후 어떻게 변화되어나갈 것인지를 전망해 보자. 동아시아질서의 장래에 워낙 많은 변수들이 작용하고 있기 때문에 향후 전망을 내리기 쉽지 않다. 여기서는 5가지 시나리오를 제시하고, 어떤 것이 가장 일어날 가능성이 높은지를 평가해 보자. 그리고 한국을 비롯한 동아시아의 평화와 번영을 위해 어떤 질서가 필요한지 알아보자.

① 미국 주도의 동아시아 체제

급속한 경제성장에도 불구하고 중국의 GDP와 군사비를 미국과 비교해 보면 GDP는 4분의 1, 군사비는 10분의 1 수준에 불과하기 때문에 당분간 미국의 패권체제가 동아시아에서 유지될 것으로 본다. 글로벌 금융위기 이후에도 미국의 GDP는 14조 달러로서 4조 달러에 불과한 중국을 압도하고 있고, 군사비에서도 5000억 달러를 지출하는 데 반해 중국은 500억 달러에 불과하다. 미국이 세계 군사비지출의 40% 내외를 차지하고 있으며 21세기형 군사변환 전략을 추구하는 가운데 미국중심의 지구적 동맹네트워크를 강화하고 있다. 또 오바마 행정부는 테러와의 전쟁을 승리로 이끌기 위해 이라크에서 군사활동을 끝내고 아프가니스탄에 미군을 증파하여 2011년까지 전쟁을 종식시키기 위해 노력하고 있다. 특히 대테러전쟁, 국제협력체제, 안보 레짐을 정비하기 위해 국제적인 공공외교를 강화하는 한편 분쟁지역에서 대민활동을 강화하여 연성권력 강화전략, 혹은 변환외교 전략을 추진하고 있다. 최근 재정적자와 무역적자가 미국의 패권을 위협하고 있으나 아직도 자본, 기술, 지식 등에 있어서 중국이 미국을 능가하려면 많은 시간이 필요할 것으로 보인다. 따라서 21세기 전반에 동아시아에서 미국의 패권적 지위가 쉽게 무너지지 않을 것으로 본다.

② 중국 주도의 동아시아 체제

중국이 1970년대 말 개방과 개혁을 추진한 후 지난 30여 년 동안 연간 10%를 초과하는 경제성장을 달성한 결과 올해에는 일본을 앞지르고 세계 2위의 GDP 국가가 되었다. 더욱이 개발도상국형 경제성장에서 점차 첨단산업중심의 경제성장으로 이행하고 있다. 이와 동시에 중국은 연성권력을 강화하는 전략을 함께 추진하고 있다. 특히 중국의 국력강화가 동아시아질서의 평화와 안정에 기여한다는 논리를 전개하고 있으며, 중국이 책임 있는 강대국으로서 동아시아의 질서를 보존할 것이라고 주장

〈표 9-3〉 동아시아질서의 미래 시나리오

시나리오	일어날 가능성(*likelihood*)	선호도(*desirability*)
미국 주도의 동아시아 체제	가능성이 매우 높은 (*very likely*)	바람직함
중국 주도의 동아시아 체제	가능성이 매우 낮은 (*very unlikely*)	매우 바람직하지 못함
미국과 중국 주도의 동아시아 체제	가능성이 있는(*likely*)	미중 협력의 경우 바람직, 미중 대립의 경우 매우 바람직하지 못함
동아시아의 다국적 경쟁체제	가능성이 낮은(*unlikely*)	바람직하지 못함
동아시아의 다자적 협력체제	가능성이 있는(*likely*)	가장 바람직함

하고 있다. 과거 전통적인 국제관계 속에서 중국은 시혜적 패권으로 기능하였고, 중국이 부상하면서 미국 중시의 자유주의 패권질서에 가장 강력한 도전자로 등장하였다. 결국 중국의 부상이 기존의 동아시아질서를 대체하는 새로운 질서의 등장을 암시하고 있다. 만약 중국의 경제성장이 지속되고, 내부의 정치·경제적 문제가 순조롭게 해결되고, 군사적 강국이 되는 경우 동아시아는 중국이 주도하는 질서로 개편될 가능성이 있다.

최근의 글로벌 금융위기에도 불구하고 미국이 동아시아에서 빠른 시간 내에 세력이 약화될 것이라는 전망을 할 수 없지만 미국경제가 지속적으로 약화되고, 아프가니스탄 등에서 전개하고 있는 대테러전쟁의 수렁에서 빠져나오지 못할 경우 동아시아에서 미국의 역할이 줄어들고 그 공백을 중국이 차지할 가능성을 완전히 배제할 수 없다. 그동안 미국은 아프가니스탄과 이라크 전쟁을 수행하느라 동아시아에서 중국의 해군력 강화와 남중국해를 장악하려는 시도를 견제하지 못하였다. 더욱이 한국의 노무현 정부가 탈미-친중 정책을 시도한 적이 있고, 일본에서 민주당이 집권한 후 하토야마 정부가 미일 간의 대등한 관계를 추진한 점에서 알 수 있듯이 한미동맹과 미일동맹은 과거처럼 견고하지 않다. 최근 오바마 행정부는 이러한 중국의 군사적 팽창을 견제하고 한미동맹과 미일동맹을 강화하려는 태도를 보이고 있다. 즉 동아시아에서 중국의 부상을 견제하여 균형을 취하려는 일련의 조치를 취하고 있다. 최근 천안함 사태를 계기로 미국이 동해와 서해에서 항공모함을 동원한 기동훈련을 전개한 바 있고, 중국이 주도하는 아시아정상회의(EAS)에 가입하여 중국을 견제하려는 노력을 보여주고 있다. 따라서 중국 주도의 동아시아질서가 가까운 장래에 실현되기는 쉽지 않을 것으로 전망된다.

③ 미국과 중국 주도의 동아시아 체제

미국의 패권적 지위가 지속되는 가운데 중국의 부상이 계속됨으로써 이른바 G2시대가 등장하는 것이다. 일본과 러시아의 국력이 상대적으로 약화됨으로써 미국과 중국이 동아시아질서유지에 핵심적 역할을 담당하고 일본과 러시아는 보조적인 역할에 머무르는 경우를 의미한다. 미래에 미중 주도의 동아시아 체제가 등장하게 되면 양국이 협력하는 경우와 양국이 서로 대립하는 경우로 다시 나누어 볼 수 있다. 전자의 경우 2중 패권구조가 되는데, 양국이 이념과 체제, 문화 등에서 서로 이질적인 요소가 강하기 때문에 협력보다 갈등이 훨씬 더 많을 것으로 예상되므로 이런 체제가 오래가지는 못할 것으로 예상된다. 다시 말해 중국이 자본주의 시장경제체제와 자유민주주의체제로 전환하지 않는 한 미중의 양대 패권체제는 협력보다 대립의 양상을 보여줄 것이다. 만약 중국이 자유민주주의와 자본주의 시장경제를 도입하는 경우 동북아에서는 민주적 평화와 시장평화가 이루어질 가능성이 높다. 한편 중국이 자체적으로 개발한 대안적 정치경제질서를 가지고 부상하는 경우 미국과 패권경쟁이 치열해질 가능성이 높다.

④ 동아시아의 다극적 경쟁체제

다극적 동아시아질서는 미국의 패권이 점차 약화되고, 중국의 국력 신장이 미국을 능가하지 못한 채 일정 수준에서 멈춘 상태에서 일본과 러시아가 여전히 강대국의 지위를 유지하는 경우를 상정한 것이다. 이러한 4강 다극체제는 미국이 상대적인 국력약화로 인해 패권적 지위를 상실하고, 중국은 경제성장 속도가 주춤하거나 국내에서 심각한 문제에 봉착하는 경우에 발생할 수 있다. 이러한 다극적 경쟁질서로 개편되는 가운데 효과적인 다자주의적 지역협력제도가 없을 경우 동북아는 새로운 세력균형을 모색할 가능성이 높다. 예를 들면 미, 일이 군사동맹을 강화하고, 중국과 러시아는 군사동맹을 추진하여 동북아에서 세력균형을 취하려고 할 것이다.

이러한 동아시아 다극경쟁체제는 한국에게 기회이자 부담으로 작동하게 될 것이다. 동북아국가 중에서 국력 면에서 한국이 5위를 유지하는 경우 어느 동맹에 가담하느냐에 따라 동북아의 세력균형이 깨질 수 있기 때문에 미국과 중국이 서로 한국을 자국의 영향력 아래에 두기 위해 경쟁할 것이다. 그런데 한국이 군사력을 비롯한 경성권력을 활용하여 강대국 간 세력균형자 역할을 하기는 매우 어렵다. 따라서 한국은 연성권력의 측면에서 강대국 간의 세력균형자 역할을 하도록 노력해야 한다. 다시 말해 동북아의 평화와 번영과 교류협력을 확대할 수 있는 가치, 체제, 문화 등을 만들어나가는 역할을 맡아야 한다. 동북아의 공공선(*public goods*)을 창출하는 데 기여함으로써 한국은 다극적 동아시아 경쟁체제의 충돌과 갈등을 완화하여 한국의 국익을 달성하고, 나아가 동북아의 변화와 번영에 기여할 수 있다.

⑤ 동아시아의 다자적 협력체제

동북아 미래질서의 마지막 시나리오는 다자주의적 지역협력이 가속화되어 개별 국가들의 국력화나 세력균형 구도에 상관없이 경제, 군사, 정치 분야에서 다자 간 상호협력체제가 등장하는 것이다. 유럽연합처럼 동북아국가들이 다자주의적 원칙에 따라 서로 협력을 가속화하는 경우 새로운 질서를 창출하게 될 것이다. 동북아의 경우 아직 견고한 지역협력체제가 자리 잡지 못하였다. 정부 간 대화 채널은 APEC, ASEAN+3, 아세안 지역포럼(ARF), 한중일 정상회의 등이 있고 민관 채널로 동북아협력대화(NEACD), 아시아태평양 안보협력이사회(CSCAP) 등이 있는데, 이 중에서 동북아에 집중된 제도는 한중일 정상회의뿐이다. 그런데 이 회의에도 북한, 대만, 몽골 등이 빠져 있기 때문에 명실상부한 동북아협력기구라고 하기 어렵다. 앞으로 한중일 정상회의를 기반으로 동북아에 새로운 지역협력기구가 만들어져야 한다.

앞으로 동북아 지역현안을 수시로 다루어나가 지역 통합을 모색하는 기구가 만들어지면 한국으로서는 매우 바람직한 대외환경이 조성된다. 그 이유는 한국이 양자관계를 중심으로 동북아문제를 다루는 경우 궁극적으로 미중 간의 갈등과 협력, 일중 간의 갈등과 협력 사이에서 어느 한 쪽만을 선택해야 하는 어려운 처지에 놓일 수 있으나 동북아 지역협력체제가 등장하는 경우 이러한 곤경에서 벗어날 수 있기 때문이다. 특히 정치군사적인 지역갈등을 해결하는 데 시간과 자원을 낭비하는 대신 경제, 사회, 문화적 교류협력을 통해 동북아통합을 추진해나갈 수 있다.

3. 새로운 동아시아 구상과 한국의 전략

새로운 동아시아 구상은 주요 국가들의 기존의 구상을 뛰어넘는 미래지향적인 것이다. 각국이 지금까지 추구하고 있는 기존의 동아시아 구상은 기본적으로 20세기적 발상이라고 할 수 있는데, 이러한 구상으로서는 21세기의 변화를 담을 수 없기 때문에 21세기적 발상이 필요하다.[7] 20세기적 전략은 근본적으로 국민과 영토에 대해 절대적인 지배권을 가진

국민국가를 전제로 하고 있으나 21세기적 발상에는 국민국가를 넘어서려는 노력이 필요하다. 이제 국민국가가 독점하던 국가주권의 일부를 자발적으로, 점진적으로 포기하는 것을 전제로 동아시아를 새로이 재편해나가야 한다. 또 20세기적 전략은 국내적으로는 법치와 질서를 추구하고, 국제적으로는 기본적으로 무정부 상태를 전제로 국내와 국제를 엄격히 구별하였으나 21세기적 발상은 이러한 구별이 점차 없어질 것으로 보인다. 마지막으로 20세기 전략은 국제사회가 무정부 상태라는 것을 전제로 평화와 질서를 유지하기 위해 세력균형(*balance of power*)을 기본으로 하고 있으나 21세기적 발상은 세력균형 외에 상호통합의 네트워크를 통해 평화와 공동번영을 추구한다.

21세기적 발상과 전략은 생소한 것이 아니라 제 2차 세계대전 이후 서구 자유민주주의국가들이 추구했던 것이다. EU의 등장은 21세기적 전략의 소산이다. 그동안 EU국가들은 개별 국가의 주권사항의 일부를 EU에 위임함으로써 유럽의 평화를 지키고 경제적 번영과 함께 구성원들의 행복을 추구한다. EU가 공통화폐인 EURO를 창출한 것은 대표적인 사례다. 종래의 국민국가 개념이 약화되고 정치단위의 광역화 현상이 일어나는 바람에 유럽과 개별 국가가 함께 구성원들을 다스리는 다층적 통치구조(*multi-level governance*)가 등장하게 된 것이다. "지금 영국은 새로운 입법의 3분의 1 정도는 EU를 통해 다른 나라와 협의하여 입법화된다." (Mark Leonard, 2005) 경제사회정책의 경우 입법과정에서 다른 나라와 사전협의가 거의 필수적인바, EU 국가들의 경제사회정책의 3분의 2 정도가 다른 EU 국가와 사전협의를 통한 것들이다. 이러한 배경에는 EU를 통한 안보, 경제, 사회, 문화의 상호통합이 이 지역의 모든 국민들에게 종래의 국민국가가 제공하지 못한 평화와 번영을 보장해 줄 것이라는

---

7) 박세일(2010: 126~30)은 20세기와 21세기의 서로 다른 발상에 대해 자세히 설명하고 있다.

믿음이 뒷받침되어 있다.

우리들도 유럽의 경험을 교훈 삼아 동아시아를 새롭게 재편해나가야 한다. 아시아판 EU 전략이 필요한 것이다. 물론 우리들이 EU를 그대로 모방할 수 없기 때문에 동아시아의 역사·문화 등에 맞는 새로운 모델을 마련해야 한다. 새로운 동아시아 구상은 다음과 같은 기본원칙을 가지고 있다. 첫째, 20세기적 전략인 부국강병, 동맹, 세력균형의 원리 외에 21세기적 발상에 기초한 '상호통합 네트워크' 전략이 필요하다. 동아시아에 그물망 짜기가 자발적으로, 점진적으로 이루어져야 한다. 둘째, 새로운 동아시아 구상의 궁극적 목표는 유럽연합과 같은 동아시아 연합을 만드는 것이다. 이를 위해 우선 동아시아 인식·경제·안보 공동체를 점차적으로 만들어나가야 한다. 동아시아 국가들이 국민국가의 이익을 넘어서서 공동의 번영과 영구 평화를 추구해나가야 한다. 마지막으로 한국과 같은 중간국가가 이러한 동아시아 구상을 적극적으로 추진함으로써 역내 강대국들의 이해관계를 초월하여 새로운 돌파구를 열어야 한다. 그리하여 강대국 간의 전쟁과 침탈의 과거사에 종지부를 찍고 공동의 번영과 영구 평화를 달성하는 것이다.

1) 새로운 동아시아공동체 구상

우리들은 새로운 동아시아공동체를 수립하는 데 있어서 동아시아 인식공동체, 동아시아 경제공동체, 동아시아 안보공동체를 점진적으로 만들어나가야 한다. 이러한 3가지 유형의 공동체는 무엇을 의미하는가, 또 앞으로 이러한 공동체를 어떻게 만들어나갈 것인가에 대해 구체적으로 논의해 보자.

(1) 동아시아 인식공동체 수립

일반적으로 인식공동체란 "공통의 정치·경제적 가치를 공유하고, 이러한 가치에 비추어볼 때 공동체의 문제와 현상들이 어떤 인과관계에서 발생하고 있는지, 그리고 이러한 문제를 해결할 방안은 무엇인지 등에 대한 지식을 갖춘 권위 있는 전문가 네트워크"를 의미한다(설규상, 2008: 21~22). 이들이 분야별로 특정 영역이나 쟁점과 관련하여 지식과 기술과 능력을 가지고 있기 때문에 국가별로, 또는 초국가적 수준에서 다양한 방식으로 정책결정과정에 영향을 미치거나 관여한다. 특히 인식공동체는 불확실성이 높은 국제사회에서 정책결정자들로 하여금 불확실성 요인에 대처할 수 있는 방향을 제시해 주는 역할을 한다. 세계화와 정보화가 급속도로 진행됨에 따라 각국의 지도자와 관리들은 당면한 정치·경제적 상황에 대한 정확한 정보 없이 정책을 선택해야 하는 경우가 많아지고 있다. 이런 불확실성 속에서 정책결정자들이 가끔 상황의 본질에 대해 오해하는 경우 예기치 않은 결과를 파생될 수 있으며, 정책의 효율성을 극대화하거나 최적의 성과를 거두기가 매우 어렵다. 이처럼 복잡성과 불확실성이 높은 경우에 정책결정자들이 현안에 대한 인식과 이해 부족으로 부적절한 선택을 하는 것을 피하기 위해 특정분야에 정확한 지식과 정보를 가진 전문가들로부터 자문을 얻게 된다. 이처럼 권위 있는 전문가들이 초국가적으로 네트워크를 형성한 경우 인식공동체라고 할 수 있다.

유럽통합의 역사를 보면 인식공동체의 중요성을 알 수 있다. 유럽연합이 진화되어 나오는 과정에서 각국의 싱크탱크를 기반으로 한 인식공동체는 중요한 역할을 하였다. 개별 싱크탱크들은 국제적 연대를 통하여 지역 공공이슈에 대한 해결책 모색에 적극 참여하면서 통합에 관한 아이디어를 제공하고 자신의 경쟁력을 강화하였다. 유럽통합의 구체적·제도적 틀이 마련되는 1990년대에는 유럽지역 싱크탱크 설립이 보다 활발하게 이루어졌다(배영자, 2008: 345). 유럽통합과정에서 유럽 내 지역간 싱크탱크는 아이디어 제공자임과 동시에 그 자체가 통합의 척도로 작용하였다.

현재 동아시아공동체 논의가 본격적으로 진행되면서 다양한 영역에서 동아시아 지식네트워크 형성의 움직임이 일어나고 있다. 2가지 종류의 네트워크를 발견할 수 있다. 첫째, 한중일 3국의 정부가 주도하는 민관학 형태의 네트워크이다. 3국 간 정상회담 혹은 장관회담이 진행되면서 해당 부처의 협력현안에 관련된 실무전문가들이 한중일 네트워크를 형성한다. 한중일 모두가 정부 주도로 싱크탱크가 활성화되어 있기 때문이다. 대표적인 것으로 한국 주도의 동아시아포럼(EAF: East Asia Forum), 중국 주도의 동아시아싱크탱크네트워크(NEAT: Networks of East Asia Think-Tanks), 일본 주도의 동아시아공동체협의회(CEAC: Council on East Asian Community) 등을 들 수 있다. 이들은 한중일 3국에 국한되지 않고 ASEAN+3의 틀 내에서 네트워크를 형성하고 있다. 이들은 정부 주도로 만들어졌기 때문에 서로 치열하게 동아시아 협력을 위한 외교전쟁을 벌이고 있다.

둘째, 정부와 관계없이 민간 부문, 특히 대학이나 시민단체를 중심으로 많은 지식네트워크들이 형성되어 인식공동체로 발전하고 있다. 예를 들면 한중일 역사학자와 교사, 시민단체로 구성된 '한중일 3국 공동역사편찬위원회'의 활동은 주목할 만하다. 2000년 일본의 극우파들이 왜곡된 역사교과서를 만들자, 이에 대항하여 2002년 한중일 시민단체와 역사학자들이 각국의 중학생들이 공동으로 사용할 수 있는 근현대사 교재를 개발하기로 합의하였다. 한국 23명, 일본 14명, 중국 17명이 공동집필하여 《미래를 여는 역사》를 출간하였다(배영자, 2008). 이 외에도 자민족중심주의를 극복하고 21세기의 새로운 사회모습을 동아시아 공간에서 찾으려는 중국과 일본의 역사, 문학 분야의 전문가들이 동아시아 지식공동체 모임을 만들었다. 이러한 2가지 사례를 포함하여 다양한 민간차원의 교류와 네트워킹이 이루어지고 있다.

이러한 노력에도 불구하고 개별 국가의 주도권 경쟁을 넘어 3국 모두에게 설득력 있는 비전을 제시하고 동아시아 담론을 주도하는 평판 좋고 믿음을 주는 싱크탱크 네트워크나 인식공동체가 동아시아에는 아직 형성되어 있지 못하다. 특히 한중일 3국에서 정부의 예산지원을 받지 않는 독립적인 싱크탱크가 충분히 발전되어 있지 못하다. 정부 지원으로 정책네트워크 주변에 형성된 한중일 전문가 네트워크는 개별 국가의 이해를 뛰어넘는 동아시아 인식공동체로 발전하는 데 어려움이 있다. 한편 민간주도 아래 자발적으로 만들어지고 있는 전문가 네트워크는 매우 희망적이지만 이들은 미국 주도의 동아시아질서에 대한 반발에 기반을 두어 다소 편협한 세계정치 인식에서 벗어나지 못하고 있다는 한계가 있다. 미국을 완전히 배제한 동아시아공동체 구상이 성공하기 어렵기 때문이다. 한편 한중일 3국의 입장을 지나치게 강조하는 것, 아울러 국가를 간단히 부정하고 서슴없이 공동체로서의 동아시아를 강조하는 것이 모두 동아시아공동체 수립에 어려움을 더한다. 따라서 국가중심의 좁은 사고를 해체해야 하지만 국가의 역할을 인정하고 활용하는 유연한 자세를 가지고 동아시아의 비전을 함께 모색해가는 지식네트워크가 필요하다.

(2) 동아시아 경제공동체 수립

동아시아공동체 수립을 위한 2번째 단계는 경제공동체를 추진하는 것이다. 동아시아는 1960년대 이래 고도성장을 달성했으나 1990년대 후반부터 한계를 보여주고 있다. 전후에 일본이 일찍이 대외지향형 공업화를 달성한 이래 한국·싱가포르·대만·홍콩이 신흥공업국으로 성장하였고, 뒤를 이어 아세안국가 중에서 말레이시아·태국·인도네시아 등이 산업화에 박차를 가하는 가운데 중국이 경제개방과 개혁을 통해 고도성장을 이룩하였다. 그런데 이러한 동아시아 대외지향형 경제성장 모델이 1980년대 후반부터 한계에 도달하여 일본이 장기침체에 들어가고 마침내 동남아 국가들과 한국이 1997~1998년에는 외환위기를 겪었다. 이러한 위기를 극복하기 위해 동아시아 국가들 간 경제협력이 활발하게 논의되었다. 1997년 12월에 발족한 아세안+3 정상회의는 대표적인 사례이다. 아세안+3는 미국 및 EU와 함께 세계경제의 3극을 형성하고 있다. 인구규모가 세계 전체의 3분의 1 수준이고, 구매력평가 GDP도 22.9%로 미국 및 EU와 비슷한 수준이다. 수출입규모는 시장이 통합된 EU에 비해 작지만 미국보다 훨씬 크고, 세계외환보유고의 46.1%를 차지하고 있다(삼성경제연구소, 2010: 3). 이처럼 막강한 경제력을 가진 아세안+3가 창설 당시에 목표로 설정한 동아시아공동체 수립은 기대에 못 미치고 있다. 그동안 아세안+3는 한국의 주도로 동아시아비전그룹과 동아시아연구그룹을 구성하여 향후 가능한 협력사업을 제시하였다. 이를 바탕으로 아세안+3는 정치, 경제, 문화, 사회, 제도 등에 걸쳐 단기 17개, 중장기 9개 등 총 26개의 협력사업을 확정하고 이를 추진하기로 합의했으나 이행이 느리거나 추진과정에서 내용이 변질되었다. 예를 들면 동아시아자유무역지대(EAFTA)의 경우 연구만 진행되었고, 구체적인 일정이 가시화되지 않고 있다. 특히 일본이 EAFTA 대신 아세안+6(인도, 호주, 뉴질랜드 포함)의 '동아시아 포괄적 경제동반자관계'(CEPEA) 창설을 주장함으로써 지지부진한 상태다. 이처럼 역내 자유무역지대화 논의는 별다른 성과를 올리지 못하고 있지만 쌍무적 FTA는 활성화되었고, 금융협력에도 가시적 성과를 거두었다. 아세안은 한국·중국·일본과 각각 아세안+1의 FTA를 체결하였고, 일본은 아세안 각국과 쌍무적 FTA를 체결하였다. 또 금융협력을 위해 외환유동성 지지프로그램인 치앙마이 이니셔티브(CMI)의 쌍무적 통화스와프 프로그램이 작동하고 있다. 부분적인 성과에도 불구하고 아세안+3의 공동체추진 속도가 느린 이유는 2000년 이후 세계 경제의 호황으로 인해 역내 국가들의 다자 간 경제협력과 통합에 관심이 줄어들었고, 일본과 중국 간에 경쟁이 벌어지기 때문이다.

2008년 가을 글로벌 금융위기가 발생한 후 동아시아 경제협력과 통합에 대한 관심이 다시 일어나고 있다. 미국에서 시작된 글로벌 금융위기는 선진국의 수입을 축소시켜 대외형 경제성장 모델에 기반을 둔 동아시아의 수출에 엄청난 타격을 주었다. 2009년 8월말 기준으로 미국의 수입은 32.2%, 일본은 39.2%, 중국은 22.9% 감소했고, EU는 6월 기준으로 23.9%가 감소하였다. 이와 동시에 동아시아의 수출은 2008년 4/4분기부터 감소해 2009년 1/4분기에는 일본 · 인도네시아 · 필리핀 · 싱가포르 등이 30% 이상 감소했고, 한국 · 말레이시아도 20% 이상 감소하였다. 더욱이 동아시아의 외환 및 금융시장도 불안해졌으며 성장률은 급속히 하락하였다. 2008년 하반기부터 2009년 2월말까지 한국 원화, 인도네시아 루피아, 말레이시아 링깃, 싱가포르 달러 등의 가치가 급락하였으나 3월부터 회복하였다. 수출 감소로 산업생산이 감소하고 성장률도 마이너스를 기록하였는데, 중국 · 필리핀 · 인도네시아를 제외한 동아시아 국가의 성장률이 급락하였다.

이러한 글로벌 위기에 대응하기 위해 모든 동아시아 국가들이 수차례에 걸쳐 기준금리를 인하하고, 경기부양을 위한 재정지출 확대를 실시하였다. 이와 동시에 동아시아 차원의 위기극복을 위한 공동의 노력이 가시화되었다. 한중일 3국이 최초로 정상회의를 개최하여 "3국 협력증진을 위한 행동계획"을 발표하고, 일본과 중국이 한국에게 통화스와프를 대폭 확대하였다. 아세안+3은 치앙마이 이니셔티브 다자화(CMIM)를 위해 공동기금의 규모와 분담률에 합의해 동아시아통화기금의 기반을 구축하였다.

최근 글로벌 금융위기를 겪은 후 동아시아 국가들은 당면한 경제적 과제를 해결하려면 동아시아 경제공동체 설립이 필요하다는 점을 강조하고 있다. 동아시아 경제가 글로벌 금융위기로 수출 및 생산급감 등 실물 부문의 큰 피해를 입은 것은 동아시아 경제의 높은 역외의존도 때문이다. 따라서 서구 선진국수요에 대한 과도한 의존을 탈피해야 하고 동아시아 역내수요를 증대시킬 근본적 대책이 필요하다. 아울러 동아시아 금융시장이 발달하지 못해 글로벌 금융위기와 같은 외부 충격에 특히 취약할 뿐 아니라 미비한 투자 기반 및 낙후된 제도적 환경과 인프라로 인해 채권시장이 부진하고 외환시장 및 외환파생 금융시장 역시 취약성을 드러냈다. 과거 1997~1998년의 외환위기와 달리 이번 금융위기는 글로벌 불균형을 비롯한 구조적 요인에 기인하고 있기 때문에 동아시아에 장기적으로 영향을 끼칠 것으로 전망된다. 앞으로 이러한 구조적인 문제를 해결하려면 동아시아가 경제공동체를 통해 역내의 무역거래비용을 축소하여 시장을 창출하고 소비 및 투자를 확대해나가야 한다. 그리고 금융시장 안정을 위해 정책을 공조하고 세계경제질서 형성에 동아시아의 견해를 반영하기 위해 공동의 노력을 경주해야 한다.

앞으로 동아시아 경제공동체 추진방향은 다음과 같다. 첫째, 높은 역외 의존도를 해결하고 역내 수요를 진작하기 위해서는 동아시아 자유무역지대(EAFTA) 설립이 필요하다. 이를 위해 동북아 3국이 먼저 높은 수준의 자유화를 통한 실질적인 시장 통합을 이루어 동아시아 자유무역지

〈표 9-4〉 CMI 다자화 분담금

	국가	분담금(억 달러)	분담금 대비 인출 비율
동북아3국 (80%, 960억 달러)	한국(16%)	192	1
	일본(32%)	384	-
	중국(32%)	384 (중국 342, 홍콩 42)	-
아세안10국 (20%, 240억 달러)	브루나이	0.3	5
	캄보디아	1.2	5
	인도네시아	47.7	2.5
	라오스	0.3	5
	말레이시아	47.7	2.5
	미얀마	0.6	5
	필리핀	36.8	2.5
	싱가포르	47.7	2.5
	태국	47.7	2.5
	베트남	10	5

자료: 기획재정부, "제 12차 ASEAN+3 재무장관 회의 결과" 보도자료, 2009.5.3; 박번순, "아세안+3 경제협력의 평가와 전망," 삼성경제연구소, *Issue Paper*: 12, 2009.10.22.에서 재인용.

대 형성을 선도해나가야 한다. 앞으로 한중일 3국이 양자 간 FTA 대신 다자 간 FTA를 추진하는 것이 바람직하다. 그동안 한일, 한중, 중일 간에 FTA가 논의되었으나 최근 한일 간의 협상은 중단되어 있고, 중일 간에는 논의가 없는 상태인데, 동북아 3국의 단일 FTA는 주요 공산품의 가격결정력을 제고하고 아세안을 자극하여 동아시아경제공동체 추진에 기폭제가 될 수 있다. 따라서 동북아 3국은 각국의 취약산업을 고려하여 다소 느슨한 수준의 FTA라도 초기에 추진할 필요가 있다.

둘째, 외환시장의 안정과 금융협력을 위해 아시아 통화기금(AMF)을 설치해야 한다. AMF는 현재 공동기금의 국별 분담비율을 할당했으며 연구조사 기능만 부가하면 실질적으로 통화기금으로 활용이 가능하다.

〈표 9-5〉 동아시아 경제공동체 추진 일정 (예)

<table>
<tr><th></th><th></th><th>2012</th><th>2017</th><th>2020</th><th>2025</th><th>2035</th></tr>
<tr><td rowspan="3">EAFTA</td><td>ASEAN+3</td><td>협상시작
(대만+홍콩)</td><td>협상완료</td><td>-</td><td>완전창설</td><td>관세동맹
완성</td></tr>
<tr><td>대양주</td><td>-</td><td>EAFTA
가입협상
시작</td><td>EAFTA
가입</td><td>-</td><td>-</td></tr>
<tr><td>인도</td><td>-</td><td>-</td><td>EAFTA
가입협상
시작</td><td>EAFTA
가입</td><td>인도의
완전통합</td></tr>
<tr><td rowspan="3">아시아
통화기금</td><td>ASEAN+3</td><td>Post - CM
구축
(대만+홍콩)</td><td>-</td><td rowspan="2">창설</td><td rowspan="3">-</td><td rowspan="3">*단일
통화도입</td></tr>
<tr><td>대양주</td><td>-</td><td>가입협상</td></tr>
<tr><td>인도</td><td>-</td><td>-</td><td>가입</td></tr>
<tr><td rowspan="3">동아시아
경제그룹
정상회의</td><td>ASEAN+3</td><td>출범</td><td>(대만+홍콩)</td><td>-</td><td>-</td><td rowspan="3">-</td></tr>
<tr><td>대양주</td><td>-</td><td>-</td><td>가입</td><td>-</td></tr>
<tr><td>인도</td><td>-</td><td>-</td><td>-</td><td>가입</td></tr>
</table>

자료: 박번순, “아세안+3 경제협력의 평가와 전망,” 삼성경제연구소, *Issue Paper*: 21, 2009. 10. 22.

셋째, 동아시아 경제공동체의 추진 주체는 아세안보다 동북아 3국이어야 하고 순차적으로 회원을 확대해나가는 것이 바람직하다. 아세안은 경제력이나 정신적으로 공동체 추진에 주도력을 가질 수 없기 때문에 한중일 3국이 앞장서야 한다. 한중일의 합의를 토대로 점차 아세안을 가입시키고, 여건에 따라 대만, 홍콩, 대양주, 인도 등으로 외연을 넓혀나가야 한다.

넷째, 한국이 경제발전과 민주화를 동시에 달성한 국가이자, 중국·일본과 같은 절대적인 영향력을 추구하지 않는 중진국(*Middle Power*)이기 때문에 유연한 체제와 아이디어로 동아시아 경제공동체를 발전시켜나갈 수 있다. 한국은 중국과 일본의 경쟁을 중재하고, 아세안과 책임 있는 동반자 역할을 담당할 수 있다. 한국이 이러한 주도적인 역할을 담당하려면 경제공동체 추진일정을 비롯하여 장기적인 청사진을 제시할 필요가 있다. 특히 한국이 동아시아 경제공동체를 주도하려면 아세안+2를 설득하여 동아시아 경제공동체를 추진하는 국제기구를 한국에 유치해야 한다.

마지막으로 아세안 경제발전과 아세안 내 발전격차 해소는 동아시아공동체 창설에 필요조건이므로 아세안의 경제발전을 지원해야 한다. 아세안 저개발국의 발전을 지원하기 위해 한-아세안 FTA를 충실히 이행하며 저개발국으로부터 수입을 확대해야 한다. 특히 베트남, 캄보디아 등 한국의 무역수지 흑자국에 대한 수입 기회를 발굴해나가야 한다. 또 아세안의 기술개발과 환경에 초점을 맞춘 한국형 공적개발원조(ODA)를 개발해서 지원해야 한다.

(3) 동아시아 안보공동체 수립

동아시아공동체의 마지막 단계는 안보공동체 수립이다. 동아시아 안보공동체는 1차적으로 안보 레짐을 형성하여 이를 점차 제도화시켜나가면서 궁극적으로 참여국들이 정체성을 공유하고 전쟁의 가능성을 완전히 제거하는 방향으로 나가야 한다. 우선 동아시아의 안보 레짐을 만들기 위해 안보에 대한 개념을 명확하게 정의하고, 다자 간 협력을 원칙화하며, 참여국들에게 분명한 이익을 보장해야 한다. 참여국들의 규칙위반 시 제재를 가할 수 있는 법적 구속력을 지닌 제도적 장치를 마련하고, 정책결정구조를 합리적으로 조정하면서 안보 레짐이 다룰 수 있는 문제의 범위를 설정해야 한다. 특히 협상과 상호협의를 거쳐 참여국들이 준수해야 할 이견 및 분쟁의 타결을 추구하고, 무력사용은 자국방어 목적에만 국한한다. 지역 안보문제에 영향을 미치는 모든 상황에 대해 정기적으로 의사를 교환하며, 타국의 이익을 저해하는 행위를 자발적으로 억제하는 노력도 필요하다.

유럽안보협력회의(CSCE)의 경험이 동아시아의 안보공동체 수립노력에 좋은 지침이 될 것이다. CSCE는 1973년 7월 유럽 국가들과 미국, 캐나다가 참여하여 유럽의 안보를 공동으로 논의하는 협의체로 출범하였으며, 오랜 협상과 진통 끝에 1975년 12월 군사적 신뢰구축, 병력 감축, 경제·기술 교류, 인권 향상 등의 내용을 담은 최종 선언을 발표하고 유럽안보협력기구(OSCE)로 발전하였다(엄상윤, 2010: 56). 유럽의 경험이 동아시아에 그대로 적용되기는 어렵지만 OSCE 외에 성공 사례가 없기 때문에 이를 벤치마킹하여 동아시아 안보공동체를 수립해나가야 한다. 특히 군비통제 레짐, 비확산 레짐, 검증 레짐, 위기관리 레짐 등을 포함한 다자 간 협력안보 레짐의 수립이 필요하다. OSCE 모델이 유용한 이유 중의 하나는 유럽에 속하지 않은 미국과 캐나다가 참여한 점을 고려해 볼 때 동아시아 안보공동체 수립과정에서 역외국인 미국을 소외시키지 않을 방안을 마련할 수 있기 때문이다. 특히 우리의 경우 한미동맹을 약화시키지 않으면서 역내 다자 간 안보 레짐을 수립하려면 유럽의 경험이 매우 유용하다.

동아시아 안보공동체 수립의 초기단계인 동아시아 안보협력 레짐에 참가할 국가들은 1차적으로 한중일을 중심으로 미국이 참여하는 것이 바람직하다. 한반도와 한국의 안보문제를 고려해 볼 때 참여국을 처음부터 동북아 이외에 동남아로 확대하는 경우 안보공동체의 실현 가능성과 효율성이 적을 것이다. 한편 유럽의 경험에서 알 수 있듯이 미국의 참여와 기여가 필요하다. 특히 중일 간 지역패권경쟁과 영토분쟁, 러일 간의 영토분쟁, 남북한 간의 군사적 긴장상태 등을 원만히 해결하기 위해서는 미국의 역할과 적극적인 개입이 필수적이다.

구체적인 동아시아 안보공동체 추진전략은 다음과 같다. 첫째, 동아시아 안보공동체 수립노력은 단계적으로 추진되어야 한다. 역내 경제협력을 비롯한 비군사분야의 협력이 군사안보 협력을 촉진시킬 수 있기 때문에 경제적 지역통합의 연장선에서 안보공동체를 만들어나가야 효과적이다. 그리고 군사안보 이슈를 다루되 상대적으로 협력이 용이한 비전통안보 이슈부터 협력을 시작해야 한다. 비전통분야의 안보협력이 전통적, 군사적 안보분야의 더욱 발전된 협력관계로 나아가기 위한 주춧돌 역할을 한다. 먼저 군사적 신뢰구축이 필요한데, 역내 국가들 간의 무기 등록, 무력적 분쟁해결 포기선언, 테러 및 해적 퇴치를 위한 관계국 간 정보교환 및 상호협력, 군사훈련 정보의 사전 통보 및 참관허용, 방위산업 협력 등을 점진적으로 추진해나가야 한다.

둘째, 동아시아 안보공동체 수립을 위해 기존의 역내 다자 안보협의체, 특히 6자회담체제를 발전시켜나가는 것이 바람직하다. ARF, APEC 등 기존의 다자 안보협의체 중에서 북핵문제 해결을 위해 동아시아 주요국들이 참여하고 있는 6자회담체제가 동아시아 안보 레짐의 모체가 될 수 있다. 이를 위해 6자회담을 통해 한반도 비핵화를 성공시킨 후 동북아 비핵지대화 건설을 위한 틀로 발전시켜나가야 한다. 또 한반도 평화체제를 수립하여 동북아의 평화와 번영을 보장할 수 있는 다자 안보협의체를 만들어나가야 한다.

셋째, 정부와 민간의 다양한 협력이 필요하다. 협력의 가능성을 극대화하기 위해 정부 당국 간의 협력은 물론 비정부 간 교류와 소통, 접촉과 협력을 적극 활용해야 한다. 정치적 · 군사적 신뢰구축을 위해서는 정치지도자들의 결단과 강한 의지가 중요한데, 일반 대중은 여론을 조성하고 학자나 전문가들은 구체적 방안과 전략을 제시해야 한다. 초국가적인 안보문제를 해결하기 위한 민간차원의 다자포럼을 비롯한 국가 간 협력체제를 구축하여 압력과 협조를 제공해야 한다.

마지막으로 동아시아 안보공동체 수립노력이 한국의 안전보장·한반도문제 해결과 긴밀히 연계되어 추진되어야 한다. 6자회담의 발전·확대 전략은 이미 이러한 점을 반영한 것이다. 한국의 경우 처음에는 기존의 한미동맹을 포괄적이고 역동적인 전략적 안보협력의 관계로 발전시켜나가는 가운데 이를 보완하는 차원에서 다자안보에 입각한 협력과 대화를 추진하는 것이 바람직하다.

2) 한국의 동아시아공동체 전략

한국의 동아시아공동체 전략의 최대 과제는 한미동맹을 훼손하지 않은 가운데 동아시아공동체를 효과적으로 만들어나가는 방안을 개발하는 것이다. 역외 국가이지만 동아시아에서 패권적 영향력을 행사하고 있는 미국은 기본적으로 동아시아공동체가 미국의 국익을 보장해 줄 것이라는 확신이 없기 때문에 동아시아공동체 수립보다 현행 미국중심의 패권적 질서 유지를 강력히 선호한다. 더욱이 중국이 경제성장에 걸맞은 역할이나 지위를 확보하기 위해 동아시아의 다자주의적 협력체를 적극적으로 지지함에 따라 미국은 더욱 대중견제를 위해 다자주의적 협력체에 참여하여 자국의 이해관계를 반영시키기 위해 노력하고 있다. 최근의 가장 대표적인 사례로서 미국이 종래의 입장을 변경하여 동아시아 정상회의에 참여하려는 것은 동아시아공동체 수립에 대한 관심보다 대중견제를 위한 포석에서 나온 것이다. 이와 동시에 미국은 동아시아에서 패권적 지위를 유지하기 위해, 그리고 새로운 패권국가가 등장하는 것을 막기 위해 기존의 양자동맹을 강화해나가려고 노력한다. 고이즈미 수상 시절에 부시

행정부는 미일동맹을 강화하였고, 이명박 정부 출범 후 부시 행정부와 오바마 행정부는 한미동맹을 강화했다. 더욱이 미국은 인도나 호주 등을 끌어들여 중국을 견제하려는 노력도 병행하고 있으며, 일본은 미국, 호주, 인도 등과 협력하여 중국을 견제하려고 노력한다. 미국이 인도와 관계를 개선하기 위해 2006년에 원자력협력협정을 체결한 것은 대표적인 사례이고, 일본은 중국을 견제하기 위해 동아시아 정상회의에 인도, 호주, 뉴질랜드 등을 가입시킨 데 이어 미국을 끌어들이고 있다. 이처럼 동아시아공동체 수립노력은 원칙과 규범에 입각한 진정한 의미의 다자주의적 협력보다 자국의 이익과 권력에 민감한 다자적 제도를 수립하려는 시도들이기 때문에 각국의 동아시아공동체 주장은 경쟁과 충돌이 예상된다. 한국도 이러한 복잡한 경쟁에서 완전히 자유롭지 못하고 오히려 분단 상황으로 인해 동아시아공동체 수립 노력은 더욱 어려움이 많다.

이러한 어려움을 극복하는 첫 번째 방안은 한국의 국익을 손상시키지 않고, 동아시아 국가들이 모두 동의할 수 있는 가치와 제도를 개발해나가는 것이다. 특히 왜곡된 근대이행과정에서 배태된 동아시아 국가들의 과거 경험에서 벗어날 수 있는 새로운 동아시아정체성을 개발해나가야 한다. 이를 위해 근대 국민국가의 배타성을 더욱 포용적이고 수용적인 질서로 변형하려는 노력이 필요하다. 우선 민족주의가 배타적이고 호전적인 흐름으로 변질되는 것을 막아야 한다. 근대 유럽에서 탄생한 주권적 국민국가는 아직도 세계질서에서 막강한 행위자로 행세하고 있는 것은 분명하다. 그렇지만 동시에 국민국가의 주권성에 대한 강조만으로 인류가 당면하고 있는 문제를 해결할 수 없다는 것도 분명해지고 있다. 왜냐하면 근대 국민국가가 민족주의적 배타성과 결부될 때 엄청난 불행을 가져온다는 것을 지난 인류의 역사가 여실히 보여 주었기 때문이다. 따라서 동아시아공동체의 모색에서는 국민국가의 틀을 완전히 벗어날 수 없지만 그 틀을 내적으로 유연하게 하고 다른 공동체에 대해 더욱 열린 자세로 변형시켜나가야 한다.

동아시아공동체를 수립하려면 한국이 앞장서서 새로운 정체성 확립에 모범적인 국가가 되어야 한다. 민족주의가 새로운 통로를 통해 발현되고, 민족적 정체성과 동아시아정체성이 서로 평화롭게 공존할 수 있는 정체성전략을 모범적으로 추진해나가야 한다. 최근 한국사회는 근대적 의미의 좁은 정체성에서 벗어나고 있다. 한국의 민족주의는 저항적 민족주의, 실용적 민족주의, 열린 민족주의, 보편적 세계주의 등의 단계를 거치면서 보편적인 가치관을 향해 나아간다. 외국인 100만 시대를 앞둔 한국인에게 민족을 정의하는 방법에 근본적인 변화가 일어나고 있다. 즉 민족을 정의하는 종족적 요인과 시민적 요인 중에서 시민적 요인이 더욱 중요하게 인식된다. 출생, 종교, 조상의 요인과 마찬가지로 언어, 국적, 장기 거주, 제도와 법 존중, 소속감 등이 중시된다. 특히 시민적 요인 중에서 소속감이 가장 높은 비중을 차지하고 있고, 장기 거주는 오히려 큰 비중을 차지하지 않고 있다(동북아역사재단, 2009: 160).

이제 동북아에서도 민족주의보다 자유주의에 기반을 둔 시장평화와 민주평화를 추구하는 노력이 필요하다. 역내 경제교류의 증가, 한중일 시민사회의 발전으로 인한 인적교류 증가는 이러한 노력에 긍정적으로 작용할 것이다. 앞으로 한중일 간의 인적, 물적 교류를 통해 민족주의가 대결 양상으로 나가지 않도록 제어해야 한다. 이러한 노력이 결실을 거두려면 한중일 시민사회의 연대가 필요하다. 동아시아의 정체성은 각국의 보통사람들이 다양한 네트워크형태의 교류와 협력을 기반으로 아래로부터의 요구와 합의를 이루어냄으로써 구성되고 정당화될 수 있다. 따라서 동아시아 시민사회의 다양하고 중첩적인 교류와 개방적인 공론의 장이 확대되어야 한다.

지금까지 동아시아다자협력 구상과 제도는 자국의 이익과 권력을 극대화하려는 노력에서 출발하였다. 단순한 국가이익중심의 제도적 구상은 반드시 한계에 부딪힌다. 새로운 동아시아공동체 구상은 강대국의 이익과 자국중심의 제도에서 벗어나 보편적 가치에 기반을 둔 새로운 지역질서를 염두에 두어야 한다. 모든 국가가 장기적 원칙에 합의하도록 하여 단기적 이익을 희생하더라도 지역이익에 봉사할 수 있도록 새로운 패러다임을 가지게 하는 선구적 역할을 해야 한다. 한국이 이른바 지역질서 변환자(*transformer*) 혹은 변환의 촉진자(*facilitator*) 역할을 맡아야 한다. 즉 한국이 근대적 세력균형의 정치를 동아시아공동체의 정치로 변화시키는 연성변환자(*soft transformer*)의 역할을 해야 한다. 연성권력을 바탕으로 동아시아질서의 근본적 변환을 한국이 주도하여 동아시아공동체 창출에 공헌하는 것이다.

둘째, 한국문제를 동아시아공동체 형성과 연결하여 다루어나감으로써 공동체 실현에 기여할 수 있을 것이다. 대표적인 예로 6자회담을 들 수 있다. 6자회담은 애초에 북핵문제를 해결하는 틀로 시작하였지만 시간이 지나면서 소위원회를 만들어 지역안보문제 전반을 논의하는 틀로 변화되었다. 특히 소위원회 중 동북아평화·안보체제 실무그룹은 동북아국가만의, 정부 간 다자 안보대화라는 점에서 그 성격상 실로 그 의미가 크다고 하겠다. 또 동북아평화·안보체제 실무그룹은 단순히 국가 간 이익에 기반을 둔 다자적 제도라고 볼 수 없다. 오히려 북핵문제의 평화적 해결, 대량살상무기 비확산, 동북아 핵질서의 안정성 확보라는 동북아국가 간의 공동의 가치와 원칙을 실현하기 위한 노력의 산물이라는 점에서 다자제도의 한계를 넘어 공동체를 지향하는 출발점으로 인식될 수 있다. 북한의 2차 핵실험과 천안함 사태로 인해 6자회담이 교착상태에 빠져 있으나 앞으로 6자회담을 통해 북핵문제 해결은 물론 한반도 평화체제 구축, 동북아평화 안보협력 체제를 만들어나가야 한다.

마지막으로 동아시아공동체 전략은 가능한 것부터 시행함으로써 점차 어려운 부분으로 넘어가는 것이 바람직하다. 특히 동아시아가 공통으로 당면한 문제, 예를 들면 인간안보의 문제 혹은 탈근대 이슈를 기반으로 한 공동체를 형성하는 전략이 필요하다. 황사와 같은 환경문제, 최근 중국 지진과 같은 재해, 테러, 난민 등의 문제를 대할 때 동아시아인들은 민족적 정체성보다 보편적 혹은 지역적 정체성을 가질 수 있다. 따라서 인간안보 현안은 왜곡된 근대이행과 어느 정도 분리된 상황에서 동아시아를 하나로 새롭게 보는 계기가 될 수 있다. 더욱이 정보혁명을 통한 정보화의 발전으로 앤더슨이 논하였던 인쇄자본주의의 정체성변화효과 같은 효과가 동아시아에서는 지역정체성 형성으로 나타날 수 있도록 노력해야 한다. 정보화시대의 정체성은 민족정체성 강화로 나타나기도 하지만 지역정체성 형성으로 갈 수 있는 중요한 계기가 될 수 있다.

3) 동아시아공동체 구상과 한반도통일구상의 연계

동아시아공동체 구상은 한반도문제의 해결 없이는 불가능하다. 지금처럼 북한이 개방과 개혁을 추진하지 않은 채 핵무기와 미사일을 개발하면서 선군정치를 계속하는 한 한반도의 평화는 물론 동북아의 평화는 달성되기 어렵고 한중일 3국 간에는 북한문제를 둘러싼 갈등이 해소될 수 없다. 이처럼 한반도문제의 해결은 동북아질서와 긴밀하게 연결되어 있기 때문에 동아시아 구상은 한반도통일방안과 연계되어 추진되어야 한다. 다시 말해 한반도통일은 단순히 남북한에만 영향을 미치는 것이 아니라 동북아질서를 변경하는 것이기 때문에 한반도통일방안은 반드시 동북아질서 재편방안을 포함해야 실효성이 있다. 이런 시각에서 동아시아 구상과 한반도통일방안을 연계시켜 설명해 보자.

앞에서 제시한 동아시아공동체 수립방안의 첫 단계인 인식공동체의 형성은 현존하는 북한체제의 성격상 한반도문제에 바로 적용할 수 없다. 따라서 동아시아 인식공동체를 형성하는 과정에서 가장 중요한 것은 동아시아공동체 수립을 위해 한반도의 평화가 필수적이며, 이를 위해 북한이 핵무기와 미사일 등 군사력을 중심으로 체제를 유지하려는 노력 대신 중국처럼 개방과 개혁을 추진해나가야 한다는 점을 동북아 지식인들이 널리 공유해야 한다. 특히 북한의 개방과 개혁을 위해 동북아국가들이

〈표 9-6〉 동아시아공동체 구상과 한반도통일구상의 연계

	동아시아	한반도
1단계	인식공동체	평화공동체
2단계	경제공동체	경제공동체
3단계	안보공동체	남북 국가연합
최종	정치공동체	남북 통일국가

다자적인 노력을 기울여나가야 한다는 인식이 널리 확산되어야 한다. 그리하여 북한의 군사적 도발이 점차 사라지고 한반도에서 남북한 간의 화해 협력이 제도화되어 한반도 평화공동체가 마련되도록 노력해야 한다. 동아시아공동체 수립방안의 두 번째 단계인 경제공동체 형성은 남북한경제공동체 건설과 함께 진행되어야 한다. 한국은 물론 미국·중국·일본 등이 북한의 시장경제화 노력을 지원하고, 기술과 자본을 제공하여 북한경제를 도약시킴으로써 북한경제가 동북아 경제체제에 편입되도록 노력해야 한다. 북한의 산업화는 북한 주민뿐만 아니라 한국·미국·중국·일본 등에도 경제적 이득을 제공할 것이다. 이들 국가의 자본이 북한의 값싸고 양질의 노동력을 활용하여 제품생산의 단가를 낮추어 상품의 경쟁력을 높이고, 투자와 수출을 할 수 있는 새로운 시장을 확보할 수 있다는 점에서 혜택을 볼 수 있다. 동아시아공동체 수립의 세 번째 단계인 안보공동체 수립단계에서 한반도의 경우 분단국가의 특성상 안보공동체 대신 남북한 국가연합의 탄생을 도모해야 한다. 북한이 산업화되고, 나아가 민주화되는 경우 남북한체제의 동질성이 높아짐에 따라 국가연합의 단계로 진입할 수 있을 것이다. 국가연합의 단계에서 남북한은 법적·제도적 통합을 추진하고, 경제·사회·문화적 이질성을 해소하여 통일국가의 기반을 튼튼하게 할 수 있다. 동아시아공동체 형성의 마지막 단계는 EU처럼 정치공동체를 수립하는 것이다. 이러한 시기에 한반도에는 남북 통일국가가 완성될 수 있을 것이다.

4. 새로운 한반도통일방안: 선진화통일방안[8)]

새로운 한반도통일방안의 기본 원칙은 다음과 같다. 첫째, 미래지향적인 동아시아 구상의 일환으로 한반도통일방안을 제시하는 것이다. 한반도 분단은 동아시아의 평화와 번영에 최대 걸림돌의 하나이기 때문에 이를 해결해야 한다. 다시 말해 한반도 분단상황이 계속되는 한 새로운 동아시아 구상에서 밝힌 동북아 3국 평화정립이 어렵기 때문에 한반도통일이 필요하다는 것을 중국과 일본은 물론 국제사회에 널리 알려야 한다. 특히 한반도통일이 20세기적 발상인 국민국가의 완성이라는 시각에서 접근하는 것이 아니라 동아시아의 미래통합을 위해 필수적이라는 것을 강조해야 한다. 20세기에는 개별 국가의 부국강병과 경쟁국가 간의 세력균형을 통해 평화와 번영을 추구하였으나 21세기에는 자유민주주의와 자본주의 시장경제의 원리 아래 통합과 관여를 통해 개별 국가를 넘어선 정치공동체 수립을 통해 영구평화와 공생공영을 도모해야 하는 것이다. 따라서 한반도통일문제는 특정 민족의 통합을 넘어서 동아시아의 영구 평화와 공동번영을 위해 이루어내야 할 과제다. 이러한 점을 강조함으로써 중국이나 일본은 물론 국제사회의 지지를 얻기가 쉬울 것이다. 독일통일이 유럽통합에 필수적이라는 점을 강조하여 서독이 통일의 위업을 달성한 점을 우리들은 교훈으로 삼아야 할 것이다.

둘째, 우리들이 한반도통일 과정과 결과에서 추구하려는 가치는 인류 보편적인 가치인 인권의 신장, 민주주의의 확산, 영구 평화의 추구, 공동번영이다. 남북한이 하나의 국가로 통일하려는 것은 이러한 가치를 구현하는 데 필수적이다. 특히 이러한 가치를 부정하는 현존 북한체제가 유지되는 한 동북아의 평화와 번영이 힘들기 때문이다.

셋째, 한반도 선진화통일방안의 기본방향은 북한의 정상국가화, 근대

---

8) 서론을 제외한 이 부분의 집필자, 조영기(고려대학교 북한학과 교수).

국가화를 도모하는 것이다. "근대국가화"란 북한의 산업화와 민주화를 의미하고, "정상국가화"란 북한이 국제사회에서 책임 있는 일원으로 참여, 즉 국제규범을 존중하는 국가가 되는 것을 의미한다"(박세일, 2010: 131). 따라서 통일과정의 첫걸음은 북한 지역에 시장경제의 도입을 위한 개혁과 개방을 추진하는 것이다. 또 기본적 인권조차 철저히 부정하는 전근대적인 정치적 지배의 완화가 시작되어야 한다. 동시에 북한이 비핵화의 약속을 이행하고, 군사력 강화를 통한 체제수호가 아니라 경제력 강화를 통한 체제정비에 나서도록 유도해야 한다. 한마디로 북한이 중국이나 베트남처럼 변해야 하는 것이다. 이것이 북한의 근대사회로의 진입이고, 정상국가화의 시작이다. 이러한 변화가 결국 남북 통합과 통일로 연결될 수 있을 것이다.

마지막으로 한반도통일의 기본전략은 관여(*engagement*) - 통합(*integration*)이다. 21세기 세계화시대에는 모두에게 이익이 되는 질서를 만들어나가는 방식이 관여와 통합이다. 관여 - 통합 전략을 통해 북의 개방과 개혁을 촉구하고 나아가 시장경제질서와 자유민주주의를 도입하도록 유도해야 한다. 이러한 노력은 북한지역에만 국한되지 않고 동북아 전체, 동북 3성, 연해주, 몽골 등에도 전파되어 동아시아의 통합에 기여하는 방향으로 추진되어야 한다.

1945년 한반도 분단 이후 상반된 체제에서 출발한 남북한의 국가경영 성과는 모든 영역에서 남한의 압도적 우위로 판명되었다. 따라서 통일의 과정에서 우리가 선택하여야 할 통일체제는 정치적으로는 민주주의, 경제적으로는 자본주의시장경제에 기반을 둔 남한의 국가발전모형이 그 전형이 되어야 한다. 한반도의 선진화를 목표로 하는 한반도 선진화통일 과정은 북한의 근대화와 선진화를 남북한의 통일과정에 녹여낼 수 있는가가 관건이다. 우선 선진화통일 과정에서 북한은 근대화준비단계로서 한반도 평화체제 수립, 북한의 산업화단계에 한반도 경제공동체 수립, 북한의 민주화단계에서 남북한 국가연합의 형성, 마지막으로 선진화통일 단계로 점진적 과정을 거치는 것이 바람직하다. 그리고 한반도 선진화통일 과정은 화해협력의 제도화단계, 한반도경제공동체 형성단계, 남북한연합단계, 통일한국단계로 점진적으로 발전해나갈 것이다.

1) 한반도 평화공동체 수립: 북한 근대화준비단계와 화해협력의 제도화

한반도 선진화통일방안의 첫 단계는 북한이 핵무기와 미사일 개발을 포기하면서 선군정치 대신 개방과 개혁을 본격적으로 추진하는 가운데 남북한 화해와 협력을 제도화시켜나가는 것이다. 국가발전의 측면에서 북한은 전(前)근대화의 상태에 있다. 따라서 한반도 선진화통일이 달성되기 위해서는 북한의 근대화가 선행되어야 하는데 이를 북한의 근대화준비단계라고 할 수 있다. 또한 북한의 본격적인 근대화는 남북한의 실질적인 화해협력의 기틀이 마련되어야 한다. 이런 측면에서 북한의 근대화준비단계는 남북 간의 화해협력을 제도화하여 선진화통일을 추진하기 위한 준비단계로서의 역할을 한다.[9]

북한의 근대화준비단계는 근대화로의 도약을 위한 선행요건을 충족시켜주는 단계라고 볼 수 있다. 이 단계에서는 ① 북한이 중국처럼 공산당 1당 독재체제는 유지되지만 과거 김일성이나 김정일의 1인 독재체제에서 탈피하고, ② 경제정책은 개방과 개혁을 통해 합리주의적 방향으로 이전함으로서 이윤동기에 따라 경제활동이 수행될 기반을 조성하게 되고, ③ 사회적 소득배분은 점차 자본가의 수중으로 옮겨짐으로써 산업구조가 농업에서 공업으로 이행되면서 본격적인 경제성장을 준비하고, ④ 대외개방을 통한 교역량이 늘어나고 국제경쟁력의 문제가 크게 제기된다(박승,

9) 남한과 북한의 준비 없는 교류와 통합추진은 오히려 통일에 장애가 될 수도 있기 때문에 교류와 협력을 철저한 준비 이후에 하여야 통일에 도움이 된다는 주장도 있다. 이와 관련된 내용은 박성조 외, 《남과 북 뭉치면 죽는다》, 랜덤하우스 중앙, 2005 참고.

1997: 94~95).

화해협력의 활성화는 한반도 평화유지에 크게 도움이 될 것이다.[10] 특히 화해협력 활성화의 성과는 통일과정으로 진입하는 전제조건이며, 화해협력의 성과가 과거로 되돌려지지 않도록 제도화되어 정착될 때 한반도는 완전한 평화공동체로 발전해나갈 수 있다. 화해협력을 거쳐 한반도 평화공동체가 수립되려면 당연히 북한이 체제전환의 의지와 행동을 보이면서 화해협력의 양적 활성화를 넘어 제도화단계로 발전시켜나가야 한다.

북한체제전환의 시작과 연동된 북한의 근대화준비단계는 북한경제의 개혁과 개방을 촉진하는 시장화와 산업화의 기틀을 마련하여야 한다. 이 단계에서는 '1민족 2국가 2체제 2정부'가 유지되지만, 체제전환의 의지와 행동이 뒷받침되는 가운데 남북한 간 사회·문화·경제 분야의 교류·협력의 활성화를 통해 평화공존관계가 제도화되고 정착되는 단계로 북한의 1인당 국민소득은 3,000달러를 목표로 한다.[11]

2) 한반도 경제공동체 수립: 북한의 산업화단계

한반도 선진화통일방안의 두 번째 단계는 북한의 산업화를 통해 한반

---

10) 화해협력을 통해 관련당사국이 평화상태를 유지하는 이론을 평화이론(*peace through trade*)이라고 한다. 그러나 평화이론이 늘 평화를 가져오는 것이 아니라 갈등도 수반할 수 있다는 점을 유의하여야 한다. 평화이론과 관련된 논의는 한충영, "남북한경제교류가 한반도평화증진에 미치는 효과 분석", 건국대학교 박사학위 청구논문, 2005 참고.

11) 남한은 1977년 1인당 국민소득 1,000달러를 달성했다. 이때 정부는 쌀막걸리의 생산을 허용하였는데 바로 '1인당 국민소득 1,000달러의 의미'는 국민들이 먹는 문제를 완벽하게 해결했다는 것이다. 이때의 1,000달러는 현재 기준으로 3,000달러 정도이다. 따라서 '북한근대화준비단계'에서 1인당 국민소득의 목표를 3,000달러로 한 것은 북한주민들의 식량난을 해결하는 수준이다.

도 경제공동체를 형성해나가는 것이다. 북한의 산업화단계는 북한지역에서 공업화가 본격적으로 진행되어 경제가 한 단계 도약하는 단계(*stage of take-off*)이다. 일반적으로 도약단계에서는 기존질서를 붕괴시키는 정치적 변화, 신시장의 출현, 신기술의 발명, 수출가격의 상승 등과 같은 자극이 중요한 역할을 한다(박승, 1997: 95). 이 단계는 남북한이 산업의 비교우위를 중심으로 산업구조의 재편과 한반도 전체경제의 도약을 위한 한반도 경제공동체(KEC: *Korean Economic Community*)를 마련하기 위한 기반이 될 것이다.

북한의 산업화단계는 북한의 근대화준비단계와 연속성을 가지고 북한의 경제적 근대화라는 틀 속에서 성숙화의 과정을 밟는다. 북한의 근대화는 경제의 산업화를 통해 가능하며, 산업화를 위한 체제개혁 — 시장화와 국제화 — 가 본격적으로 진행될 것이다. 이때 시장화 · 국제화는 국제적 기순(*global standard*)을 정립시켜 북한체제의 개혁에도 큰 영향을 미칠 것이다. 물론 따라서 북한의 산업화단계는 한반도 경제공동체의 기틀이 될 것이다(김영윤, 2006; 조영기, 2008).

북한의 산업화단계에서 북한의 경제체제는 본격적으로 '통일순응적' 체제로의 개혁과 변화가 진행될 것이다. 북한경제의 '통일순응적' 체제로의 전환은 '시장지향' 내지 '시장수용'의 본격화와 '개방순응적 경제'로의 전환을 의미한다. 따라서 이 단계에서 남한은 북한경제가 시장화, 사유화와 함께 대외무역을 통해서 세계자본주의 시장과의 소통을 확대하면서 경제의 활력을 찾을 수 있는 기반을 구축할 수 있도록 적극 지원할 필요가 있다.

북한의 산업화단계 완성은 본격적으로 한반도 단일경제(*unitary economy*)로 전환할 수 있는 토대를 마련한 것이기 때문에 종합적 한반도개발계획에 따른 산업구조의 재편, 수출주도 경제특구, 사회간접자본 확충 등이 진행되어야 한다. 북한의 산업화단계의 목표는 적어도 북한의 1인당 국민소득이 1만 달러가 되는 것이다.[12]

북한의 산업화단계는 남북한 국가연합의 초기단계로 남북한 협력이 용이한 경제문제에 치중하여 상호이해의 폭을 확대하여야 한다. 우선 경제공동체 형성에 치중하여 신뢰의 지평을 확대한 뒤 정치적 분야의 통합으로 나아가는 것이 순리이다. 이러한 의미에서 북한의 산업화단계는 남북한 국가연합단계의 완성은 물론 완전한 통합인 통일로 진행할 수 있는 토대가 된다.

남북연합은 대등한 관계에 바탕을 둔 정부 간 기구를 넘어 남북한의 공동현안을 협의하고 결정하는 초국가기구(*supranational institution*)가 설치됨으로써 가능하다. 그러나 남북한체제의 이질성을 감안하면 처음부터 초국가기구를 설립하고 가동하기는 어렵다. 특히 연합의 대상인 북한은 민주주의가 작동하지 않는 체제이기 때문에 민주적 의사결정과정을 거칠 수 없다. 그렇다고 북한이 민주화되기까지 무작정 기다릴 수는 없다. 그러므로 남북연합은 2단계에 걸쳐 진행되는 것으로 상정하는 것이 현실적이다. 물론 남북연합이 본격적으로 시행되려면 북한체제의 민주화가 완료되거나 최소한 민주화가 상당 수준 진행될 때 가능하다.

북한의 산업화단계에서 구축될 한반도 경제공동체는 경제를 위주로 남북 교류·협력의 제도화 수준을 넘어 시장화와 산업화를 통한 북한경제의 근대화를 성숙시키면서, 남북한의 평화공존을 축으로 하고 주변국들의 한반도에 대한 이익과 목표를 조정하면서 정치·경제·군사 등을 포괄적으로 협의하고 공동실천하는 기구로 발전시켜야 한다. 그러나 연합의 초기단계에 해당하는 경제공동체 형성단계에서 연합단계의 기구들[13]을 모두 구성하기는 어려울 것이다. 설령 모든 기구들이 출범하더라도

12) 남한에서 민주화가 시작된 1987년의 1인당 국민소득은 3천 달러 수준이었는데 이를 환산하면 약 1만 달러 정도 된다.

13) 연합정상회의, 연합각료회의, 연합집행위원회, 연합의회, 연합법원 등. 여기서 연합정상회의와 연합각료회의는 '정부 간 협의기구'이므로 남북연합단계가 유지되는 한 연합의 정책결정과정에서 핵심적 역할을 맡게 될 것이다.

북한이 민주주의적 법치국가로 변모하지 않는 한, 순조로운 작동을 기대하기는 어렵다. 요컨대, 연합의 초기단계인 한반도 경제공동체 형성단계에서는 경제분야의 초국가적 상설집행기구를 구성·가동하고, 정치·사회·문화 등 비경제적 분야에서 정부 간 또는 민·관 합치의 협의기구들을 가동하면서 북한이 산업화와 시장화 및 민주적 개혁의 추진, 그리고 동질성 회복 등이 가능하도록 적극 지원할 필요가 있다.

3) 남북한 국가연합 수립: 북한의 민주화단계

북한의 민주화단계는 산업화과정에서 자생적으로 발생된 시민의식과 북한의 산업화과정에서 축적된 남북한 간의 신뢰를 발판으로 북한지역에 정치적 민주화를 신장시키는 단계이다. 이 단계는 북한의 산업화과정 중에 형성된 경제·문화적 동질성 회복을 통해 정치, 군사, 외교와 사회 분야에서 동질성의 범위를 확대해 가는 과정이라 할 수 있으며, 남북한 간에 존재하는 이질성을 극복하여 남북한 국가연합(KU: *Korean Union*)을 완성하는 단계이다.

북한의 민주화단계에서는 남북한 간 경제의 상호보완성은 매우 높아질 것이며, 북한경제도 도약단계를 넘어 성숙단계(*stage of drive to maturity*)에 진입하게 될 것이다. 이 단계에서는 선도 산업을 주축으로 한 급속한 경제발전이 경제전반에 확산되고 파급되어 경제는 안정된 상태에서 지속적인 성장이 가능해져 산업구조의 고도화가 이루어진다. 이 단계에서 북한의 1인당 국민소득은 2만 달러에 육박할 것이다.

남북연합은 경제공동체를 바탕으로 차츰 '시민적 민족'(국민)이 형성되어 절차적 민주주의를 실행함으로써 가능하다. 남북국가연합은 남북한이 초국가적 '연합집행위원회'를 통해 경제뿐 아니라 정치, 군사, 외교와 사회, 문화 등 모든 분야에서 점진적 통합을 추진한다. 또 정치공동체 및 안보공동체의 창설을 모색하거나 공동 외교·안보정책을 수립한다.

북한의 산업화단계에서의 부분적 연합인 한반도 경제공동체의 공동 상설집행기구가 주로 집행기구의 성격을 갖는다면, 북한의 민주화단계에서의 전면적 연합인 남북연합에서는 연합집행위원회가 통일정부의 맹아적 형태를 띠게 될 것이다(정성장, 2005).

전면적 연합단계에서는 기본적으로 주권의 대부분을 남한과 북한의 정부가 보유하고 있기 때문에 여전히 남북정상회의와 남북각료회의 등 정부 간 협의기구가 정책결정에서 핵심적 역할을 하게 된다. 따라서 남북의회가 구성되더라도 커다란 권한을 위임받지 못하겠지만[14] 남북의회의 구성은 통합의 심화를 상징적으로 보여주는 것이다. 또한 남북한 간 통합이 심화되면 법적, 제도적 통합이 필요하게 된다. 예를 들어 남북의회 등이 창설되어 초국가적 기구의 비중과 역할이 증대하게 되면 남북한은 서서히 통일실현단계로의 이행을 준비할 수 있게 될 것이다. 남북연합에서 남북한이 정부 간 협상에 의해 통일헌법을 제정하고, 대외적으로는 통일국가를 대표할 수 있는 국가 원수직 신설과 함께 중앙정부(연방정부)를 창설하게 되면 통일실현단계로 진입하게 된다. 연합단계에서 통일헌법의 제정과 관련하여 유의할 점은 헌법제정의 주체가 의회대표일 수는 없다는 것이다(정성장, 2005). 통일헌법안을 의회대표가 마련한다는 것은 연합단계에서의 '국가 간' 관계에 부합하지 않기 때문이다. 더구나 북한이 민주적 법치국가가 되기 전에 북한과 통일헌법의 제정을 논의한다는 것 자체가 비현실적인 발상이다. 연합단계에서 의회가 할 수 있는 일은 정부에게 통일협상의 방향을 제시하고 통일협상이 바람직하지 않은 방향으로 전개될 때 이를 견제하는 것이다.

남북연합단계에서 구축된 생활권을 바탕으로 두 체제의 완전한 통합,

14) 연합의회는 남과 북의 국가적 이익을 각기 대변하는 의원들의 회의체가 아니라, 지향하는 이념과 정책에 따라 정당 간에 연합이 이루어지는 회의체가 될 때 비로소 초국가적 기구가 될 수 있다. 그런데 정당 간 연합은 북한체제가 실제적으로 민주적 다당제를 수용할 경우에만 가능하다.

곧 통일을 실현하게 될 것이다. 통일국가의 정부형태는 당시 국민들의 자유로운 의사에 따라 연방정부든 단일정부든 선택하면 된다. 다만, 주권 이양이라는 중요한 문제가 있기 때문에 연합제는 연방제로 발전할 가능성이 크다.

4) 한반도 선진화통일 완성단계

선진화통일 완성단계는 남북한이 함께 선진국으로 진입하는 것을 목표로 하는 통일국가의 출범이다. 물론 한반도통일국가는 남북연합의 연장선에서 완성되어야 한다. 이때 통일국가의 정부형태는 연방정부나 단일정부가 될 수 있다. 하지만 통일국가는 한반도 전역에 걸쳐 새로운 국가를 건설한다(*nation-building*)는 의미를 가지고 있기 때문에 '새로운 통일'(*neo-unification*)이어야 하며, 통일국가의 정부형태도 남북한이 함께 선진화라는 국가목표를 성공적으로 달성할 수 있는 형태여야 한다.

'새로운 통일'과 '선진화의 달성'이라는 측면에서 연합제에서 연방제로의 이행이 제도 친화적임을 고려할 필요가 있다. 연합제와 연방제, 두 제도 사이에 많은 차이점이 있음에도 불구하고 주권이양(主權移讓)이라는 중요한 공통성이 있기 때문에 연합제는 연방제로 발전할 가능성을 내포한다. 더 이상 연합제와 연방제에 이데올로기를 덧씌워 소모적인 논쟁을 할 것이 아니라 21세기형 국가건설에 맞는 정부형태를 연구하고 만들어야 한다. 따라서 '통일한국'의 연방제는 기존의 연방방식이 아닌 미래지향적 지방주권형 모델을 근간으로 한 새로운 국가건설차원의 연방제여야 한다.

통일국가단계에서는 먼저 남북연합에서 구축된 신뢰와 협력의 경험을 바탕으로 남북한을 하나의 국가로 통합하는 정치공동체 구축단계에 들어가게 될 것이다. 남북연합에서 남북한 정부에 의해 구성된 특별위원회가 통일헌법초안을 작성하면 연합정상회의에서의 심의와 남북의회에서의 자문을 거친 후 국민투표 또는 남·북 의회에서의 투표를 통해 승인받는 절차를 밟게 될 것이다.

남과 북이 하나의 정치공동체를 형성하게 되더라도 두 지역 간 경제발전수준의 격차와 사회문화적 이질성 때문에 남·북의 두 정부를 하나로 통합하기보다는 남북연합에서 중앙정부의 맹아 역할을 했던 남북집행위원회를 명실상부한 중앙정부 또는 연방정부로 확대 개편하는 것이 바람직하다.

통일국가의 초기단계에서는 일단 남과 북의 기존 정부가 지역정부 또는 주(州)정부의 형태로 각기 두 지역의 경제와 사회·문화 전반을 관장하고, 중앙(연방)정부는 외교와 국방 전반을 관장하면서 남북 간 발전격차를 좁히고 이질성을 해소하는 통합자 역할을 담당해야 한다. 또한 연합단계에서 상징적 기능밖에 부여받지 못했던 남북의회의 권한을 크게 증대시켜 통일국가의 연방의회로 개편하는 것이 바람직하다.

남북한은 장기간의 분단으로 이질성이 심화되어 있고, 특히 남한은 세계화시대를 맞이하여 민족적 정체성이 약화되는 반면 문화적·인종적 다원성이 강화되고 있다. 이러한 추세를 반영하면서 아울러 세계화시대 지역과 도시(광역도시) 중심의 다(多)주체화 발전전략에 따라 자유민주주의와 시장경제체제에 기반을 둔 연방제 통일방안이 바람직하다. 다시 말해, 남북한이 대등한 '1+1 방식'의 연방제는 오히려 통합과정이나 이후에도 남북 간 차이 때문에 심각한 갈등을 초래할 가능성이 높다. 따라서 21세기 국가발전모델에 비추어볼 때 생활권과 경제권을 고려한 도시중심의 다수의 주(州)로 구성된 연방제를 추구하는 것이 바람직하다.

■ 참고문헌

강준영(2009), “쏟아지는 ‘외교관계 이름’의 허와 실,” 〈신동아〉, 12: 204~211.

김성한(2009), “미국의 신안보 구상과 동아시아 전략,” 〈국방정책 연구〉, 25(4), 통권 86호, 겨울: 53~86.

김영윤(2006), 《남북경제공동체 형성전략》, 통일연구원.

동북아역사재단 편(2009), 《동아시아공동체 논의의 현황과 전망》, 동북아역사재단.

박번순(2009. 10. 22), “아세안+3 경제협력의 평가와 전망,” 삼성경제연구소, *Issue Paper*.

박성조 외(2005), 《남과 북 뭉치면 죽는다》, 랜덤하우스 중앙.

박 승(1997), 《경제발전론》, 박영사.

박철희 감수(2006), 《동아시아지역공동체 창출을 위한 한일협력》, 동아시아재단.

배영자(2008), “동아시아 지식 네트워크”, 하영선 편, 《동아시아공동체: 신화와 현실》, EAI: 329~360.

설규상(2008), “동북아 안보 다자주의와 인식공동체의 역할,” 〈동서연구〉, 20(1): 5~31.

신성호(2009), “오바마 행정부의 동아시아 및 한반도 동맹정책,” EAI 국가안보패널 보고서 39.

신윤환(2010), “기로에 선 동아시아 지역통합: 아세안+3과 동아시아정상회의,” 서남통신, http://seonamforum.net/newsletter (8월 26일 검색).

엄상윤(2010), “한국의 동아시아 안보공동체 구상: 특징과 과제” 〈국제관계 연구〉, 15(1), 통권 28호: 45~76.

이재현(2010), “미국의 동아시아성상회의 참여: 동아시아 지역에 대한 함의,” 외교안보연구원, IFANS Focus, 8월 17일.

이상현(2010), “오바마 행정부의 국가안보 전략”, 세종연구소, 〈정세와 정책〉 7: 12~15.

이상현 편(2006), 〈2020 국가전략〉, 세종연구소.

전재성 외 5인(2008), 《한국의 동아시아 미래전략》, 삼영사.

정성장(2005), “남북연합 형성전략”, 〈한국의 국가전략 2020〉, 세종연구소.

조영기(2008). "남북한경제공동체 형성전략 및 과제에 관한 연구", 국회정보위원회 보고서.

진창수 편(2009a), 《한일미래비전회의 보고서》, 세종연구소일본연구센터.

______(2009b), 《제 1차~6차 한일정책대화 보고서》, 세종연구소 일본연구센터.

하영선 편(2008), 《동아시아공동체: 신화와 현실》, EAI.

한충영(2005), "남북한경제교류가 한반도평화증진에 미치는 효과 분석", 건국대학교 박사학위 청구논문.

Bader, Jeffrey A. (2007), "The Dynamics of Change among China, Japan and The U. S.", *Brookings Council Speech*, Oct. 3.

Campbell, Kurt M., Nirav Patel, Vikram J. Singh, "The Power of Balance: America in Asia", *Center for a New American Security*, June.

Christensen, Thomas J. (2001), "Posing Problems without Catching Up: China's Rise and Challenges for U. S. Security Policy", *International Security* 25(4), Spring.

Clinton, Hilary Rodham(2009), "U. S. and Asia: Two Transatlantic and Transpacific Powers", presented at *Asia Society*, New York, Feb. 13, http://www. state. gov/secretary/rm/2009a/02/117333. htm.

Kaplan, Robert D(2000), "The Geography of Chinese Power", *Foreign Affairs*, May/June.

Leonard, Mark(2005), *Why Europe Will Run the 21st Century*?, Public Affairs.

Obama, Barack, & Joe Biden(2007), "Protecting U. S. Interests and Advancing American Values in Our Relationship with China, http://www. barackobama. com/

添谷芳秀 編(2004), 《日本の東アジア構想》, 慶應義塾大學出版會.

榊原英資(2009), "「成長戰略」などなくても良い", 〈文芸春秋〉, 122~126.

鳩山由紀夫(2009), "私の政治哲學", 〈VOICE〉, (2009), 132~141

鄧小平(1993), "和平和發展是當代世界的兩大問題", 〈鄧小平文選〉 제 3권, 北京: 人民出版社, 104~106.

胡錦濤(2007), “建設國際和諧社會是全國人民的愿”, http://www.sxgov.cn/ xwjj/ 10월 5일 인터넷 검색.

袁鵬(2007), “美國三大手段延緩中國崛起”, 〈廣州日報〉, http://world.people.com.cn/GB/1030/6565928.html, 11월 25일 인터넷 검색.

張蘊岭 主編(2001), 《伙伴還是對手》, 北京: 社會科學文獻出版社, 62~63.

郭震遠(2004), “和平崛起: 中國的必然選擇”, 〈中國評論〉 3월호.

溫家寶(2007), “建半島和平機制最重要是消除任何的冷戰”, http://www.chinanews.com.cn/gj/zgsy/news/ 4월 6일 검색.

李敦球(2007), “朝韓統一 障碍何在”, 環球日, http://world.people.com.cn/GB/1030/6372190.html, 〈人民日報〉, 2007년 11월 21일 제 1면.

10

한국의 세계공헌 전략

중견국 소프트파워 공헌의 전형*

모종린 · 김치욱 · 손 열 · 유현석

1. 서론: 지구촌전략과 세계공헌 국가

세계화의 진전은 새로운 도약과 위험을 동시에 제공하고 있다. 세계화가 가져오는 지구촌 문제군의 — 금융불안, 테러 및 대량살상무기 확산, 빈곤과 실패국가, 기후변화, 자원고갈, 식량문제 등 — 해결에 우리는 적극적으로 참여하고 주도해야 한다. 특히 우리나라가 이만큼 성장하기까지 세계 여러 국가들의 도움이 컸으나 오늘날 우리는 경제력에 비해 국제공헌은 미흡한 상황이다. 공적개발원조(ODA) 공여분의 확대와 함께 우리의 발전경험을 후진국에 전수하여 빈곤탈출을 돕는 등 다양한 국제적 지원 및 서비스를 적극적으로 전개할 시점이다.

문제는 비전과 전략이다. 우리나라의 지정학적 위치와 국가자원을 고려하고 세계공헌(*global contribution*)의 글로벌 트렌드를 반영한 차별적 세계공헌 비전과 전략을 수립하고 이를 실현하기 위해 제한된 자원을 집

* 각 절의 집필자는 다음과 같다. 1. 서론: 지구촌전략과 세계공헌 국가, 5. 결론 - 모종린, 2. 세계공헌 국가: 이론과 비전 - 손열, 3. 주요국의 세계공헌 전략 - 김치욱, 4. 한국의 세계공헌: 현황 및 논의 - 유현석.

중해야 한다. 우리나라가 모든 세계공헌 분야에 참여할 수도 기여할 수도 없는 것이 현실이기 때문이다.

현재 우리나라가 현실적으로 추진할 수 있는 세계공헌 전략은 중견국 소프트파워 공헌의 전형이다. 우리나라가 지구 및 지역공공재를 제공하면서 물질적 측면(하드파워)뿐만 아니라 공공재 생산에 필요한 지식, 리더십, 참여, 협치, 섬김 등의 소프트파워를 공급하는 국가로서 자리매김하는 것이다.[1] 소프트파워 전략의 추진이 무상개발원조 등 물질적 원조에 소홀함을 의미하지는 않는다. 소프트파워 전략과 물질적 원조는 분리할 수 없는 관계이다. 물질적 지원이 따르지 않는 소프트파워 프로그램은 수혜국의 신뢰와 지원을 받기가 어렵다. 소프트파워 전략은 또한 물질적 원조정책의 기본목표를 설명한다고 할 수 있다. 소프트파워 전략이 우리나라가 어느 분야에서 어떻게 공헌하기를 원하는지를 함축적으로 표현하기 때문이다.

자유무역, 금융안정, 기후변화, 개발협력, 아시아 지역주의, 북한 발전 등 현재 공헌적 문제해결능력을 요구하는 지구촌의 문제는 수없이 많다. 우리나라는 이러한 지구촌 이슈 해결을 위해 한국이 제공할 수 있는 소프트파워를 찾아야 한다. 이 보고서는 한국 소프트파워의 원천을 발전경험, 현재 발전단계, 지정학적 위치에서 찾을 것을 주장한다. 따라서 우리나라가 개발해야 하는 소프트파워로 자유주의적 국제주의를 지지하는 소프트파워, 선진국과 개도국을 가교하는 소프트파워, 아시아 정체성을 확립하는 소프트파워, 아시아 하드파워 경쟁과 패권을 견제하는 소프트파워, 북한문제 해결과 통일을 주도하는 소프트파워 등을 고려할 수

1) 이 보고서는 소프트파워 개념을 세계공헌을 위한 비물질적 수단으로 활용한다. 세계공헌을 우리나라의 외교적 목표로 설정한 후 소프트파워를 수단으로 세계에 공헌하는 방안을 제시한다. 세계공헌을 통해 우리나라의 소프트파워를 증진하는 또는 소프트파워를 통해 우리 외교 목표를 실현하는 방안은 여기서 주된 관심사가 아니다.

있다.

자유무역의 혜택을 가장 많이 받은 국가 중 하나로서 우리나라는 세계 자유무역체제를 유지할 책임과 자격이 있다. 우리나라는 보호무역주의에 의존할 수 있는 대외중심적 경제구조를 가지고 있기 때문에 보호무역을 정략적으로 활용할 수 없는데, 이 점이 자유무역에 대한 우리나라의 진정성을 높이는 요인이다. 실제로 우리나라는 그동안 다자 간 무역협상과 G20 정상회의에서 자유무역 유지를 위한 선도적 역할을 했다.

우리나라는 또한 경제성장과 민주화를 상대적으로 최근에 경험한 신흥국가로서 선진국과 개도국을 중재할 수 있는 능력이 있다. 우리나라는 한편으로 개도국의 입장과 어려움을 실제로 경험하고 또 한편으로는 개발원조에 대한 선진국의 제약을 이해할 수 있는 몇 안 되는 나라이다.

아시아의 부상은 우리나라에게 새로운 도전이자 우리나라가 아시아에 기반을 둔 세계화전략을 보색해야 하는 이유이다. 아시아가 세계중심지로서 인류발전에 기여하기 위해서는 아시아 정체성을 우선적으로 확립해야 한다. 제도와 능력을 중시하는 서양에 비해 동양은 전통적으로 사람과 정신을 강조한다. 아시아는 이러한 전통을 바탕으로 새로운 인류발전과 세계평화 모델을 제시해야 한다. 2008년에 서구에서 시작된 글로벌 금융위기는 공동체와 사람을 강조하는 아시아적 가치가 새로운 경제발전 모델의 기반이 될 수 있음을 보여준다.

아시아 속에서 한국의 정체성을 확립하는 것도 한국 세계공헌 전략의 과제이다. 한국은 아시아적 정체성과 더불어 한국적 정체성을 차별화하여 개발해야 한다. 예를 들어, 우리나라는 한국 불교와 유교의 차별성을 세계에 설명해야 한다. 그렇지 않으면 한국문화는 중국의 변방문화로 전락할 가능성이 높다.

아시아 경제의 부상에도 불구하고 아시아는 아직도 전쟁위협이 사라지지 않은 불안정한 지역이다. 미국중심의 지역안보체제가 약화되면서 군비경쟁 등 지역강대국 간 패권경쟁이 시작될 조짐도 보인다. 우리나라의 아시아전략은 패권국가 등장의 방지이다. 그렇다면 한국은 아시아가 4극체제로 — 중국, 한국, 일본, ASEAN — 발전하도록 유도하는 것을 국가전략으로 삼아야 한다.

세계공헌을 논하면서 북한문제를 무시할 수는 없다. 북한문제는 국제안보와 지역안보를 위협하므로 이미 글로벌이슈라고 할 수 있다. 우리나라가 북한문제 해결에 기여하지 못하면서 다른 글로벌이슈를 해결한다고 나서는 것은 앞뒤가 맞지 않는 처사이다. 최근 한반도통일만이 북한문제를 영구히 해결할 수 있는 유일한 방법이라는 인식이 확산됨을 주목해야 한다. 우리나라가 주변국과 국제사회를 대상으로 한반도통일의 당위성과 가능성을 적극적으로 설득해야 할 시점이다.

소프트파워 중심의 세계공헌 전략을 추진하기 위해서는 한국외교도 크게 변해야 한다. 현재 한국의 기여외교는 물적 기여를 바탕으로 기여를 국익증진의 수단으로 활용하는 실용적 외교라고 평가할 수 있다. 중견국 소프트파워 모델은 새로운 외교모델을 요구한다. 이 보고서는 글로벌 규범제정과 문제해결에 창의적으로 기여함으로써 지구 전체의 이익을 우선 고려하는 외교로 전환할 것을 건의한다.

그동안 한국외교가 글로벌이슈 논의에 대응적으로 참여했다면 앞으로는 글로벌이슈 논의를 주도하는 적극적인 자세가 필요하다. 또한 정부중심의 사고방식도 지양해야 한다. 다원화, 다변화된 외교환경에서 정부가 민간단체의 지원 없이 글로벌이슈 해결을 위한 소프트파워를 개발하리라고 기대하기는 어렵다.

세계공헌 전략은 미래의 문제가 아니다. 현재 우리 앞에 많은 세계공헌 과제가 놓여 있다. 다문화사회통합도 우리의 세계공헌 과제이다. 우리나라에 거주하는 외국인 노동자와 이민자의 인권과 생활환경을 보호하지 않고 국제사회로부터 세계공헌 국가로 인정받는 것은 불가능하다. G20 정상회의의 성공적 개최, ODA 기본법, PKO 파병법안, 아프가니스탄 파병동의안, 한미 FTA 비준, 이산화탄소 배출감축안 등이 주요 세계공헌 현안이다. 중단기적으로 대한민국주도의 통일프로세스를 가동해야 하는 과제도 남았다.

궁극적으로 세계공헌 외교는 국민의 지지를 얻어야만 성공하는 전략이다. 국내 경제상황이 어렵고 국내문제가 산재한 상황에서 국민들이 세계문제에 관심을 갖기를 기대하는 것은 무리일지 모른다. 하지만 우리가 외국의 도움으로 발전한 사실을 상기시키면서 세계공헌의 중요성을 설득한다면 세계공헌에 대한 사회인식이 크게 개선되고 지지를 얻을 것이다.

이 글은 총 5절로 구성된다. 제 1절은 서론으로서 글의 목적과 배경을 설명한다. 제 2절은 한국의 세계공헌 전략 비전을 제시한다. 한국이 소프트파워 전략을 선택해야 하는 이유와 소프트파워 전략의 추진 방향을 설명한다. 제 3절에서는 세계공헌 전략의 글로벌 트렌드를 소개하고 세계 동향이 한국에 주는 시사점을 도출한다. 제 4절은 현재 한국 세계공헌 외교의 현황을 평가하고 앞으로 추진해야 할 공헌외교 과제를 제시한다. 제 5절은 이 글의 결론이다.

2. 세계공헌 국가: 이론과 비전

1) 글로벌 코리아와 국격외교

(1) 구호에서 정책으로

탈냉전의 세상을 맞이한 지 30년에 가까운 시간이 지나는 동안 한국은 북방정책, 세계화, 아태국가, 동북아중심국가, 동북아균형자론 등 다양한 전략적 비전을 내놓았지만 예외 없이 많은 문제점을 드러냈다. 그러나 이러한 시행착오 속에서도 한국은 약소국, 개도국의 지위를 점차 벗어나 지역 및 지구의 의미 있는 행위자로 발돋움했다. 이제 한국은 지구적 차원의 주요행위자 역할을 지향한다. 현 정부가 내건 성숙한 "세계국가"(*Global Korea*)가 그것이다. 한국의 국제적 위상을 이렇게 설정한다면, 그래서 '선진일류국가', '고품격국가'가 국가이익 설정의 지표가 된다면, 구체적인 외교정책을 실현할 수 있는 주요 정책수단을 어떻게 설정할 것인지, 그리고 이를 인도할 전략개념(*guiding concept*)을 어떻게 잡을 것인지가 관건이다.

세계공헌(*global contribution*)은 한국이 국가의 품격을 높이는, 세계국가로 발돋움하는 주요 통로이다. 왜냐하면 세계공헌은 한 국가의 지구적 지위를 상징(*status symbol*)하기 때문이다. 패권국(*hegemonic power*)이 통상적으로 세계공헌을 주도하는 것은 이런 까닭이다(Kindleberger, 1973; Krasner, 1985; Gilpin, 2001). 한국이 한반도에 갇힌 분단국, 상대적 약소국으로부터 지역과 지구로 뻗어가는 중견국(*middle power*)으로 변환하기 위해서는 지구공공재(*global public goods*)에 투자하여 지구적 위상을 높이는 국격외교를 체계적으로 펼쳐야 한다. 특히 주변 4강에 비해 물질적 자원(하드파워 자원)이 열세한 한국의 현실을 감안할 때 소프트파워적 접근은 상대적으로 강조되어야 한다.

21세기 국제정치는 지구화와 민주화, 정보혁명, 특히 인터넷의 확산으로 대변되는 삶의 물적·지적 조건의 변화를 바탕으로 해서 권력의 본질이 변화하는 장이다. 소프트파워는 이러한 권력현실을 담는 개념으로서 한국의 국격외교는 상대방의 마음을 끄는 권력작용에 초점을 맞추어 이루어질 필요가 있다. 한국은 소프트파워적으로 공공재를 제공하는 세계공헌 국가를 지향해야 한다.

이 글은 다음과 같이 구성된다. 첫째, 세계공헌을 지구공공재 제공으로 정의한 다음, 둘째, 중견국으로서 세계공헌론의 필요성과 조건을 논하고, 셋째, 그 인도개념으로서 소프트파워를 제시한다. 끝으로, 한국의 위상에 걸맞은 소프트파워론을 바탕으로 한 세계공헌 국가의 비전을 제시한다.

(2) 국제적 추세

세계공헌론은 그동안 주로 강대국의 담론이었다. 미국은 압도적인 하드파워를 보완하는 기제로서 소프트파워 활용을 제기하면서 "미국만이 제공할 수 있는 공공재를 국제사회에 제공함으로써 미국의 우월적 지위를 유지"하려는 의도를 숨기지 않고 있다(CSIS Commission on Smart Power, 2007). 대테러전 수행에서 보여준 하드파워 전략의 한계를 세계공헌이란 소프트파워 전략으로 만회하겠다는 것이다. 2008년 금융위기를 기점으로 상대적으로 하락하는 하드파워를 소프트파워로 만회, 균형을 이루려는 시도를 더욱 적극적으로 하고 있다. 오바마 정부는 군사뿐만 아니라 금융, 기후변화, 개발 등 다양한 분야에서 국제 레짐 형성을 위한 양자적, 다자적 공헌을 외교정책의 중심축으로 삼고 있다(Campbell, 2008; Clinton, 2009a, 2009b; State, 2005, 2009).

한편, 중국은 국운상승에 걸맞은 또 한 차례의 매력공세(*charm offensive*)를 준비하고 있다. 1997년 동아시아금융위기 시 위안화절상 압력을 포기함으로써 역내 경제질서의 안정에 기여한 중국은 지역공공재로서 다자제도를 적극 추구했다. 또한 북핵위기를 처리하는 6자회담의 중재자로서 역할을 수행함으로써 동북아 안보질서의 안정자(*stabilizer*)란 공공재를 제공해왔다(Shambaugh, 2004; Ramo, 2004; Kurlanzick, 2008; 조영남, 2008). 이제 글로벌 금융위기의 최대 수혜국으로서 중국은 G20, Cop 15 등에서는 개도국의 대변자로서, 주요 국제기구에서는 강대국으로서 조심스럽게 지분을 확대하는 등 세계공헌을 위한 투자를 아끼지 않고 있다. 나아가 중국은 베이징 컨센서스, 대중화유가문화권 비전 등을 통해 중국주도의 세계질서를 꿈꾸고 있다.

끝으로 일본 역시 한계 내에서 노력을 기울이고 있다. 1990년대에 들면서 일본에서는 미국에 필적하는 경제력에 걸맞은 국제공헌을 하여야 한다는 담론이 제기되었다. 당시 오자와 이치로(小澤一郎, 1993)의 보통국가론, 후나바시 요이치(船橋洋一, 2003, 2005)의 글로벌 시빌리안파워론이 대표적이다. 경제대국으로서 돈을 활용한 개발협력, 인간안보분야 협력, PKO 협력 등의 국제공헌을 체계적으로 확대했다. 또한, 하토야마 정권이 등장하면서 가교론, 동아시아공동체론 등을 통해 번영(개발과 경제연계), 환경(녹색아시아), 재해방지, 우애의 바다(海) 등 분야에서 공공재 제공의 선도적 역할을 자임하고 있다(Hatoyama, 2009).

요컨대, 동북아 주요 강대국들은 예외 없이 세계공헌을 통해 지역질서 및 지구질서의 구축에 주도권을 잡으려는 경쟁을 가속화하고 있다. 한국이 단기적, 이슈중심적, 한반도중심 외교를 벗어나 새로운 국익계산법에 근거해 전략적 지평을 열어야 하는 까닭이 여기에 있다.

2) 세계공헌론

(1) 세계공헌 국가의 개념

세계공헌 국가란 지구공공재(*global public goods*)를 정의하고 제공하는 국가이다. 모두가 원하지만 쉽게 제공되지 않는 재화 및 서비스를 제공하도록 노력하는 것이다. 또한 제공의 범위를 동아시아로 좁힌다면 지역공공재(*regional public goods*)를 정의하고 제공하는 국가이다. 여기서 공공재란 국경을 넘어 비경합적(*non-rival*), 비배제적(*non-excludable*)으로 소비할 수 있는 재화 및 서비스를 말한다. 다자 무역·투자·금융규범 제공, 개발협력, 평화(PKO 포함), 공공보건, 환경보호 등을 꼽을 수 있다. 한편, 지역을 단위로 생각해 볼 경우 클럽재(*club goods*)도 포함될 수 있다. 한국이 동아시아를 단위로 한 자유무역제도(East Asian FTA)를 제공하는 데 핵심적 역할을 한다면 그 수혜는 동아시아란 지역의 회원(*club member*)에게만 돌아가는 것이다.

이런 점에서 국제공공재의 제공은 〈표 10-1〉에서 보듯이 공유자원(*common goods*), 공공재(*public goods*), 클럽재(*club goods*) 세 영역을 포괄한다.

〈표 10-1〉 공공재의 정의

	배제성(*excludable*)	비배제성(*non-excludable*)
경합성(*rivalrous*)	사유재(*private goods*)	공유자원(*common goods*)
비경합성(*non-rivalrous*)	클럽재(*club goods*)	공공재(*public goods*)

일반적으로 공공재를 제공하기 위해서는 집단행동(*collective action*)이 필요하다(Olson, 1980). 일국 차원에서 공공재는 국가가 집단행동을 주도하여 제공하는 경우가 대부분이다. 폭력을 독점한 국가는 과세를 통해 공공재를 제공한다. 문제는 국제적 차원이다. 세계정부(*world government*)가 부재한 상황에서 공공재는 국제협력 즉, 국가 간 협조 하에서 이루어질 수밖에 없다. 국가 간의 집단적 공헌이 요구되는 것이다.

(2) 지구공공재와 패권국

국제정치이론은 지구공공재가 강대국의 필요와 이익에 합치될 때 제공된다고 설명했다. 국제협력이 점차 지구적 차원의 주고받기의 성격을 갖는 한 협상은 더욱 어려워지기 때문이다. 패권안정이론(*Hegemonic stability theory*)이 대표적이다. 패권국의 존재가 세계질서의 안정에 필수요소라는 것이다. 패권국은 국가 간 집단행동을 보장하고 일부 국가의 일탈행동(*free ride*)을 억제함으로써 공공재 제공(=국제질서의 안정)을 가능케 한다. 그 수단은 이면보상(*side payments*), 제재(*sanctions*) 등 하드파워뿐만 아니라 이념, 의제설정, 틀 만들기(*framing*) 등 소프트파워 자원을 포함한다. 그렇다면 패권국은 왜 공공재를 제공하는가? 킨들버거(Kindleberger) 등 자유주의자는 공공선이란 관점에서 설명한다. 그러나 더 많은 전문가들은 현실주의의 입장에 서서 공공재 제공이 패권국의 이익(지정학적, 경제적 이익)과 합치될 때 이루어지는 것이라 믿는다(Gilpin, 2001; Krasner, 1985). 예컨대 미국이란 패권이 자유주의적 국제경제질서를 구축하는 데 선도적 역할을 담당한 까닭은 자국을 포함한 지구촌 모두의 후생을 위한 것뿐만 아니라 자국의 이익을 극대화하는 수단이기 때문이라는 것이다. 이런 점에서 패권국의 존재는 공공재 제공의 필요조건이지 충분조건은 아니다.

(3) 공공재 제공의 요인

이러한 국제정치학의 논의에 따르면 지구공공재는 패권국의 복합적 고려에 의해 제공됨을 알 수 있다. 첫째, 지구공공재 제공은 이타주의(*altruism*)에 근거한 자선(*charity*)이란 측면을 가진다. 식민지 지배의 굴레(*postcolonial condition*)를 벗어나지 못한 지구적 약자(*global south*)를 보호하여야 한다는 논리가 그것이다. 둘째, 지구공공재 제공은 책무(*responsibility*)란 성격을 가진다. 자국이 지구공공재의 수혜자였다면 이를 수호하고 확장하는 데 기여하여야 한다는 논리이다. "수원국에서 공여국으로"라는 구호가 그러하다.

그러나 이러한 자유주의적 이유(*liberal causes*)만으로 패권국이 공헌에 나서지는 않는다. 자국도 결국 이득을 공유할 때, 공공재 제공에 따른 물질적 이득 환수가 가능할 때, 세상은 움직인다. 또한 현실주의자들은 지정학적 이익이 결부될 때 공공재 제공에 나선다고 본다. 냉전이란 안보적 고려로 동아시아 국가들(예컨대, 일본, 한국, 대만)에 자유무역 레짐을 부여하고 그들의 무임승차를 부분적으로 용인한 미국의 전략이 그 사례이다(Ikenberry, 2002).

끝으로 지구공공재 제공은 소프트파워를 신장하는 데 주요한 수단이다. 적극적으로 지구공공재 투자에 참여하여 타국을 돕는 일은 자국의 국제적 평판과 품격을 높이는 효과적인 길이다. 앞서 언급하였듯이 미국의 스마트파워위원회(CSIS Smart Power Commission, 2007)는 지구공공재 제공이 시혜가 아니라 소프트파워 신장의 주요 수단임을 지적하고 이를 효과적인 외교정책수단으로 활용할 것을 권고한 바 있다. 이어 오바마 정부 출범과 함께 클린턴 국무장관은 개발원조(USAID)를 미국 외교의 양대 축으로 격상할 정도로 중시하고 있다(Clinton, 2009a). 예컨대, 개발협력자금(해외원조)을 공여하여 성공국가로서 인류평화에 기여하고, 국내기업의 해외활동을 지원하여 물질적 이익의 환류를 기하며, 상대국(수원국)의 마음을 끌어옴으로써 전략적 목표를 달성하는 효과를 기할 수 있는 것이다.

3) 중견국의 세계공헌

(1) 공공성의 정의

패권안정이론이 지시하듯이 지구공공재는 패권국에 의해서만 제공되는 것인가? 패권적 이익과 합치되지 않는 공공재는 제공될 수 없는 것인가? 21세기 권력장이 갖는 특징 즉, 소프트파워의 비중이 증대되는 맥락을 고려해 보면 비패권국이 가질 수 있는 영향력은 비교적 뚜렷하다. 하드파워의 열세에 있는 이들이 공헌할 수 있는 공공재 제공의 영역이 존재한다.

본시 특정 재화/서비스의 '공공성'(*publicness*)을 지구촌의 모든 구성원(국가)들이 공유하는 것은 아니다. 지구공공재란 의제를 설정하는 경우, 서로 다른 구성원들 간의 '형평성'(*equity*)이 쟁점으로 부각된다. 예컨대, 개도국은 기후변화에 높은 가치를 두지 않는다. 공중보건이나 투자 레짐에 더 많은 관심을 갖고 있으며, 또 특정국은 반테러 레짐이나 국제금융시장의 안정성에 더 큰 공공성을 두고 있다. 패권국의 이익에 따라 의제가 설정될 경우 지구공공재가 기존의 불평등 상황을 악화시킬 수 있다. IT 레짐이나 자유무역 레짐은 승자독식의 세계를 초래할 위험성이 있고, 그만큼 지구적 차원의 반발도 있었다. 이런 점에서 지구공공재 의제를 설정할 때 서로 다른 국가·주민의 우선순위가 공평하게 고려되어야 하는 것이다.

공공성의 정의는 하드파워를 넘는 소프트파워 영역이며 더 이상 패권국 혹은 강대국의 독점 영역이 아니다. 비패권국, 특히 중견국(*middle power*)의 역할은 여기서 찾을 수 있다. 중견국은 패권국의 무지(*neglect*)를 일깨우고 지구적 약자의 목소리를 대변하는 가교(*bridge*) 역할을 할 수 있다. 이럴 때 공공성이 확보되고 국제협력이 공고화되는 것이다.

(2) 중견국 외교

중견국 외교는 어떤 역할 특징을 가지는가? 패권국과 달리 중견국이란 개념은 관계적, 상대적 개념이다. 제국, 패권국, 강대국, 약소국 등이 나름대로 절대적 권력지표와 국제체제 속에서의 지위, 임무, 기능을 포함하는 개념인 반면, 중견국은 중간 개념으로서 명확한 절대적 개념을 가지고 있지 않다(김치욱, 2009). 강대국과 약소국 사이에 있는 개념으로서 체제 속에서의 위치 스펙트럼이 넓어 체제 내의 지위가 중견국 외교의 임무와 운명을 결정하기에는 어려움이 있기 때문이다. 그런 이유로 보통 중견국의 외교는 틈새외교(*niche diplomacy*)이며, 애당초 만들어진 목적을 꾸준히, 일관되게 추진해나가는 외교라기보다는, 국제상황과 세력배분구조의 변화, 9·11과 같은 지구적 사건의 변화에 적응하는 사후적이고 상황적응적인 외교로 인식된다.

그런 가운데에서도 중견국 외교는 일정한 특징을 보인다. 이론적으로 중견국 외교는 현실주의와 자유주의, 구성주의적 측면에서 서로 다른 특징이 부각된다. 현실주의 관점에서 중견국 외교는 강대국과의 파트너십, 그 속에서의 제한된 비판을 특징으로 한다. 반면 자유주의 관점에서 중견국 외교는 자유주의적 국제주의 추구, 지역 다자주의(*regionalism*), 국제제도·기구의 중시, 법적·제도적 절차와 정책자원 중시, 시민사회 힘의 적극적인 활용, 연성균형(*soft balancing*)의 추구 등을 특징으로 한다. 구성주의 관점에서는 가치외교, 정체성 정치(*identity politics*), 규범 설정(*norm entrepreneurship*) 등 규범 생산과 정체성 영향력을 중시한다고 분석할 수 있다(전재성, 2009).

또한, 각 중견국이 가지는 지리적 · 정치적 상황에 따라 중견국 외교의 특징을 구분할 수도 있다. 호주와 캐나다처럼 국제체제 내 위치적 변수가 중견국이나 지리적으로는 고립된 경우가 있는가 하면, 위치 변수는 덜 강력하나 지리적이나 상황적으로 중요한 이른바 '축이 되는 중견국'(*pivotal middle power*)도 존재한다. 축이 되는 국가란 일정지역 내에서 지리 · 국력 요충지인 이른바 거점국가를 말한다. 거점국가는 일반적으로 중재자로서의 역할을 수행할 수 있다. 국가 간 이견과 경쟁, 갈등을 해결할 수 있는 압도적인 하드파워를 소유하지 못한 상황이지만, 중요한 유인을 제공하여 분쟁당사국 혹은 주변 이해관계자들을 설득하여 협력을 유도할 수 있다(Hamson, 1992; Chase, 1996).

중견국이 가교로서 중재자 역할을 하려면 자신의 중재 의도 및 성격이 중요하다. 중재자들과 분쟁당사자들이 기존에 어떠한 관계를 유지하였는가, 분쟁당사자들 간의 권력배분 및 권력차이는 어떠한 모습을 보이는가가 중요한 요소들이다. 또한 중재자의 성격과 관련하여 중재자의 중립성 및 초(超)당파성, 권력자원, 지위도 중요한 요소로 대두된다. 중재자가 분쟁에 중립적인 입장에 있는 것이 중재에 유리한가, 혹은 어느 한쪽에 기울어진 상황에서 입장을 명확히 밝히는 것이 유리한가는 중재의 성공에 중요한 요소이다. 더불어 중재자의 권력자원이 하드파워인가 혹은 소프트파워인가 역시 중요한 요소이다. 단순히 하드파워만으로 중재가 성공하는 것도 아니고, 또한 전략적 비전을 제시하는 소프트파워를 가지고 있다고 하더라도 하드파워를 가지고 있지 않으면 성공 가능성이 줄어들기 때문에 양자의 조합이 중요하다고 볼 수 있다(전재성, 2009).

(3) 한국의 지위와 역할

한국은 중견국이다. 또한 동북아지역 내 거점적 성격을 가진 중견국이다. 따라서 이에 걸맞은 중견국의 외교를 행사할 필요가 있다. 중견국으로서 한국은 미국과 같은 패권국과의 현실주의적 양자관계와 자유주의적 다자외교 사이에서 고민하고 움직이게 된다. 여기서 한국은 한편으로 가치외교나 자유주의적 국제주의 혹은 다자주의 외교를 추구할 수 있다. 또한 다른 한편으로는 거점국가로서 강대국 간, 혹은 강대국과 약소국 간의 가교 및 중재 역할을 수행할 수 있다.

약소국에서 중견국으로의 도약과정에서 지구공공재를 향유한 일종의 무임승차자(*free rider*)로서 한국이 향후 지구공공재 제공에 기여해야 하는 책무를 분명히 인식해야 한다. 그 책무는 강대국의 세계공헌을 답습하는 데 그치는 중견국, 즉 패권적 질서를 유지하고 정당화하는 역할이라는 편승의 기능을 넘어서, 강대국의 내부비판자 혹은 부분적 문제제기자, 약소국의 이해대변자, 새로운 규범창조자로서 새롭게 자리매김할 필요가 있다.

한편, 이러한 역할을 수행하기 위해서는 공공재 투자를 소프트파워 향상의 주요 수단으로 삼는 새로운 발상법이 필요하다. 이는 곧 장기적이고 광범위한 이익을 위해 단기적, 소규모적 이익을 희생할 수 있는 새로운 이익 계산법이다. 지구공공재 제공의 효과는 장기적으로 일어난다. 투자에 따른 단기적 이익 회수를 염두에 두고 행할 수 없는 사안이다. 그간 한국은 한반도 안정과 평화라는 눈앞의 시급한 문제를 해결하기 위해 거의 모든 외교역량을 기울였다. 한국이 지구적 투자에 인색한 까닭은 여기에 있다. 그러나 소프트파워는 장기적으로 한국에 유리한 환경, 즉 한국이 원하는 정책을 추진할 수 있는 여건을 만들어주는 역할을 한다. 이에 따라, 한국과 같은 중견국은 제한된 자원을 장기적 프로젝트에 투자할 여력이 크지 않은 만큼 한정된 자원을 유효적절하게 배분하는 지혜가 필요하다.

다음으로, 한반도 주변상대국이 지구 4강인 만큼 동북아지역 내에서 한국의 영향력은 제한적일 수밖에 없다. 따라서 한국이 동북아에서 일정한 지분을 확보하려면 오히려 동북아 밖에서 공을 쌓아야 한다. 그래야 국제사회의 지지를 얻을 수 있다(이근, 2006). 지구공공재 투자는 바로 이런 차원에서 수행되어야 한다.

(4) 소프트파워 외교: 개념적 비판

소프트파워는 미국의 국제정치학자 나이(Nye, 2004)가 창안한 개념이다. 돈이나 무력과 같은 물질적 자원을 사용하여 상대방을 강제하는 하드파워와 달리 소프트파워는 지식, 이념, 문화, 외교술과 같은 비물질적 자원을 활용하여 상대방이 나에게 호감을 가지게 하는 능력을 의미한다. 이런 권력작용은 역사적으로 볼 때 그리 새로운 것은 아니다. 그 현상은 이미 존재했지만, 다만 19~20세기 국제정치의 존재론적 특징이 소프트파워보다는 하드파워 개념과 좀더 친화성이 있었기에 상대적으로 개념화가 늦은 것뿐이다. 반면 최근 지구화와 민주화, 정보혁명, 특히 인터넷 확산으로 대변되는 우리 삶의 물적·지적 조건의 변화를 바탕으로 새로운 권력작용이 부상하는 시대가 급속히 도래하였고, 나이(Nye)는 새로운 개념 없이는 제대로 포착되지 않는 권력현실을 소프트파워라 칭하며 이해하고자 했다.

나이가 그려내는 소프트파워의 부상은 권력의 작동방식과 권력자원에 대한 두 가지 논의를 중심으로 설명된다. 먼저 권력은 강제, 회유, 의제설정, 매력 등의 네 단계에 걸친 행위의 스펙트럼을 따라서 명령으로부터 동조에 이르는 과정을 거쳐서 작동한다. 또한 이들 네 단계는 각각의 행위에 친화적인 권력자원을 활용하게 되는데, 이들은 무력과 제재, 보상과 매수, 제도, 가치와 문화 및 정책 등이다(Nye, 2004: 8). 이러한 나이의 개념적 도식에서 보면, 소프트파워란 '강제나 보상보다는 사람의 마음을 사로잡아 원하는 것을 얻어내는 능력'이다. 특히 국제적정당 차원에서 소프트파워는 한 나라의 문화나 민주주의, 인권과 개인적 기회의 보장 등과 같이 그 나라가 추구하는 정치적 목표와 제반 정책 등에서 우러나오는 매력과 관련된다. 소프트파워란 어느 나라의 가치체계를 존중하고 그 나라를 본받고자 하며, 번영과 개방 수준을 동경케 함으로써 그 나라를 뒤따르게 하는 권력이다. 소프트파워는 국제정치 무대에서 의제를 설정하는 능력이고, 국가행위의 정당성과 도덕성에 기반을 두는 권력이다. 또한 소프트파워는 하드파워의 정당한 행사나 보편적인 국제규범의 추구 등과도 밀접한 관련이 있다.

이러한 논의를 바탕으로 나이는 부시 행정부 시기 미국이 안고 있는 문제가 미국의 문화나 가치 및 이념의 실추, 그 자체에서 비롯된 것이 아니라 특정한 외교정책상 오류에서 발생한 것이라 판단한다. 나이의 인식 속에서 냉전기까지 미국의 소프트파워는 상대적으로 성공한 작품이었다. 소프트파워의 전쟁이라는 관점에서 보았을 때 미국이 제2차 세계대전에서 승리하고 냉전을 거치면서 소련의 붕괴를 유도해 낼 수 있었다는 것이다. 그러나 냉전이 끝나자 미국 정부에서는 소프트파워에 대한 관심이 저하되고 공공외교에 대한 노력을 경시하게 되었다고 비판한다(Nye, 2004: 99~125). 21세기 정보화시대는 단순한 선전을 넘어서는 공공외교(*public diplomacy*)의 필요성이 더욱 강조되는 시기임에도 불구하고, 부시 행정부는 오히려 소프트파워의 외교를 소홀히 취급했다는 것이다. 이러한 시각에서 보면, 최근 중동과 중앙아시아 문제는 미국의 소프트파워 외교가 안고 있는 난제를 반영하는 사례임이 분명하다. 21세기의 첫 계단에서 세계적으로 일고 있는 반미주의는 미국이 소프트파워를 경시한 결과라는 것이다(Nye, 2004: 117~147; Nye, 2008a).

그러나 개념이 딛고 있는 이론적 혹은 메타 이론적 맥락을 고려할 때, 새롭게 작동하는 권력을 개념화하는 — 소프트파워로 부르는 — 것은 앞서 말한 것처럼 미국의 국제적 지위변화와 관련된 특정 현실을 정치의 영역으로 이끌어내는, 그리고 무엇이 소망스러운 것인지를 지시하는 전략적 행위를 의미한다. 다시 말해서 나이의 소프트파워는 새 시대 미국의 고민과 전망을 담는 전략적 개념이다.

나이의 소프트파워의 개념은 세계 초강대국인 미국의 실천적 문제의식이라는 성격을 강하게 띤다. 그의 소프트파워는 미국의 패권 쇠퇴론에 대한 지적 반격이라는 현실적 관심에서 출현하였다. 이러한 점에서 소프트파워의 개념은 원래 하드파워의 기준에서 강대국인 미국이 자신의 패권을 재생산하기 위한 차원으로 소프트파워를 활용하는 문제에 주안점을 둔다. 그렇기 때문에 나이의 논의에서는 소프트파워가 어떻게 '생산'되는지에 대한 분석이 피상적이다. 비물질적 변수를 복권시키는 대신에 그것을 적당한 수준에서 얼버무려 제시함으로써 그러한 변수들이 생성되는 물적·지적 기반에 대한 논의를 회피하고 있다(김상배, 2009).

구체적으로 나이는 보편적 문화와 보편가치, 그리고 이를 발신하는 능력이 21세기 새로운 세상에서 요구하는 권력의 내용을 구성한다고 전제한 후, 미국적 가치를 보편적인 것으로 해서 이를 활용하는 전략을 주창한다. 이 담론을 따르자면 보편적 가치나 문화를 갖지 않은 국가는 소프트파워를 가지기 어렵다. 결국 미국식의 길(=보편화)을 추구할 수밖에 없으므로 미국의 이해관계를 무의식적으로 따라가는—즉, 미국의 이익이 관철되는 세계를 원하게 되는—오류를 범할 수 있는 것이다(손열, 2006). 하드파워를 갖추지 못한 국가가 소프트파워를 창출하려면 미국을 따라가야 한다. 개념 정의가 정치적 행위임을 고려할 때 개념화와 행위에 대한 성찰이 대단히 중요하다. 비근한 예로 일본은 보편가치를 기조로 하는 가치외교를 내세웠으나, 그 가치가 결국 미국의 가치이기에 존재론적 비판을 받고 오히려 소프트파워를 상실한 측면이 있다(손열, 2009b). 미국 담론을 좇다 보니 야기되는 정체성의 부조화인 것이다.

요컨대, 나이의 권력론은 강자의 권력론, 제국의 권력론이다. 그는 '상대방이 내가 원하는 것을 원하게 만드는 능력'으로 '부드러운' 권력자의 이미지를 구성해 놓았으나 이는 결국 지배(*domination*)의 과정이다. 권력은 강자가 약자의 이익을 형성(*shaping*)하는 것으로 관념화하는 것이다. 그렇다면 과연 약소국 혹은 중견국 소프트파워는 한계를 가질 수밖에 없다. 비패권국, 중견국의 소프트파워론이 요청된다.

4) 신 소프트파워론: 권력론으로서 지배(*domination*)와 강화(*empowerment*)

(1) 상대방(상대국)의 선호를 형성하는 능력

나이의 권력론이 갖는 한계는 권력 개념의 전략적, 도구적 성격에 기인한다. 나이를 포함한 많은 이들은 전략적 개념으로서 권력을 이해한다(Lukes, 2005). 권력자원의 획득과 사용에 초점을 맞추는 까닭이다. 권력은 지배-복종관계의 생산·재생산 과정으로 이해된다. 전략론을 넘는 권력담론을 제시하려는 푸코(Foucault)는 기존의 행위자기반 권력론을 넘는 생산권력(*productive power*), 훈육권력(*disciplinary power*), 사목권력(*pastoral power*)을 논하면서, 상대방의 이익을 형성한다기보다는 주체화의 기술을 통한 정체성 구성에 주목한다. 이는 분명 나이가 말하는 소프트파워의 작동방식이다. 그럼에도 불구하고 푸코 역시 권력을 지배관계로 인식하고 있다. 권력은 정상적인 것(*normality*)의 구성에 의해 교묘하게 상대방의 반대 근거를 제거하는 방식으로 작동한다는 것이다.

그러나 권력(소프트파워)을 전략적으로만 추구하다 보면 오히려 역효과를 불러올 수 있고, 그렇게 하여 이루어지는 힘의 행사는 자발적 동의를 확보하기보다는 거부감만을 불러일으킬 수 있다. 이러한 점에서 보면 소프트파워가 제대로 작동하기 위해서는 오히려 정당성을 추구하는 것이 가장 효과적인 길일 수도 있다. 최근 유럽의 '규범권력'(*normative power*)에 대한 논의와 연관되는 지점이다(Beck, 2005). 그러나 나이의 개념은 소프트파워의 효과성에 대해서 기울이는 관심에 비해서, 그러한 소프트파워가 얼마나 정당한 권력이냐의 문제, 즉 진정으로 공유된 이해를 기반으로 하여 수용되고 납득할 수 있는 방식으로 이루어지는 실질적으로 '정당한 지배'에 대한 관심이 약하다. 아마도 소프트파워의 규범적 성격에 대한 나이의 침묵은 미국이 딛고 서 있는 제도의 정당성을 시비 걸고 싶지 않은 미국 학자의 속내를 감추는 문제로 연결되는 듯하다.

이런 점에서 소프트파워는 '상대방의 능력·주체성을 제한하거나 약화시키는 인과과정으로서 권력'과 '상대방에 영향을 미치는 것이 아니라 결과에 영향을 미치는 권력'으로 구분하여 인식할 필요가 있다. 이는 'power over'와 'power to'로 구분된다. 'Power to'란 권력을 관계적 차원에서 얻고 잃는 것으로 보기보다는 결과(*outcome*)를 향상시키는 즉, 가능성(*potentiality*)을 현실화하는 것으로 관념한다. 아렌트(Arendt)나 하버마스(Habermas)는 권력을 자율(*autonomy*)과 연대(*solidarity*)에 입각한 휴먼 임파워먼트(*human empowerment*)로 간주한다. 권력이란 간주관적으로 형성된 일치된 행동(*concerted action*)이고 참여, 경험, 자치의 결과이다.

(2) 중견국의 'power over'와 'power to' 겸용

권력은 〈표 10-2〉와 같이 새롭게 개념적 범주를 구분할 수 있다.

〈A〉는 전통적 국제정치 즉, 하드파워의 정치가 작동하는 장이다. 그렇다면 한국이 강화해야 할 영역은 다양하다. 〈B〉는 이른바 한정권력(*confining power*)으로 부를 수 있다. 상대방의 대안을 제한함으로써 권력을 획득하는 경우이다. 어젠다 형성 능력, 표준 형성 능력 등이 그 주요 사례이다. 〈C〉는 스톡홀름 신드롬처럼 압도적 하드파워가 주는 매력이다. 우월한 기술력에 기반을 둔 경제가 주는 매력이 그 예가 될 수 있다. 〈D〉는 나이가 정의한 소프트파워의 경우이다. 비물질적 자원을 활용해 상대방을 끌어들이는 경우이다.

그러나 〈D〉의 경우처럼 중견국으로서 한국이 비물질적 자원으로 상대방을 지배하는 경우는 흔치 않을 것이다. 지배는 강대국의 용어이기 때문이다. 이런 점에서 새롭게 개척해야 할 소프트파워 영역은 〈F〉라 할 수 있다. 이는 새로운 권력개념 즉, power to로서의 소프트파워이다. 미중일의 소프트파워론은 '지배'(*power over*)의 담론과 실천이라고 볼 때 이들 간의 소프트파워적 경합과 경쟁이 나이의 말처럼 꼭 포지티브섬(*positive sum*)으로 흐르지는 않을 것이다. 따라서 중견국으로서 한국은

〈표 10-2〉 권력의 개념적 범주

<table>
<tr><td colspan="2">자원
행사방식</td><td>물질적(hard) 자원</td><td>비물질적(soft) 자원</td></tr>
<tr><td rowspan="2">지배(power over)</td><td>명령(command)</td><td>〈A〉</td><td>〈B〉</td></tr>
<tr><td>선취(coopt)</td><td>〈C〉</td><td>〈D〉</td></tr>
<tr><td colspan="2">강화(power to)</td><td>〈E〉</td><td>〈F〉</td></tr>
</table>

주변국·약소국과 함께 가는, 상호강화과정으로서의 소프트파워 개념에 착안, 실천할 필요가 있다. 지배·시혜의 인상을 주지 말고 상대방과의 소통행위를 통해 일치된 행동(*concerted action*)을 이끌어내는 방식이다.

5) 세계공헌 중견국으로서 한국의 비전

(1) 한국의 정체성

한국의 글로벌코리아 혹은 고품격국가론이 대외적으로 통용될 만한 현실적 의미를 가지려면 이는 한국의 위상에 맞는 것이어야 한다. 과거 동북아중심국가론 혹은 동북아균형자론은 우리의 현실을 과대평가한 국내용 담론에 불과하다. 한국은 지역 또는 지구를 이끌 강대국 혹은 패권국의 지위에 있지 않다. 그렇다고 약소국도 아니다. 세계 4강에 둘러싸여 있기 때문에 스스로 소국의식을 가지게 되는 것도 사실이나, 하드파워 측면에서 세계 10위권의 군사력과 경제력을 보유하고 있다. 또한 한국은 다양한 소프트파워 자원을 보유하고 있다. 산업화시대에 무에서 유를 창조한 제 3세계 발전의 모범국가란 매력자원을 보유하고 있다. 민주주의는 시장경제적 발전과 동시적으로 이루어 낼 수 있었기에 이 또한 적지 않은 매력자원이다. 한류로 불리는 한국의 문화자원 역시 한국의 크나큰 자산이다. 한류는 IT와 만나면서 한국의 소프트파워 자원으로 적극적으로 활용되는 추세에 있다(김상배, 2007). 요컨대, 한국은 강대국과 약소국 사이에서 강대국 문턱을 넘으려 하는, 선진국에 근접한 위치에 있으며 따라서 지구질서에 일정한 영향을 미칠 수 있는 중견국이다. 지구 강대국화를 지향하는 것이 아니라 지구적 범위에서 영향력 있고 매력 있는 중견국을 지향해야 한다.

둘째, 선진국 대열에 근접해 가는 중견국으로서 한국은 타국에 강제력을 행사할 의도를 가지고 있지 않으며, 그러한 역사적 경험도 없다. 한국은 주변 강대국들의 경쟁과 갈등에 막대한 피해를 입은 역사가 있다. 전통시대 중원을 차지하고자 했던 주변국들은 사전정지 작업으로 한반도 왕조들을 도모하였고, 근대 이행의 시대에는 서구 제국주의국가들은 물론, 동아시아 국가인 일본이 한국의 이권을 침탈하고 결국 식민지화하였으며, 냉전시대에는 미소의 대결 속에서 분단의 아픔까지 겪었다. 이런 까닭에 한국은 분명한 비제국주의 세력이다. 제국주의를 시도해 본 적도 없고, 또 명시적으로 반제국주의·반패권을 주창하지도 않았다. 한국은 모든 국가들이 타국에 대한 영향력을 부당하게 발휘하지 않는 체제를 실현하고자 하며, 그러한 노력 속에서 스스로 제국적 위상을 도모하지 않는다. 한국이 비제국주의 세력이라는 것은 사실 많은 약소국들이 스스로 인식하고 있으며, 따라서 한국의 진출에 대해 위협감을 상대적으로 적게 느끼고 있다고 볼 수 있다.

셋째, 한국은 거점적 성격을 지닌 중견국이다. 지정학·지경학적으로 위치권력(*positional power*)을 보유하고 있다. 미국과 동아시아, 중국과 일본, 강대국과 개도국(약소국) 사이에 위치하고 있음으로써 갖는 권력이다. 주어진 위상을 적절히 활용하지 못할 때 국운의 추락을 경험할 수도 있고, 반대로 위상을 잘 활용할 때 객관적으로 주어진 하드파워에 비해 더 큰 정책적 성과를 거둘 수도 있다. 이 성과는 조정자, 브로커, 중재자, 스위처 등 다양하게 정의되는 역할을 상황에 따라 적절히 선택, 구사할 때 거둘 수 있다. 중견국으로서 한국은 서로 다른 구상들을 적절히 중재하여 지구와 동아시아를 엮는 네트워크의 촉매 역할을 할 수 있는 것이다. 요컨대, 한국은 지구적 범위에 영향을 미치는 비제국주의적, 거점적 중견국을 지향한다.

(2) 세계공헌의 이념과 비전

중견국으로서 한국은 기본적으로 패권국의 공공재 제공 속에서 무임승차(*free riding*)로 성장한 측면이 강하므로 성장의 과실을 후발국/개도국 그리고 신진국과 나누어야 할 책무가 있다. 또한 소프트파워를 신장시킨다는 측면에서 세계공헌은 주요 통로이다. 관건은 중견국 세계공헌의 이념이다.

공공재 제공을 둘러싼 미중일의 소프트파워론은 '지배'(*power over*)의 담론과 실천이란 측면이 강하다. 공공재가 자국의 지배력을 강화하려는 의도로 투자되기 때문이다. 나이(Nye)는 소프트파워 경쟁이 네거티브섬(*negative sum*) 경쟁으로 흐르지 않을 것이라 주장하나 강대국 간 경쟁이 반드시 포지티브섬을 결과하지 않을 수도 있다(손열, 2009a). 이런 점에서 한국은 '강화'(*power to*)란 측면이 강조되는 공공재 제공이 필요하다. 공공재 수혜국과 일치된 행동을 하는, 즉 더불어 공공성을 정의하는 비패권 국가, 비제국주의 국가로서의 역할이 요청된다. 이는 구체적으로 다음과 같은 영역에서 이루어질 수 있다.

첫째, 자유주의적 규범, 국제주의 혹은 다자주의의 추진을 통한 공헌이다. 민주주의와 시장경제에 기반한 국제규범은 기본적으로 미국이 강조해 온 가치이고 일본이 뒤를 잇고 있다. 그러나 동아시아 혹은 제3세계에 이 규범과 가치를 정체성의 기반으로 설정하려 할 때 한국이 기치를 든다면 기존 강대국들보다 비강압적이고 보편가치지향적으로 비칠 수 있다. 예컨대 자유주의적 이념공세는 사안별로 반패권 이념동맹의 모습도 가져오곤 한다. 아무리 고귀하고 보편적인 가치도 그 발신자의 정체성과 상황적 조건 여하에 따라 서로 다르게 받아들여질 수 있는 것이다. 여기서 비패권 국가이면서 중견국인 한국의 역할이 부여될 수 있다.

둘째, 한국은 중견국으로서 강대국과 약소국 간의 가교 역할을 할 수 있다. 이는 한편으로 강대국에 대한 충성스런 야당(*loyal opposition*)의 역할을 하는 것이고, 다른 한편으로 후발국·개도국의 입장을 대변하는 역할이다. 특히 한국은 비제국주의 국가이므로 공공재 제공이 패권의 영속화를 가져올 것이란 후발국·개도국의 불안을 불식시킬 수 있다. 더 중요한 점은 상대방이 원하는 것을 아는 능력(*knowledge power*)이다. 상대방에 대한 지식을 바탕으로 자신의 가용자원을 동원해야 하며, 주어진 하드파워(돈)와 소프트파워(정서·문화)의 적절한 결합이 효과적 공헌의 핵심이다. 앞서 언급하였듯이 중견국의 세계공헌 외교는 폭력이나 금력에 기반을 둔 외교가 아니라 상대적으로 매력에 비중을 둔 외교이다. 이런 조건이 갖추어질 때 한국은 가교 역할을 원활히 수행할 수 있다. 개발협력의 경우 연결융자(*bridge loan*)나 위임원조(*delegated aid*) 같은 경우처럼 선신 공여국과 후진 수원국 사이를 매개하는 역할을 수행할 수 있다.

셋째, 한국은 글로벌 보편과 함께 아시아의 보편을 정의하는 지적 노력을 할 필요가 있다. 아시아는 고유의 문명을 가졌다. 고대 중국의 문화적 가치는 아시아 역내 국가들에게 문명적 지위를 부여하였다. 유교 문명이 그것이다. 일본 역시 20세기 초 제국을 형성하면서 아시아 보편의 문명을 구축하려 노력했으나 실패하였다. 21세기 세계는 경제적 측면에서 일정하게 아시아 전환(*Asia shift*)을 보인다. 경제적 성공을 담는 지역 정체성을 새롭게 구축할 필요성이 그 어느 때보다 높아지고 있다. 그러나 과거의 담론을 되살리는 회귀의 경향성을 보일 때 아시아담론은 희망이 없다. 한국은 아시아적 정체성이 결코 폐쇄적으로 흐르지 않게 하고 세계사적 흐름과 함께하는 보편성을 가진 정체성을 창조하는 데 기여하여야 한다. 과거와 현재, 미래를 함께 아우르는 새로운 구상이 모색되어야 하며, 제국의 과거를 가진 중국과 일본보다는 한국이 주도권을 잡을 수 있는 위치에 있다.

넷째, 한국은 동아시아의 경쟁과 대립을 해소하고 공생의 네트워크 혹은 지역 다자협력체제를 실현하는 데 기여하여야 한다. 동아시아의 현실은 여전히 전통적 권력정치, 세력균형의 모습을 하고 있다. 중국과 일본의 경쟁과 대립이 그것이다. 예컨대, 양국은 경쟁적으로 서로의 이해를 담는 지역제도를 추진했다. 일본이 동아시아정상회의(EAS)를, 중국이 아세안+3(APT)를 지역협력의 중심으로 삼고 있는 것이 한 예이다. 또 지역을 엮는 FTA를 놓고도 동상이몽이다. 여기서 한국은 경합하는 비전을 중재하는 브로커의 역할을 할 수 있다. 비근한 예로 일본이 적극 주창하고 있는 이른바 보편가치의 '동아시아공동체'는 당장 중국을 견제하려는 구상으로 비판받고 있으나, 동일한 구상을 한국이 추진할 경우 그 진정성과 정책적 효능이 확보될 수 있다. 역으로 중국의 구상과 유사한 구상을 한국이 추구할 때도 유사한 결과를 기대할 수 있다. 유교적 가치를 강조하는 구상을 중국이 추진할 때 초래하는 주변의 의구심은 한국이 담당할 때 불식시킬 수 있다. 요컨대, 한국이 추구하는 지역이 양국의 그것을 담는 동시에 더욱 보편적 가치를 담는 공간, 즉 공생의 네트워크일 때 구성 국가들은 한국의 리더십에 더 많은 신뢰와 편안함을 느낄 것이다.

다섯째, 한국은 남북한 통합의 길에 더 적극적이고 미래지향적인 비전을 내놓고 이를 실천하도록 비상한 노력을 해야 한다. 남북한이 분단되어 대립하는 속에서 한국이 지구적, 혹은 지역적 중재자나 가교 역할을 한다는 것은 한계가 있다. 북한을 지역공생 네트워크에 편입시켜 사회화 과정을 겪으면서 남한에 통합될 수 있도록 하는 장기적 전략을 마련해야 한다. 남북 분단의 해소가 곧 세계공헌의 의미를 가진다.

끝으로 대국민홍보(*public awareness*) 즉, 세계공헌에 관하여 국민을 설득하는 것이 중요하다. "수원국에서 공여국으로"는 국가적 자긍심에 호소하는 구호이나, 소프트파워의 견지에서 더 체계적으로 국격외교의 틀 만들기(*framing*)가 필요하다. 이는 국민들에게 장기적이고 광범위한 이익을 위해 단기적이고 소규모적 이익을 희생할 수 있는 새로운 국익계산법을 숙지시키는 일이다.

3. 주요국의 세계공헌 전략

1) 서론

한국 정부는 2010년 성숙한 세계국가 실천을 위해 국격을 제고하는 외교를 본격적으로 추진키로 했다. 구체적으로 G20 정상회의의 성공적 개최, 공적개발원조(ODA)의 증대, 그리고 UN 평화유지활동(PKO) 참여 확대 등 국제사회에 대한 기여의 폭을 한층 넓힐 방침이다. 한마디로 국제사회에서 한국의 능력에 걸맞은 공헌을 통해 국격을 높이겠다는 구상이다.

세계공헌 외교는 그동안 국제정치의 새로운 권력 자원으로 재발견된 소프트파워 외교의 일환으로 이해되었다. 군사력과 경제력을 앞세운 하드파워 외교에 대비되는 개념이다. 지식·이념·문화·가치 등 비물질적 자원을 활용하여 국가의 매력도를 높이고, 이를 통해 궁극적으로 국가 이익을 극대화하려는 외교전략이다.

지구상 대부분의 국가들은 적어도 선언적으로는 국제사회의 안정과 발전에 기여하겠다는 외교 목표를 제시하고 있다. 실제로 각국의 외교정책을 소개하는 공식문서들은 공통적으로 국제평화와 번영에 이바지하기 위해 UN헌장과 국제규범의 성실한 준수, 적극적인 국제협력추진 의지를 담고 있다. 하지만 이들은 세계공헌과 국가 이미지 제고를 통한 국익 증대라는 공통적 의도를 갖고 있음에도 불구하고, 공헌의 대상 영역과 방식에서 차이점을 보이고 있다. 세계공헌 노력은 전쟁 예방 및 분쟁의 평화적 해결, 군축, 반테러리즘 등 국제안보 영역뿐 아니라, 국제경제질서의 안정, 지속가능 개발, 빈곤축소, 기후변화 완화, 인권증진 등 사회경제적 영역을 대상으로 다차원적으로 진행된다. 또 세계공헌의 방식에서도 일방주의, 지역주의, 다자주의 등이 병존하며, 공헌의 수단도 군사력, 경제력 또는 지적 능력 등 다양하다.

이 장은 지구공공재의 공급으로 정의될 수 있는 세계공헌의 핵심지표로 UN PKO와 ODA를 꼽고, 일부 G20 회원국을 포함한 주요국의 세계공헌 전략을 비교한다. PKO는 세계평화와 안정을 위한 노력에 대한 각국의 군사적·경제적 기여도를 평가할 수 있다. ODA는 저개발국의 지속가능한 개발과 빈곤축소, 인권 제고 등에 대한 경제적·인도적 공헌도를 함축적으로 드러내는 지표라고 할 수 있다. 한편 새로운 국제규범의 개발과 창의적인 의제설정 등 지적 능력을 활용한 공헌은 PKO와 ODA 양 영역에서 이뤄질 수 있다.

다음 논의는 국제체계 내 위치에 따라 패권 경쟁국(미국·중국), 중견국(캐나다·호주·인도·브라질), 그리고 강소국(덴마크·노르웨이·스웨덴)의 세계공헌 전략을 고찰한다.[2] 다차원적인 국제공헌 게임에서 국가호감도와 소프트파워를 극대화하기 위해서는 경쟁국의 세계공헌 전략에 대한 면밀한 분석과 전략적 차별화가 필요하다. 이를 바탕으로 이 절은 한국의 능력과 지위에 걸맞은 전략은 세계평화와 번영에 기여할 새로운 규범의 창조를 목표로 하는 소프트파워형 세계공헌이라는 시사점을 이끌어낸다.

2) 분석 대상의 선정은 국가의 능력 이외에 한국의 세계공헌 전략에 주는 시사점을 기준으로 이뤄졌다. 패권 경쟁국은 국제공헌 레짐을 선도한다는 점에서, 그리고 중견국과 강소국은 한국과 비슷한 수준의 국력을 보유하고 있다는 점이 고려되었다. 이 중 중견국가의 세계공헌 전략에 관한 내용의 일부는 김치욱(2011)에서 발췌한 것이다.

2) 주요국의 세계공헌 전략

(1) 패권 경쟁국의 공헌외교

① 미 국

제 2차 세계대전 이후 미국은 초강대국으로서 국제질서의 안정이라는 지구공공재를 공급하는 일차적인 책임을 떠맡았다. 이러한 패권국으로서 미국의 독특한 지위는 자신의 이해와 국제사회의 이해가 동일시되는 결과를 수반했다. 다만 미국은 자신의 압도적인 하드파워에 대한 부정적 인식을 완화하기 위해 세계공헌이라는 소프트파워 전략을 구사했다.

1990년대 초 소련의 위협이 사라진 이후 미국은 국제평화를 강화하는 수단으로 UN이라는 다자적인 틀의 중요성을 강조했다. 제 1차 걸프전에서 UN은 미국이 주도하는 군사작전을 승인했고, 미국은 이후 수많은 UN 평화유지활동을 지원했다. 부시 대통령은 그동안 연체된 UN 분담금을 완납하고, 1992년 UN총회 연설에서 평화유지 계획과 훈련증대에 역점을 두겠다고 밝혔다.[3] 미국은 또 1992년 12월 소말리아에 대해 인도적 개입을 단행했고, 앙골라, 캄보디아, 모잠비크, 나미비아, 구유고, 엘살바도르 등지에서의 새로운 UN 활동을 승인했다. 그 결과 UN 평화유지활동은 1989년 이전 13개 작전에 불과했으나, 1993년 17개 작전(7만 8천 명의 인력 참여)으로 급증했다.

하지만 UN 평화유지활동에 있어서 미국의 전략과 역할은 상호 모순되는 이중성을 띠었다. 한편으로 미국은 UN PKO 예산의 최대 몫인 연간 10억 달러를 제공했고, 2005년부터는 전체 예산의 25% 이상을 부담했다. 다른 한편 미국은 UN PKO의 실패를 비판하고, 때로 UN 주도의 평

3) "Address by the President of the United States of America to the 47th Session of the UN General Assembly", US-UN Press Release 84-(92), September 21, 1992.

화유지활동에 병력을 파견하려 하지 않았다. 뿐만 아니라 UN 예산에 대한 철저한 검증을 구실로 UN 분담금을 연체, UN의 임무와 평화유지군의 정상적인 활동에 차질을 빚기도 했다.

전통적으로 UN PKO는 중립국의 주도로 이뤄졌을 뿐만 아니라, 미국은 UN의 관료화와 비효율성에 불만을 품고 있었다. 이에 따라 탈(脫)냉전기 미국의 UN PKO정책은 자제(*restraint*)와 신중(*caution*)으로 특징지을 수 있다.[4] 미국은 군사력을 필요로 하는 경우에 한하여 선택적으로 PKO에 참여했다. 클린턴 행정부의 초기 '공격적 다자주의'(*assertative multilateralism*)에 입각한 적극적인 UN PKO 참여방침이 역전된 계기는 1993년 10월 모가디슈에서 미국인 18명이 살해된 사건이었다. 이듬해 미국 정부는 냉전종식 이후 처음으로 UN 작전 참여 여부를 결정하는 기준을 대통령령(Presidential Decision Directive 25)으로 마련했다.[5] UN PKO는 미국외교정책의 중심은 아니지만 여전히 미국의 이익증진에 유용한 수단으로 인식되었으며, 특히 미국의 국가안보이익이 걸려있지 않은 UN 작전을 지지하는 경향이 나타났다. 1995년 공화당이 의회를 장악하고 UN 활동 참여조건을 강화하면서 미국의 PKO정책은 UN 대신, NATO와 같은 지역기구의 역할을 강조하는 쪽으로 선회했다. 이에 따라 UN의 역량강화나 임무확대는 후순위로 밀렸고, 1990년대 후반의 UN 평화유지활동도 급격히 쇠퇴했다. 미국은 지상군 파견을 꺼리고 새로운 평화유지임무의 창설에 반대하는 등 수동적 자세를 견지했다.

이러한 고립주의정책에 근본적인 변화를 가져온 것은 2001년 9·11

---

4) Durch, William J., (ed.), *UN Peacekeeping, American Policy, and the Uncivil Wars of the 1990s*, New York: St. Martin's Press, 1996; Patrick, Stewart & Shepard Forman (eds.), *Multilateralism and US Foreign Policy: Ambivalent Engagement*, Boulder, CO: Lynne Rienner, 2002.

5) White House, "US Policy on Reforming Multilateral Peace Operations", US Department of State, Publication 10161, May 4. 1994.

테러 공격이었다. 미국은 알카에다에 대한 효과적 공격과 아프가니스탄에서의 효율적인 군사작전을 위해 UN과의 협력을 재차 강조했다.[6] 콩고민주공화국(2002), 라이베리아·코트디부아르(2003), 부룬디·아이티(2004), 수단(2005) 등에 대한 UN 평화유지활동을 승인했다. 하지만 미국은 군사적으로 테러와의 전쟁에 집중하고, UN에 대해서는 정치적·재정적·군수 지원을 제공하는 데 주안점을 뒀다.[7]

미국은 세계 1위의 UN PKO 재정지원국 지위를 유지했다. 그러나 미국의 평화유지활동은 전통적인 고립주의와 국제주의, 그리고 그 방식에서 다자주의와 지역주의 및 양자주의가 국제정치상황에 따라 혼용된 형태로 진행되었다. 특히 UN PKO 활동에 있어서 미국은 UN 주도보다는 UN의 위임에 입각한 공동 작전을 선호했다. 세계 유일 초강대국으로서 미국은 자국 군대를 UN의 명령체계에 복속시키기보다는 UN PKO에 대한 여타의 지원방식을 강조했다.[8]

미국의 원조정책은 냉전의 기원과 밀접하게 연관되어 있었다. 원조의 목적은 소련의 팽창을 저지하고 빈국개발을 지원함으로써 미국의 안보 및 정치적 이해를 증진하는 것이었다.[9] 따라서 미국은 세계질서의 유지라는 안보 이익을 위해 ODA를 활용하는 현실주의적 정책을 구사했다.

---

6) "Remarks to the UN General Assembly", November 10, 2001.

7) 2001년 3월 이후 미국은 새로운 UN PKO에 참여하지 않았으며, 2008년 말 현재 경찰 72명, 군 옵서버 9명, 병력 10명 등 총 91명의 인력을 파견, 안보리 상임이사국 중 프랑스 다음으로 적은 규모의 기여를 했다.

8) 예를 들어, ① 평시 외국 대상의 훈련 실시(예: 2000년 이후 나이지리아, 가나 등 서부사하라 경제공동체 회원국들에 대한 PKO 훈련), ② 지뢰 제거, 휴전감독 등 PKO 업무 일부를 정규군 이외의 요원으로 이전, ③ 개인회사들과의 계약을 통한 민간경찰력 제공, ④ 미군의 유엔 PKO 요원의 수송(동티모르) 등이다.

9) Lancaster & Carol, "Redesigning Foreign Aid", *Foreign Affairs* 79(5) : 74~88, 2000.

미국 대외원조의 효시는 트루먼 행정부가 1947년 단행한 그리스와 터키에 대한 군사 및 경제 지원이었다. 1961년 9월 해외원조법(Foreign Assistance Act)을 제정하고 원조기관인 USAID(US Agency for International Development)를 설립했다. 1980년대는 아프리카의 기아 구제와 중남미의 반란 진압, 1990년대는 중동 평화구축 지원, 그리고 9·11 이후 국가안보와 테러와의 전쟁을 지원하는 전략적 원조가 주를 이뤘다.

미국은 세계 최대의 경제원조국이지만 국민총소득(GNI) 대비 ODA 기여도는 적다. 2005년 사상최고인 279.3억 달러의 ODA를 지출한 것에 이어 2008년에도 260억 달러를 지원했다. 무상원조가 2000~2008년 동안 연평균 14.6% 증가했으며 양자 간 원조는 모두 무상으로 이뤄졌다. 그러나 2008년 ODA는 GNI 대비 0.18%로 전체 OECD 국가 중 21위에 불과해 경제규모에 비해 매우 낮았다. 역사적으로 1963년 0.6%가 최고치였으며 1997년에는 0.09%까지 낮아진 적도 있었다.

미국의 전략적인 경제원조는 1995년 25%, 1997~2002년 평균 33%, 2008년 27%로서 전체 원조의 상당부분을 차지했다. 개발원조는 1990년 38%에서 1995년 48%로 급증하다가, 9·11 테러공격이 있었던 2002년 41%로 감소했는데, 이는 개발원조보다는 안보원조의 중요성이 증가했기 때문이다.[10] 2007년 미국의 ODA 지원대상국 중 미군 주둔지역인 이라크(37억 5천만 달러), 아프가니스탄(15억 1천만 달러)이 가장 높은 비중을 기록했다.

한편 미국은 2000년대 들어서 평화원조(*peace aid*)를 강조하기 시작했다. 단순히 금전적 지원뿐만 아니라 평화봉사단(Peace Corps)을 활용하여 공공교육·공중보건 투자를 지원함으로써 수혜국의 자생력증진을 도모했다. 클린턴 행정부 시기인 2000년의 경우 공화당이 의회를 장악하고

---

10) Tarnoff, Curt, & Marian Leonardo Lawson, *Foreign Aid: An Introduction to U.S. Programs*, Washington, DC: Congressional Research Service, 2009.

있었음에도 불구하고, 예방접종 등 어린이건강 증진을 위한 '어린이 생존 프로그램'(Child Survival Programs)에 총 20억 달러의 개발원조예산 중 7억 1,500만 달러를 책정했다. 이 밖에 지뢰피해자 지원, 가출어린이 지원 등 인도적 성격의 지원을 강화하는 추세다. 이어 부시 행정부는 원조 프로그램인 MCA(Millennium Challenge Account)를 공표하고 그 집행기관으로 MCC(Millennium Challenge Cooperation)를 창설했다. 이는 9·11에 뒤이은 테러와의 전쟁에서 미국에 대한 반작용이 나타나자 이를 완화하기 위해 소프트파워 차원의 외교력 강화를 꾀한 조치였다.

요약하면, 미국의 ODA 전략은 패권국이라는 독특한 지위를 바탕으로 세계질서의 안정과 자국의 국가안보 이익을 동시에 극대화하는 데 우선순위를 뒀으며, 최근에는 소프트파워 강화를 목적으로 인도적 지원을 강조하고 있다.

② 중국

'책임 있는 대국', '개도국의 대변자'로서 중국의 세계공헌 노력이 등장한 것은 1990년대 중후반이며,[11] 세계평화의 수호와 공동 발전의 증진에 기여할 것이라고 공식 천명한 것은 2000년대 들어서이다.[12] 중국 정부는 평화공존 5원칙에 입각하여 반패권주의, 공평하고 합리적인 국제경제질서의 수립, 다자적인 세계평화 및 개발 노력에의 적극적인 참여 등을 내용으로 하는 '자주적 평화외교정책'(Independent Foreign Policy of

11) 김애경, "중국의 부상과 소프트파워 전략", 〈국가전략〉 14(2): 143~167, 2008; "중국의 아프리카대륙 전략적 가치 재발견", 〈국제정치논총〉 49(1): 173~198, 2009; Goldstein & Avery(2001), "The Diplomacy Face of China's Grand Strategy: A Rising Power's Emerging Choice", *China Quarterly* 168.

12) "Spokesperson Evaluates China's Diplomacy in 2000 and Envision China's Diplomacy Next Year", *Ministry of Foreign Affairs of the People's Republic of China*, December 19, 2000.

Peace)을 추진했다.[13)]

먼저 UN PKO를 통한 중국의 공헌은 1980년대 말에 비로소 개시되었다. 중국은 1950~1953년 한국전쟁에서 미국에 맞서 싸운 뒤 UN의 활동에 대해 적대적이고 회의적인 입장을 취했다. 중국은 UN이 미국과 소련의 영향권을 유지하는 수단이라고 인식했다. 1971년 UN 가입 후에도 중국은 UN안보리의 평화유지 기능에 적극적으로 참여하지 않았다. UN PKO에 대한 재정지원·투표 참여·인력 파견을 거부하는 이른바 '3불' 정책을 고수했다. 그러다가 중국은 1981년 키프로스 평화유지활동(UNFICYP)의 연장을 위한 안보리 결의안 498호에 찬성표를 던짐으로써 UN PKO에 처음 공식적으로 참여하였다. 이듬해 중국은 UN 평화유지활동 비용을 지불하기 시작했다. 중국은 1988년 UN총회 산하 PKO특별위원회의 회원국이 되면서 PKO에 더 강력한 지지를 보냈다. 그러나 중국이 PKO에 더욱 실질적으로 참여한 것은 1989년 나미비아 선거 감시를 위해 20명의 군 인력을 파견하면서부터였다.

1990년대 중국의 PKO 참여는 꾸준한 증가세를 보였다. 2008년 중국 국방백서에 의하면, 인민해방군(PLA)은 1990년부터 11,063명의 군 인력을 총 18개 UN 평화유지활동에 파견했다. 1999년 처음으로 동티모르에 경찰을 파견했고, 2004년에는 외교관계가 없는 아이티에 현지경찰 훈련과 치안유지를 위해 경찰병력을 보냈다. 2008년 말 현재, 중국은 2,146명의 군 인력을 9개 PKO 활동에 파견했다. 이로써 1990년대 초 몇십 명에 불과하던 중국 PKO 파견인력의 규모는 세계 15위를 기록했다.

중국은 해당 지역에서 정치·경제적 이익을 확보하기 위한 외교수단으로 PKO를 활용했다. 중국은 2004년 중반부터 아프리카지역 PKO에 적극적으로 임했다. 최근 평화유지활동의 약 70%는 아프리카에서 이뤄지

---

13) "China's Independent Foreign Policy of Peace", *Ministry of Foreign Affairs of the People's Republic of China*, August 18, 2003.

고 있다. 파견인원은 당초 300명에서 최근 1,800명 선까지 지속적으로 늘었다.

중국은 또 PKO 관련 국내제도와 행정체계를 정비했다. 중국 인민해방군은 평화유지활동에 관한 지침을 세우기 위해 외교부·재무부·공안부 등이 참여하는 내부회의를 2007년 처음 소집했고, 2000년과 2009년에는 민간평화유지 경찰훈련센터(Civilian Peacekeeping Police Training Center)를 두 곳에 세웠다.[14)]

이처럼 양적인 측면에서 중국의 평화유지활동이 급신장했음에도 불구하고, 질적인 차원의 한계점이 드러나고 있다. 우선 중국외교는 여전히 주권 존중과 내정 불간섭을 핵심원칙으로 삼고 있다. 때문에 중국의 PKO 참여는 사안별로 평화유지군 수용국의 반대가 없는 경우에 한하여 성사되는 경향이 강하다. 예를 들어 짐바브웨와 미얀마에 대한 UN의 개입에 반대한 반면, 동티모르·콩고민주공화국·라이베리아 등지에 대한 인도적 개입에 대해서는 적극적인 자세를 보였다. 둘째, 중국의 PKO에 대한 재정적 기여는 2008~2009년 3.15%로 미국의 8분의 1에 불과한 실정이다. 또 아직까지 중국은 UN 평화유지활동국(DPKO) 내에서 의미 있는 리더십을 보여주지 못하고 있다. 끝으로, 중국은 PKO를 효율적으로 수행할 만큼 잘 훈련되고 유능한 군대를 아직 보유하고 있지 않은 것도 과제다. 중국 평화유지군의 대부분은 경찰병력이나 군 옵서버다.[15)]

결론적으로 중국의 PKO를 통한 세계공헌정책은 아직 서구의 영향력을 견제할 수 있다거나 패권국의 지위에 상응한다고 보기 어렵다. 그렇

---

14) Gill, Bates, & Chin-Hao Huang, "China's Expanding Peacekeeping Role: Its Significance and the Policy Implications", SIPRI Policy Brief, February 2009.

15) U.S Congressional Research Service, *Comparing Global Influence: China's and U.S Diplomacy, Foreign Aid, Trade, and Investment in the Developing World*, CRS Report for Congress, August 15, 2008.

지만 중국의 PKO 참여는 평화적 부상을 추구하고 책임 있는 대국으로서의 이미지를 강화하는 데 그 정책의도가 있다.[16]

경제원조를 통한 중국의 공헌외교는 남남협력의 일환으로 추진되었으며,[17] PKO에 비해 훨씬 공세적이다. 2007년의 경우, 중국 중앙정부는 외교예산을 기존 123억 위안에서 230억 위안(약 30억 달러)으로 37.3% 증액했다. 외교예산은 해외원조 프로그램, 평화유지활동, 국제기구 회비 등에 소요된다. 사실 중국의 경제원조는 OECD가 집계하는 공적개발원조(ODA)에 해당하지 않는다. 주로 공식적인 양자협정을 통해 제공되며, 상업적 차관이나 생산시설의 소유권 이전을 전제하지 않는다는 점에서 해외직접투자(FDI)에 속하지도 않는다.[18] 그럼에도 불구하고 양허성 차관, 기술적 지원, 기타 정부가 후원 내지 보조하는 투자가 포함될 경우 중국은 주요 경제 원조국이다.

중국은 1970~1980년대부터 아프리카에 인프라건설, 공공건설, 보건서비스 및 유학생 지원 등의 형태로 원조를 제공했다. 중국은 2009년 11월 제4차 중국·아프리카 협력포럼에서 향후 3년간 양허성 차관(*concessional loan*) 100억 달러를 아프리카에 지원하기로 했으며, 아프리카 국가들의 기후변화 대처를 위한 파트너십형성 차원에서 100개의 청정에너지 프로젝트를 가동키로 했다. 또 아프리카 국가들의 채무를 면제해주고, 관세 역시 60%나 삭감했다. 새로운 100억 달러 차관공여 약속은 2006년에 했던 약속의 두 배에 해당하며, 부채탕감 규모도 2006년의 수

16) Zhongying, Pang, "China's Changing Attitude to UN Peacekeeping", *International Peacekeeping* 12(1) : 87~104, 2005.

17) Ministry of Foreign Affairs of the People's Republic of China, "China's Stand on South-South Cooperation", August 18, 2003.

18) Lum, Thomas, "China's Assistance and Government-Sponsored Investment Activities in Africa, Latin America, and Southeast Asia", November 25, U.S Congressional Research Service, 2009.

치를 능가했다. 이러한 재정지원 이외에도 보건, 교육, 문화, 농업 부문의 개발을 후원하기로 했다.

중국은 또 2009년 12월 지하자원 수출에 의존하는 낙후된 아프리카 경제개발을 위해 현지에 제조업 생산기지를 구축하는 '중국판 마셜플랜'을 추진하겠다고 천명했다.[19] 중국은 세계은행과 함께 중국의 섬유와 장난감, 신발류 등 저(低) 부가가치 제조업 생산거점을 아프리카 사하라 남부 지역으로 이전해 현지에 새로운 생산기지를 건설하기로 했다.

중국의 해외원조가 갖는 가장 두드러진 특징은 중앙아시아, 동남아시아 및 아프리카 지역의 자원 부국들을 주된 대상으로 한다는 점이다. 특히 중국의 대아프리카 투자는 석유와 천연자원을 확보하기 위함이라는 것이 지배적인 해석이다. 아프리카를 천연자원 공급처와 소비시장으로 삼을 수 있고 상대적으로 임금이 싼 아프리카로 중국 기업을 이전함으로써 더 큰 경제적 이득을 얻게 될 것이라는 계산이 깔려 있다. 실제로 중국은 아프리카의 최대 무역상대국으로서 양자 간 무역 규모가 2000년 100억 달러에서 2008년 1,068억 달러로 급증했다. 해외 직접투자도 2009년 전반기 81%나 증가했다.

중국 해외원조의 또 다른 특징은 가치중립적(*value-free*)이라는 점이다. 여타 선진국과 달리, 중국은 자신이 제공하는 원조의 대가로 국내 거버넌스 개선, 민주주의, 투명성, 법치, 인권 존중 등 독재정권에 부담스러운 조건을 달지 않는다. 불개입원칙(*principle of non-interference*)에 입각하여 인도적 관심사보다는 경제적·상업적 고려를 우선시하는 경향을 보인다.[20] 기존 우호관계를 강화하면서, 동시에 과거 유럽의 경우와 같이 또

19) Wines & Michael, "China Pledges $10 Billion to African Nations", *New York Times*, November 9, 2009; Lamont, James & Geoff Dyer, "China Eyes Industrial Bases in Africa", *Financial Times*, December 3, 2009.

20) 한 예로 중국은 2005년 무가베 짐바브웨 대통령에게 중국외교대학(China Foreign Affairs University)의 명예교수직을 수여하고, 2005년 5월 평화적

다른 형태의 식민지세력에 불과하다는 우려를 불식시키려는 의도다.

마지막으로, 중국의 해외원조는 대만에 대한 우월성을 확보하려는 외교전략의 일환이기도 하다. 과거 비동맹 국가들과 우호관계를 수립함으로써 국제사회에서 대만을 고립시키기 위한 것이었다. 아프리카의 경우, 48개 사하라 이남 아프리카 국가들 중 단 4개국(부르키나파소, 사오토미, 감비아, 스와질란드)만이 대만과 외교관계를 맺고 있다. 한 예로 중국은 2007년 말라위에 60억 달러 상당의 원조와 투자를 제공했고, 말라위는 2008년 1월 외교관계를 대만에서 중국으로 바꿨다. 그러나 외교관계가 수립되자 중국은 2008년 말라위에 대한 원조를 2억 8,700만 달러로 줄였다.[21] 관세삭감 혜택도 대만과 외교관계를 맺고 있지 않은 아프리카 국가들에게만 제공되었다. 이처럼 중국의 원조는 무엇보다 경제적 · 외교적 이득을 염두에 둔 현실주의적 성격을 강하게 띠었다.

요컨대, 중국의 세계공헌 전략은 중국위협론을 희석시키고, 부상하는 초강대국으로서의 지위를 정당화하려는 의도에서 수행된다. 2008년 중국 외교백서도 "소프트파워 없이는 상대국을 설득하거나 중국에 우호적인 분위기를 만들기 어려운 만큼 소프트파워 역량을 키워야 한다"고 역설했다.

(2) 중견국의 공헌외교

① 전통적 중견국: 캐나다 · 호주

• 캐나다

캐나다는 전통적으로 국제사회에서 중재자와 평화 조성자로서의 역할을 강조하는 중견국 외교를 구사했다. 국제분쟁의 해결을 위해 조용한

시위대에 발포한 우즈베키스탄과 경제협력협정을 체결했다.

21) Banda & Mabvuto, "Malawi Leaders Says China to Give ＄287 Million in Aid", *Reuters News*, April 4, 2009

외교를 수행하고, PKO 활동에 적극적으로 참여했다. 1947년부터 캐나다는 40개의 UN PKO에 참여했고, 10만 명 이상의 병력을 파견했다.

위기로 촉발되는 강대국 간 분쟁을 해결하기 위해 평화유지활동이라는 아이디어를 고안했고, 당시 캐나다는 전체 평화유지군 6,073명 중 1,007명을 제공했다. 2000년에는 주권과 인도적 개입 간의 충돌을 해소하고 UN 체제의 비효율성을 다룰 방법에 관한 글로벌 컨센서스를 조성하기 위해 '국제개입 및 국가주권위원회'(International Commission on Intervention and State Sovereignty)의 설립을 주도했다.

냉전기 캐나다가 PKO에 적극적으로 참여한 이유는 그것이 캐나다의 국가안보에 도움을 준다는 인식 때문이었다. 지역분쟁으로 인해 초강대국 간 대결이 심화되고 NATO의 존재가치가 위협받는 것을 방지하는 것이 국익에 도움이 된다고 판단했다. 그러나 소련의 붕괴와 함께, 캐나다는 더 이상 냉전기 안보이익에 얽매이지 않게 되었다. 이에 따라 탈냉전기 캐나다의 평화유지 및 평화구축 활동은 인간안보 개념에 기반을 두고 추진되었다. 평화지원작전(*peace support operation*), 민간인 보호, 그리고 분쟁예방 역할 등이 그 예다. 인권감시요원, 난민보호 전문가, 사법체제의 재건을 위한 교정요원, 그리고 경찰력을 훈련하는 전문가 네트워크 프로그램도 운영하고 있다.[22]

분쟁예방과 관련하여, 캐나다가 특히 뛰어난 역할을 하는 부분은 레스터피어슨 평화유지센터와 평화지원 훈련센터를 중심으로 행하는 평화유지와 인권에 관한 훈련이다. 또 평화조성을 위해 현대전 피해자의 85%에 달하는 민간인 희생자들 중 어린이와 여성의 보호, 피난민 보호, 그리고 전쟁에서 부상당한 어린이 보호 등에 특별한 관심을 보였다. 뿐만 아니라 캐나다는 글로벌 중견국(*global middle power*)으로서 평화구축, 대인

22) 장경룡, "국제평화와 캐나다 외교정책: 국제사회에서의 중위국 역할 연구", 〈한국동북아논총〉 26: 1~19, 2003.

지뢰 금지, 인간안보 증진, UN 형사법원 설립 등을 적극 지지했다.

요컨대, 캐나다의 세계공헌 전략은 지적 리더십을 기반으로 소프트파워 행사가 가능한 영역을 찾는 틈새외교(*niche diplomacy*)로 특징지어진다. 1990년 이후 NATO 팽창, OAS 부활, UN 평화유지 및 평화조성임무 확대 등 다자주의와 국제제도의 역할이 강조되고, 인권·환경보호·인간안보·예방외교·갈등해소 등 새로운 국제적 이슈가 대두되면서 틈새외교의 기회가 더욱 확대되었다.

캐나다의 대외원조 역사는 콜롬보 프로젝트에 기원을 두고 있다. 제2차 세계대전 이후 영연방이 해체되면서 영연방 신생독립국들은 급속한 위기상황에 직면했다. 이에 캐나다와 호주 등 영연방소속 국가들은 신생독립국을 지원하기 위해 콜롬보 프로젝트를 실시, 인도·파키스탄·스리랑카에 2,500만 캐나다 달러를 지원했다.

이후 1960년 외무성 산하에 대외원조사무국을 창설하고 본격적인 대외원조를 실시했다. 대외원조규모가 증가함에 따라 대외원조사무국은 1968년 캐나다 국제개발청(CIDA)으로 개편되었다. 그동안 영연방 국가에 집중되었던 원조가 아프리카·중동·남미·아시아 지역으로 확대되었다. 캐나다의 ODA 정책은 흔히 현실주의에 대비되는 이상주의적 성격이 강했다. 개별 국가로는 처음으로 인간안보를 주요 외교정책으로 설정하고, 이를 위해 국제협력·다자협력·시민사회와의 협력을 강조했다. 경제적 이익보다는 인류의 행복이라는 이상적 가치에 봉사하는 캐나다의 대외적 이미지와 정체성 함양을 목표로 했다.

캐나다 외무부장관인 로이드 액스워시(Lloyd Axworthy)는 1999년 대외원조정책의 최종목표가 '전 세계를 인간의 기본적인 권리와 안전, 인간생존이 가능한 환경으로 만들기 위해 노력하는 것'이라고 선언했다. 이에 따라 캐나다의 대외원조는 백신사업이나 단기적인 인도적 구제, 아동 및 여성권리 보호 등 인류의 건강과 생명권 보호에 중점을 두었다.[23] 캐나다는 2005년 국제정책제안(Canada's International Policy Statement, IPS)

을 통해 거버넌스 개선, 보건(HIV), 교육, 민간개발, 지속적인 환경 등 5개 항목에 우선순위를 두겠다고 천명했다.

이에 따라 2010년까지 캐나다는 25개 파트너 국가들에게 대규모 개발원조와 인도주의 원조를 실시할 예정이다. 기아와 분쟁, 자연재해로 고통받는 25개의 핵심지원 대상국가들 중 14개국이 사하라 이남 아프리카 국가들이다. 캐나다의 대외원조가 국가 차원의 정치적·경제적 실익보다는 인도주의적 지원과 생명권 보호를 우선시하고 있음을 말해준다. 특히 CIDA는 비타민 A정제를 개도국의 아이들에게 제공함으로써 150만 명의 어린이를 구해냈다는 평가를 받았고, 2005년 소아마비 박멸에 기여한 기관으로서 UN으로부터 상을 받기도 하였다.

그러나 인간의 생명권 보호를 우선으로 하고 있는 캐나다 대외원조정책은 2000년대 접어들면서 위기를 맞았다. 대외원조의 이상주의적 목표들이 흔들리기 시작하고, 대외원조예산이 삭감되었다. 캐나다의 대외원조는 적극적인 원조프로그램 운영과 성공적인 성과로 국제사회로부터 이상적인 원조라고 평가를 받고 있지만, 외교정책에서 ODA의 비중은 점점 낮아졌다. 1991년부터 2001년까지 캐나다의 ODA 예산은 평균 34% 삭감되었다. GNP 대비 ODA 비율은 1990년대 초반 0.49%, 1998년 0.30%, 2001년 0.23%로 지속적으로 하락, 전체 OECD 22개 국가 중 18위를 차지했다. 이는 1965년 수준으로 후퇴한 것이다. 이상주의적 목표와 효율적인 프로그램 운영으로 모범적인 ODA 정책을 실행해온 캐나다의 명성이 국내 경제의 어려움에 직면하여 시련을 맞고 있는 셈이다.

• 호주

호주는 오랫동안 UN과 여타 다자기구의 평화유지활동을 지지했다. 호주의 UN PKO 참여는 2007년으로 60년째를 맞았다. 그동안 호주는

---

23) 현재 캐나다는 스리랑카, 카메룬, 에콰도르 등에서 여성을 위한 소액대출(*micro-credit*)에 중점적으로 지원을 하고 있다.

27개 분쟁지역에서 50개 PKO 임무에 3~4만 명의 군 인력과 경찰을 파병했다. 호주는 1947년 UN 인도네시아위원회(UN Consular Commission to Indonesia)에 군 옵서버를 파견하여 네덜란드와 인도네시아 간 정전합의의 준수 여부를 감시했다. 이 활동은 호주의 PKO 참여 원년으로 기록되었다. 1964년부터는 키프로스에 경찰력을 파견하기 시작했다. 하지만 전반적으로 1970~1980년대 호주의 PKO는 규모와 범위 면에서 매우 제한적이었다.[24] 제1차 걸프전 때에는 이라크에 대한 UN 봉쇄 결의를 집행하기 위해 호주 군함이 평화유지업무에 처음으로 투입되었다. 당시 호주의 PKO는 주로 고위 장교나 통신, 엔지니어, 의료부대 등 기술적 지원병으로 구성되었다.

1990년대 중반 이러한 소극적 PKO가 더욱 적극적인 형태로 바뀌기 시작했다. 호주는 캄보디아, 르완다, 소말리아, 동티모르에 대규모 전투병력을 파견했다. 100개 작전에 약 3만 명의 인력을 제공했다. 이때에는 인도적 개입 차원에서 민간인보호가 주된 임무였다.

호주는 UN PKO 재정기여도 면에서 1.78%의 비중을 차지, UN 회원국 중 12위에 위치해 있다. 2007~2008년 호주의 UN PKO 예산은 1억 달러에 달했다. 호주는 UN 평화구축위원회(PBC)의 활동을 지원하기 위해 조성된 평화구축기금(*Peace Building Fund*)으로 3백만 달러를 제공했다. 호주는 또 예방외교와 평화조성을 위한 핵심부서로서 UN사무국 정치국(Department of Political Affairs)을 강화하자는 반기문 UN사무총장의 제안을 지지했다. 호주 정부는 아태민군협력센터(Asia-Pacific Centre for Civil-Military Cooperation)를 설립, 평화구축·안정화·재건·재난구제 등을 위한 민·군 협력과 공조에 관한 연구 및 자문을 수행할 계획이다.

호주 PKO의 두드러진 특징은 지역적으로 동남아시아와 태평양 지역

24) Horner, David, Peter Londey & Jean Bou(eds.)(2009), *Australian Peacekeeping: Sixty Years in the Field*, Cambridge: Cambridge University Press.

에 활동의 초점을 맞추고 있다는 점이다. 사실 동티모르는 호주가 지역 평화작전에 참여할 의지를 갖게 했다는 점에서 중대한 전환점이었다.[25] 2001년 9 · 11사건과 2002년 발리 테러사건을 계기로, 동남아시아와 태평양군도에서의 분쟁과 테러가 호주의 안보이익을 위협한다고 판단하여 적극적인 개입정책을 펼쳤다. 호주는 이 사건들을 동티모르 연안의 대형 유전에 대한 관심과 함께 평화애호국으로서의 명성을 높이고 국제사회에서 발언권을 신장할 기회로 삼았다.

결론적으로 호주는 예방전쟁과 인도적 개입에의 적극적이고 꾸준한 공헌을 통해 자신의 하드파워 이상으로 국제적 영향력을 행사하려 했다. 실제로 미국은 호주가 동남아시아와 태평양군도에서 지도적인 역할을 맡을 것을 기대했고, UN도 호주를 신뢰할 만한 PKO 기여국으로 여겼다.

호주는 절대적 빈국들의 개발을 지원하는 것을 하나의 도덕적 의무로 여겼다. 호주는 이미 1950년대부터 동남아시아지역을 중심으로 개발원조를 제공하기 시작했고, 원조의 80%는 비구속적 성격을 띠었다.[26] 하지만 호주는 기본적으로 지정학적 틀 속에서 개발원조를 인식했고, 국가이익의 핵심을 이루는 아태지역 국가들을 포용하는 방안의 하나로 접근했다. 호주는 아태지역 국가들과 밀접한 정치 · 경제 · 안보적 연계를 갖고 있었고, 지역적 안정과 번영에 이해를 공유했다.[27] 실제로 2004~2006년 양자원조의 76~90%가 이 지역에 집중되었다. 반면, 빈곤문제

---

25) Ryan & Alan, "Australian Perspectives on the Military Challenges Faced in Post-Conflict Iraq, Modern Peacekeeping and Coalition Operations", A paper delivered at the Henry L. Stimson Center, Washington, DC, April 7, 2003.

26) "Report of the Committee on Australia's Relations with the Third World: Australia and the Third World (the Harries Report)", Canberra: Australian Government Publishing Service, 1979.

27) OECD, "Development Assistance Committee (DAC) Peer Review of Australia", OECD DAC, 2009.

가 가장 심각한 아프리카 대륙에는 3%만이 할당되었다. 특히, 유엔경제개발이사회가 지정한 최빈국에 대해선 0.05%만이 배정되었다. 이는 OECD 회원국 가운데 최하위 수준이다.

우선 개발원조의 규모 면에서 호주는 지난 10여 년 동안 예외적인 경제성장에도 불구하고 1996년 이후 ODA가 급격히 감소하다가 2004년부터 다시 증가세로 돌아섰다. 1975~1976년 GNI 대비 0.45%에서, 1985~1986년 0.43%, 1995~1996년 0.32%, 2000~2003년에는 0.25% 수준으로 낮아졌다. 이후 2005~2006년에는 0.28%, 2007년 0.32%로 증가하여 OECD DAC 회원국 가운데 12위를 기록했다. 이처럼 최근 호주의 ODA가 증가세로 돌아선 것은 아태지역에 대한 신(新) 개입주의정책에 따라 인도네시아와 필리핀에서의 반테러활동 지원과 남태평양 군도의 치안유지를 위해 파견한 자국의 군경과 관료들에 대한 지원경비가 ODA 예산에서 충당되었기 때문이다. 또한 2007년의 경우 약 86%의 원조가 양자적인 형태로 지원되었는데, 이는 DAC 평균인 76%를 훨씬 웃돌았다. 반면, 다자기구를 통한 ODA는 상대적으로 적어 2004년 18%에서 2007년 14%로 감소, DAC 평균 24%의 절반에 가까웠다.

원조내용을 보면, 전체 ODA의 80%가 자국의 사기업과의 계약으로 집행되고 있어 개도국에 대한 실질적 원조보다는 경제적 부수효과를 거두고 있다. 이에 OECD는 2005년 평가 보고서에서 "호주의 ODA 프로그램은 남반구의 개도국들을 실망시켰으며, 원조 프로그램이 명백히 호주의 간섭주의 외교정책을 위한 수단으로 사용되었다"라고 지적했다. 호주 원조국(AusAid)도 개도국의 빈곤감축과 지속가능한 발전을 지원하되, 호주의 국가 이익에 부합하는 것이어야 한다고 밝히고 있다.[28)]

요컨대, 호주의 ODA는 빈곤퇴치 목적보다는 자국의 이익에 충실한

---

28) AusAid, *Australian Aid: Promoting Growth and Stability*, A White Paper on the Australian Government's Overseas Aid Program, 2006.

정치적 · 경제적 이익을 위해 활용되었다. 호주 정부가 추구하는 자국의 이익이란 개념은 지역적 안보 위협에 대한 개입과 부수적인 경제적 이익이라고 할 수 있다. 특히, 9 · 11과 발리 테러 이후 거버넌스 부분에 대한 ODA 예산 배분이 36%로 급등, 전통적인 ODA 부분인 보건과 교육, 인프라 부분을 합한 것보다 많아졌다.[29)]

② 신흥 중견국: 브라질 · 인도

• 브라질

브라질 외교정책은 오랜 다자주의적 전통을 가진다. 남미 국가 중 유일하게 제 1차 세계대전에 참전했으며 1919년 파리강화회의에도 참석했다. 또 국제연맹의 수립을 통해 집단안보체제의 강화를 추구했고, UN과 GATT의 창설멤버였다. 브라질은 다자제도 안에서 강대국과 약소국 간의 중재자 역할을 자임했다.

냉전기 브라질은 국제평화와 안보문제에서 조용한 행보를 보였다. 한 예로 브라질은 1960년대 UN 군축위원회의에 참여했지만, 핵확산금지조약(NPT)에 조인하지 않았다. 그러나 탈냉전과 함께, 브라질은 국제사회에서의 이미지 제고 수단으로 UN에 적극적으로 참여하기 시작했다. 1945~1996년 사이 9번에 걸쳐 총 14년 동안 안보리 비상임이사국 역할을 수임했고, 30개 UN 평화유지활동에 동참했다. 브라질은 1994년 핵미사일기술통제 레짐(MTCR)에 가입하고, 1998년 NPT를 비준했다.

또 평화유지에 있어서 UN의 역할 강화를 적극 지지했다. 엘살바도르, 모잠비크, 앙골라, 동티모르, 아이티에 평화유지군을 파견, UN PKO의

---

29) 예를 들어 솔로몬제도의 치안유지를 위한 지역원조단(RAMSI: Regional Assistance Mission to the Solomon Islands), 파푸아뉴기니와의 협력강화프로그램(ECP: Enhanced Cooperation Program) 등 원조프로그램을 통해 호주는 이들 국가의 거버넌스 개혁을 위해 군대 혹은 경찰력을 배치했다.

주요 병력지원국으로 자리 잡았다. 1990년대와 2000년대 초 브라질은 13번째 최대 PKO 기여국이었다. 1990~2005년 7,444명의 병력을 PKO 활동에 파견했는데, 주로 포르투갈령 아프리카와 카리브 연안 지역을 대상으로 했다.

특히 브라질군의 아이티 주둔은 그간의 불개입(*non-intervention*)정책을 비무관심(*non-indifference*)정책으로 바꾸는 계기였다. 브라질은 아이티의 재건을 위한 국제적 활동을 통해 정치적 영향력 확대를 기대했다. 브라질은 2004년 아르헨티나, 칠레, UN 등과 함께 아이티의 안정 회복과 경제·사회 개발을 위해 만든 다자적 지역프로그램을 주도했다. 이처럼 2000년대 중반 이후 브라질의 적극적인 평화유지활동은 남미의 맹주로서 책임감 있는 모습을 보이고, 이를 통해 UN안보리 상임이사국 진출 등 국제적 영향력을 강화하려는 의도를 반영한 것으로 보인다.

브라질은 미국의 영향력이 절대적으로 미치는 남미의 중심부에 위치해 있으면서도 제2차 세계대전 기간을 제외하고는 전략적 가치가 별로 두드러지지 않았다. 지난 100년 동안 브라질은 지정학적으로 스스로 만족한 국가였다. 따라서 외부의 위협에 대한 인식도 군사안보적 동기보다는 경제적인 관점에서 형성되었다.

그러나 1990년대 냉전의 종식과 민주화의 심화 속에서 브라질의 발전경로에 위기가 찾아왔다. 그 결과 '참여를 통한 자율성'이라는 외교정책 관념이 개발되었다. 이런 맥락에서 브라질의 개발협력은 더 큰 틀의 남남협력의 한 부분으로 추진되었다. 브라질은 1960년대 말부터 개도국에게 개발원조를 제공하기 시작했고, 1987년 브라질 협력단을 외교부 산하에 설치하는 등 적극적 원조정책을 시행했다.

브라질 원조프로그램의 가장 두드러진 특징은 자신의 과학기술 발전을 바탕으로 개도국과의 기술적 협력을 강조한다는 점이다. 따라서 브라질은 무상원조나 양허성 차관에 기반한 프로그램을 수행하지 않는다. 대신 보건, 농업, 교육프로그램의 소프트웨어를 지원하는 데 중점을 두었다.

최근에는 브라질 연구기관과 합동으로 개도국에게 개발연구 사업을 실행하고 있다.

또한 브라질의 원조정책은 자신의 경제발전단계에 따라 달라졌다. 그럼에도 불구하고 개도국과의 협력과 연대는 일관된 원조지침이었다. 브라질의 원조대상은 대체로 남미, 포르투갈어를 사용하는 아프리카 국가들이다. 2003년에는 브라질 개발원조의 38%는 남미국가, 34%는 포르투갈 식민지였던 아프리카 국가들에게 지원되었다. 최근에는 인도, 남아공 등과 함께 3자 개발원조 프로그램을 가동하고 있다. 뿐만 아니라 중국, 일본, 캐나다 등과 공동 원조사업을 시행하고 있다.

브라질은 중국이나 인도와 달리, 단기적인 정치·경제적 이득을 목적으로 하지 않았다. 그보다는 남남협력의 관점에서 글로벌 사우스의 이해를 옹호한다. 따라서 인프라개발보다는 사회경제적 개발 지원에 중점을 뒀다. 아울러 자신의 발전경험을 공유하기 위해 기초 및 성인 교육, 농업, 직업훈련, 보건, 대체에너지, 기타 환경문제에 관심을 가졌다. 특히 브라질은 국내적으로 큰 성과를 거둔 교육프로그램으로서 2000년 코피 아난 UN사무총장이 공개적으로 관심을 표명하기도 한, 저소득가정의 어린이 교육을 위한 Bolsa Escola Program, HIV·AIDS 퇴치 프로그램, 그리고 에탄올 생산기술의 전파에 주도적인 역할을 수행했다.

브라질의 남남협력 기조는 2003년 룰라 대통령 주도로 인도, 남아공과 함께 IBSA대화포럼이 창설되면서 더욱 제도화된 틀을 갖추었다. IBSA는 민주적 가치, 다자적 글로벌 거버넌스 체제, 그리고 빈곤축소를 공약으로 제시했다. 브라질은 2006년 알제리, 칠레, 프랑스, 독일, 스페인 등이 참여한 이른바 '룰라 그룹'을 만들어 '기아와 빈곤에 대한 대항행동'(Action Against Hunger and Poverty) 계획의 수립을 주도했다. 그 목표는 개발을 위한 대안적인 자금조달 수단을 강구하는 것이었다.

한마디로 브라질의 원조정책은 남남협력과 글로벌 사우스의 이해증진을 위한 원조의 확대와 차별화로 요약될 수 있다. 브라질은 특히 글로벌 거버넌스의 형성에 있어서 건설적인 역할과 강대국과 약소국 간 중재자로서 개도국의 이해증진을 추구했다.[30] 결국 브라질의 대외원조는 UN 안보리 개혁, 국제금융체제 개혁, WTO의 무역자유화 등 글로벌 거버넌스 논의에서 글로벌 사우스의 지지와 협력을 동원하고, 이를 통해 중추적 중견국(*pivotal middle power*)으로서 영향력을 강화하는 수단이었다.

• 인도

인도는 제3세계 국가들 중 가장 일관되게 UN PKO에 대한 적극적인 지지자였다. 인도는 UN 창설 멤버로서 UN의 첫 평화유지활동인 한국전쟁에 군대를 파견하고 인도적 지원을 제공했다. 인도는 UN 창설 이후 수행된 총 63개 PKO 중 43개에 10만 명 이상의 병력, 군 옵서버, 경찰력을 파견했다. 또 1994년에 도입된 유엔상비체제(UNSAS)에 1개 연대 병력을 제공했다. 라이베리아 UN PKO 활동에는 최초의 여성 경찰부대를 제공, 분쟁을 겪은 국가의 여성과 어린이 보호에 노력했다. 2008년 말 현재, 640명의 경찰력, 90명의 군 옵서버, 그리고 7,963명의 병력을 PKO에 파견했다. 파키스탄과 방글라데시에 이어 세 번째로 많은 수의 참가 인원이다. 뿐만 아니라 인도 정부는 2000년 9월 UN평화유지센터(CUNPK)를 설립, 평화유지관련 인력의 훈련을 실시하고 있다. 661명의 인도 장교와 61개국에서 온 350명의 외국 장교를 훈련시켰다.

사실 1991년까지 인도의 PKO 활동은 탈식민지과정에 있는 제3세계 국가들을 대상으로 이타적이고 연대주의적인 자세를 견지했다. 하지만 이후 그간의 이상주의적 가치는 국제무대에서 존재감과 영향력을 높이려는 야심으로 대체되었다.[31] 1990년대 이래 인도는 UN PKO에의 기여를

30) Soares de Lima, Maria Regina, & Monica Hirst, "Brazil as an Intermediate State and Regional Power: Action, Choice and Responsibilities", *International Affairs* 82(1): 21~40, 2006.

31) Bullion & Alan, "India and UN Peacekeeping Operations", *International*

통한 국익증진이라는 소프트파워 전략을 추진하기 시작했다. 공통의 정치적 가치, 평화적 분쟁 관리, 경제협력 등을 강조한 것도 같은 맥락이었다고 할 수 있다. 이는 1970~1980년대 인도의 하드파워 전략이 성공을 거두지 못했다는 반성에 기초한다.

요컨대, 인도는 핵무기, 영토, 인구, 경제 규모 등 하드파워 측면에서 중추적 중견국의 지위에 걸맞은 국제적 발언권을 얻기 위해 세계공헌 전략을 구사했다. UN안보리 상임이사국 진출 노력은 그 한 예다.

인도는 전통적으로 원조 수원국으로 인식되었지만, 사실은 독립 이래 남아시아 국가들에게 상당한 군사 및 경제 원조를 제공했다. 인도 정부는 1958년 네팔에 1억 루피(Rs)의 무상원조, 그리고 미얀마에게는 2억 루피의 차관을 지원했다. 부탄의 경우, 정부예산의 60%가량이 인도의 원조로 충당되기도 했다.[32] 1964년부터 인도기술경제 협력프로그램(ITEC)은 다른 개도국의 학자, 관료, 기타 공무원들에게 제공되는 대표적인 훈련프로그램이 되었다.

인도 정부는 2003년 2월 인도개발 이니셔티브(India Development Initiative)를 천명, 과대채무국 외채경감구상(HIPC Initiative)의 일환으로 3천만 달러의 채무를 탕감하고 이자율을 6% 수준으로 낮췄다. 인도는 2005년 세계식량계획(WFP)의 제 15위 기여국으로 부상했다. 2002~2004년 사이 5,100만 달러를 아프가니스탄과 이라크의 어린이 교육을 위해 지원했고, 200만 명에게 교육 혜택을 부여했다.[33]

지역적으로 인도의 원조는 이웃 남아시아와 아프리카 지역에 집중되었다. 특히 아프가니스탄에 대한 지원에 상당한 비중을 뒀는데, 2001년 이

Peacekeeping 4(1): 98~114, 1998.

32) Chanana & Dweep I., "India as an Emerging Donor", *Economic and Political Weekly* 44(12): 11~14, 2009.

33) "India Changes from Big Aid Recipient into Major Donor", *UN News Service*, September 13, 2006.

래 10억 달러 이상을 제공해왔으며, 2013년까지 약속한 원조액은 미국, 영국, 일본, 캐나다에 이어 다섯 번째로 많은 규모다. 또한 1998~1999년부터 대아프리카 원조도 연평균 22% 증가했다.

인도는 국제개발협력의 새로운 모델을 정립하는 데서도 리더십을 발휘했다. 인도는 2006년 글로벌 수출입은행 및 개발금융기관 네트워크(G-NEXID)의 공동 창설자였으며, 2007년에는 UN경제사회이사회 산하 개발협력포럼(DCF)의 설립을 주도했다.[34] 이는 인도가 국제사회에서 단순히 수동적 존재가 아니라 국제개발 레짐을 능동적으로 창출하는 행위자임을 나타낸다.

인도의 대외원조정책은 '코끼리처럼 느리지만 꾸준하게' 원조를 제공하는 전략이었다.[35] 서구나 중국과 달리, 인도는 개발원조에 있어서 '인도 예외주의'(*Indian exceptionalism*)를 표방, 차별화를 시도했다. 즉 인도는 비록 소규모의 원조이지만 수원국의 국내적 역량을 강화하는 데 원조의 초점을 맞췄다. 1970년에 만들어진 해외투자 가이드라인은 인도 기업이 현지 기업의 대주주 지분을 갖지 못하도록 하고, 현지 금융기관 및 기업인들과의 파트너십을 장려했다.[36] 궁극적으로 인도의 개발원조는 원조공여국으로서의 이미지를 국제사회에 심어주고, 남남협력을 기반으로 정치·경제적 존재감을 드러내며, 차별화된 원조전략으로써 석유 등 경

34) DCF는 원조공여국과 수원국이 함께 참여하여 상호 수용가능한 원칙과 우선순위를 찾으려는 포럼이다.

35) Vittorini, Simona & David Harris, "Slow, But Steady, Like the Elephant: The Politics of Indian Aid, Trade and Investment in West Africa", A Paper Presented at the 3rd European Conference on African Studies, Leipzig, June 6~9, 2009.

36) Price & Gareth "India's Aid Dynamics: From Recipient to Donor?" Chatham House Asia Programme Working Paper, September 2004; Cahturbedi & Sonia, "India's Double Standard on International Aid as Donor and Receiver", *India Daily*, September 27, 2004.

제적 실익을 얻는 데 목적을 뒀다.

③ 강소국의 공헌외교

덴마크, 노르웨이, 스웨덴 등 북유럽 3국의 세계공헌 전략은 개발과 안보가 상호의존적이며 국제사회에서의 이미지와 명성이 영향력의 중요한 원천이라는 인식에 기초해 있다.[37] UN 평화유지활동의 경우, 북유럽 3국은 중립성, 동의, 무력의 비행사(非行事) 등 냉전기 UN PKO의 모델을 수립하는 데 결정적인 역할을 담당했다. 또한 이들은 캐나다와 함께 포괄적인 다자 훈련프로그램을 설치하고 UN 평화유지매뉴얼을 발간한 유일한 국가들이다. NATO 회원국인 덴마크와 노르웨이는 조용한 NATO 외교와 중립적인 UN의 중재 및 평화유지 역할을 적극적으로 지지하여 국제사회에 평화애호적 중립국가의 이미지를 각인시켰다. 스웨덴도 중립성과 국제적 연대를 기치로 국제평화에 대한 공헌의지를 대내외에 천명했다.

이들은 이미 1964년에 UN PKO를 지원하기 위해 상비군 설치에 관한 국내법적 기반을 마련했다. 스칸디나비아 국가들은 냉전 시기 13개 UN PKO 작전 중 11개에 참여, 전체 참여인력의 25%에 해당하는 12만 5천여 명을 파견했다. 1997년에는 NORDCAPS(Nordic Coordinated Arrangement for Military Peace Support)라는 새로운 장치를 만들어 10만 2천 명의 인력과 5천 명 규모의 병력이 UN, EU, NATO 등 다자기구의 평화유지활동을 돕도록 했다.

그러나 냉전의 종식과 함께, 평화적 분쟁해결·중재·UN과 국제법 지지 등을 내용으로 한 전통적인 평화유지활동 모델은 시련을 맞았다. UN안보리 상임이사국의 역할과 참여가 증대하면서 북유럽 국가들이 평

---

37) Ulriksen & Stale, "Deployments for Development? Nordic Peacekeeping Efforts in Africa", *International Peacekeeping* 14(4): 553~568. 2007.

화유지활동에서 그동안 누리던 틈새이득이 감소하기 시작했다. 동시에 규범적인 차원에서의 변화도 있었는데, 민주주의와 인권의 보호가 평화유지활동의 중요한 목표로 추가되었다. 특히 9·11 이후 북유럽 국가들의 정책 우선순위는 국제테러리즘에 대한 투쟁으로 옮겨졌다.

뿐만 아니라 2000년대 이후 UN의 승인이 없는 상태에서 더 적극적인 무력사용이 요구되는 경우가 빈발했다. 덴마크는 2003년 이라크전쟁에 상대적으로 일찍 참전하는 등 변화된 환경에 비교적 신속하게 적응했다. 스웨덴과 노르웨이도 처음에 전통적인 중립적 PKO를 고집하다가 2003년 콩고민주공화국 내전과 이라크전쟁을 계기로 공격적인 무력사용을 용인하게 되었다. 이러한 강대국과의 협력 강화는 이들의 오랜 명성을 잠식했다. 하지만 최근에는 판사, 교도관, 법률 전문가, 민간 행정요원, 경찰 인력 등으로 구성된 민간 치안팀을 파견하는 데 주도적인 역할을 성공적으로 수행함으로써 평화유지활동의 새로운 영역을 개척하는 데 성공을 거두었다.

요컨대, 북유럽 국가들은 냉전기 UN 평화유지활동의 원칙과 수행방식에 대한 지침을 수립하고 가장 적극적인 참여를 바탕으로 국제적 위신을 높이는 데 성공했다. 탈냉전과 9·11 이후 강대국의 입김이 커지면서 이들이 장악했던 틈새시장의 폭이 좁아졌지만, 민간 치안능력 제고 등 새로운 아이디어를 제공하는 데 여전히 지적 리더십을 행사하고 있다.

북유럽 3국의 ODA는 인도적 국제주의(*Humane Internationalism*)와 사회민주주의 모델의 전파라는 정책목표 하에 시작됐다. 후진국의 빈곤 퇴치는 선진국의 의무이며, 결국 선진국의 장기적인 이익에도 도움이 된다는 인식에 기초했다. 이들은 지정학적으로 이해관계가 없는 빈곤지역에 대한 원조비율을 높은 수준으로 유지함으로써 이 같은 목표에 충실을 기했다. 예를 들어 이들은 전체 지역 중 아프리카에 대한 원조비율(2007년 기준)에서 38%를 기록, 일본(31%), 미국(27%), 한국(17%) 등에 앞섰다.

뿐만 아니라, 경제규모 대비 세계최고의 ODA 공여국 위치를 지속적으로 유지해왔다. 2008년 북유럽 3국의 전체 ODA 규모는 115억 달러였으며, GNI 대비 비율은 0.9%로 유엔에서 권고한 0.7% 수준을 넘었다. 전 세계 1인당 ODA 규모도 룩셈부르크(834달러)에 이어 노르웨이 826달러(2위), 스웨덴 511달러(3위), 덴마크 508달러(4위) 순이었다.

이들은 정부가 원조정책의 시행을 주도함으로써 일관성과 효율성을 제고하는 한편 NGO와도 긴밀하게 협력한다. 1960년대부터 외교부 또는 부서 내 별도조직이 원조정책을 총괄했는데, 노르웨이의 NORAD, 덴마크 DANIDA, 그리고 스웨덴 SIDA가 그 예다. 스웨덴의 경우 양자 원조의 18%를 NGO를 통해 실행하고 있으며, 자국 내 13개 단체와도 적극적으로 협력하고 있다.

무엇보다 덴마크·노르웨이·스웨덴의 공통점은 ODA의 목적이 교육, 보건, 식수, 위생 등 사회 및 행정인프라 구축에 있다는 점이다. 2008년의 경우, 덴마크 34.9%, 노르웨이 42.1%, 스웨덴 30.4%가 이 부문에 제공되었다. 또한 인도적 지원비중은 덴마크 9.1%, 노르웨이 11.9%, 스웨덴 11.6% 등으로 여타 OECD DAC 회원국보다 높으며, 대상 지역도 사하라 이남에 집중돼 있다.[38)]

결론적으로 북유럽 3국의 이상주의적인 ODA는 원조공여국보다는 수혜국의 수요에 따른 원조를 시행했다.[39)] 이로써 국제사회와 수혜국 내에 긍정적인 국가이미지를 심어주는 효과를 극대화하고 인도주의 초강대국(*Humanitarian Superpower*)으로서의 이미지를 구축했다.

---

38) 2007~2008년 덴마크 ODA의 59.1%, 노르웨이 49%, 스웨덴 53.1%가 아프리카 국가에 지원되었다.

39) ODA의 이상주의 또는 현실주의 성향은 재정지출 대비 ODA, 무상원조 및 비구속성 원조비율로써 도출될 수 있다. 삼성경제연구소, “국격 제고를 위한 ODA정책”, 〈CEO Information〉 제 730호, 2009.

3) 결론: 한국에의 시사점

이상에서 세계 주요국의 세계공헌 전략을 평화유지 및 개발협력정책의 변화와 특징을 중심으로 살펴봤다. 주요국의 세계공헌 전략은 보유하고 있는 권력자원, 즉 하드파워와 소프트파워 간의 균형 여부에 따라 그 대상과 방식을 달리했다고 할 수 있다.

우선, 미국·중국과 같이 세계 패권을 다투는 패권 경쟁국의 세계공헌 외교는 압도적인 하드파워의 정당성 훼손을 방지하는 방안의 하나로 세계공헌 전략을 구사했다. 미국은 선택적 다자주의 기조에서 국제 평화유지활동에 참여했다. 재정적으로 가장 큰 분담금을 부담하고 있으면서도 자신의 안보이익에 부합하는 경우에 한하여 UN의 평화유지활동을 지지하는 경향을 보였다. 개발원조 역시 절대적인 규모 면에서 세계 1위를 차지하고 있고 최근 인도적 성격의 원조가 증가하는 추세지만, 기본적으로 안보원조 내지 평화원조의 성격이 강했다. 중국은 중국위협론을 희석시키고 평화국가 이미지를 강화함과 동시에 특정 지역으로부터 정치·경제적 이득을 얻기 위해 PKO와 ODA를 활용했다. 이는 중국의 평화유지활동과 대외원조가 아프리카 자원부국들에 집중된 것에서 잘 나타난다.

둘째, 중견국의 공헌전략은 패권 경쟁국에 비해 열세한 하드파워를 극복하는 방편으로 다자주의와 소프트파워 외교를 강조했다. 캐나다와 호주 등 전통적 중견국들은 국제사회에서 평화조성자 및 강대국 간 이해대립의 중재자 역할에 초점을 맞추는 틈새외교를 수행했다. 캐나다는 특히 창의적 아이디어를 바탕으로 글로벌 거버넌스 규범과 규칙의 창출자로서 두각을 나타냈다. 한편, 신흥 중견국에 속하는 브라질과 인도는 각각 남미와 서남아시아에서 지역적으로 중추적인 지위를 공고히 하면서, UN 안보리 상임이사국 진출 등 글로벌 무대에서의 발언권 강화를 목표로 세계공헌에 임했다. ODA의 경우, 브라질은 남남연합 전략의 한 부분으로, 인도는 차별화된 ODA 모델을 추구하는 '인도 예외주의'가 특기할 만한 대목이다.

마지막으로, 강소국은 세계공헌의 슈퍼파워라고 할 수 있는데, 덴마크, 노르웨이, 스웨덴 등 북유럽 3국은 냉전기 PKO 매뉴얼을 만드는 데 주도적 역할을 했고, 탈냉전기 평화유지활동에서 강대국의 비중이 커지는 가운데서도 지적 리더십을 통해 PKO의 새로운 영역을 개척하고 있다. 이들의 ODA정책도 인도적 국제주의에 입각, 원조의 규모와 질 면에서 가장 이상적이라는 평가를 받고 있다.

이상과 같은 주요국의 세계공헌 외교에 관한 국제비교가 한국에 주는 시사점을 끌어내기 위해서 한국이 갖고 있는 것과 그렇지 않은 것을 고려할 필요가 있다. 한국은 글로벌 혹은 지역적 패권을 다툴 만큼의 하드파워나 지역적 기반을 갖고 있지 않다. 따라서 패권 경쟁국이나 신흥 중견국의 그것과는 다른 세계공헌 전략을 요한다. 동시에 북유럽 3국과 같이 국제연대주의라는 이념적 성향이 강하지도 않다. 결과적으로 한국의 세계공헌 전략은 호주와 캐나다의 경험으로부터 배울 점이 많을 것이다. 무엇보다 국제사회의 평화와 번영에 필요한 아이디어공급원 및 규범창조자로서 일종의 '지식기반 세계공헌'(*knowledge-based global contribution*) 전략을 구현해나갈 필요가 있을 것이다.

4. 한국의 세계공헌: 현황 및 논의

1) 한국의 세계공헌 현황: 지표를 중심으로

한국의 세계공헌에 대한 국내와 국외의 인식은 온도차가 크다. 현재 한국의 세계공헌 현황을 객관적으로 파악할 수 있는 방법은 세계공헌 요소들을 나타내는 지수들을 살펴보는 것이다.

(1) 개발기여지수

2001년 미국 워싱턴에 설립된 Center for Global Development는 2003년부터 매년 개발기여지수(CDI: *Commitment to Development Index*)를 발표하고 있다. 2007년까지 21개국을 대상으로 했고 2008년부터 한국이 포함되어 22개국의 개발기여지수가 발표되고 있다. 이 지수는 7가지 항목에 대한 개별 지수를 포함하고 있는데 여기에는 ① 해외원조의 양과 질, ② 개도국 수출에 대한 개방도, ③ 투자관련정책, ④ 개발도상국으로부터의 노동자 이주 허용, ⑤ 환경정책, ⑥ 평화유지공헌, ⑦ 개발도상국에 대한 기술지원 등이 포함되어 있다. CDI는 후진국의 개발에 대해 얼마만큼의 공헌을 했느냐를 평가할 수 있는 매우 포괄적인 지수이며 이 지수에는 평화유지활동으로 측정되는 안보에의 기여도 포함되어 있어 개발기여지수 이상의 의미를 가진다고 볼 수 있다. 한국은 평가에 포함된 2008년 22개국 중 22위를 차지했고 2009년 평가 역시 22위로 최하위를 차지했다. 2년 모두 기술지원과 투자관련정책을 제외하고는 5개 항목에서 전부 최하위를 기록했다. 평가에 포함된 22개국을 살펴보면 미주에서 미국과 캐나다, 유럽지역에서 스웨덴, 덴마크, 노르웨이, 네덜란드, 오스트리아, 핀란드, 영국, 독일, 프랑스, 벨기에, 이탈리아, 스위스, 아일랜드, 스페인, 포르투갈, 그리스, 그리고 대양주에서 호주와 뉴질랜드, 아시아에서 한국과 일본이다.

CDI는 국가의 경제적 부와는 별다른 관계가 없다. 그리고 군사적 능력이 반드시 안보기여에서 높은 점수를 보장하지 않는다. 국제적 안보기여에 있어 한국은 비민주적 국가에 대한 무기수출 항목에서 만점을 받았지만 국제적·군사적 기여가 미약하기 때문에 최하위를 기록했다. 미국 역시 중간 정도의 순위를 기록했는데 사우디아라비아와 같은 중동의 비민주적 국가에 대한 무기 수출로 인해 큰 감점을 당했기 때문이다. 투자분야에서 최하위 점수를 면한 것은 개발도상국에 대한 투자를 금하지 않고 있고 이중과세방지조약이나 킴벌리 프로세스와 같이 내전이나 부패를 부추기는 투자를 금지하거나 그러한 상품의 거래를 제한하는 국제적 협정에 가입해 있기 때문이다. 기술지원과 관련해서는 정부의 연구개발지출이 높고 또 아이러니하게도 지적재산권에 관한 법률이 지나치게 엄격하지 않아서 좋은 점수를 받았다.[40)]

한국은 2000년 이후 국제적 기여를 강화하기 위해 노력하였다. 그러나 국제적 기여는 아직도 매우 낮은 수준임을 CDI를 통해 알 수 있다. 특히 한국보다 국내 총생산이나 1인당 국민소득이 떨어지는 포르투갈과 그리스에 비해서도 기술과 투자를 제외하고는 모든 항목에서 크게 뒤처져 있다.

(2) 세계화지수의 정치분야 지수

세계화지수(*Globalization Index*)는 미국의 컨설팅회사인 A. T. Kearney와 미국의 유명한 시사저널인 *Foreign Policy*가 발표하는 지수로서 국가의

---

40) 지적재산권에 대한 법제화가 개발기여지수에서 불리하게 작용하는 이유는 지나치게 생산자의 입장에서 만들어진 지적재산권 관련법은 기술의 확산과 이전을 제한한다고 판단하기 때문이다. 예를 들어 미국은 이 분야에서 낮은 점수를 받고 있는데 미국은 공공의 복지를 위해서 허용할 수도 있는 AIDS 약에 대해 엄격한 지적재산권 개념을 적용하여 이 약이 저가에 다른 나라에서 생산되는 것을 막고 있다

전반적인 세계화 수준을 측정한다. 세계화지수는 4가지 항목으로 구성되어 있는데 그것은 ① 경제적 통합(무역·해외직접투자), ② 개인적 접촉(전화·여행·해외송금과 개인의 자금이체 등), ③ 기술적 연결성(인터넷 사용자·인터넷 호스트·서버 수 등) 그리고 정치적 연계(국제기구 가입·UN 평화유지활동 참여·국제조약 가입·정부의 대외지출 및 수입 등)이다. 이 지수에서 정치적 연계 항목은 국가의 국제적 기여를 간접적으로 보여주는 항목들을 담고 있다. 비준된 국제조약의 수, 가입한 국제기구의 수, UN 평화유지활동에의 참여 등을 통해 국가의 글로벌 어젠다에 대한 기여 및 참여 정도를 알아볼 수 있다.

2005년의 한국의 종합순위는 30위로서 전체 62개국 중 중간 정도의 세계화 수준을 나타내고 있다. 한국이 높은 순위를 기록한 항목은 기술적 연결성으로, 인터넷사용자와 인터넷호스트 등에서 전체 순위보다 높은 순위를 기록하고 있다. 국제기구 가입은 29위, UN 평화유지활동은 29위, 국제조약 가입은 41위, 정부 대외지출 및 수입은 42위이다. 2006년의 전체 순위는 29위로서 한 단계 상승했다. 정치부문에서는 국제기구 가입은 33위, UN 평화유지활동은 27위, 국제조약 가입은 31위, 정부 대외지출 및 수입은 58위이다. 비준된 국제조약의 수와 관련된 순위가 상승하여 전체적으로는 2005년의 45위(정치적 연계 면)에서 33위로 상승하였다. 정치적 연계 면으로만 보면 한국은 우간다(17위), 세네갈(21위), 보츠와나(26위), 슬로바키아(19위), 그리스(12위), 폴란드(25위) 등에 뒤처져 있다. 세계화지수로 보면 전체적으로 한국은 글로벌 어젠다를 위한 다자적 노력에 대한 참여에서 경제적 위상만큼의 기여를 하지 못하고 있는 것으로 평가되고 있다.

(3) 국가브랜드지수

국가브랜드지수는 다른 국가들이 어떤 국가를 어떻게 인식하고 있는가를 보여주는 지수이다. 국가에 대한 다른 나라 사람들의 인식은 외교관계는 물론 무역·투자를 포함한 경제관계에도 중요한 영향을 미친다. 여기에서는 Anholt-GfK Roper 국가브랜드지수(*Nation Brands Index*)를 통해 세계 사람들의 눈에 비친 한국의 모습을 알아보기로 한다.[41] Anholt-GfK Roper 국가브랜드지수(NBI)는 50개국에 대한 이미지를 조사한 결과로서 매년 20개국에서 18세 이상의 성인 2만 명을 인터뷰하여 결과를 발표하고 있다. 인터뷰는 해당 국가이미지의 6가지 측면에 대한 질문으로 구성된다. 6가지 측면은 ① 수출(그 국가의 기술력·과학기술·상품·특정 유명 상표의 존재 등), ② 거버넌스(국가의 효율성과 정직성·시민권 존중·국제평화안보·환경보호·세계빈곤 감소 노력), ③ 문화(국가의 유산·문화적 역동성·스포츠 등), ④ 사람(국민들의 친절도·매력도), ⑤ 관광(자연·역사적 건물이나 기념물·도시), ⑥ 이민과 투자(재능과 자본을 끌어들이는 매력·유학이나 사업을 하고 싶은 정도 등) 등이다.

한국의 세계공헌과 관계된 항목은 거버넌스이다. 여기에서는 그 국가가 얼마나 국제적 안보와 평화, 환경보호, 빈곤문제 해결에 기여하는지를 묻고 있다. 2008년의 조사결과를 보면 다음과 같다. 2008년의 종합적 국가브랜드지수에서 한국은 50개 국가 가운데 33위를 차지하였다. 한국은 이집트(31위), 폴란드(30위), 인도(21위), 헝가리(28위)에 뒤처져 있다. 태국(34위), 대만(35위), 터키(36위) 등이 한국을 뒤따르고 있다. 세계적 브랜드의 존재 여부 등이 중요한 '수출' 항목에서 한국은 18위를 차지하였다. 한국의 국제적 기여에 대한 세계의 인식과 더불어 거버넌스가 투명하고 효율적으로 이루어지는가, 그리고 시민권에 대한 보호가 얼마나 잘 이루어지는가에 대한 세계인의 인식을 보여주는 '거버넌스' 항목에서는 31위를 차지하였다. 이러한 순위는 브라질(26위), 에스토니아(27위), 루마니아(30위)에 뒤처지는 것으로 50개 국가 중 중간 이하의

---

41) Simon Anholt는 국가브랜드지수(*Nation Brands Index*)를 고안하고 2005년부터 조사했다. 2008년부터 GfK Roper Public Affairs & Media와 함께 더욱 확장된 Anholt-GfK Nation Brands Index를 발표하고 있다.

성적을 나타내고 있다.

2) 한국의 세계공헌 정책

(1) 이명박 정부 이전의 한국의 국제공헌

한국은 참여정부 시절부터 국력에 걸맞은 선진외교를 추진한다는 목표하에 국제적 기여와 국가위상 제고를 위한 정책들을 실행하였다. 이명박 정부에서 강조되는 평화유지활동이나 개발원조 등은 이미 노무현 정부에서 추진되기 시작하였다. 우선 국가의 위상제고와 세계평화와 안전에 기여하고자 2007년 레바논 평화유지군을 파견하는 등 평화유지활동 참여를 확대하였다. 대외원조 증대 역시 참여정부가 강조한 국제적 기여의 한 부분이었다. 참여정부 기간 동안 대외원조액은 2.8배 정도 증가하였다(2002년 2.5억 달러에서 2007년 7억 달러 정도).

국제기구 분담금의 규모 역시 크게 증가하였다. 2001년 각각 1,300만 달러, 500만 달러에 불과했던 한국의 유엔분담금 및 PKO 분담금은 2006년 3,000만 달러, 6,900만 달러로 크게 증가하였다. 한국은 국제적 재건사업에도 적극적으로 참여하기 시작하였다. 우선 이라크 재건지원을 위한 국제사회의 노력에 동참하여 2003년부터 2007년까지 총 2.6억 달러의 무상원조를 제공하였으며 2007년 5월 '이라크와의 국제협약회의'에서 2008~2011년까지 총 2억 달러를 추가 지원하기로 결정하였다. 또 전후 아프가니스탄 지원을 위해 2002~2008년까지 직업훈련원 및 의료지원사업, 연수생 초청 등을 총해 총 6,600만 달러 규모의 무상원조를 지원하였다.

한국 국제공헌 외교의 상징적인 사업은 아프리카 지원사업이다. 노무현 정부는 2006년 3월 '아프리카 개발을 위한 한국 이니셔티브'이라는 지원계획을 발표하였다. 이 지원계획에는 ① 우리 정부의 대아프리카 개발을 위한 포괄적 지원계획, ② 2008년까지 2005년에 대비해서 대아프리카

ODA를 3배까지 확대, ③ 향후 3년간 아프리카인 1천 명을 초청하고 봉사단 파견을 대폭 확대하여 한국의 개발경험을 공유, ④ 보건의료·인적자원·농업·수산업 및 정보화 격차 해소 분야를 지원한다는 내용이 들어있다. 이러한 계획에 의해 이명박 정부에 와서는 이니셔티브 발표 이전인 2005년과 대비해 약 4배가 확대된 총 6억 2천만 달러 상당의 무상원조를 아프리카에 제공하였고, 3년간 1천 명의 아프리카연수생 초청계획에 따라 2006~2008년까지 총 2,045명을 초청, 한국의 개발경험을 공유하고 아프리카의 인적자원개발 및 이 지역의 MDGs 달성에 공헌하였다.

인도적 지원활동 역시 국제적 공헌을 위한 외교사업들이다. 노무현 정부에 들어와서 급증하는 국제적 인도적 위기 완화를 위한 국제사회의 공동대응 노력에 동참하기 시작하였다. 2007년부터 KOICA의 해외긴급재난 구호예산을 95억 원 규모로 대폭 확대하여 인도적 지원시스템을 가동할 수 있는 재정기반을 마련하였고, 2008년 7월에는 국제사회의 원칙과 관행에 부합하는 인도적 지원을 이행하기 위한 인도적 지원정책 가이드라인을 수립하였다. 국내적으로는 2007년 3월 '해외긴급구호에 관한 법률'을 제정하여 대규모 해외재난 발생시 범정부 차원의 신속하고 효율적인 긴급구호를 제공하기 위한 법적 기반을 마련하였다. 우리나라는 유엔중앙긴급대응기금(UN CERF: Central Emergency Response Fund)에 아시아지역의 주요 공여국으로 기여하고 있다. 2006년 10월 유엔 인도지원조정실(UNOCHA: UN Office for the Coordination of Humanitarian Affairs) 공여국 지원그룹에 가입한 데 이어 2007년 7월에는 국가별 인도적 지원문제를 토의하는 협의체인 '인도적 지원 연락그룹'에 가입하였고 이명박 정부에 와서는 2009년 7월 국제사회에서 인도적 지원시스템 개선을 위한 정책적 논의를 주도하는 '선진 인도적 지원 공여국협의회'에 가입하여 활동하고 있다.

(2) 이명박 정부의 국제공헌

이명박 정부는 높아진 한국의 위상에 걸맞은 국제적 공헌외교를 중요한 목표로 설정하였다. 이명박 정부는 21세기 한미 전략동맹, 글로벌네트워크 외교, 신아시아 협력외교와 함께, 선진기여외교를 새로운 외교안보 구상의 일환으로 추진하였다. 이명박 정부는 외교정책의 3대 비전을 평화, 번영, 국격을 높이는 외교로 정하고 이를 현실화하기 위해 수행해야 할 과제로 ① 북핵폐기와 북한의 실질적 변화를 유도하는 전략적 대북정책 추진, ② 국익을 바탕으로 한 실리외교 실천, ③ 전통적 우호관계를 바탕으로 한 한미동맹 강화, ④ 아시아외교 확대, ⑤ 국제사회에 기여하는 외교, ⑥ 에너지외교의 극대화, ⑦ 문화외교를 제시하였다. 기여외교는 국제적 대의를 위해 타국에 도움을 제공하여 국익을 보호·증진하는 외교를 말한다. 기여외교는 외교전략의 차원에서 볼 때는 국익의 개념을 넓게 정의하고 국익을 달성하는 수단도 다양화한다는 의미를 가진다. 이 새로운 방식의 국가이익 추구는 한국이 일정한 수준의 경제적 발전을 달성하면서 그를 바탕으로 그동안 소홀했던 국제사회에 대한 도덕적 의무를 이행하여 국가의 위상을 높이고자 하는 목적에서 이루어졌다.

이명박 정부의 기여외교 메뉴는 크게 두 가지로 나눌 수 있다. 하나는 개발을 목적으로 빈곤국가, 개발에 관계하는 국제기구 및 비정부기구에 재원을 제공하는 ODA를 통한 외교이고 또 하나는 세계평화와 안전유지를 위한 군대파견, 구체적으로는 UN 평화유지활동(UN PKO)에의 참여를 통해 세계평화에 기여하는 외교를 말한다.[42] 이명박 정부에 와서는 기여외교 강화를 목표로 ODA와 PKO 활동을 강화하고 다자적 차원에서의 국제적 기여방안들이 적극적으로 추진되었다. 개발도상국 지원에 있

42) 강선주, "신정부의 기여외교: 공적개발원조의 과제와 전망", 〈주요 국제문제분석〉, 외교안보연구원: 2, 2008. 4. 18.

어서는 '선택과 집중'이라는 원칙 아래 효율적인 개발도상국 지원을 통해 국제적 영향력 확대를 도모한다는 계획 하에 대(對) 아세안 ODA를 2015년까지 지난해 대비 2배로 확대하고, 아프리카에 대한 ODA도 2012년까지 2배로 늘리기로 했다. 아프리카에 대한 지원확대는 이명박 정부에서 특별히 강조되었다. 2009년 11월에 개최된 제 2차 한-아프리카 포럼에서는 '한-아프리카 개발협력 기본구상 2009~2012'와 '한-아프리카 녹색성장 이니셔티브 2009~2012'가 발표되어 2012년까지 대아프리카 ODA를 2배로 늘리고 아프리카연수생 5천 명을 초청하며 자원봉사자 1천 명을 파견하기로 하였다.

취약국가 재건지원 부분에서는 아프간에 대한 지원을 계속 강화하고 있다. 이명박 정부는 국제사회의 아프간 재건노력에 동참하기 위해 기존의 아프간 의료 · 직업훈련팀 활동을 확대하기로 결정하였다. 이를 위해 병원 및 직업훈련센터를 신축하고 2010년부터는 의료 · 직업훈련팀 활동을 본격적으로 확대해나갈 계획이다.

(3) 한국의 국제적 공헌의 현황

① 공적개발원조

세계공헌 외교와 관련해서 이명박 정부는 ODA의 확대 세부목표로서 ① 대외원조체계의 선진화, ② 비구속성 원조확대와 국제원조조달시장 진출, ③ 한국국제협력단(KOICA) 해외봉사단파견 확대, ④ 중점협력대상국중심 지원을 설정하였다. 노무현 정부가 세운 '비전2030 계획'에 따라 ODA · GNI 비율을 2015년까지 0.25% 달성하고 이명박 정부에 와서는 이 비율을 2021년까지 0.35%로 목표를 늘렸다. 대외원조체계의 선진화를 위해 '국제개발협력위원회'를 통해 정부 차원의 대외개발원조정책의 심의 · 조정을 강화하고 국내 개발원조 인적기반 강화 및 국민참여 확대, 원조관련 국제적 연대강화를 지속적으로 추진할 계획을 가지고 있다.

〈표 10-3〉 2000년 이후 한국의 ODA(순지출 기준)

단위: 백만 달러

구 분	2000	2001	2002	2003	2004	2005	2006	2007	2008 (잠정)
공적개발원조	212.1	264.7	278.8	365.9	423.3	752.3	455.3	699.1	802.3
양자 간 협력	131.2	174.5	206.8	245.2	330.8	463.3	376.1	493.5	539.2
- 무상원조	47.8	53.0	66.7	145.5	212.1	318.0	259.0	361.3	368.7
- 유상원조 (EDCF)	83.4	118.6	140.1	99.7	118.7	145.3	117.1	132.2	170.6
다자 간 협력	80.9	93.1	72.0	120.7	92.6	289.0	79.2	205.6	263.1
ODA·GNI(%)	0.04	0.06	0.05	0.06	0.06	0.10	0.05	0.07	0.09

국제개발협력위원회는 애초에 의도했던 역할을 수행하지 못하고 있다는 평가가 지배적인 상황이지만 ODA 기본법이 국회에 제출되어 상임위원회를 통과한 것은 국내 제도적 기반을 확고히 한다는 측면에서 매우 중요한 진전으로 볼 수 있다. 2009년 11월 한국은 OECD 개발원조위원회에 가입하게 되었다. 이것은 국제사회가 한국의 개발원조 노력을 인정한 것으로 볼 수 있다.

이명박 정부에 와서는 ODA의 증액뿐만 아니라 ODA의 질적 개선에 노력을 기울이고 있다. 한국은 2008년 8월 국무총리 주재로 개최된 제 4차 국제개발협력위원회에서 2010년 선진 공여국 그룹인 OECD DAC 가입 추진을 결정하고 필요절차를 추진하여 2009년 1월 정식 가입신청서를 제출하였고 2009년 11월 가입 심사회에서 통과되어 가입이 확정되었다. 이러한 과정에서 국내 ODA 체제 선진화를 위해 'ODA 선진화 추진계획'을 의결하고, ODA 통합평가체제 구축, ODA 기본계획 및 통합국별 지원전략 수립, 비구속성 원조비율 제고 등에 대한 분야별 추진계획을 수립하였다. 이와 더불어 선진 공여국과의 양자·다자 정책대화, 수원국과의 원조협의, 국제개발원조관련 주요 국제회의 참가, 2011년 제 4차 원조효과 고위급회의 개최 등을 통해 국제사회에서 영향력 확대를 꾀하고 있다.

② 평화유지활동

한국은 1993년 소말리아에 250명의 공병대대(상록수 부대)를 파견한 이래 UN의 평화유지활동에 적극적으로 참여하고 있다. 1993년 이래 총 14개의 UN PKO 임무단에 참여했다. 1995년 UN의 PKO 신속참여 노력에 부응하여 한국도 1995년 2월 유엔상비체제에 약 800여 명의 한국군 요원을 참여시킨다는 방침을 정하고 이를 유엔에 통보하였다. 또한 한국은 1995년 이래 '신속배치 주도그룹' 26개국의 일원으로 신속배치본부 조기설립을 위한 국제적 노력에 동참하여 UN의 신속대응능력 강화에 기여하였다. 2008년 현재 한국은 인도·파키스탄, 그루지야, 라이베리아, 아프가니스탄, 수단, 동티모르, 네팔 등 평화유지부대에 27명의 군 옵서버를 파견하고 레바논에 359명 규모의 보병부대(동명부대)를 파견(2007년)하는 등 8개 PKO 임무단에 400여 명을 파견하였다. 레바논의 경우는 2008년 7월에 동명부대 파견연장 동의안이 통과됨에 따라 중동지역 평화정착 노력에 계속 동참하게 되었다. 2009년 6월 현재 한국은 UN에 대한 PKO 분담금 10대 기여국이며 인적 참여에서는 119개 PKO 파병 국가 중 38위에 이르고 있다.

2008년 유엔 평화유지군 창설 60주년을 맞아 한국은 서울에서 PKO국제회의(Seoul Conference on Peacekeeping Operation)를 개최하였다. 이 회의에서는 PKO 주요 참여국 20여 개국과 유엔 대표들이 참석하여 각국의 PKO정책과 제도, 그리고 그간 참여과정에서 얻은 경험과 교훈 등에 대해 논의하였다. 이런 회의를 통해 향후 국제 PKO 활동의 발전에 기여한 것으로 평가할 수 있다. 또 한국은 PKO 활동 참여를 강화하기 위한 제도적 노력으로서 국내법 제정을 서두르고 있다. 2009년에는 PKO 참여법안이 외교통상위원회를 통과하여 PKO 활동의 국내 법제화에 큰 진전을 이루었다.

〈표 10-4〉 한국의 PKO 참여 실적

국가(활동명)	임 무	규 모	파견기간
소말리아 (UNOSOM Ⅱ)	재건 및 건설, 각종 대민지원 활동	장교 30명, 부사관 32명, 공병 190명	1993. 7~1995. 2
서부사하라 (MINURSO)	의료지원	장교 27명(군의관 8명 및 간호장교 6명 포함), 부사관 및 의무병 22명	1994. 9~2006. 5
앙골라 (UNIVEM Ⅲ)	인도적 재건지원, 정전감시	장교 22명, 부사관 16명, 공병 160명	1995. 10~1997. 2
동티모르 (UNTAET)	동티모르 독립정부 수립지원, 선거감시	장교 66명, 준사관 1명, 하사관 189명, 보병 163명	1999. 10~2003. 10
사이프러스 (UNFICYP)	유엔특사 보좌	사령관 1명	2002. 1~2003. 12
부룬디 (ONUB)	정전감시	군 옵서버 2명	2004. 9~2006. 12

〈표 10-5〉 한국의 PKO 참여 현황

국가(활동명)	임 무	규 모	파견기간
인도·파키스탄 (UNMOGIP)	카시미르 지역 정전 감시	군 옵서버 10명	1994. 11~현재
그루지야 (UNOMIG)	휴전협정 이행감시	군 옵서버 7명 (부단장 1명 포함)	1994. 10~현재
라이베리아 (UNMIL)	정전감시	군 옵서버 1명, 정보장교 1명	2003. 11~현재
아프가니스탄 (UNAMA)	재건지원	군 옵서버 1명	2003. 11~현재
수단(UNMIS)	정전감시	군 옵서버 7명	2005. 12~현재
동티모르(UNMIT)	치안유지	경찰 1명	2006. 12~현재
네팔(UNMIN)	치안유지	군 옵서버 2명	2007. 3~현재
레바논(UNIFIL)	평화 정착 및 재건지원	367명 (동명부대 359명)	2007. 7~현재

주: 2009년 5월 현재 396명 파견, 38위.

③ 다자외교에의 참여

• 인권

〈표 10-6〉 주요 인권협약 가입 현황

협약명	협약 채택 (발효)	당사 국수	우리나라 가입 (발효)
시민적 · 정치적 권리규약(ICCPR) Int'l Covenant on Civil and Political Rights(B규약)	1966. 12. 16 (1976. 3. 23)	163	1990. 4. 10 (1990. 7. 10)
경제적 · 사회적 · 문화적 권리규약(ICESCR) Int'l Covenant on Economic, Social and Cultural Rights(A규약)	1966. 12. 16 (1976. 1. 3)	159	1990. 4. 10 (1990. 7. 10)
인종차별철폐협약(CERD) Int'l Convention on the Elimination of All Forms of Radical Discrimination	1965. 12. 21 (1969. 1. 4)	173	1978. 12. 5 (1979. 1. 4)
여성차별철폐협약(CEDAW) Convention on the Elimination of All Forms of Discrimination against Women	1979. 12. 18 (1981. 9. 3)	185	1987. 12. 27 (1985. 1. 26)
고문방지협약(CAT) Convention against Torture and Other Cruel, Inhuman or Degrading Treatmentor Punishment	1984. 12. 10 (1987. 6. 26)	145	1995. 1. 9 (1995. 2. 8)
아동권리협약(CRC) Convention on the Rights of the Child	1989. 11. 20 (1990. 9. 2)	193	1991. 11. 20 (1991. 12. 20)
이주노동자권리협약(CPRMW) Int'l Convention on the Protection of the Rights of All Migrant Workers and Members of Their Families	1990. 12. 18 (2003. 7. 1)	39	미가입
강제실종협약 Int'l Convention for the Protection of All Persons from Enforced Disappearance	2007. 2. 6 (미발효)	10	미가입
장애인권리협약(CRPD) Convention on the Rights of Persons with Disabilities	2007. 3. 30 (2008. 5. 3)	42	2008. 12. 11 비준 (2009. 1. 10 발효)

한국은 지난 40여 년간 경제발전과 이를 바탕으로 한 민주주의 정착에 힘입어 인권분야에서 괄목할 만한 신장을 보였다. 한국은 현재 '시민적 · 정치적 권리규약'을 비롯한 7개 핵심 인권규약 당사국이다. 한국은 또 국제적 인권보호와 증진에도 적극적으로 참여하였다. 1993년부터 2006년까지 인권위원회(Commission on Human Rights) 이사국으로 활동하였고 2006년 6월부터 새로 설립된 인권이사회(Human Right Council)의 이사국으로 활동하고 있다. 한국은 여성, 아동, 장애인 등 주제별 인권이슈와 북한, 미얀마 등 국가별 인권사안 논의에 적극 참여하고 있다. 특히 북한의 인권문제에 대해서는 2008년 제63차 유엔총회와 2009년 제10차 인권이사회에 상정된 북한 인권정상화 결의안에 공동제안국으로 참여하고 찬성투표함으로써 인류보편적 가치로서 인권을 중시하는 한국의 입장을 국제사회에 명확히 했다.

• 여성 및 아동

한국은 1984년 여성차별철폐협약에 가입한 데 이어 2006년에는 동 협약의 선택의정서에도 가입하였다. 한국은 또 1994년 이래 여성지위위원회(UNCSW: UN Commission on the Status of Women) 위원국을 연임하고 있다. 여성문제에서도 최근 한국은 장애인 권리증진을 위하여 UN의 장애인권리협약 성안과정에서 주도적인 역할을 하고 특히 여성장애인 조항을 별도로 규정하는 등 여성권리 강화에 기여하고 있다.

한국은 1991년 UN아동권리협약(UNCRC: UN Convention on the Rights of the Child)에 가입하였고 2000년 UNCRC의 2개의 선택의정서를 비준하였다. 한국은 또 1994년 이후 UN아동기금(UNICEF: UN Children's Fund)의 주요 공여국으로 기여하고 있으며 1988~1997년 및 2006년부터 현재까지 UNICEF의 집행이사국으로 활동하고 있다.

• 난민

한국은 1992년 난민보호에 관한 핵심문서라고 할 수 있는 '난민의 지위에 관한 협의'(1951년) 및 '난민의 지위에 관한 의정서'(1967년)에 가입하였고, 국내적으로도 2001년부터 난민을 인정하기 시작하여 현재까지 100명이 넘는 난민신청자들에게 난민지위를 부여하였다. 2000년부터 UN 내 난민구호 총괄기구인 UN 난민최고대표(UNHCR: UN High Commissioner for Refugees)의 집행이사국으로 국제난민보호 활동에 기여하고 있으며 2001년에는 UNHCR 주한대표부가 서울에 설치되어 국내외 난민보호를 위한 협력활동을 강화하였다.

• 민주주의 증진

한국은 민주화를 이룩한 국가로서 민주주의 증진을 위한 국제협력에 기여하였다. 한국은 2000년 6월 폴란드 바르샤바에서 출범한 '민주주의 공동체'(Community of Democracies)라는 범세계적 차원의 민주주의협력체의 출범 시부터 공동주도국의 일원으로 적극적으로 활동하였다. 2002년 11월 서울에서 '민주주의: 평화와 번영을 위한 투자'(*Democracy: Investing for Peace and Prosperity*)라는 주제로 제 2차 민주주의공동체 각료회의를 성공적으로 주최하였다. 이와 함께 지역적 차원의 민주주의 증진을 위해 2008년 10월 31일 아시아·태평양 민주주의협력체(Asia-Pacific Democracy Partnership) 고위급회의를 서울에서 개최하여 동 협력체의 출범에 주도적으로 기여하였으며 한국은 동 회의 개최 이후 2008~2010년 현재까지 의장국 역할을 수행하고 있다. 또 한국은 2007년 10월 출범한 민주적 거버넌스 협력체(Partnership for Democratic Governance)의 창립회원국으로서 재정기여 및 운영그룹회의 참여 등을 통해서 거버넌스 취약국가들을 지원하고 있다.

• 군축 및 비확산 체제

한국은 1990년대 유엔 및 주요 군축·비확산 협약에 가입하면서 국제 군축·비확산 관련활동에 본격적으로 참여하기 시작했다. 한국은 핵확산금지조약(NPT), 포괄적 핵실험금지조약(CTBT), CWC, BWC 등 주요 국제협약에 가입하였다. 핵과 관련해서는 1957년 원자력의 평화적 이용 증진 및 핵물질의 군사적 전용방지를 주관하고 있는 국제원자력기구(IAEA: International Atomic Energy Agency)에 가입하였으며 IAEA의 사찰 기능 강화를 목적으로 1997년 채택된 IAEA 추가의정서에 1999년에 서명하고 2004년 이를 비준하였다.

한국은 대량살상무기 확산방지를 통해 국제평화에 기여하기 위한 활동으로 다자수출통제 노력에 적극적으로 참여하고 있다. 원자력공급국그룹(NSG: Nuclear Suppliers Group), 바세나르체제(WA: Wassenaar Regime), 호주그룹(AG: Australia Group) 등 모든 다자수출통제체제에 회원국으로 참가하고 있다. 한편 9·11 테러 이후 국제 비확산체제 강화를 위한 국가들 간의 공조가 활발해짐에 따라 G8 글로벌 파트너십(GP: Global Partnership), 화물안보구상(SFI: Secure Freight Initiative), 세계 핵테러 방지구상(GICNT: Global Initiative to Combat Nuclear Terrorism) 등에 참여하며 관련활동을 확대하고 있다. 우리 정부는 2004년 8월 G8 글로벌 파트너십에 참여한 이래 러시아 퇴역 핵추진잠수함 해체작업 및 우크라이나 국경탐지장비 구매·설치작업 등 각종 관련사업에 대한 재정지원을 지속하고 있다. 아울러 우리 정부는 대량살상무기 확산방지를 목적으로 2003년 미국 주도로 발족한 국제공조체제인 확산방지구상(PSI: Proliferation Security Initiative)에 2006년부터 부분적으로 참여하기 시작해 관련워크숍에 참석하고 PSI차단 훈련을 참관하는 등 참여 범위를 점진적으로 확대해 오다가 2009년 5월 정식회원국으로 가입하였다.

군축·비확산 분야에서 한국의 기여는 각종 군축 기구 및 회의의 의장직을 맡아 수행하고 국제회의를 개최하는 활동을 통해 이루어지고 있다.

〈표 10-7〉 국제군축·ㅂ확산 체제 및 우리나라의 가입 현황(2009년 5월)

구분		협약 발효	가입국	남/북한 현황	주요 미가입국
국제협약	핵확산금지조약(NPT)	68.7 채택 70.3 발효	191개국 가입	한국 75.4 가입 북한 85.12 가입 03.1 탈퇴 선언	인도, 파키스탄, 이스라엘 등
	포괄적핵실험금지조약(CTBT)	96.9 채택 현재 미발효	148개국 가입 (180개국 서명)	한국 99.9 가입 북한 미가입	인도, 파키스탄, 미국, 중국 등
	화학무기금지협약(CWC)	96.9 채택 97.4 발효	185개국 가입	한국 97.4 가입 북한 미가입	이집트, 이라크, 시리아 등
	생물무기금지협약(BWC)	72.4 채택 75.3 발효	163개국 가입	한국 87.6 가입 북한 87.3 가입	이스라엘 등
	대인지뢰금지협약(오타와협약)	99.3 발효	156개국 가입	남북한 미가입	미국, 중국, 러시아, 인도, 베트남 등
	특정재래식무기금지협약(CCW)	83.12 발효	108개국 가입	한국 01.5 가입 북한 미가입	
	확산탄금지협약(CCM)	08.5 채택 현재 미발효	94개국 가입	남북한 미가입	미국, 중국, 러시아, 터키, 인도, 이스라엘 등
국제기구	국제원자력기구(IAEA) 안전조치협정추가의정서	56.10 현장채택 57.7.29 설립	145개국 가입 164개국 발효 90개국 발효	한국 57.8 가입 북한 74.6 가입 94.6 탈퇴	미국, 브라질 등 미비준
	제네바 군축회의(CD)	84.2 설립	65개국 가입	남북한 96.6 가입	
	우주의 평화적이용위원회 (COPUOS)	59. 설립	69개국 가입	한국 94.9 가입 북한 미가입	이스라엘, 뉴질랜드, 벨라루스 등

〈표 10-7〉 계속

구분		협약 발효	가입국	남/북한 현황	주요 미가입국
수출통제 체제	원자력공급국그룹(NSG)	78. 1 설립	45개국 가입	한국 95. 10 가입 북한 미가입	인도, 파키스탄, 이스라엘 등
	쟁거위원회(ZC)	74. 8 설립	36개국 가입	한국 95. 10 가입 북한 미가입	브라질, 인도, 파키스탄, 이스라엘, 발트 3국 등
	호주그룹(AG)	85. 4 설립	41개국 가입	한국 96. 10 가입 북한 미가입	중국, 러시아 등
	미사일기술통제체제(MTCR)	87. 4 설립	34개국 가입	한국 01. 3 가입 북한 미가입	중국, 파키스탄, 인도, 시리아, 이스라엘 등
	바세나르체제(WA)	96. 7 설립	40개국 가입	한국 96. 7 가입 북한 미가입	중국, 벨라루스, 이스라엘, 인니 등
기타	탄도미사일 확산방지를 위한 헤이그 행동지침(HCOC)	02. 11 설립	130개국 가입	한국 02. 11 가입 북한 미가입	중국, 파키스탄, 인도, 이스라엘 등
	확산방지구상(PSI)	03. 5 설립	93개국 참여 중	한국 09. 5 정식참여	중국, 인도, 파키스탄, 인도네시아, 이란, 이집트 등 미참여

한국은 2003~2004년도 NSG 의장국으로서 핵수출통제 강화에 기여하였으며 2004년에는 MTCR 의장국으로서 아시아 및 중동 지역에서 대외활동을 펼치며 국제 미사일확산방지 노력에 기여하였다. 2005년부터 2006년까지 제 60차 유엔총회 1위원회(국제안보, 군축)의 의장국으로서 봉사하였으며 2006년 2~3월에는 세계 유일의 다자 간 군축협상기구인 제네바 군축회의(CD: Conference on Disarmament) 의장국으로 활동하였다. 특히 2006년에는 유엔군축위원회(UNDC: United Nations Disarmament Commission)의 의장국으로 활동하면서 2년간 중단되었던 UNDC 실질토의를 재개하는 성과를 이루었다. 한국은 또 군축분야에서 유엔과의 협력도 강화해 오고 있는데, 특히 2002년 이래 매년 유엔 군축실과 공동으로 '제주 프로세스'로 불리는 '국제군축, 비확산 회의'를 개최하여 북한 핵문제, WMD 및 미사일 확산문제, 수출통제 등 주요 사안에 대한 논의 활성화에 기여하고 있다. 2008년에는 제 63차 유엔총회 1위원회에 한국 주도의 '불법 중개방지 및 대응'(*Preventing and combating illicit brokering activities*) 결의안을 상정하여 만장일치로 채택되는 성과를 거두었다. 국제사회가 주목하는 실질 현안에 관하여 한국 주도의 결의안을 상정한 것은 처음이며 61개의 공동제안국을 확보하고 만장일치로 채택된 것은 한국의 국제사회에서의 위상과 역량이 강화되었음을 보여주는 것이라 할 수 있다.

3) 한국 세계공헌 외교의 문제점과 개선 방향

한국은 노무현 정부 이후 다양한 차원에서 국제적 기여를 강화하기 위해 노력해왔다. 개발원조와 평화유지활동 그리고 다양한 의제에 있어 유엔을 중심으로 한 다자적 노력에 참여했다. 그럼에도 불구하고 앞에서 소개한 세계화지수나 국가브랜드지수에서 국제적 기여와 관련된 순위를 비롯한 전체 순위는 세계 30위권에 머무르고 있다. 물론 한국의 국제공헌 노력이 각종 지수에 반영되는 데까지는 시간이 걸리며, 한국의 노력이 최근에 시작된 것이기 때문에 향후에 평가받을 것이라고 생각할 수 있다. 그러나 한국의 세계공헌 외교가 국제적으로 인정받는 것은 그리 쉬운 일이 아니다. 우리의 노력이 의미를 갖기 위해서는 세계가 한국의 공헌을 느끼고 인정해야 하는 것이다.

세계공헌 외교는 외교의 종류로서는 모순적 성격을 가진다. 외교의 목적 자체가 국익을 확보하는 것인데 기여외교는 국제사회에 대한 기여를 목표로 하고 있기 때문이다. 그러나 단순한 국제기여가 아닌 기여외교이기 때문에 기여를 통한 국가 이익의 확보라는 의미가 숨어 있다. 여기서 문제가 되는 것은 국가 이익의 확보라는 목표와 기여라는 목표 사이의 갈등이다. 만일 기여를 통한 단기적 국가 이익을 추구한다면 그러한 기여는 다른 국가들에 의해 기여라고 인식되기 어렵기 때문이다. 따라서 기여외교를 통해서 추구하는 국가이익은 장기적 이익이거나 직접적 이익이 아닌 국가 이미지의 개선이나 국가의 도덕성, 국격의 제고 등 비물질적 이익일 수밖에 없다. 세계공헌 외교는 결국 그 자체가 목적이 되어야지 애초에 의도했던 성과를 얻을 수 있다. 세계공헌을 통해 뭔가를 얻고자 하는 것이 너무나 명확하다면 그러한 공헌은 공헌이라고 인정받기 어렵다. 그런 의미에서 기여외교를 다른 국가목표와 연계하는 움직임은 경계해야 한다. 아프리카에 대한 ODA를 확대하는 정책이 궁극적으로는 아프리카와 관련된 한국의 국익에 도움이 되겠지만 단기적으로 자원 확보를 위해 ODA 증가와 개발협력사업을 강화하는 것은 세계공헌 외교가 거두고자 하는 궁극적 목적을 달성하는 데 부정적으로 작용할 수밖에 없다. 이러한 세계공헌에 대한 철학을 바탕으로 세계공헌 외교의 전략을 수립해야 한다. 여기에서는 한국의 세계공헌 외교가 가지는 문제점을 지적하고 세계공헌 외교의 방향을 제시해 볼 것이다.

(1) 하드파워적 공헌외교의 한계: 소프트파워 중심의 세계공헌 외교 추진

한국은 최근 공적개발원조를 획기적으로 늘리기 위해 노력하고 있다. 공적개발원조의 경우 2021년까지 GNI 대비 0.35%까지 증액한다는 목표를 가지고 있다. 이러한 목표를 달성할 수 있을지에 대한 논의는 차치하고라도 이 정도의 액수는 ODA 순위에 앞자리를 차지하고 있는 유럽의 소국들에 비해서 그리고 최근에 개발원조에 힘을 기울이고 있는 중국에 비해서는 너무나 보잘것없다. 최근 중국의 대아프리카 ODA와 비교해 보면 한국의 ODA가 이미지 개선이나 국가의 격을 높이는 데 얼마만큼 도움이 될지는 미지수다.[43] 다시 말해 한국의 경제적 능력을 고려할 때 개도국의 개발원조에 대한 한국의 국제적 공헌이 평가를 받는다는 보장이 없다는 것이다. 이러한 사실은 한국 국제공헌 외교의 방향에 시사점을 제공한다. 즉 경제력과 군사력과 같은 하드파워 중심의 국제공헌은 한국에게는 한계가 명확하다는 것이다. 한국이 가지고 있는 물질적 한계를 생각해 볼 때 한국의 세계공헌 외교는 소프트파워적인 요소가 강조되어야 한다.

하드파워적 세계공헌에 일정한 한계를 지니고 있다면 한국은 소프트파워적 세계공헌을 전략적으로 추진해야 한다. 이러한 상황에서 한국의 소프트파워 자산을 강화하기 위해 국가적 차원에서 인류의 보편적 가치를 위한 프로그램을 개발하는 것을 고려해 볼 필요가 있다. 최근 EU는 규범권력을 강화하는 시도들을 강화하고자 노력을 기울이고 있는데 EU의 이러한 전략은 한국에게도 시사점이 크다. 한국은 자유주의적 규범, 국제주의 혹은 다자주의적 규범의 창달을 통해 국제사회에 기여할 수 있다. 손열 교수가 지적한 바와 같이 기본적으로 미국이 강조해온 가치들이지만 동아시아 차원에서 이러한 가치나 규범들을 한국이 선도할 때 강대국

---

43) 김애경, "중국의 부상과 소프트파워 전략: 대(對)아프리카정책을 사례로", 〈국가전략〉 14(2), 2008.

들과는 다른 비강압적이고 보편가치 지향적인 성격을 가지기 때문에 더 큰 효과를 가져올 것이다. 김치욱 박사 역시 한국의 세계공헌이 캐나다와 호주처럼 지식기반적 공헌외교가 되어야 한다고 주장한다.

규범적 공헌 이외에도 국제사회에 대한 기여를 통한 소프트파워 공헌외교도 매우 중요하다. 미국도 그 성격에 대한 논쟁은 있지만 케네디의 진보를 위한 동맹(Alliance for Progress)과 평화봉사단은 미국의 공공외교를 상징하는 브랜드이다. 한국의 국가능력이나 국제체제에서의 위치를 고려해보면 한국이 그러한 프로그램을 만들고 추진한다고 해서 다른 오해를 부를 걱정은 없다. 최근 외교부가 한국의 해외봉사를 'Korea Supporters'라는 하나의 브랜드로 일원화한 것도 좋은 출발이라고 생각한다. 이러한 해외 기여프로그램을 브랜드화하여 국가적 지원과 홍보를 통해 국제적으로 인정받을 수 있는 프로그램으로 만드는 기획을 시작할 때다.

하드파워 요소인 군사력 역시 소프트파워적으로 사용되어야 한다. 국제평화에 기여하는 평화외교 또한 한국의 특수성과 국내정서라는 차원에서 볼 때 소프트파워적 자원을 개발해야 한다. 평화유지활동에 참여하는 일이 현실적으로는 국가 이익을 고려하여 선택적으로 이루어질 수밖에 없고, 그럴 경우 평화유지활동이 미국의 외교정책과 맞물릴 수밖에 없기 때문에 한국의 국제적 기여라는 점이 퇴색될 가능성이 있다. 평화외교를 위한 새로운 메뉴를 개발해야 하는 것이다. 캐나다 정부가 분쟁방지와 평화조성활동을 하는 500여 NGO의 네트워크인 무력갈등예방 국제연대(Global Partnership for the Prevention of Armed Conflict)를 지원함으로써 국제평화를 위한 국제적 노력을 지원하고 있는 것에서 시사점을 찾을 수 있을 것이다. 평화외교는 하드파워를 사용할 수밖에 없는 경우가 많지만 한국의 경우 하드파워가 소프트파워적으로 사용되는 전략들을 개발해야 할 것이다. 인도적 지원과 재난구호, 대해적 작전 등은 군사력이라는 하드파워의 소프트파워적 사용의 예가 될 수 있을 것이다.

(2) 세계공헌 외교 메뉴에 있어서 창조성 부족: 새로운 세계공헌 외교 메뉴의 개발

한국의 세계공헌 외교는 다른 국가들이 설정한 메뉴 차원에서 한국의 기여를 높이려는 성격이 강하다. 선진원조국들의 수준으로 ODA를 늘리고자, DAC에 가입하고 DAC가 제시하는 ODA 수준에 맞추려는 노력이 우리의 세계공헌 외교의 핵심이다. 이렇게 남이 개발해놓은 메뉴에서 선진기여국들을 따라잡으려는 전략은 한국이 가진 자원의 한계로 인해 그 노력만큼의 성과를 거두기 어렵다. 따라서 우리 스스로가 창조적인 세계공헌 메뉴를 개발하는 노력이 필요하다.

일본이 최근 새로운 메뉴로 내놓은 민생지원외교 역시 창조적인 메뉴 개발 사례로 평가할 수 있다. 일본은 아프간에서 군사적 기여와 효과의 한계를 인식하고 최근 아프간의 탈레반출신 병사들의 직업훈련을 지원하는 외교프로그램을 시사하였다. 자원의 제한과 특수한 사정 등을 탓하면서 현실에 안주하는 것이 아니라 이렇게 새로운 프로그램을 개발하는 노력이 세계공헌 외교의 출발점이 되어야 할 것이다.

그러한 점에서 한국의 경우 국제적 협력이니셔티브를 개발하는 노력이 강화되어야 한다. 캐나다는 이러한 점에서 본받을 만하다. 대인지뢰금지조약을 이끌어내는 노력에서 캐나다가 보여준 리더십은 제한된 역량을 가지고 최대한의 효과를 낸 캐나다 세계공헌 외교의 핵심이라고 할 수 있다. 캐나다는 또 인간안보관련 정부 간 협력이니셔티브를 통해 국제적 중재자의 정체성을 형성했다. 노르웨이 등과 함께하는 인간안보 네트워크(Human Security Network) 역시 캐나다의 이미지와 정체성을 형성하는 중요한 국제적 이니셔티브다. 캐나다처럼 뜻을 같이하는 나라와 인류에 공헌할 수 있는 연대를 구축하는 것은 적은 비용을 들이고 큰 효과를 얻을 수 있는 방법이기도 하다. 한국처럼 외교적 지평에 제약이 있는 나라는 중견국 외교, 틈새외교를 통해 국제적 위상과 영향력을 확보할 수 있다. 이러한 연대는 반드시 정부 간 연대의 형태를 가질 필요는 없다.

오히려 공공외교라는 측면에서 볼 때는 비정부기구들과의 연대프로그램을 만드는 것이 더 효과적일 수 있다.

(3) 국가중심 세계공헌 외교의 극복: 시민사회 세계공헌 외교의 추진

외교자원 개발에서 또 하나 고려해야 할 점은 세계공헌 외교가 반드시 정부의 독점적 영역일 필요는 없다는 것이다. 한국 정부나 외교관들이 할 수 있는 분야는 너무나도 한정되어 있고 정부가 동원할 수 있는 인력이나 자원도 한정될 수밖에 없다는 분명한 사실은 세계공헌 외교의 국가중심적 사고를 재고해야 한다는 것을 말해준다. 한국의 세계공헌 외교가 지향해야 할 방향은 사람 대 사람(*people to people*) 형태의 공공외교를 강화해서 국가중심 세계공헌 외교와 적절한 균형을 이루도록 하는 것이다. 다양한 비국가행위자들이 주체가 되어 다른 나라의 국민들을 대상으로 하는 기여외교, 그리고 다양한 국제적 비국가행위자들과의 연대와 협력을 통해 국제적 사안에 대해 인식을 제고하고 지지를 동원하는 형태의 기여외교가 국가중심의 외교와 적절한 균형을 이룰 필요가 있다.

한국의 경우 물질적 능력에서 일정한 한계를 가지고 있기 때문에 세계공헌 외교를 위한 새로운 자원개발이 특히 중요하다. 한국이 가지고 있는 가장 큰 자산은 인적자산이다. 한국은 국제화되고 지구적 관심사에 대해 헌신할 의지를 가지고 있는 젊은 인적자원들을 많이 가지고 있다. 이러한 젊은 인적자원은 여러 가지 측면에서 한국 세계공헌 외교의 핵심적 자산이다. 이러한 자원들은 고등교육을 받았고 일정한 외국어 능력을 보유하고 있으며 인권, 난민, 환경 등 국제적 어젠다에 대한 관심과 헌신 의지를 가지고 있다. 이른바 '한비야 세대'로 불리는 젊은 세대들은 한국의 제한적인 외교자원을 보완해 줄 수 있는 매우 중요한 자산이다. 이들은 이미 개별적으로 또는 국제적 NGO들과 연계해서 국제적 봉사 및 자원봉사활동을 전개하고 있다.

이들은 한국이 가진 부정적 이미지(인색함, 국제적 관심사에 대한 무관

심 등)를 불식시킬 수 있는 자원이기도 하다. 따라서 이러한 세계공헌 외교자원을 강화하기 위해서는 이러한 젊은 인력들에 대한 체계적이고 제도화된 교육 시스템이 필요할 것이다. 또 국가가 이러한 인적자원들의 활동을 조정하고 기획하는 역할을 수행해 줄 필요가 있다.

한국의 젊은 세대들의 세계공헌 외교에서의 역할과 관련하여 대학이 세계공헌 외교에서 중요한 역할을 할 시점이 왔다고 생각한다. 대학은 인류보편적 가치의 제고를 지향하며 코스모폴리탄 문화를 공유하고 있다. 대학의 사회봉사는 기업의 사회적 책임과 더불어 한국 세계공헌 외교의 중요한 자원이 될 수 있는 것이다. 그동안 한국의 대학들은 세계 각지에서 봉사활동을 통해 국제사회에 기여하고 더불어 한국의 국제적 기여에 대한 인식을 높였다. 아이티 지진 이후에도 많은 대학들이 대학 차원에서 의료봉사 및 대민봉사를 실시하면서 한국의 국제사회 기여에 일익을 담당하고 있다. 대학과 기업 그리고 시민사회단체들의 세계공헌을 강화하고 효율성을 높이는 국가 차원의 조정 및 지원 노력도 매우 중요하다.

(4) 중견국으로서의 세계공헌 외교 추진

중견국의 정의에 관한 논란을 차치하고서라도 한국은 동아시아에서 또는 세계적으로 중견적 국력과 위상을 차지하고 있다. 따라서 이러한 성격에 맞는 세계공헌 외교 메뉴들을 개발할 필요가 있다. 손열 교수는 지역 차원에서는 지역다자주의의 촉진자 역할을 할 수 있다고 지적하고 있다. 한국은 비전을 경합하는 중국과 일본을 중재하는 브로커 역할을 할 수 있다는 것이다. 세계적 차원에서도 한국은 중견국으로서 강대국과 약소국 사이에 가교 역할을 할 수 있다. 한국의 중견국 위치는 후발국들에게 우려나 불안을 주지 않으면서 세계에 공헌할 수 있는 이점을 제공하는 것이다. 손열 교수가 지적한 바와 같이 개발협력의 경우에도 연결융자(*bridge loan*)나 위임원조(*delegated aid*)처럼 선진 공여국과 후진 수원국 사이를 매개하는 역할을 수행할 수 있다.

(5) 세계공헌 외교의 효율적 추진: 지역적 차원의 기여외교

현재 한국의 세계공헌 외교는 지구적 차원의 세계공헌 외교로 보인다. 국제적 위상을 갖기 위해서 그러한 방향이 필요하지만 여기에는 몇 가지 문제점이 존재한다. 첫째, 자원의 한계이다. 전 세계를 대상으로 전 세계가 인정할 만한 세계공헌을 하기 위한 자원이 우리에게는 없는 것이 현실이다. 둘째, 우리의 세계공헌을 평가해 줄 상대방의 입장에서 생각할 때 우리의 노력은 우리가 기대한 만큼의 평가를 받기 어려울 수 있다. 우리가 자발적으로 이산화탄소(CO_2) 감축목표를 제시했지만 그에 대한 평가는 국내와 국제가 너무나도 다르다. 국내에서는 지나치게 큰 감축 폭이라는 견해와 함께 우리의 세계공헌 노력을 평가하는 목소리가 높지만 국제적 논의의 장에서는 그 정도의 감축목표는 우리가 원하는 선진국과 개도국 사이에서의 가교 역할을 하는 국가의 감축 목표로는 턱없이 부족하다. 여기서 말하고자 하는 것은 세계공헌 외교 역시 외교전략이므로 효과를 극대화하기 위한 전략이 필요하다는 것이다. 무엇보다 중요한 것은 외교전략의 타깃을 잘 설정하는 것이다. 손열 교수의 의미 있는 지적처럼 한국의 소프트파워는 결국 한국을 매력적으로 보는 상대방이 누구인가와 그 상대방이 존경할 수 있고 설득당할 수 있는 것이 무엇인가를 파악하는 것에서부터 출발해야 한다.[44] 상대에 대한 관심은 또 다른 측면에서는 내가 누구를 설득하고 만족시킬 수 있는가에 대한 전략적 차원과 연결되어 있다. 소프트파워가 상대에 의해서 규정되는 것이라면 소프트파워 전략은 불특정의 상대를 타깃으로 하는 것이 아니라 내 소프트파워가 작동할 수 있는 타깃을 상정하고 그 나라들에게 어필할 수 있는 내 소프트파워를 개발하는 것이다. 손열 교수는 한국의 기존 소프트파워 자원은 경제적 성공이나 민주화, 한류와 같이 개도국 또는 중진국에 매력적으로 작용

---

44) 손열, "소프트파워를 다시 생각한다: 조지프 나이와의 대담", 미래전략연구원 특별기고, 2006. 10. 9.

할 속성을 띠므로 우리의 소프트파워 행사 대상을 주변 4강보다는 아시아 개도국과 같은 국가들로 좁혀야 한다고 주장한다. 기여외교 역시 한국의 노력을 국제사회에 대한 기여로 인정하는 대상에게 이루어질 때 그 효과를 보장할 수 있다. 한국은 세계를 향한 공헌 이외에도 동아시아를 대상으로 하는 공헌외교 전략을 가져야 한다. 같은 양의 자원을 가지고 동아시아의 빈국을 위한 기여외교에 투입했을 때 그 효과는 더 클 것이다. 지역공헌 외교는 결국 세계공헌 외교의 출발점이며 두 차원의 공헌외교가 동시에 추진될 때 가장 효율적일 것이다.[45] 지역공헌 외교의 강화를 위해 동아시아가 필요한 것이 무엇이고 우리가 동아시아를 위해 할 수 있는 일이 무엇인지 그리고 지역공헌 외교의 새로운 메뉴는 어떤 것인지 고민할 필요가 있다.

(6) 세계공헌 외교를 위한 국내적 기반의 조성

한국이 세계공헌 외교를 성공적으로 실행하기 위한 가장 중요한 조건은 세계공헌 외교가 단기적·물질적 이익이 수반되지 않는 국제적 기여나 헌신을 기본으로 하고 있다는 사실에 대한 국민들의 이해와 지지다. 그러나 한국은 국내가 아닌 외국에 대한 봉사나 기부에 대한 거부감이 아직도 강한 편이다. 이런 문화에서 국제적으로 존경을 받을 수 있는 정책을 시행하기는 어렵다. 평화유지활동에 있어서도 평화유지활동 중 한국 병사들의 희생을 받아들일 수 있는 사회적 분위기나 문화가 한국에는 없다. 이러한 환경에서 인류의 평화나 번영에 기여할 수 있는 세계공헌 외교를 편다는 것은 불가능하다. 단적으로 말하면 인류사회의 일원으로서의 의무를 중요하게 생각하고 그 부담을 기꺼이 지는 문화 자체가 소프트파워이다. 이 소프트파워는 그 자체로서도 다른 나라 사람들의 마음을

---

45) 유현석, "한국의 동아시아 스마트파워 외교전략"; 전재성 외, 《한국의 스마트파워 외교전략》, 서울: 한울아카데미, 2009.

움직이고 설득할 수 있는 힘으로서 중요하고 또 다른 소프트파워 자원이 형성될 수 있는 기반으로서도 중요하다. 이와 같은 차원에서 공헌외교의 중요성과 필요성을 국민들에게 알리고 지지를 얻어내는 국내적 차원의 공공외교를 더 적극적으로 추진할 필요가 있다.[46] 어쩌면 이러한 작업에는 손열 교수의 지적처럼 국민들의 국가적 자긍심에 호소하는 차원이 아니라 국익을 새롭게 정의하는(장기적이고 포괄적인 국익을 위해 단기적, 소규모적 이익을 희생하는 것이 진정한 국익이라는) 국격외교의 프레이밍이 필요할지도 모른다.

5. 결 론

한국의 세계공헌 목표를 간결하게 표현하면 '평균 공헌+알파'가 될 것이다. 현재 우리나라의 ODA, PKO 참여 수준은 한국이 아직까지 우리 국력에 상응하는 수준, 즉 평균 수준의 기여를 하지 못함을 명백하게 보여준다. 따라서 우리나라는 평균 공헌수준을 달성하는 것이 급선무일지 모른다. 하지만 '플러스알파' 부분도 평균 공헌만큼 중요하다. 한국이 세계공헌 모범국가로 도약하려면 평균적인 수준의 물질적 원조로는 부족하다. 우리나라가 선도하는 세계공헌분야가 있어야 하며 '플러스알파'가 이 분야를 상징한다. 어쩌면 '플러스알파'가 평균 공헌 달성의 전제조건일지도 모른다. 정부가 차별적인 세계공헌 전략을 수립하고 이를 국민에게 설득하지 않으면 평균 공헌 수준의 자원도 확보하기 어려울지 모르기 때문이다.

이 보고서는 우리나라가 소프트파워 제공에서 비교우위가 있는 공헌분

46) 유현석, "한국의 공공외교 강화를 위한 소프트파워 전략", 한국학술연구원 10차 코리아 포럼발표논문.

야로 자유무역, 개도국 개발지원, 동아시아지역주의, 한반도통일, 국내 다문화 통합을 제시한다. 이들 분야가 우리나라의 발전경험, 발전단계, 지정학적 위치를 고려할 때 국제사회가 우리나라의 지식과 리더십, 즉 소프트파워를 요구하는 분야라고 할 수 있다.

이명박 정부 하에서 우리나라는 이미 소프트파워형 세계공헌 전략을 실천하기 시작했다. 이명박 정부가 G20 정상회의 등 다자 간 기구에서 보호무역 저지와 개도국개발 어젠다를 위해 리더십을 발휘하기 때문이다. 한국은 또한 한중일정상회의 등 동아시아지역주의 발전을 위해서도 중요한 가교 역할을 수행한다.

그러나 한반도통일, 국내 다문화사회 실현 등의 분야에서는 한국이 모범적인 공헌을 한다고 말하기 어렵다. 우리 정부가 한반도통일에 대한 국제 논의를 주도하지 못하며, 국내 외국인의 인권을 국제 수준에서 보호하지 못하기 때문이다. 또한, 자유무역, 개도국 어젠다 분야에서 우리나라가 활발한 활동을 시작했지만 여기서도 아직까지 국제사회가 기억할 수 있는 지속적인 공헌프로그램을 운영한다고 보기 어렵다.

우리나라가 전략공헌분야에서 국제사회에 소프트파워를 원활히 제공하기 위해서는 무엇보다 우리나라의 발전경험을 축적하고 이를 세계공헌 전문인력 교육에 활용하는 시스템 구축이 시급하다. 이 보고서는 이를 위해 정부가 한국의 발전경험을 체계화하고 세계공헌 전문인력을 양성하는 연구 및 교육기관을 지원하는 사업을 시작할 것을 제안한다. 한국적 경험을 바탕으로 글로벌이슈 해결에 기여하기 위해서는 한국적 경험에 대한 체계적 연구가 필요하며, 축적된 연구를 바탕으로 세계공헌 전문인력을 위한 효과적인 교육과정도 개발해야 한다. 경제와 정치발전을 상대적으로 최근에 경험한 우리나라는 개발 1세대 인력을 직접 개발경험 전수사업에 투입할 수 있는 이점을 갖고 있다. 개발정책을 직접 수립하고 집행한 세대를 세계공헌 인력으로 재교육하는 것도 세계공헌 전문교육기관의 중요한 기능이 될 것이다.

■ 참고문헌

김상배(2007), "디지털 한류의 매력정치: 동아시아 문화네트워크의 시각", 손열 편, 《매력으로 엮는 동아시아: 지역성의 창조와 서울 컨센서스》, 지식마당.

______(2009), 《소프트파워와 21세기 권력론》, 한울.

김애경(2008), "중국의 부상과 소프트파워 전략", 〈국가전략〉 14(2): 143~167.

______(2009), "중국의 아프리카대륙 전략적 가치 재발견", 〈국제정치논총〉 49(1): 173~198.

김치욱(2009), "국제정치의 분석단위로서 중견국", 〈국제정치논총〉 49(1).

______(2011), "중견국가와 기여외교: 그 유형과 적용", 〈국제문제연구〉 11(2).

박복영(2007), "원조모형의 국제비교와 시사점", 대외경제정책연구원 연구자료 07-07.

박인휘(2009. 8. 27), "ODA와 한국의 외교전략: 국가이익과 주요국의 교훈", 한국국제정치학회 하계학술대회 발표논문.

박홍영(2003), "일본형 원조외교의 특징 및 변화상 고찰: 서구제국과의 비교 관점에서", 〈국제정치논총〉 43(4): 381~396.

백영서(2006), 《동아시아의 지역질서: 제국을 넘어 공동체로》, 창비.

삼성경제연구소(2009), "국격 제고를 위한 ODA정책", 〈CEO Information〉, 730.

손 열(2006), "소프트 파워를 다시 생각한다: 조지프 나이와의 대담", 《이슈와 대안》, 미래전략연구원, http://www.kifs.org/contents/sub3/life.php?method=info&search Key=&searchWord=&offset=&sId=1901(검색일: 2008년 11월 30일)

______(2009a), "21세기 동아시아: 경합하는 국제사회", 〈세계정치〉, 30.

______(2009b), "소프트파워의 정치: 변화하는 일본의 정체성", 〈일본연구논총〉, 29.

유현석(2009a), "한국의 공공외교 강화를 위한 소프트파워 전략", 한국학술연구원 10차 코리아 포럼발표논문.

______(2009b), "한국의 동아시아 스마트파워 외교전략", 전재성 외, 《한국의

스마트파워 외교전략》, 한울아카데미.
이 근(2006), "한국 외교정책, 패러다임을 바꿔라: '약소국 현실주의' 극복하고 '세계질서 관리' 나서야", 〈신동아〉 1월호.
장경룡(2003), "국제평화와 캐나다 외교정책: 국제사회에서의 중위국 역할 연구", 〈한국동북아논총〉, 26: 1~19.
장준호 · 정복철(2008), "국제개발협력의 두 가지 모델 비교연구: 독일과 일본의 공적개발원조(ODA)를 중심으로", 〈세계지역연구논총〉, 26(3): 311~339.
전재성(2009), "북핵외교와 동아시아공동체를 위한 한국의 기여", 손열 편, 《동아시아공동체 추진을 위한 소프트파워 전략》, 동북아역사재단.
정은숙(2008), "제2세대 유엔 PKO: 특징 · 현황 · 정치", 〈세종정책연구〉, 4(1).
조영남(2008), "중국외교의 새로운 시도: 소프트파워 전략", 김태호 외, 《중국외교의 새로운 연구》, 나남출판.
최정운(2005), "매력의 세계정치", 평화포럼21 편, 《매력국가 만들기: 소프트파워의 미래전략》, 21세기평화재단 평화연구소.
최정호(2007), "국익 최우선의 원조, 일본 ODA의 현황과 미래", 참여연대 국제연대위원회.
하영선 · 김상배(2006), 《네트워크 지식국가: 21세기 세계정치의 변환》, 을유문화사.

Advisory Committee on Transformational Diplomacy(2009), State 2025, http://www.state.gov/documents/organization/99879.pdf
Alimov, Alexander(2007), "(Re-)Emerging as Donor: Russia's Participation in Global Development Cooperation", Department of International Organizations, Ministry of Foreign Affairs of the Russian Federation.
AusAid(2006), Australian Aid: Promoting Growth and Stability, A White Paper on the Australian Government's Overseas Aid Program.
Banda, Mabvuto(2009), "Malawi Leaders Says China to Give $287 Million in Aid", *Reuters News*, April 4.
Beck, Ulrich(2005), *Power in the Global Age: A New Global Political Economy*, Cambridge, UK: Polity.

Bullion, Alan (1998), "India and UN Peacekeeping Operations", *International Peacekeeping* 4 (1) : 98~114.

Cahturbedi, Sonia (2004), "India's Double Standard on International Aid as Donor and Receiver", *India Daily*, September 27.

Campbell, Kurt M. (2008), *The Power of Balance: America in Asia*, Washington, DC: Center for a New American Security.

Chanana, Dweep I. (2009), "India as an Emerging Donor", *Economic and Political Weekly* 44 (12) : 11~14.

Chase, Robert, Emily Hill, & Paul Kennedy (1996), "Pivotal States and US Strategy", *Foreign Affairs* Vol. 75, no. 1 (January~February).

Clinton, Hillary (2009a), "Statement of Senator Hillary Clinton Nominee for Secretary of State", Senate Foreign Relations Committee, January 13, http://foreign. senate. gov/testimony/2009/ClintonTestimony090113a. pdf

Clinton, Hillary (2009b), "Foreign Policy Address at the Council on Foreign Relations", July 15, http://www. state. gov/secretary/rm/2009a/july/126071. htm

Cooper, Andrew F., "Multilateral Leadership: The Changing Dynamics of Canadian Foreign Policy", In John English and Normal Hillmer (eds.) (1992), *Making a Difference*, Toronto: Lester Publishing Limited.

CSIS Commission on Smart Power (2007), *A Smarter, More Secure America*, Washington, DC: Center for Strategic and International Studies.

Durch, William J. (ed.) (1996), *UN Peacekeeping, American Policy, and the Uncivil Wars of the 1990s*, New York: St. Martin's Press.

Foucault, Michel (2007), *Michel Foucault: Security, Territory, Population*, New York: Palgrave.

Funabashi, Yoichi (1993), "The Asianization of Asia", *Foreign Affairs* 72:5.

______(1995), *Asia Pacific Fusion: Japan's Role in APEC*, Washington DC: Institute for International Economics.

Gill, Bates & Chin-Hao Huang (2009), "China's Expanding Peacekeeping Role: Its Significance and the Policy Implications", SIPRI Policy

Brief, February.

Gilpin, Robert (2001), *Global Political Economy: Understanding the International Economic Order*, Princeton University Press.

Goldstein, Avery (2001), "The Diplomacy Face of China's Grand Strategy: A Rising Power's Emerging Choice", *China Quarterly* 168.

Guillot, Philippe (1994), "France, Peacekeeping and Humanitarian Intervention", *International Peacekeeping* 1 (1) : 30~43.

Hampson, Fen Osler (1992), "A New Role for Middle Powers in Regional Conflict Resolution?" in Brian L. Job (ed.), *The Insecurity Dilemma, National Security of Third World States*, London: Lynne Rienner.

Hatoyama, Yukio (2009), "Address by Yukio Hatoyama, Japan's New Commitment to Asia - Toward the Realization of an East Asian Community", http://www.kantei.go.jp/foreign/hatoyama/statement/200911/15singapore_e.html

Heinrich, L. William, Akiho Shibata, & Yoshihide Soeya (2009), *United Nations Peace-keeping Operations: A Guide to Japanese Policies* (p. 20), Tokyo: United Nations University Press.

Horner, David, Peter Londey, & Jean Bou (eds.) (2009), *Australian Peacekeeping: Sixty Years in the Field*, Cambridge: Cambridge University Press.

Ikenberry. G. John (2002), "America in East Asia: Power, Markets and Grand Strategy", in Ellis S. Krauss and T. J. Pempel (eds.), *Beyond Bilateralism: US-Japan Relations in the New Asia-Pacific*, Stanford University Press.

Kindleberger, Charles (1973), *The World in Depression: 1929~1939*, University of California Press.

Krasner, Stephen (1985), *Structural Conflict: The Third World Against Global Liberalism*, Princeton University Press.

Lamont, James & Geoff Dyer (2009), "China Eyes Industrial Bases in Africa", *Financial Times*, December 3.

Lancaster, Carol (2000), "Redesigning Foreign Aid", *Foreign Affairs* 79 (5): 74~88.

Lukes, Steven(2007), "Power and the Battle for Hearts and Minds: on the Bluntness of Soft Power", Felix Berenskoetter and M. J. Williams (eds.), *Power in World Politics*, London and New York: Routledge.

Lum, Thomas(2009), "China's Assistance and Government-Sponsored Investment Activities in Africa, Latin America, and Southeast Asia", November 25, U. S Congressional Research Service.

Nye, Joseph S. (1991), *Bound to Lead: The Changing Nature of American Power*, Basic Books.

______(2004), *Soft Power: The Means to Success in World Politics*, New York: Public Affairs.

______(2005), "The Rise of China's Soft Power", Wall Street Journal Asia, December 29.

______(2008), "Smart Power and the 'War on Terror'", 한국국제교류재단·동아시아연구원·중앙일보 공동주최 초청강연회 강연원고. 2월 12일, http://www.eai.or.kr/korean/upfile/project/pjcontent/%20Nye%20강연원고.pdf(검색일: 2008년 12월 10일)

OECD(2009), "Development Assistance Committee(DAC) Peer Review of Australia", OECD DAC.

Patrick, Stewart & Shepard Forman(eds.)(2002), *Multilateralism and US Foreign Policy: Ambivalent Engagement*, Boulder, CO: Lynne Rienner.

Price, Gareth(2004), "India's Aid Dynamics: From Recipient to Donor?" Chatham House Asia Programme Working Paper, September.

Ramo, Joshua Cooper(2004), "The Beijing Consensus", The Foreign Policy Centre.

Ryan, Alan(2003), "Australian Perspectives on the Military Challenges Faced in Post-Conflict Iraq, Modern Peacekeeping and Coalition Operations", A paper delivered at the Henry L. Stimson Center, Washington, DC, April 7.

Shambaugh, David(2004), "China Engages Asia: Reshaping the Regional Order", *International Security* Vol. 29, No. 13(Winter 2004/5).

Soares de Lima, Maria Regina, & Monica Hirst(2006), "Brazil as an Intermediate State and Regional Power: Action, Choice and Responsibilities", *International Affairs* 82(1): 21~40.

Sorensen, David S. & Pia Christina Wood(2005), *The Politics of Peacekeeping in the Post-Cold War Era*, New York: Routledge.

Tarnoff, Curt & Marian Leonardo Lawson(2009), *Foreign Aid: An Introduction to U.S. Programs*, Washington, DC: Congressional Research Service.

U.S Congressional Research Service(2008), *Comparing Global Influence: China's and U.S Diplomacy, Foreign Aid, Trade, and Investment in the Developing World*, CRS Report for Congress, August 15 .

Ulriksen, Stale(2007), "Deployments for Development? Nordic Peacekeeping Efforts in Africa", *International Peacekeeping* 14(4): 553~568.

Utley, Rachel E.(2006), *Major Powers and Peacekeeping: Perspectives, Priorities, and the Challenges of Military Intervention*, Aldershot: Ashgate.

Vittorini, Simona & David Harris(2009), "Slow, But Steady, Like the Elephant': The Politics of Indian Aid, Trade and Investment in West Africa", A Paper Presented at the 3rd European Conference on African Studies, Leipzig, June 6~9.

Wines, Michael(2009), "China Pledges $10 Billion to African Nations", *New York Times*, November 9.

Yermolaev, Michael(2000), "Russia's International Peacekeeping and Conflict Management in the Post-Soviet Environment", Center for International Security and Conflict Management Studies(CISCMS), Moscow, Russia.

Cho, Young Nam & Jong Ho Jeong(2008), "China's Soft Power: Discussions, Resources, and Prospects", *Asian Survey* 48(3): 453~472.

Zhongying, Pang(2005), "China's changing attitude to UN peacekeeping", *International Peacekeeping* 12(1): 87~104.

Zisk, Kimberley Marten(2001), "Japan's United Nations Peacekeeping Dilemma", *Asia-Pacific Review* 8(1): 21~39.

小澤一郎(1993), 《日本改造計劃》, 東京: 講壇社.

11 신국가발전전략 방법론과 전략추진체계

황성돈 · 손기섭 · 문명재 · 신무섭
양희동 · 이송호 · 최창현

1. 서론

해방 이후 지금까지 대한민국은 참으로 열심히 달려왔다. 그리고 결국 세계사에 기록될 엄청난 기적을 일궈냈다. 건국과 산업화, 민주화 같은 시대적 과제들을 60여 년이라는 짧은 기간 동안에 모두 이룩한 나라는 지구상 어디에도 없다. 세계는 지금 이런 대한민국을 주목하며 기꺼이 그 기적의 결실들에 대한 지불결정을 하고 있다. 대한민국의 스포츠와 드라마, 교육과 과학기술, 가격대비 우수한 품질의 상품과 놀라운 회복력을 지닌 주식시장이 바로 그런 결실의 일부다.

그러나 애석하게도 우리 대한민국은 이런 기적의 결실을 즐길 새도 없이 향후 국가의 흥망을 가름할 새로운 시대적 도전을 맞이하고 있다. 세계는 지금 국가와 지역 간 경계를 넘나드는 자본과 노동, 기술의 규모와 속도, 영향도가 과거의 산업화시대와는 비교할 수 없을 정도로 거대하고 빠르며 강하고 광범위한 이른바 '초세계화'시대로 접어들고 있다. 이런 상황에서는 과거 산업화시대에 작동했던 국가발전전략이 더 이상 효과를 발휘할 수 없다. 아니 오히려 장애가 될 수도 있다. 축구경기에서 야구경기로 바뀌는 것에 버금갈 정도로 국내 및 세계 경제와 안보, 국제관계상의 상황과 게임 룰이 크게 바뀌고 있기 때문이다. 최근 전 세계를 강타한 금융위기와 국가경제부도위기 등은 전혀 다른 게임 상황으로 바뀌었는데도 국가와 기업, 개인들이 여전히 과거의 게임인 줄 알고 뛰어다닌 결과에 다름 아니다.

이러한 세계인류문명사적 변화와 더불어, 대한민국은 지금 한반도를 둘러싼 기존의 동북아 안보질서에 있어서 거대한 변화의 조짐을 경험하고 있다. 사실상 G2로의 중국 급부상, 미국과 중국 간의 대립과 협력 구조의 다변화, 북한의 비정상적 권력이양과 핵무기 카드를 가지고 벌이는 벼랑 끝 군사외교 전략으로 한반도에는 통일의 기회와 영구분단의 위험이 동시에 주어지고 있다. 이 또한 과거 산업화시대와 시기를 같이하는 냉전시대의 국가안보 및 외교, 통일전략으로는 답을 찾을 수 없는 전례 없는 도전이다.

대한민국이 당면하고 있는 이런 시대적 도전에 적합한 국가발전 교과서는 세계 어디에도 없다. 우리가 그동안 국가발전의 모범사례로 열심히 닮고자 했던 미국·영국·프랑스·독일·일본 모두 더 이상 우리의 모델이 되지 못한다. 이 나라들 모두가 지금 크게 도전받아 재편되고 있는 기존의 세계질서를 만들어낸 장본인들이고, 그 질서에 안주해오다가 결국 현재 그 값을 치르고 있는 나라들이기 때문이다. 이 나라들 모두가 이런 상황에 적합한 새로운 국가발전 교과서의 출현을 고대하고 있다.

2. 새로운 국가발전전략 방법론

이런 상황에서 이제 우리는 어떻게 해야 하나? 자조(自助) · 자립(自立) · 자강(自强)의 자세에 입각하여 우리 나름의 역사적 전통과 문화에 적합한 효과적인 국가발전전략을 세우고, 이를 바탕으로 우리 앞에 펼쳐진 미지의 길들을 찾아 나서야만 한다. 어떻게 해야 최적의 국가전략을 세울 수 있나? 크게 보아 4가지가 중요하다.

1) 현장중심

주변에 참고할 만한 답이 없고 이념과 원칙이 답을 주지 못할 때는 철저하게 현장에서 답을 찾아야 한다. 즉 '자주 · 자립 · 자강'의 자세로 우리나라는 물론, 세계 유수나라들의 현장 속에서 지혜를 얻어 우리 나름의 독자적인 세계구상과 세계전략을 짜야 한다. 이를 기초로 중장기 국가발전비전과 중 · 단기 국가발전추진 전략을 세워야 한다.

다시 말해 중앙정부 정책당국자들의 탁상공론을 철저히 배제하고, 현장의 상황과 문제, 정보와 지식, 해결방안을 중시해야 한다. 현장의 민간책임자들과 정부행정책임자들이 함께 머리를 맞대고 현장의 문제를 파악하고, 거기에서 얻은 정보, 특히 이해당사자들로부터 얻은 살아있는 정보를 바탕으로 대안을 강구해내야 한다. 그래야 현장에서 작동할 수 있는 대안이 나온다.

2) 역사주의

주변에 참고할 만한 답이 없고 이념과 원칙이 답을 주지 못할 때는 현장과 함께, 역사 속에서 지혜를 찾고자 하는 노력이 병행되어야 한다. 우리의 오랜 관행과 문화는 현장에서 문제가 등장하고 해결되는 전 과정에

깊게 관여한다. 따라서 지금까지 현장에서 이루어진 정부정책의 역사적 전개과정을 깊이 통찰하여 우리나라의 독특한 정책성공과 실패의 조건을 가려 이를 국가전략에 깊이 참고하는 역사주의 전략이 중요하다. 이렇게 해야 우리의 상황과 문제, 우리의 체질과 역사발전단계에 적합한 국가발전전략이 나올 수 있게 된다.

3) 복잡계적 사고와 거시변화 대처력의 중시

격변하는 예측 불가능한 미래의 국가환경에 대처하기 위해서는 안정적 질서를 근간으로 하는 전통적인 국가전략에서 과감히 탈피하여야 한다. 선형적 인과관계·미래에 대한 예측가능성·질서·안정성 등을 특징으로 하는 과거의 뉴턴적 기계론적 패러다임을 근간으로 만들어진 국가운영 전략들은 비선형적 순환고리·미래에 대한 예측불가능성·혼돈·불안정성 등을 특징으로 하는 복잡계 패러다임으로 보면 그 한계가 드러난다. 급격한 변화와 다양한 상황의 동시다발적인 발생은 기존의 국가발전전략 추진체계들이 국가의 발전방향을 그려내는 데 필요한 통찰을 가로막으며, 장기적 결과를 선택·계획·의도하기 어렵게 만든다. 세상이 점점 복잡해지고 우리가 살고 있는 사회, 경제구조가 복잡계의 모습을 띠고 있는 현 시점에서 국가의 단기적인 일상활동은 미리 계획할 수 있으나 장기적인 전략은 그렇게 되기 어렵다.

요즘 같은 불확실성의 시대에 여행을 떠나기 직전 지도를 챙겨야겠다는 생각은 타성에 불과하다. 성공의 핵심은 종전의 지도를 그대로 따라가는 데 있는 것이 아니라 새로운 지도를 창발적으로 만들어가는 데 있다. 1997년 자율적 요동을 통해 새로운 질서(*a new order through autonomous fluctuations*)로 갈 수 있다는 자기조직화(*self-organization*)이론으로 노벨 화학상을 받은 일리야 프리고진(Ilya Prigogine) 박사의 주장에 따르면 국가가 혼돈의 경계(*at the edge of chaos*), 즉 복잡계의 영역을 계속 유지하면 창조적 파괴와 같은 자율적 요동이 창발됨으로써 새로운 질서로 발전해나갈 수 있다. 국가는 항상 자율적인 요동을 통해 자기조직화를 이뤄야 하며 현실에 안주해서는 안 된다. 지속적인 변화가 이루어지지 않는다면, 도태의 길을 걷게 될 뿐이다.

국가운영에 있어서 일촉즉발의 동시다발적인 문제발생상황은 예측이나 통제가 사실상 어렵다. 이러한 복잡한 상황을 타개하기 위해서는, 안정과 균형을 지향하는 전통적 패러다임은 크게 도움이 되지 않는다. 과거와는 전혀 다른 자기 혁신적 방법인 자율적 요동을 통해서 전략 및 행동을 창발시켜 운영해야 한다. 국가는 항상 자율적인 요동을 통해 자기조직화를 이뤄야 하며 현실에 안주해서는 안 된다. 지속적인 변화가 이루어지지 않는다면, 도태의 길을 걷게 될 뿐이다. 과거에 국가성공의 요인이었던 것이 이제는 국가실패 원인이 될 수 있다. 국가가 생존하기 위해서는 안정적 평형상태로 이동하려 해서는 안 된다는 냉혹한 현실을 깨달아야 한다. 변화를 따라가선 안 되며 이를 주도할 수 있는 거시변화 대처력을 키워나가야 한다. 거시변화 대처력은 사회체계의 유연성과 변화적응력 · 개방성 · 개혁지향성 · 지식창출력 등의 자기조직화능력을 의미한다. 이 거시변화 대처력은 오늘날의 우리나라처럼 한 국가가 다른 국가와의 경쟁과 국제화 등의 급격한 환경적 변화로 인해 혼돈과 복잡성, 그리고 불안정성이 가중되는 위기점, 즉 분기점에 도달했을 때, 기존의 성공에 안주하는 등의 경로의존성에서 탈피하여 더 높은 수준으로의 탐사에 성공하여 국가의 파산을 막고, 엄청난 성장의 기회를 잡을 수 있게 하는 데 대단히 중요한 요소다.

미국 하버드대학의 마이클 포터 교수의 지적처럼 국민개인소득 5천 달러 수준에서는 국가가 소유한 자연적 원천(예: 토지 · 천연자원 · 인력 등)이 국가발전의 핵심원동력이 되고, 1만 달러 수준에서는 투자, 특히 사회적, 경제적 인프라에 대한 투자 및 구축이 중요하며, 1만 5천 달러를 넘게 되면 인프라에 기초한 제조업 중심의 효율성 경제구조에서 진화하여 다른 국가들을 선도하는 혁신성이 중요한 국가발전동력이 된다. 오늘날처럼 거대질서의 변화시기에 2만 달러를 넘어 3~4만 달러 수준의 선진국으로 진입해야 하는 단계에서는 다가오는 중장기 거시적 변화의 핵심내용과 원리를 민감하게 감지하고, 이에 효과적으로 대응하는 전략과 정책을 기획하고 이를 성공적으로 추진해낼 수 있는 이른바 거시변화 대처력이 중요한 국가발전동력이 된다. 다시 말해 거시적 변화를 예민하게 감지하고, 국가사회의 전반구조를 복잡적응계이론에서 말하는 질서와 혼돈의 경계에 위치시키면서, 그에 적합한 대응책들이 국가사회 각 부문에서 부단히 신축적으로 탐사되고 시행되도록 하는 국가의 역량이 대단히 중요하다. 많은 개발도상국들이 선진국 진입의 문턱에서 낙오한 것도 이런 시대변화의 핵심내용과 원리를 민감하게 감지해 효과적으로 대응하는 거시변화 대처능력의 부재(不在) 때문이었다. 구소련과 같은 거대강국의 몰락이유도 이런 관점에서 설명될 수 있다.

3. 신국가발전전략 추진체계의 기본구조

아무리 세상이 바뀌어도 국가발전원리에 변하지 않는 것이 있다. 한 국가가 기적과도 같은 발전을 이룩해내는 데는 늘 위대한 지도자와 기업가, 강하게 동기화된 근면한 국민들, 그리고 제대로 된 제도와 사업들을 효과적으로 기획·추진해내는 유능한 공직자들과 조직들이 있었다. 초세계화시대 대한민국의 국가발전에도 이러한 전략추진체계는 필수적이다. 다만 이들이 갖춰야 할 콘텐츠와 이들을 엮고 동기화하는 가치와 운영원리, 조직체계가 크게 달라져야 한다. 어떻게 달라져야 하나? 이에 대한 답을 제시하기 전에 먼저, 어디부터 바꿔야 하는지부터 살피기로 한다.

국가발전을 위해서는 〈그림 11-1〉에서 보듯이 특히 5가지의 국가 활동역량과 이 활동들에 소요되는 제반 자원들 중 특히 4가지의 자원을 잘

〈그림 11-1〉 신국가발전체계의 핵심역량구조

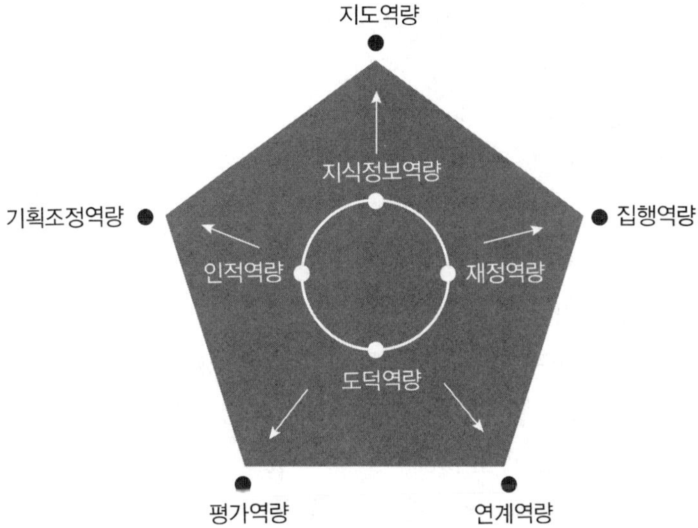

확보 · 활용할 수 있는 역량(자원역량)이 매우 중요하다. 이 9가지 역량을 고도화하는 것이 바로 신국가발전전략 추진체계를 구축하기 위해 가장 중요한 일이다.

1) 지도역량

'지도역량'이라는 것은 국가를 구성하는 모든 조직의 장의 활동역량을 말하는데, 우리나라의 경우 특히 대통령의 지도역량이 중요하다. 이 지도역량은 변화의 방향을 설정하고, 그 방향으로의 변화에 대해 구성원들의 지지를 확보해내고, 필요한 제반 자원을 동원하고, 또한 여타 국가발전활동들이 제대로 발휘될 수 있게 독려 · 지원하며 실제로 국가가 그 방향으로 변화해 가도록 이끌어가는 역량을 의미한다. 대통령의 이러한 지도역량이 제대로 발휘되기 위해서는 대통령 개인의 능력도 중요하지만,

대통령 보좌기구들, 특히 대통령실의 보좌역량이 더욱 중요하다. 국가발전을 위해 대통령이 국가지도자로서 감당해야 할 임무들이 그의 개인적 능력을 넘어서는 경우가 대부분이기 때문이다.

2) 기획조정역량

'기획조정역량'이란 국가가 처한 국내외적 상황의 변화내용 및 방향을 감지하여 그것이 대한민국의 국익에 주는 의미를 정확히 해석하고, 국가적으로 필요한 핵심적 정책과제들을 선정하고 각 과제별로 추구해야 할 행동경로들을 다양한 탐사방법을 동원하여 탐색해내고, 각 과제의 추진 도중에 발생하게 되는 각종 이견과 갈등을 조정해주고, 예기치 못한 문제들이 발생하게 될 때마다 방향 및 절차, 동원자원의 수정 등 그에 대한 최적의 대처방안을 제시하는 활동역량을 의미한다. 기존의 것들 중 이러한 기획조정역량에 해당하는 대표적인 예로는 경제기획원, 국무총리실의 국무조정실, 청와대의 정책기획수석비서관 등을 들 수 있다. 다음에서 보듯이 신국가발전전략 추진체계에서는 특히 이 기획조정역량에 큰 변화가 있게 된다.

3) 집행역량

국가발전을 위한 탁월한 정책들이 만들어졌더라도 이를 실제 행동에 옮기는 집행과정이 취약하면 소기의 국가발전은 이룩할 수 없게 된다. 이 집행과정에 중요한 역할을 하는 것이 바로 우수한 관료조직이다. 관료조직의 우수성(*excellence*)이라 함은 효율성(*efficiency*), 전문성(*expertness*), 공정성(*fairness*), 정치적 중립성(*political neutrality*), 책임성(*responsibility*), 반응성(*responsiveness*)을 복합적으로 일컫는다. 국가발전에 있어 '집행역량'이라 함은 국가의 정책을 전문적인 법적·관리적·과학적 지식과 기술을 바탕으로 정치적으로 중립적인 관점에서 효율적이고, 공정하며, 책임 있게 추진하여 국민들이 원하는 바를 해결해주는 정부관료제의 활동역량을 의미한다.

4) 평가역량

한 국가가 제대로 발전하려면 우수한 전략과 정책, 집행활동이 있어야 하지만 이런 활동들의 우수성이 보장되려면 이 활동들에 대한 평가활동이 잘 이루어져야 한다. 평가역량의 대표적인 것으로 국회와 감사원, 국무총리실의 평가담당기구를 들 수 있다. 신국가발전전략을 효과적으로 추진하기 위해서는 다음에서 보듯이 이 기구들의 활동구조에 근본적인 변화가 있어야 한다.

5) 연계역량

국가가 처한 환경이 대단히 가변적이고, 환경을 구성하는 요소들 간의 상호의존성이 높아져 복잡계의 모습을 갖게 됨에 따라 미래 환경변화의 방향을 예측하는 것이 대단히 어려워지고 있는 상황에서는 국가 혼자 전략을 짜고 사회의 나머지 부분이 이를 따라가는 이른바 위계적 선도-추종 방식으로 국가발전을 도모하면 실패하게 된다. 이런 상황이 야기하는 문제의 종류와 파생성과 복잡성이 대개의 경우 국가의 문제인지능력과 정보처리 및 판단능력, 그리고 자원동원능력을 넘어서기 때문이다. 이런 상황에서는 특히 중요한 것이 국가와 민간부문 간의 원활한 연계활동(*networking*)이다. 정부기관과 기업체, 노동관련 단체, 민간 지성 및 전문가, 여타 제반 시민사회단체들이 국가적 사안에 관해 협치(*cogoverning*)하는 것이다. 협치란 바로 각자가 가지고 있는 지식과 정보, 기술, 경험과 판단을 공유하며 당면 문제를 해석하고 대안을 검토하여 결정하고 집행과정에도 상호분할 및 연계되게 참여하여 각자가 최적의 역량에 부합하는 결과를 내는 활동 전체를 말한다. 국가발전전략 추진체계에서 '연계역량'이란 바로 이런 협치활동체 또는 이런 협치활동을 일으키는 정부기구를 의미한다. 이런 연계역량의 대표적인 정부기구로 국회, 정부의 각종 민관합동위원회, 정부 내 민간활동 지원기구들을 들 수 있다. 향후 우리의 국가발전전략 추진체계에서 크게 강화되어야 할 역량이다.

이상의 국가의 전략적 활동역량이 제대로 발휘되기 위해서는 필요한 자원들이 있어야 하는데 특히 우수한 사람과 충분한 돈, 유용한 지식과 정보, 도덕성 등의 자원이 중요하다. 이러한 자원들과 이를 창출 및 활용, 관리하는 제도와 조직을 총괄하여 자원역량이라고 하는데, 먼저 지식정보역량부터 살펴보면 다음과 같다.

6) 지식정보역량

국가의 전략수립활동은 고도의 전문적인 지식과 정보를 필요로 한다. 문제를 인식하고 해석하며 대안을 탐색하고, 또한 대안이 야기할 미래상황을 형상화하고, 선택된 대안이 시행된 결과를 평가하는 일련의 모든 활동들은 기본적으로 관련지식과 정보를 수집·분석·종합·전파·공유·저장 및 재활용하는 활동이라고 할 수 있다. 국가전략수립을 위한 이런 모든 지식정보활동에서 중시되는 핵심적 가치는 정확성(*accuracy*)과 신뢰성(*reliability*), 관련성(*relevance*), 그리고 경제성(*economy*)과 신속성(*speed*)을 내용으로 하는 효율성(*efficiency*)이다. 국가발전을 위한 지식정보역량 중 특히 중요한 것이 바로 국가의 싱크탱크 시스템이다. 당면한 문제를 해결하는 데 정확하고, 신뢰할 수 있으며 관련성 높은 전문지식과 정보를 신속하고 경제적으로 확보하여 전략기획 및 결정기구에 제공할 수 있는 민관합동 싱크탱크체계를 구축하는 것, 이것이 바로 신국가발전전략 추진체계 구축의 한 핵심과제가 된다.

7) 인적역량

국가발전전략을 수립하고 이를 시행에 옮기는 모든 일들은 결국 사람이 하는 일이다. 국가발전전략 추진체계에서의 인적역량이란 국가발전전략에 관련된 직무를 수행하는 인력과 그러한 인력을 확보 및 활용하는 제반 제도 모두를 의미한다. 이와 관련하여 특히 중요한 과제는 인사제도 개혁인데, 핵심은 어떻게 하면 고도의 전문지식과 기술, 풍부한 경험과 탁월한 판단력, 그리고 공인으로서의 훌륭한 성품과 직무자긍심과 헌신 의지로 충만한 인재들에 의해 정부의 업무가 추진될 수 있게 하느냐 하는 것이다.

8) 재정역량

국가의 거의 모든 활동에 돈이 들어간다. 돈 그 자체와 또한 필요한 돈을 확보해서 사용할 수 있게 하는 모든 관리기술과 제도가 바로 재정역량이나. 국가발전전략 추진체계를 구축하는 데 특히 중요한 것은 국가의 예산제도개혁이다. 정책의 문자적 표현이 법이라면, 숫자적 표현에 해당하는 것이 바로 예산이기 때문이다. 즉 예산은 곧 국가의 발전전략이고 정책인 것이다.

9) 도덕역량

경제가 발전하고 민주주의가 성숙해갈수록 정부에 대한 신뢰의 조건에서 공직자들의 자격과 행동의 청렴성과 정당성이 차지하는 비중이 커지게 마련이다. 아무리 탁월한 국가발전전략이 개발된다 하더라도, 이를 추진하는 정부 및 공직자들이 이런 점에서 신뢰받지 못하면 전술한 거의 모든 활동역량들이 동력을 잃게 된다. 우리나라에서 현재 이 이슈는 특히 감사원 등 반부패시스템을 어떻게 실효성 있게 개편할 것인가 하는 문제로 귀착된다.

4. 신국가발전전략 추진체계 구축방안

1) 대통령리더십 지원체계 고도화

대통령이나 총리는 자신의 책임을 완수하고 업적을 남기기 위해 국정을 성공적으로 운영해야 한다. 그런데 대통령이나 총리가 가지고 있는 고민은 개인으로서의 능력에 비해 국정운영의 여건이 훨씬 복잡다단하고 간여해야 할 사안들이 많은 데 비해 시간이 너무 부족하다는 것이다. 또한 시간이 흐를수록 국정운영시스템은 방대해졌을 뿐만 아니라 의회・행정부처・언론 등 하위기관들이 자율적이고 강력해져 자신의 국정비전을 구현하기 위해 협조를 구하기가 쉽지 않게 되었다. 국정운영은 누가 대통령이나 총리가 되든지 지난한 과업이 된 것이다.

이러한 여건변화에 따라 좀더 현명하고 유능한 대통령이나 총리가 등장해야 함에도 불구하고, 민주국가에서 그러한 사람이 대통령이나 총리가 되리라는 보장이 없다. 이러한 딜레마를 어떻게 풀 것인가? 다시 말하면, 현명하고 유능하지 못한 사람이 대통령이나 총리가 될 수 있는 상황에서 어떻게 하면 성공적인 국정운영을 도모할 수 있을 것인가? 각국에서 내린 공통결론은 대통령이나 총리들에게 도움이 필요하다는 것과, 그 도움은 이들에 대한 교육과 훈련이 아니라 이들을 보완해 줄 보좌시스템을 구성하는 데서 찾을 수 있다는 것이었다.

요약하면, 보좌시스템이 필요한 이유는 대통령이나 총리 입장에서 보면 담당해야 할 업무에 비해 개인적 능력과 시간이 부족하기 때문이고, 일반국민들의 입장에서 보면 성공적인 국정운영이 대단히 중요하기 때문이다.

국정최고책임자를 위한 전문적인 보좌시스템의 기원은 제 1차 대전 직후 영국 로이드 조지 총리(1916~1922)가 전통적으로 내려온 심부름꾼 개인비서에 별도로 추가 설치한 내각사무국이다. 전시 제국국방위원회에서 운영했던 사무국시스템을 모방하여 내각회의에 설치한 것이다. 이어 미국 루즈벨트 대통령(1933~1945)이 영국시스템을 참조하여 백악관비서실과 대통령부라는 이원화된 보좌기구를 구축하였다. 프랑스도 제 4공화국 시절(1945~1958)에 보좌시스템의 원형을 구축하였다. 이렇게 구축된 보좌시스템은 그 후 정권을 거치면서 점진적으로 확대 전문화되었다. 그 결과 1970년대 후반에 오늘날 보좌시스템의 골격이 완성되었고, 그 이후 의미 있는 변화는 거의 없다.

(1) 주요국 대통령리더십 지원체제[1)]

① 미국대통령 보좌기구

미국대통령 보좌기구는 백악관비서실(White House Office)과 대통령부(Executive Office of the President)로 구성되어 있다. 전자는 대통령 개인의 판단과 활동을 지원하기 위한 기구이고, 후자는 대통령의 행정 각 부처 운영을 지원하는 기구이다. 백악관비서실과 대통령부는 대통령에게 각각 서로 다른 서비스를 직접 제공하고 있지만 상호독립적인 기구들이 아니라 밀접하게 연결되어 있다. 백악관비서실 정책보좌관들이 대통령부 내 대다수 하위기구들의 장을 겸임하고 있다. 그 결과 대통령 보좌기구 전체가 백악관비서실 내 비서실장과 10명 전후의 고위보좌관을 중심으로 잘 조율될 수 있게 짜여 있다. 대통령을 중심으로 보면 백악관비서실이 내부서클(*inner circle*)이고 대통령부는 외부서클(*outer circle*)이다.

---

1) 각국 대통령 혹은 총리 지원기구에 관한 자세한 내용은 이송호, 2002 참조.

가. 백악관비서실

백악관비서실은 다음과 같은 기능을 수행한다. 첫째, 누가 대통령을 면담하고 어떠한 보고서가 대통령에게 전달되어야 하는지를 결정한다. 둘째, 대통령의 결정에 필요한 정보, 아이디어 및 조언 등을 직접 제공한다. 셋째, 대통령과 의회 · 관료제 · 언론기관 · 사회단체 등과의 연락병 역할을 한다. 넷째, 대통령이 특별히 관심을 갖고 있는 정책프로그램들이 관료기구를 통해 잘 집행되고 있는지 모니터링한다.

백악관비서실의 스태프는 지위에 따라 고위보좌관, 중하위직 전문가 및 지원인력으로 구분되고, 충원방식에 따라 외부에서 정치적으로 충원된 외부스태프와 행정부처에서 차출한 공무원스태프로 구분된다. 백악관비서실은 다음과 같은 하위기구들을 두고 있다.

• 근접지원기구

지근거리에서 대통령의 입과 귀 및 손발이 되는 기구들로서 일정비서실 · 연설문담당실 · 공보비서실 · 스태프비서실 · 경호실 · 행정실 등이다. 공보비서실은 대통령 및 행정부의 활동과 메시지를 언론기관과 국민들에게 전달하고, 여론의 동향과 유권자들의 관심이 가장 큰 이슈를 파악하여 보고하며, 각 행정부처들의 대언론관계를 조정하는 기구이다. 스태프비서실은 대통령직무실에 드나드는 모든 보고서나 메모를 점검하고, 대통령에게 매일 각 부처의 활동내용을 브리핑하는 기구이다. 행정실은 대통령에게 온 편지, 대통령 활동의 사진촬영과 기록, 백악관방문객 관리 등을 담당하는 기구이다.

• 정책보좌관

미국은 국정 전반을 4개 분야로 나누어 각 분야마다 정책보좌관, 즉 국가안보보좌관 · 경제정책보좌관 · 국내정책보좌관 · 과학기술정책보좌관을 두고 있다. 이 정책보좌관들은 해당 분야에서 주요동향을 파악하여 대통령에게 보고하고, 대통령이 현명한 판단과 결정을 내릴 수 있도록 필요한 조언을 하며, 관련행정부처들의 정책을 조정한다.

• 연락기구

대통령의 정치적 리더십을 관리하는 기구로서 다원화된 사회에서 주요 집단들과 대통령 간 소통을 담당하는 기구들이다. 의회관계를 담당하는 의회담당실·집권당리더들을 담당하는 정치담당실·행정부처들과의 관계를 담당하는 내각담당비서실·주지사 및 시장들과의 관계를 담당하는 지방정부담당실·지방언론기관과 각계 여론지도층을 상대하는 대국민홍보실·사회 주요집단들을 상대하는 사회집단담당실·각 군과의 연락업무를 담당하는 군무실 등이 있다. 이들 기구들은 대통령의 의중과 결정사항을 해당기관들에게 전달하고 각 기관들의 활동내용과 요구사항을 대통령에게 전달한다.

• 정보보좌관

정보보좌관은 미국본토와 국익을 보호하기 위해 필요한 정보를 수집, 분석하여 대통령에게 보고한다. 동시에 미국 내 CIA, NSA, DIA 등을 포함한 15개 정보기관들을 총괄 관리한다.

• 검열기구

대통령의 결정에 실수가 없도록 사전에 문제점을 검토하는 기구로서 법률고문실과 인사담당실이 있다. 전자는 대통령의 정책과 개인적 행위가 법에 저촉되지 않는지 검토하는 기구이고, 후자는 대통령이 정치적으로 임명해야 할 공직후보자들을 발굴하여 그 자질을 검증하는 기구이다.

나. 대통령부

• 조정기구

부처 간 정책조정회의를 지원하면서 관련정책보좌관을 도와 정책조언과 집행점검에 간여하는 기구로서, 국가안보회의지원실(Secretariat of National Security Council) · 정책개발실(Office of Policy Development) · 과학기술정책실(Office of Science and Technology Policy) · 국가정보실(Office of the Director of National Intelligence) 등이 이에 해당된다.

국가안보회의지원실은 관계장관회의인 국가안보회의를 지원하여 국가안보 관련부처들의 활동을 조정하고, 국가안보보좌관을 도와 대통령에게 국가안보와 관련된 정보와 조언 및 정책아이디어를 제공하며, 국가안보정책의 집행을 모니터링하는 기구이다. 내부는 지역별부서 · 기능별부서 · 상황실(*Situation Room*) 등으로 분화되어 있고, 전문가스태프와 행정지원스태프로 구성되며, 지원실장은 국가안보보좌관이 겸임한다.

정책개발실은 관계장관회의인 국내정책회의와 경제정책회의를 지원하여 관련부처정책들을 조정하고, 국내정책보좌관과 경제정책보좌관을 도와 대통령에게 정책조언을 하며, 대통령의 결정이 제대로 집행되는지 모니터링하는 기구이다. 그 외에도 대통령의 연두교서 작성과 기자회견을 지원한다. 정책개발실은 모든 스태프가 정치적으로 충원되고 있다.

과학기술정책실은 과학기술관련부처 간 회의나 대통령자문회의들을 관리하고, 과학기술정책보좌관을 도와 대통령에 대해 과학기술에 관한 전문적 조언을 하고, 연방정부의 연구개발활동을 조정하는 기구이다.

국가정보실은 대외 · 국내 · 군사 정보활동들을 통합조정하고 국가정보프로그램과 그 예산의 편성과 집행을 지휘하고 감독한다. 실장은 정보보좌관이 겸한다.

• 분석기구

주요 정보를 수집 분석하여 대통령에게 조언하는 기구로서, 경제자문회의(Council of Economic Advisers)와 환경회의(Council on Environmental Quality)가 있다.

경제자문회의는 장기경제동향과 경제현안을 분석하여 대통령에게 조언한다. 정책결정이나 부처 간 조정에는 간여하지 않는다. 그러나 경제자문회의는 의장에 따라 비정치적인 중립적 분석기구로 활동하기도 하고, 대통령의 경제정책을 수립 옹호하는 정치적 기구로 활동하기도 한다. 3인의 저명한 경제학자들로 구성되고, 산하에 지원실을 두고 있다. 3인 가운데 한 명이 의장으로 임명된다.

환경회의도 환경관련자료의 수집과 평가를 통해 대통령에게 조언한다. 그러나 경제자문회의와는 달리 환경정책에 관한 기본방향을 정하고 부처 간 조정에도 간여한다. 3명의 위원들로 구성되고, 지원실을 두고 있다. 3인 가운데 한 명이 환경회의 의장과 지원실장을 겸직한다.

• 양면기구

보좌기구이면서 동시에 정책추진을 담당하는, 다시 말해 참모기능과 계선기능을 함께 수행하는 기구로서, 관리예산처와 무역대표실이 있다. 관리예산처는 연방정부의 예산안과 함께 각 부처 입법활동과 행정규제를 검토 조정하고, 대통령 입법프로그램 작성에 참여하며, 행정 각 부처 사업진도를 파악하여 보고하고, 행정개혁을 추진하는 기구이다. 무역대표실은 대통령에게 통상정책에 관해 조언하고, 대외무역정책을 개발 조정하며, 국제통상 이슈들에 대해 정책지침을 작성하고, 국제통상협상을 수행하는 기구이다.

② 영국총리보좌기구

영국총리보좌기구로는 개인으로서의 총리를 지원하는 총리실(Prime

minister's Office)과 내각회의 의장으로서의 총리를 지원하는 내각사무처(Cabinet Office)로 이원화되어 있다. 내각사무처는 내각회의를 효율적으로 지원하기 위해 설치된 것이나 시간이 흐를수록 내각회의보다는 그 의장인 총리를 보좌하여 총리가 원하는 방향으로 내각을 이끌어가는 기구로 전환되었다.

가. 총리실

총리에게 필요한 정보와 조언 및 서비스를 제공하고, 총리가 신경 써야 할 주요부문과의 연락병 역할을 하는 기구이다. 내부는 행정 각 부처와의 관계 및 총리의 일정관리를 담당하는 개인비서실, 정치권과의 관계를 담당하는 정무실, 언론과의 관계를 담당하는 공보실, 정책조언을 하는 정책실 등 4개의 실로 구분되어 있다. 그 외에 총리에게 국정운영상 문제점을 미리 알려주고 새로운 아이디어를 제시하며, 동시에 각 부처 정책들을 효율적으로 통제할 수 있는 논리를 제공하고 총리입장을 지지하는 외부다수세력을 구축하는 특별보좌관도 있다. 정책실과 정무실 비서들은 대부분 외부에서 정치적으로 충원되어 총리와 진퇴를 같이하나, 개인비서실과 공보실 비서들은 대부분 직업공무원들로 충원되어 총리와 진퇴를 같이하지 않는다. 행정요원들은 직업공무원들로 충원된다.

나. 내각사무처

내각사무처(Cabinet Office)는 국정운영중추기관으로서 부처 간 정책조정을 지원하고, 여러 부처가 관련된 이슈들을 조사 분석하며, 내각 결정사항의 이행을 점검한다. 또한 국정운영의 영속성을 보장하는 기관으로서 처장과 스태프들은 총리가 바뀌어도 즉각 교체되지 않고 새로운 총리를 도움으로써 국정운영상 단절이 없도록 한다. 내각사무처 요원들은 대부분 관련부처에서 차출되어 온 공무원들로서, 2~3년 근무한 후 소속부처로 돌아간다. 내각사무처 모든 스태프에게는 정치적 중립이 요구된다. 정권이 바뀌어도 내각사무처 고위직 공무원을 대부분 교체하지 않는다. 내각사무처 내에는 다음과 같은 하위기구들이 설치되어 있다.

• 내각지원실

내각지원실(Cabinet Secretariat)은 외교국방지원실 · 경제내정지원실 · 유럽문제지원실 · 과학기술지원실 · 기밀정보지원실 등으로 세분화되어 있는데, 이들은 ① 내각회의 및 내각위원회의 의장과 협의하여 회의의제를 설정하고 회의를 소집하며, ② 회의안건이 상정되기 전에 필요한 자문은 거쳤는지를 점검하고, ③ 의장들에게 회의진행 전략을 브리핑하며, ④ 회의록을 작성하고 회의에서 결정된 내용을 각 부처에 전달하며, ⑤ 마지막으로 내각회의나 내각위원회의 결정이 해당 부처에 의해 집행되는지 점검하고 주기적으로 집행진도보고서를 작성하여 보고한다.

• 행정개혁 및 관리기구

행정기구의 조직화, 공직인사에 관한 정책과 기준의 수립, 행정개혁 등의 업무를 담당하는 기구이다. 각종 개혁추진기구들은 필요에 따라 설치되고 임무수행을 완수하면 해체되어 변화가 잦은 편이다.

• 총무국

공보과 · 보안과 · 지원과 · 재정과 · 인사과 · 감사과로 구성되어 있다. 공보과는 내각사무처 고위직들의 언론접촉과 내각사무처 활동의 홍보를 담당하고, 보안과는 각종 정부시설의 보안(*security*) 관련 서비스를 제공한다. 지원과는 역사기록 · 정보통신 지원 · 각종 편의시설 및 사무용품 지원 등을 담당한다.

③ 프랑스대통령과 총리 보좌기구

프랑스에서는 대통령과 총리 보좌기구들이 협력하여 효율적으로 움직이지 않으면 국정운영이 혼란에 빠지기 쉽다. 헌법상 대통령과 총리의 권력분점을 규정하고 있으나 그 권한 한계가 불분명해 양자 간 갈등의 소지가 잠재되어 있고, 동일한 시스템을 가지고 정치세력의 분포에 따라 대통령중심제적 국정운영을 하다가도 의원내각제적 국정운영으로 전환해야 하기 때문이다.

프랑스에서는 대통령 보좌기구와 총리의 보좌기구가 독립적으로 존재하고, 소속은 총리 산하이나 역할은 대통령과 총리 모두를 지원하는 보좌기구들이 있다. 보좌관으로는 거시적인 영역을 담당하는 관리보좌관(Conseiller), 구체적 분야를 담당하는 전문보좌관(Conseiller Technique)과 담당보좌관(Chargé de Mission), 대통령이 필요에 따라 부여한 특정 임무를 담당하는 특별보좌관(Conseiller auprès du Président)이 있다.

가. 대통령 보좌기구

• 개인비서실

개인비서실(Le Cabinet du Président)은 대통령의 사적 업무, 정치적 업무, 엘리제궁 관리업무 등을 담당하는 기구이다. 사적인 지원업무는 일정관리와 의전 및 경호, 서신처리 등이고, 정치적 업무로는 정치권과 사회단체 및 언론기관들과의 연락, 정부정책들에 대한 정치적 측면에서의 조언, 대통령정책노선 옹호, 공약이행점검, 대통령연설문과 담화문의 초안작성 등이다. 정무담당보좌관들은 대통령의 정치적 동료, 고위공직자 및 민간기업사장들로 충원되었다. 의전 · 서신 · 문서 · 경호 · 엘리제궁 관리 등을 담당하는 지원인력은 대부분 행정기관에서 차출된 공무원들이다.

• 국정총괄처

국정총괄처(Secrétariat Général de la Présidence)는 외교담당실 · 경제

사회담당실 · 대변인 및 공보담당실로 나뉘어 있다. 외교담당실과 경제사회담당실은 대통령이 주재하는 관계장관회의들을 지원하고, 각 부처와 의회의 활동을 파악하여 대통령에게 보고하며, 대통령이 현명한 판단을 할 수 있도록 정보와 조언을 제공하고, 국정운영에 대한 감독을 한다. 대변인과 공보담당실은 국무회의와 관계장관회의에서 결정된 사항을 언론에 알리고, 범정부적 공보정책의 방향을 잡는 역할을 하며, 대통령연설문 초안을 검토 조언한다. 국정총괄처 보좌관들은 대부분 고위공무원 출신들로, 일부 소수만 학계인사로 충원된다.

• 특별참모부

특별참모부(L'Etat-Major Particulier)는 대통령의 국방정책추진과 군통수권행사를 보좌하는 기구이다. 즉 ① 대통령의 대외군사 및 국방정책에 내해 소언을 하고 정책초안을 작성하며, ② 국가안보와 관련된 정보업무를 담당하고, ③ 국방장관과 합참의장 및 각 군과의 연락업무를 담당하고, ④ 장군과 고위장교들의 승진후보자들을 추천한다. 특별참모부는 1명의 상군과 다수의 고위장교로 구성된다. 특별참모부장은 각 군 장군들이 교대로 담당한다.

• 특별보좌관

대통령특별보좌관(Conseillers ou Chargés de Mission auprès du Président)은 대통령 직속으로 설치된 개인보좌관으로서 대통령이 직접 부여한 특수임무를 수행하는 보좌관이다. 규모는 대통령에 따라 1~6명이다. 특별보좌관들은 비공무원 출신으로 충원된다.

나. 총리보좌기구

• 민간비서실

민간비서실(Cabinet Civil)은 총리의 국정운영과 정치활동을 지원하는 핵심기구이다. 국정운영지원은 민간비서실 부실장의 주도로 총리에게 정책에 관한 조언을 제공할 뿐만 아니라 여러 부처의 업무를 조율하며, 총리의 결정사항을 각 부처들에게 전달하고 부처들의 활동을 감독하는 것이다. 정치활동지원은 민간비서실 비서장의 주도로 총리의 대국민관계·의회 및 정당관계·내각인사문제·총리선거구관리·총리 지방출장·의전관계 등을 지원하는 것이다. 민간비서실은 재정경제팀·사회정책팀·외교국방팀·의회관계팀·언론팀으로 분화되어 있고, 각 팀에는 3~5명 정도의 보좌관들이 배속되어 있다. 보좌관들은 행정공무원 출신이 압도적으로 많다.

• 군사비서실

군사비서실(Cabinet Militaire)은 군사문제에 관해 총리에게 조언을 하고, 국방부·대통령 특별참모부·국방총괄처 등과의 연락을 담당하며, 기타 필요한 지원을 제공하는 기구이다. 장군이 담당하는 군사비서실장 아래 육군·해군·공군 각 1명씩 3명의 고급장교와 20여 명의 직원으로 구성되어 있다. 공군장교는 핵전력·군수산업 및 수출·우주문제·핵 및 국방기술·공군문제 등을 담당하고, 육군장교는 군사정보·국방회의·국방관련 내각위원회·위기조치·육군문제 등을 관할하며, 해군장교는 국방예산·군기 및 행정·해양문제 등을 담당한다.

다. 공동보좌기구

• 행정총괄처

행정총괄처(Secrétariat Général du Gouvernement)의 임무는 다양하다. 첫째, 대통령과 총리 및 각 부처 간의 관계뿐만 아니라 행정부와 의회 간의 관계가 원활하게 유지되도록 조율한다. 둘째, 대통령의 국정운영프로그램 작성을 지원하고, 대통령이 주재하는 국무회의와 총리가 주재하는 관계부처위원회를 지원하여 정책을 조정한다. 셋째, 의회 의사일정을 정하고 정부법안을 상하원 중 어느 곳에서 먼저 심의하도록 할 것인지를 지정한다. 넷째, 총리가 발하는 집행명령을 작성하여 집행담당 부처에 전달하고, 그 정책들이 제대로 집행되는지를 감독한다. 행정총괄처는 처장과 부처장, 분야별 보좌관, 의회파견관 등으로 구성되어 있다. 규모가 크지 않고 내부구조도 복잡하지 않아 주어진 역할수행에 중요한 응집력과 유연성을 키우고 발휘할 수 있게 되어 있다.

• 국방총괄처

국방총괄처(Secrétariat Général de la Défense Nationale)는 첫째, 국방관련부처 간 회의와 정보위원회의를 지원하고, 둘째, 국방관련 주요사태들에 관해 정보를 수집하고 연구하며, 국방기밀보호를 위해 필요한 조치를 제안하고 집행하며, 셋째, 프랑스 국가안보에 영향을 미치는 국제협상의 준비와 전략의 개발, 군사협력과 군사원조, 전략물자 및 기술의 이전통제 등을 조정하고 그 이행을 점검한다. 국방총괄처는 국방관련회의와 정보관련회의를 지원하는 2개의 사무국과, 전략기술이전부 · 국가보안부 · 국제전략부 · 국방경제부 · 유럽법사부 등 5개 부서로 구성되어 있고, 고위공무원과 고위장교 및 민간인 등으로 충원된다.

• 유럽총괄처

유럽총괄처(Secrétariat Général du Comité Interministériel pour la Coopération Economique Européene)는 유럽협력 관계부처위원회를 지원하고, EU와 OECD 및 유럽관련 국제회의에 대한 프랑스정부의 입장을 수립하기 위해 부처 간 의견을 조율하는 기구이다. 유럽총괄처는 유럽공동체실, 사법협력실 및 행정지원실 등으로 구성되어 있고, 유럽공동체실은 유럽연합의 주요활동영역에 상응하는 12개 분과로 나누어져 있다. 유럽총괄처장은 총리의 외교담당보좌관이나 외교담당특별보좌관이 겸임하고, 나머지 스태프들은 모두 공무원출신으로 채워져 있다.

라. 대통령 보좌기구와 총리 보좌기구 상호관계

총리민간비서실과 그 산하 비서장 및 군사비서실은 그 기능이 각각 대통령실 국정총괄처와 비서실 및 특별참모부 등과 유사하다. 기능이 유사한 보좌기구를 대통령실과 총리실 내에 각각 중복시켜 놓은 것은 정치적 상황에 따라 대통령 혹은 총리의 국정주도를 염두에 둔 조직화이다. 그 결과 대통령의 정당과 다른 정당이 의회의 다수를 차지하여 그 당의 총재가 총리로 선출되는 동거정부 시에는 국정운영에서 총리의 역할이 강화되는데, 이에 따라 총리비서실이 활성화되고 대통령의 국정총괄처와 비서실 등은 비활성화된다.

(2) 특징 비교 및 평가

미국·영국·프랑스 보좌시스템의 의미 있는 특징을 비교하면 다음과 같다.

첫째, 정책과정관리기구의 전문화 정도를 보면, 영국과 프랑스는 별도로 전문화되어 있으나 미국은 그렇지 않다. 보좌기구들은 성격상 정책내용의 결정에 간여하는 내용관리기구와 정책추진 과정을 관리하는 과정관리기구로 구분할 수 있다. 프랑스에서 내용관리기구로서 총리 비서실이 있고, 과정관리기구로는 총리산하 행정총괄처가 있다. 대통령 국정총괄처, 총리의 국방총괄처와 유럽총괄처는 내용과 과정을 동시에 관리한다. 영국에서는 총리 개인비서실과 정책실은 정책내용을 관리하고, 내각지원실은 과정을 관리한다. 그러나 미국에서는 백악관비서실 정책보좌관들은 정책내용의 결정에 간여하고, 대통령부 내 국가안보회의지원실과 정책개발실 및 과학기술지원실은 정책내용과 과정을 함께 취급한다.

둘째, 연락기구의 발달 정도를 보면, 미국, 프랑스, 영국순으로 발달되어 있다. 미국에서는 연락기구가 의회담당실 · 공보비서실 · 대국민홍보실 · 지방정부담당실 · 사회집단담당실 등으로 세분화되어 있다. 프랑스에서도 대통령의 연락기구로서 특별참모부 · 대통령비서실 · 공보담당실 등이 있고, 총리의 연락기구로는 비서실 내 총리비서장, 의회담당팀과 언론팀 등이 있다. 그러나 영국에서는 연락기구가 미국과 프랑스만큼 발달되어 있지 않다. 총리비서실 내에 정무실과 공보실만이 있을 뿐이다.

셋째, 보좌기구에 외부인사 충원비중을 보면, 미국에서 가장 높고, 프랑스에서 가장 낮으며, 영국은 그 중간이다. 미국대통령의 중상위 보좌관들은 대부분 외부인사로 충원된다. 그러나 프랑스대통령과 총리의 모든 보좌관들은 대부분 내부인사(직업공무원)들이다. 극히 일부만 외부인사로 충원된다. 한편, 영국에서는 총리실정무실과 정책실은 모두 외부인사로 충원되고, 내각사무처와 총리 개인비서실은 모두 내부인사로 충원된다.

각국의 보좌기구들을 종합적으로 검토해 보면 여러 측면에서 서로 다르다. 오히려 유사점이 그리 많지 않다. 유사점보다 차이점이 훨씬 더 많다는 것은 대통령 혹은 총리의 보좌기구로서 어느 나라에나 보편적으로 적용할 수 있는 시스템은 없다는 것을 의미한다. 따라서 각국은 정부형태 · 집권당의 역할 · 대통령의 사명 등에 따라 자국에 적절한 시스템을 개발 구축해야 할 필요가 있다.

(3) 한국의 대통령리더십 지원기구와 그 개편방향

① 역사적 변천과 현황

우리나라 대통령비서실은 정치사회적 환경의 변화와 대통령의 리더십 스타일 및 당시 요구되던 시대적 과제에 따라 점진적 혹은 파격적으로 변화했다. 초대 이승만 대통령이 구축한 비서실은 잡다한 심부름을 담당하는 소수 비서들과 대변인으로 구성된 비서실이었다. 건국과 전쟁을 거치면서 필요했던 정치 외교적 역량에서는 대통령 자신이 전문가였고 아직 경제개발을 본격적으로 추진하지 않은 상황이라 전문적인 보좌관이 필요 없었는지도 모른다. 그러나 1963년 박정희 정부가 출범하면서 기존의 비서실이 기능적으로 전문화된 체제로 전환되기 시작하였다. 박대통령은 집권초기에 정무·민정·의전 비서관들을 추가하였고, 1960년대 말부터 사정비서관 이외에 경제·외교안보·교육문화·사회복지 등 정책분야별 비서관이나 특별보좌관을 추가함으로써 리더십지원 축과 정책관리 축을 중심으로 하는 현대적 비서실의 기본 형태를 구축하였다.

이 기본 형태에 김영삼 정부에서 정책기획수석비서관과 교육문화수석비서관을, 노무현 정부에서 인사수석, 국민참여수석, 과학기술비서관을 추가하였다. 그동안에 대통령에 따라 일부분야에 수석비서관을 두지 않거나 청와대에 상근하지 않는 특별보좌관을 둔 경우도 있고, 전체규모를 축소하거나 확대하는 경우도 있었으며, 일부 수석비서관을 장관으로 격상한 경우도 있었다. 어쨌든 민주국가에서 대통령에게 필요한 기본 시스템은 구축되었다. 그리하여 현재 청와대비서실은 대통령실장 아래 한쪽으로는 정무수석·민정수석·홍보수석·인사기획관이 있고, 다른 쪽으로는 국정기획수석·외교안보수석·경제수석·사회정책수석·교육과학문화수석이 있으며, 기타 의전비서관·메시지기획관·총무기획관이 있다. 각 수석비서관 산하에는 세부분야별 비서관들이 있고 그 밑에는 행정관들이 있다.

② 문제점과 개편방향

가. 리더십관리기구들의 취약성과 개선방향

현재 우리나라 대통령은 세 겹의 지지기반으로 둘러싸여 있다. 즉 청와대 비서실, 집권여당과 행정부, 그리고 국민여론이다. 이는 대통령의 안정적인 국정운영에 상당히 취약한 구조이다. 여론지지율은 가변적이고 언제 변할지 모른다. 여론지지율이 낮으면 집권여당과 행정부공무원들로부터라도 강력한 지지를 받아야 한다. 과거 권위주의체제에서는 이것이 가능했다. 그러나 민주화가 되면서 달라졌다. 대통령은 당권과 대권의 분리, 상향식 공천, 정치자금 투명화 등으로 과거처럼 집권당에게 강력한 영향력을 행사할 수도 없고, 또한 인사청문회와 임기제 등으로 행정기관들의 통제력도 상당히 약화되었다. 그 결과 취약한 지지기반구소로 여론지지율이 낮으면 리더십의 구심력과 통합력이 크게 떨어져 국정운영이 방향을 잃고 표류할 수도 있다.

대통령의 안정적 국정운영을 위한 정치적 지지기반을 강화하기 위해서는 대통령 비서실내 연락기구들을 확대 강화할 필요가 있다. 즉 여당·야당·각 분야 언론매체·지방정부·각종 사회단체 등과 대통령 간에 상호협력관계를 구축하는 연락기구를 확대 전문화하는 것이다. 이 연락기구를 통해 일반국민들 사이의 지지기반과는 별도로 사회지도층 지지기반을 추가하여 지지기반 동심원을 세 겹이 아니라 네 겹으로 만들고, 동시에 집권당·야당·언론·지자체 등과의 소통과 접촉면을 넓혀 지지기반을 공고히 하면, 대통령은 일부 지지기반이 무너지더라도 나머지 지지기반에 의존하여 국정을 안정적으로 이끌어갈 수 있다.

나. 정책기획수석실의 중요성과 활성화

현재 청와대비서실에는 정책분야별 수석비서관 이외에 정책기획수석비서관이 있다. 다른 나라에는 없는 매우 의미 있는 직책이다. 문제는 어떻게 활용하느냐이다. 지금까지 대체로 미래연구보고서를 만들거나 다른 수석비서관들이 담당하지 않는 소소한 정책들을 떠맡거나 대통령이 특별히 관심 있는 정책들을 챙겼다. 그러나 이는 국정운영상 바람직하지 않다.

정책기획수석비서관은 국정운영 전반에 관한 거시전략과 대통령의 업적을 챙겨야 한다. 다시 말해 정권의 시대적 사명을 분명히 한 후 거시적 국가발전전략을 수립하고 그에 따라 국정 각 분야를 조율할 수 있어야 한다. 동시에 대통령의 집권기간 동안 주요 국정과제 추진일정을 짜고, 어느 분야에서 어떤 국정과제에 어떻게 집중하여 대통령의 업적으로 만들 것인지 고민하고 추진해야 한다. 정책기획수석비서관의 역할이 새롭게 재정립되지 않으면 그 존재정당성이 희미해진다.

다. 과정관리기구 구축의 필요성

우리나라 비서관들은 대부분 대통령에게 자신들의 아이디어를 설득시켜 대통령의 힘을 등에 업어 자신들의 아이디어를 정책으로 구체화하려고 하는 정책주창자들(*policy advocates*)이 주류다. 이러한 비서관들도 중요하다. 그러나 보좌관들이 정책주창자들로만 채워지면 정책보좌관들이 국정전반을 고려한 전략적인 주창이 아니라 특정부처의 입장이나 특정 이해관계를 지나치게 대변하는 경우가 발생할 수 있고, 이들 간의 경쟁과 갈등으로 말미암아 정책결정이 지연되고 그 내용도 왜곡될 가능성이 농후하다.

정책과정을 어떻게 관리하느냐에 따라 정책의 품질이 상당히 달라진다. 이러한 이유로 이해관계 부처들이나 정책주창지향적인 비서관들은 자신들의 입장을 관철하기 위해 정책과정을 자신들에게 유리한 방식으로 관리하려고 한다. 이러한 경향이 지나치면, 정책입안과 조정이 편파적으로 진행되어 충분한 정보, 중요한 시각, 무시되어선 안 될 이해관계들이 배제되고, 또한 정책추진이 지연되어 적시에 적절한 조치를 취하지 못하게 되는 수도 있다. 이러한 폐해를 막으려면 프랑스의 행정총괄처나 영국의 내각지원실과 같은 정책과정을 중립적인 입장에서 효율적이며 생산적으로 관리하는 보좌기구의 설치가 필요하다. 현재 우리나라 시스템에서 그리 어려운 작업도 아니다. 전혀 새로운 기구를 만들 필요 없이 총리 산하 국무조정실의 역할을 바꾸어 대통령과 총리를 동시에 지원하게 하면 된다.

2) 기획조정 및 평가역량강화: (가칭) '국가전략원'의 설치

2006년 프랑스가 전략적 국정운영을 위해 총리 산하에 전략분석처(CAS: Centre d'Analyse Strategique)를 설치한 데 이어 일본도 2009년에 총리 직속으로 국가전략국을 설치하였다. 국정의 전략적 운영, 즉 국정을 국가의 전략에 따라 통합적으로 운영하려는 노력은 어느 나라에서나 오래전부터 있었다. 이러한 노력은 20세기 들어 대통령이나 총리 주도의 정책조정시스템의 구축으로 나타났다. 정책조정시스템은 부처들의 이기주의에 휘둘려 표류하지 않고 국정을 통합적으로 운영하는 데 크게 공헌하였다. 그러나 국가리더들이 국정에 방향을 제시하고 적극적으로 이끌어가도록 지원하는 데는 한계가 있었다. 이 한계를 극복하기 위해 일부 국가는 국가기획체제를 도입하고 다른 소수 국가는 정책조정시스템에 국가전략개발시스템을 연계하는 통합시스템을 구축하였다.

국가기획체제는 명실상부한 최초의 국가전략 추진체제로 볼 수 있다. 비록 경제사회분야에 국한되기는 했지만 국정운영을 위해 국가목표와 전략적 수단을 연계한 최초의 시스템이었기 때문이다. 이러한 국가기획체제는 국가에 따라 활용하는 정도가 달랐다. 자본주의 국가들 가운데 프랑스와 우리나라는 적극 활용하였으나, 미국이나 영국 및 독일에서는 범정부적 국가기획체제를 도입하지 않았고, 일본은 범정부적 국가기획체제를 도입하였으나 그 구속력이 크지 않았다. 어쨌든 범정부적 국가기획체제의 특징은 관료들이 주도하고 각 부처들의 계획을 종합하는 체제였다. 그러나 국가기획체제는 관료적 이해관계와 비효율 및 경직성뿐만 아니라 민간영역의 성장으로 새로운 한계에 부딪쳤다.

최근 새로운 국가전략 추진체제를 모색하는 국가들의 관심은 두 가지이다. 하나는 비효율과 경직성 및 부처이기주의 등을 특징으로 하는 관료중심 국정운영체제의 한계를 극복하는 것이고, 다른 하나는 세계화로 인한 불확실성 시대에 국가의 운명을 헤쳐 나갈 창의적이고 신축적인 국가전략 추진체제의 구축이다. 이러한 관심은 새로운 국가전략 추진체제의 구성에 있어서 정치인과 민간인을 적극 활용하고, 내부구조도 신축적이고 창의적일 수 있도록 유연화, 소규모화시키는 것으로 나타나고 있다.

(1) 주요국들의 국가전략 추진체제

① 프랑스: 국가전략 평가작성기구의 전략분석처

프랑스는 서구자본주의국가들 가운데 제일 먼저 국가전략기획시스템을 구축 활용하였다. 제 2차 대전 직후 총리 산하에 총괄기획처(Commissariat général du Plan)를 설치하여 전후복구와 그 후 경제사회발전을 추진하기 위한 국가전략기획시스템을 적극 활용하였다. 총괄기획처는 내외부 전문가들과 각 부처에서 차출된 공무원들로 분야별 기능별 작업반들과 종합기획반을 편성하여 그동안 수차례에 걸쳐 국가발전5개년계획을 작성하였다.

그런데 프랑스는 2006년에 이러한 총괄기획처를 폐지하고 그 대신 전략분석처(Centre d'analyse strategique)를 설치하였다.[2] 즉 범정부적 차원의 종합계획을 세워 집행하는 것이 한계에 이르자 총괄기획처를 폐지하고 그 대신 국정의 전략적 운영을 지원하기 위한 전략분석처를 설치한

2) 프랑스의 전략분석처에 대해서는 www. strategie. gouv. fr 참조.

것이다. 다시 말해, 범정부적 계획을 작성하는 기구를 분야별 국가전략 보고서를 작성하는 기구로 전환시킨 것이다.

가. 역 할

전략분석처는 경제·사회·환경 및 문화 분야에서 국가전략의 수립과 집행을 지원하는 기구이다. 좀더 구체적으로 보면, 정부의 정책추진을 감시(*veille*)·분석평가(*expertise*)하고 국가전략에 입각한 추진이 이루어지도록 지원(*aide*)하는 기구이다.

나. 구 성

전략기획처는 처장과 부처장 그리고 5개 분야별 장으로 구성되어 있다. 5개 분야는 재정경제분야, 과학기술 및 지속가능한 개발분야, 근로 및 고용분야, 사회안전 및 통합분야, 시민참여와 위기관리분야이다. 처장은 국무회의 명령으로 임명한다. 전략기획처는 공무원과 민간인들로 구성되었다. 타 부처, 공기업 및 민간분야에서 차출된 요원들은 원래 직장에서 사임하지 않고 일정기관 근무한 후 되돌아간다.

다. 활동내용

전략분석처는 스스로 혹은 총리의 요구에 따라 의견서, 건의서, 보고서를 작성하고 세미나를 개최한다. 전략기획처는 이러한 작업을 위해 다양한 행정기관들에게 필요한 정보를 요구할 수 있고, 총리 산하 연구기관들 및 민간분야 싱크탱크들에게 필요한 도움을 받는다. 뿐만 아니라 국내외 많은 전문가들과 사회 각계각층의 대표자들이 참여시킨다. 전략분석처가 최근 작성 공개한 주요 전략보고서는 France 2025, 녹색성장, 위기에 처한 기업, 국가와 공공서비스, 세계화, 유럽가스안보 등이다.

라. 전략보고서의 영향력

전략분석처가 작성한 전략보고서나 제안서 그 자체가 정부의 공식적 전략으로 구속력을 갖는 것은 아니다. 총리와 관련부처에 전달되어 국정 운영에 참고하도록 하고 있다. 전략보고서나 제안서가 국정에 좀더 적극적으로 반영되도록 하기 위해 두 가지 메커니즘이 만들어져 있다.

첫째, 업무심의위원회(Comité d'Orientation)의 설치이다. 동 위원회는 상원과 하원 의원 각 2명과 총리 산하 관련기구들의 장으로 구성하여 전략기획처의 연간 활동계획을 결정하고 평가하는 기구이다. 즉 전략기획처의 연간 활동계획은 단독으로 결정되지 않고 국가의 전략과 정책결정에 중요한 역할을 하는 총리 산하 주요 분석·평가·제안 기구들과 협의를 거쳐 이루어진다. 업무심의위원회의 참석 멤버는 상하원 의원 각 2명, 경제사회위원회 멤버 1명, 유럽총괄처장, 국토개발담당처장, 그리고 총리직속 6개 분석평가건의 회의들의 의장 혹은 부의장이다.

6개 분석평가건의 회의는 ① 총리 주재 하에 학자들이 참석하는 경제문제분석회의(le Conseil d'Analyse Economique)와 사회문제분석회의(le Conseil d'Analyse de la Societe), ② 의회 의원과 행정기관, 지자체, 공기업 등의 장 그리고 민간전문가들이 참여하는 고용정책회의(le Conseil d'Orientation pour l'Emploi), 소득평등회의(le Conseil de l'Emploi, des Revenus et de la Cohésion Sociale), 연금정책회의(le Conseil d'Orientation des Retraites), ③ 사회 각계 저명인사들로 구성된 사회통합자문회의(le Haut Conseil à L'Intégration) 등이다.

둘째, 전략기획처장은 총리 산하 6개 분석평가건의 회의는 물론 장관 산하 관련 주요 위원회에도 참석하여 조언을 한다. 장관 산하 주요 위원회로는 지속개발위원회(Conseil National du Développement Durable), 국민경제위원회(Commission Économique de la Nation), 사회보장위원회(Commission des Comptes de la Sécurité Sociale) 등이 있다.

② 영국: 전략적 국정운영 시스템 CPRS

영국은 국정을 전략적으로 운영하기 위해 내각사무처 산하에 중앙정책검토실(CPRS: Central Policy Review Staff)을 설치한 적이 있다.[3] 당시 행정 각 부처들은 정책결정에서 중장기적 목표 없이 단기 현안에만 매달렸고 조정과정에서도 국가 전체적인 우선순위는 생각하지 않고 부처들의 이해관계에 입각한 타협만이 있었다. 국정운영상 이러한 결함을 시정하기 위하여 히드 총리가 1971년에 내각사무처 내에 소규모나마 종합적인 정책심사기구를 설치하였다.

가. 역 할

중앙정책검토실의 역할은 총리와 장관들로 하여금 부처의 특수한 시각과 이해관계를 초월하여 국가 전체적인 거시적 관점에서 국가 기본전략을 세우고 그 전략에 따라 각자가 추진하는 서로 다른 정책들 간에 우선순위를 설정할 수 있도록 하며, 어느 분야에서 새로운 정책이 필요한지 확인시켜주는 것이었다.

나. 구 성

중앙정책검토실은 그 업무에 비해 상대적으로 소규모인 대략 15명 내지 20명의 스태프로 운영되었다. 실장은 민간기업의 연구소소장, 경제학자, 민간기업의 임원, 은행가 등 외부인사가 담당하였다.[4] 실장 아래 스태프는 외부전문가와 행정공무원이 거의 같은 비율로 혼합 구성되었다. 공무원들은 각 부처에서 차출되었고, 외부전문가는 기업계, 금융계 및

3) 영국의 CPRS에 대해서는 이송호, 2002: 486~488 참조.

4) 초대 실장(1971~1974) Lord Rothschild은 민간기업의 연구소장(*head of research unit*), 제 2대 실장(1974~1980)은 경제학자인 Sir Kenneth Berrill, 제 3대 실장(1980~1982)은 ICI의 임원인 Robin Ibbs, 마지막 제 4대 실장(1982~1983)은 은행가인 John Sparrow가 담당하였다.

대학으로부터 충원되었다. 외부전문가들은 대부분 집권당 지지자들이었다. 스태프들은 스스로 선정한 중장기 정책주제나 내각회의 혹은 내각위원회에서 요청한 중장기 정책주제들에 대해 조사하고 분석하였다.

다. 활동내용

중앙정책검토실이 구체적으로 수행한 임무는 총리의 개성과 지원정도 및 정치상황에 따라 달랐으나, 대체로 다음과 같았다. 첫째, 국정운영전략 검토이다. 히드 총리 집권기간(1970~1974) 중에는 반년마다 국가전략과 정부프로그램 및 그 우선순위를 검토하였다. 둘째, 전략적 시각의 제공이다. 정부 부처들이 소홀히 하기 쉬운 전략적 시각을 내각회의와 내각위원회에 브리핑하였다. 셋째, 다부처 이슈에 대한 집중연구이다. 여러 부처에 관련된 이슈들에 관해 집중적인 연구를 수행하였다. 넷째, 부처들의 정책개발에 대한 지원이다. 각 부처가 검토해야 할 프로그램을 선정해 주었다.

라. 평가

중앙정책검토실은 정부가 추진하는 정책에 종합적인 시각을 부여하고 장기전략과 연결함으로써 내각제도의 결함을 보완하고 비전과 목표가 있는 국정운영에 이바지한 것으로 평가되었다. 현직을 떠난 정치인들이나 관리들은 중장기전략과 그 기획조정기구의 중요성을 강조하는 반면, 현직자들은 당면 현안과 정치적 조정의 중요성을 강조하고 있다.

마. 폐지

중앙정책검토실은 1983년에 대처 총리에 의해 해체되었다. 이유는 크게 3가지였다. 첫째, 개인 리더십을 강화하려는 대처 총리의 전략이다. 대처 총리는 내각장관 전체를 지원하는 중앙정책검토실이 자신의 개인적 주도권 강화에 방해가 된다고 판단한 것이다. 둘째, 중앙정책검토실이

제 기능을 충분히 발휘하지 못했다는 것이다. 정보를 수집하는 데 행정부처들에 크게 의존한 결과 새로운 시각이나 참신한 아이디어를 제시하지 못했을 뿐만 아니라 창설자인 히드 총리 사임 이후 전략적 시각이 없이 정책조언을 통해 정부 부처들의 일상 업무에 간섭한 결과 갈등만 야기시켰다. 셋째, 관료들의 집요한 반대이다. 시간이 흐름에 따라 각 부처들은 중앙정책검토실의 활동이 자신들이 제안한 정책들에 위협적인 것으로 인식하여 집요하게 폐지를 주장하였다.

③ 독일: 전략기획조정시스템

독일도 총리비서실에 전략기획조정시스템을 구축해 국가 장기전략에 입각한 국정의 기획과 조정에 활용한 적이 있다. 의원내각제인 독일에서는 단독정권보다는 연립정권이 빈번히 들어서는 데다가 부처 간에 공식적 조정기구도 잘 발달하지 않아 각 부처들이 각개 약진하는 행태를 보였다. 총리의 권력기반이 약하거나 총리실장이 부처 간 당정 간 조정에 유능하지 못하면 국정운영이 표류하는 경우가 많았다.

국정운영상 이러한 취약점을 보완하기 위해 브란트 총리의 비서실장 엠케는 총리비서실에 기획총국을 설치하고 이 기획총국을 통해 전략기획조정시스템을 구축하였다.[5] 전략기획조정시스템을 설치한 이유는 국정전반에 대한 장기 목표와 전략을 수립하고 이에 입각하여 각 부처 정책들을 적극적으로 조정하기 위해서였다.

가. 역할과 기능

전략기획조정시스템은 분야별 장기기획그룹과 작업반, 기획요원회의, 조기보고체제, 국정상황실 등으로 짜여졌다.

---

5) 독일의 총리실 기획총국과 전략기획조정시스템에 관해서는 이송호, 2002: 374~377 참조.

첫째, 분야별 중장기 기획그룹과 작업반은 경제사회 주요 분야의 장기 전망에 기초하여 미래에 해결해야 할 근본문제와 재정수요를 미리 확인하고, 여러 부처들과 관련되고 정치적으로 중요하며 장기적으로 국가발전에 중요한 기본이슈들을 선정하여 프로그램화하는 기구들이다. 둘째, 기획요원회의(Committee of Planning Commissioners)는 연방정부정책의 우선순위를 설정하고 부처 간 주요 정책갈등을 조정하는 기구이다. 셋째, 조기보고체제는 각 부처들로 하여금 향후 6개월 내에 추진할 정책들로서 내각의 승인이 요청되는 정책들을 정기적으로 총리실 기획총국으로 보고하도록 하는 시스템이다. 보고는 각 부처 기획요원이 일정한 포맷에 따라 하도록 하였다. 넷째, 국정상황실은 각 부처에서 수집된 미래의 정책들을 한눈에 보여주는 시스템이다.

나. 구성

장기기획그룹과 작업반 구성 멤버들은 물론 기획요원들도 모두 공무원들이다.

장기기획그룹과 작업반 멤버들은 관련부처들에서 차출된 공무원들이이고, 기획요원들은 각 부처 장관으로부터 추천받아 총리비서실장이 지정한 국장급 공무원들이다. 기획요원들에게는 부처내 각종 기획활동을 통합하고, 총리실과 각 부처 간의 연계를 강화하는 역할을 부여하였다.

다. 활동내용

전략기획조정시스템은 초기에 총리실장 엠케(Ehmke), 기획총국장 요힘젠(Jochimsen)의 적극적인 노력에 의해 성공적으로 작동하였다. 그 결과 장기기획그룹과 작업반들은 10개년 국정운영계획과 단기 국정운영프로그램(*government work program*) 등을 작성하였고 주요 국내정책들의 우선순위도 설정하였다. 기획요원회의는 총리비서실에서 매월 2회 정도 개최되어 연방정부의 장기목표 하에 분야별 계획(*sectoral plans*: *defence*, *transport*, *education*)과 기능별 계획(*functional plans*: *financial*, *personnel*, *organizational plans*) 등을 통합하고, 주요 입법안들의 내용과 의회심의 일정을 논의 조정하였다.

라. 평가

전략기획조정시스템은 국가 장기전략에 따라 주요 정책들을 적극적으로 조정하여 국정의 체계적 운영에 기여한 것으로 평가된다. 장기기획그룹을 통해 국가전략을 수립하고 정책 어젠다를 개발할 수 있었을 뿐만 아니라 기획요원회의가 가동됨으로써 많은 정책들이 정치적 타협이 아닌 합리적 논리에 따라 조정되었다. 또한 조기보고체제와 정책상황실은 몇 가지 중요한 결과를 가져왔다. 첫째, 각 부처에서 개별적으로 수집된 정보를 한곳에 모아 정부활동의 전반을 한눈에 볼 수 있도록 함으로써 정부활동 전체에 대한 투명성을 제고하였다. 둘째, 각 부처 활동에 관한 정보를 미리 제공함으로써 연방정부 활동들 간의 정책조정을 촉진하였다. 나아가 의회나 지방정부도 각자의 활동에 참고할 수 있게 되어 국가전체가 느슨하게나마 조정되었다. 셋째, 불요불급한 정책추진을 가려내고 장래 정책조정 수요를 예측 가능케 했을 뿐만 아니라 정부 주요 활동의 예정된 일정에 따라 체계적으로 추진되도록 함으로써 수많은 정부정책들을 효율적으로 관리할 수 있도록 하였다.

마. 폐지

그럼에도 불구하고 전략기획조정시스템은 콜 총리에 의해 폐지되었다. 총리비서실이 주도한 범정부적 적극적 기획의 제도화가 실패한 이유는 3가지로 요약할 수 있다.

첫째, 정치적 리더십의 지원 부족이다. 가장 중요한 총리와 재무장관의 협조를 얻지 못했다. 브란트 총리는 외교 및 동독문제가 아닌 국내문제에 관심이 별로 없었고, 재무장관은 예산을 매개로 한 재무부 주도의 부처 간 조정메커니즘에 총리실이 간여하는 것을 한사코 반대하였다. 게다가 기획제도를 적극 도입한 엠케까지 그의 지나친 영향력 확대로 인해 정치적 저항을 받아 사임함으로써 기획제도에 대한 마지막 강력한 후원자까지 사라졌다.

둘째, 부처들의 관료주의적 할거주의이다. 각 부처는 총리실 주도의 전략기획조정은 부처의 자율성을 침해하는 제국주의적인 발상일 뿐만 아니라 이미 부처 간 정책조정을 위한 실무위원회가 과장급, 국장급, 차관급에 설치되어 있기 때문에 별도의 기획조정기구가 불필요하다고 주장하였다. 또한 각 부처내 직업공무원들은 대부분 당시 집권당인 사회민주당원들로 구성된 기획총국이 중립적인 공직사회를 정치화한다는 이유로 경계심을 갖고 있었을 뿐만 아니라, 대부분 법학적 배경을 갖고 있는 직업공무원들은 사회과학 지식으로 무장되고 공무원 경험이 없는 외부인들이 국정운영의 개혁을 시도하는 것에 대해 못마땅하게 생각하여 협력하지 않았다.

셋째, 전략기획조정체제 구축에 따르는 인사개혁 및 예산개혁이 수반되지 않았다. 기획요원들은 기존 공무원들로 임명하여 정부 밖의 관련기관 및 전문가들의 협조를 구하려는 적극적인 노력을 하지 않았고, 새로운 아이디어를 실용화하는 능력과 분석능력이 부족하였다. 또한 기획과 예산을 연계시키는 제도개혁도 수반되지 않았다.

④ 일본: 국가전략추진기구의 국가전략실

일본도 최근 총리 관방부내 국가전략국을 설치하였다. 일본은 1955년부터 서구 따라잡기 전략을 채택한 자민당 정권이 대장성과 통산산업성의 관료들과 함께 30여 년 동안 노력한 결과 세계 제 2의 경제대국을 이루어 냈다. 그러나 그 후 새로운 국가전략의 부재로 1990년대부터 정체상태에 빠졌다. 부동산버블 붕괴, 재정적자 증대, 인구감소와 고령화, 행정의 비효율, 세계화, 경제위기 등에 전략적으로 대응하지 못함으로써 활력을 잃어왔다.

최근 새로 집권한 민주당은 이러한 문제들의 배경에 국가정책을 창의성과 개혁성이 부족한 관료에게 맡기면서 파벌 정치와 지역구 이익에만 몰두하는 자민당-관료 연합체제에 있다고 보고, 새로운 국가전략을 추진하기 위해 총리 직속으로 국가전략국을 2009년에 설치했다. 과거부터 총리 산하 경제기획청에서 범정부적 경제성장전략 계획을 작성하였으나, 이 전략계획은 각 부처들의 계획을 종합한 것에 불과하였을 뿐만 아니라 대장성과 통산성의 부문별 계획에 밀려 각 부처들에게는 참고자료에 불과하였다.[6)]

그리하여 일본은 새로운 리더십을 확립하고 새로운 국가전략을 추진하기 위해 정치인이 주도하는 국가전략실을 총리 관방(비서실) 내에 설치하였다. 국가의 운명과 발전을 행정부처 관료들과 민간기업인들에게만 맡기지 않고 정치인들이 적극 주도하겠다는 의지를 나타낸 징후로 보인다.

가. 역할

국가전략실은 내각의 경제운영과 중요 정책에 관한 기획과 입안을 종합 조정하는 기구이다. 좀더 구체적으로 보면, 정책과 예산의 우선순위를 주도적으로 결정하는 국정운영의 중추기구일 뿐만 아니라 행정개혁의 추진과 함께, 인구감소와 고령화시대에 적합한 새로운 경제구조를 만들고, 세입세출의 기본골격을 개혁하는 등 변혁의 엔진으로서 역할을 담당한다.[7)]

나. 구성

국가전략국은 장관, 부장관, 정무관, 다수의 내각 정무참사관과 정무조사관, 그리고 지자체 대표와 민간전문가로 구성하였다. 장관, 부장관,

---

6) 김신복, 1991: 543.

7) www.katei.gor.jp 국가전략담당대신 仙谷由人 인사말.

정무관을 의원들로 임명함으로써 정치인 주도 체제로 구축했다. 국가전략국은 임무에 따라 신축적으로 재편이 가능한 관민합동 팀들을 설치하고, 기민하게 대응하는 능력과 개혁의지를 갖춘 멤버들로 충원하였다.[8] 또한 국가전략국의 요청에 의해 전문적 의견을 제공하는 비상근 요원을 둘 수 있도록 하였다.[9] 업무공간도 소통과 정보공유를 증진하기 위해 개방적으로 설계하였고, 집기배치에서 권위적 요소를 배제하였다.[10]

다. 활 동

국가전략국은 그동안 수차례의 크고 작은 회의를 통해 국정 주요분야의 전략을 담은 신성장전략과 이를 재정적으로 뒷받침할 재정운영 전략을 마련하였다.[11] 앞으로도 단기성과를 내는 것보다는 구체적인 미래전략을 마련하고 추진하는 활동을 계획하고 있다.

⑤ 미국: 다원화된 전략추진시스템

미국에서는 다원화된 국가전략추진시스템이 작동하고 있다. 국가전략보고서들이 여러 군데에서 작성되고 이들이 대통령 보좌기구(백악관보좌관) 등에 전달되어 활용되고 있다. 국가전략의 개발이나 전략적 국정운영을 위해 별도의 총괄기구를 설치하고 있지는 않다. 지금까지 미국에서 국가전략보고서를 작성해 온 기구들은 경제자문회의(Council of Economic Advisers), 환경회의(Council of Environmental Quality), 관리예산처(Office of Management and Budget), 국가안보회의지원실, 정책개발실, 과학기술지원실, 국토안보지원실 등 대통령부 소속 보좌기구들, 대통령과학기술민간자문회의(President's Council of Advisers on Science and

8) www. katei. gor. jp 국가전략담당대신 仙谷由人 인사말.

9) 國家戰略室の設置に關る規則(平成 21年 9月 18日).

10) www. katei. gor. jp 국가전략실 체제 부분.

11) www. katei. gor. jp 국가전략실 정책 부분.

Technology), 그리고 민간 연구소(*think tanks*) 등이다. 또한 미국에서는 국정전반에 걸친 총괄적 전략보고서가 작성된 적은 거의 없다. 대부분 분야별 이슈별 전략보고서들이 작성된다.

이렇게 작성된 각종 국가전략보고서들은 대부분 백악관보좌관들과 관리예산처에 전달되어 국정운영과 예산편성에 반영된다.

(2) 비교 및 평가

① 특징 비교

상기 5개국 국가전략추진기구들의 유사점과 차이점은 다음과 같다.

첫째, 모두가 대통령이나 총리 산하에 참모기구 형태로 구축되었다. 프랑스의 전략분석처, 영국의 중앙정책검토실, 독일의 전략기획총국, 일본의 국가전략실 등이 모두 계선기구가 아니라 총리 직속 참모기구들이다. 이는 국가전략 추진체제 구축을 국정최고책임자의 리더십 차원에서 접근하고 있음을 의미한다.

둘째, 관료보다 정치인과 민간인이 주도하고 있다. 주요국의 국가전략추진기구들의 인적 구성을 좀더 자세히 들여다보면, 정치인, 민간인, 공무원 등이 혼합되어 있고, 공무원들의 경우 대부분 관련부처들에서 차출되어 온 자들이다. 어느 경우에나 공무원들이 책임 있는 위치에 있지 않고 그렇다고 구성원 가운데 대다수를 점하고 있는 것도 아니어서 국가전략의 추진을 주도하기 어렵게 되어 있다. 이는 관료적 이해관계나 부처이기주의의 영향을 받지 않도록 하기 위한 배려로 보인다.

셋째, 국가전략의 작성기구와 이행기구 간의 통합 정도는 국가마다 다르다. 독일과 일본에서는 양대 기구가 통합되어 있다. 독일의 기획총국과 일본의 국가전략실은 국가전략을 작성할 뿐만 아니라 구속력 있는 정책으로 전환할 수도 있기 때문이다. 그러나 영국과 프랑스에서는 양자가 분리되어 있다. 영국의 중앙정책검토실과 프랑스의 전략분석처는 국가전략을 작성하기는 하지만, 직접 정책으로 전환할 수 있는 것은 아니고 총리나 정책결정의 중추기관인 내각위원회 혹은 관계부처위원회에 브리핑하는 데 그친다. 한편 미국에서는 국가전략 작성기구와 이행기구가 같은 경우도 있고 다른 경우도 있다. 대통령 보좌기구에서 국가전략을 작성하는 경우 구속력 있는 정책으로 직접 전환할 수 있으나, 민간 싱크탱크에서 작성한 경우 정책결정자에게 보고서를 전달하고 브리핑하는 데 그치기 때문이다.

② 평가

영국의 중앙정책검토실과 독일의 기획총국은 전략적 국정운영에 크게 공헌한 것으로 평가받았다. 국가전략의 중요성을 일깨움으로써 장기목표와 정책우선순위 없이 현안에만 매달리는 부처들의 이기적이고 안이한 행태를 변화시켰고, 국가전략을 바탕으로 주요 정책들을 조정함으로써 당시의 경제위기를 극복하고 새로운 도약의 발판을 마련했다. 그러나 설계자인 총리나 비서실장이 물러난 후 한동안 지속되다 해체됐다. 이러한 구축과 폐지에서 얻을 수 있는 교훈은 3가지다. 첫째, 국가전략 추진체제에 대한 정치적 후원이다. 강력한 후원이 없으면 자율성 침해를 우려한 부처들이 이를 무력화시킨다. 둘째, 국가전략 추진체제의 전략적 시각이다. 국가전략 추진체제가 전략적 시각을 잃어버린 채 행정 부처들의 정책에 간여하면 부처들과 갈등만 초래한다. 셋째, 국가전략 추진체제에 외부전문가들의 대폭 참여이다. 관할권에 민감한 공무원들로만 구성하면 여러 분야들을 거시적 시각에서 통합하여 창의적으로 엮어야 하는 국가전략을 마련하기 어렵다.

프랑스의 전략분석처와 일본의 국가전략실은 구축한 지 얼마 되지 않았기 때문에 평가하기는 아직 이르다. 현재의 상황에서 보면, 전략분석처는 구성이나 운영방식이 상당히 연구기관처럼 되어 있어서 국가전략을 작성하더라도 이행에 문제가 될 수 있다. 이 한계를 극복하기 위해서는 대통령이나 총리가 전략보고서를 적극 활용하거나 최소한 전략분석처장이 관계부처위원회에 참석하여 적극 발언할 수 있어야 한다. 일본의 전략기획국은 출범 당시 하토야마 총리의 적극적인 관심으로 설치되었다. 따라서 상당한 추진력이 확보된 셈이었다. 그러나 정권이 바뀜에 따라 관심이 줄어들어 유명무실해질 수가 있고, 특히 관료들에 의해 포획되어 부처들의 이해관계를 대변하는 기구로 전락할 수가 있다.

(3) 한국에서의 신전략기획기구 구상

한국은 민주화 이후 권위주의적 근대화 추진체제를 대체할 새로운 국가전략 추진체제를 구축하지 못해 다시 한 번 도약하지 못하고 장기간 선진국 문턱에서 머뭇거리고 있다. 과거 권위주의 정권에서 강력한 국가기획체제로 국력신장이 일취월장하던 시기와는 사뭇 다른 모습이다. 민주적 자본주의 체제로 전환되었다고 해서 국가발전은 민간주도로만 이루어져야 하고 정부는 뒷짐 쥐고 있어도 되는 것인가? 그렇지 않다.

자유민주주의와 자본주의 국가에서도 국정의 전략적·통합적 운영은 어느 시대에나 여전히 필요하고, 더군다나 세계화로 인해 국가 간 경쟁이 치열해진 오늘날에 국가전략의 중요성은 더욱 커지고 있다.

선진화와 통일이라는 중차대한 역사적 과제를 안고 있는 대한민국 정부에게는 국가전략이 다른 어느 나라보다도 중요하다. 국가전략을 작성하고 이를 구현할 수 있는 제도적 장치, 즉 국가전략 추진체제가 절실히 필요하다. 그렇다고 과거 경제기획원 주도의 국가기획체제를 부활시킬 수도 없다. 정부부처들의 상대적 역량은 저하된 반면 민간부분의 역량이 크게 향상되었을 뿐만 아니라, 경직성과 비효율을 피할 수 없는 관료적 체제로는 세계화와 불확실성 시대에 맞는 전략을 작성하기도 어렵고 실현하기도 용이하지 않기 때문이다. 작고 유연한 시스템, 그러면서도 우리민족의 창의력과 열정을 담아낼 수 있는 국가전략기획시스템이 구축되어야 한다. 어떤 것이 과연 그런 국가전략기획시스템인가?

구체적인 정책실현과정에서 국가전략을 효과적으로 추진하기 위해서는 이를 체계적·종합적으로 추진할 정부부처가 있어야 한다. 공무원 전체 인력을 크게 늘리지 않는 범위 내에서 가칭 '국가전략원'을 두어 이런 기능을 수행하게 하고, 여기에 예산, 주요 전략적 사업들에 대한 심사평가, 행정관리, 규제개혁 권한을 주어 국가전략 수립 및 추진 기능을 효과적으로 수행할 수 있게 하는 것이 필요하다.

여기에 국가전략원으로의 지나친 권한 집중과 의존을 막고 개별 부처들의 정책활동을 활성화하는 적절한 집중과 분산화 노력이 병행되어야 한다. 이를 위해서는 우선 국가전략원이 개별 부처들의 고유 업무 기획과 추진을 존중하면서, 국가 전체의 전략과 관련된 사항에 한해 수평적 상호연계 방식으로 개별 부처들과 협치하도록 하는 운용의 묘가 중요하다.

이와 함께 각 개별 부처에도 전략기획실을 두어 소관 부처의 전략기획 역량을 강화시키는 한편, 국가전략원과 긴밀한 업무연계와 인사교류까지 이루어지도록 하는 것이 필요하다. 또한 정권이 바뀌더라도 이런 국가전략원이 지속될 수 있게 하면서도, 관료화에 따른 무능, 무감각화를 방지하기 위한 노력으로서 이 조직을 현재의 청와대처럼 직급별 정원만을 정부조직법에 규정하고 구성 부서와 기능은 상황에 따라 기관장이 수시로 자유롭게 바꿀 수 있게 하는 대단히 유연한 자율학습조직으로 운영하는 조치가 필수적이다.

그리고 민간의 다양한 정보와 지식, 기술, 판단, 지혜 등을 효과적으로 흡수 활용하는 민관협치 체계를 국가전략원에 장착시키는 것도 대단히 중요하다. 이렇게 하는 것은 바로 "자율적 요동과 부분적 탐사, 공진화" 등을 중시하는 이론으로서 거시변화에 대처하는 가장 효과적 전략구축이론으로 학계에서 각광을 받고 있는 복잡계 이론에 충실한 접근 방법이기도 하다.

3) 집행역량 강화: 공직사회의 진정한 가치 회복 및 지나친 포퓰리즘의 악영향 차단

이념을 달리하는 정치세력들에 의한 정권교체가 지난 20년 가까이에 걸쳐 여러 번 발생하면서 대한민국의 많은 공무원들은 지금 자신의 정체성에 관해 혼란스러워하고 있다. 새 정권이 집권하면서 공직사회에 대대적인 조직개편과 인사 물갈이가 벌어졌기 때문이다. 그 결과 좋은 점도 있었지만, 직업공무원제가 심각하게 훼손되었다. 다수결의 원칙으로 운영되는 민주주의는 기본적으로 인기영합주의(*populism*)에 취약한 구조를 지닌다. 따라서 국회의원과 대통령 등 정치인들은 잘못된 판단을 내릴 수 있는 개연성이 있다.

민주주의의 이런 취약점을 보완하기 위해 등장한 것이 바로 직업공무원제다. 모든 판단을 오직 해당 선문시식에 입각하여 내리고, 그런 판단을 내린 후에는 목에 어떠한 칼이 겨눠질지라도 이에 굴하지 않고 업무에 임할 수 있게 하는 것이 바로 직업공무원제다. 이렇게 하여 정부의 정책들이 정치인들의 인기영합주의에 날뛰지 않고 중심을 잡아 지속될 수 있게 하는 것이 바로 공무원 본연의 존재가치이고 헌법정신이다. 국회의원들과 정치인들이 시키는 대로 하는 것이 본연의 공무원 역할이 아니다. 이들은 바로 정부의 주인인 국민들이 직접 뽑은 사람들이고 자신들은 이 대표자들에 의해 임명되는 사람들이므로 그렇게 하는 것이 당연하다고 생각하는 사람들이 심지어 공무원들 중에도 많다. 만일 이래서 행정부 공무원들이 정치인들의 명령에 복종해야만 하는 하위적 존재가 되어야 하는 것이라면 사법부를 구성하는 법관들도 그래야 할 것이 아닌가. 국민들이 직접 선거로 뽑지 않는 사법부를 객관적 사법전문성에 입각하여 행동케 하고, 나아가 행정부와 입법부에 대해 상호 견제하는 동격의 존재로 두는 이유는 선거로 뽑을 경우 나타나게 될 사법적 판단에서의 심각한 오류 가능성을 최소화하고 동시에 입법부와 행정부가 잘못된 판단을 내릴 개연성을 줄이고자 하는 데 있다. 행정공무원도 마찬가지다. 오직 객관적인 행정전문성에 입각하여 행동하는 일단의 전문가 집단을 국가운영의 한 축으로 둠으로써 정치논리에 의해 국정이 난망해지지 않도록 국회와 대통령에 대해 견제와 균형의 역할을 할 수 있게 하는 것이 선진국들에서 발견되는 일반적인 헌법정신이다.

빈번한 정권교체는 우리 공직사회에 이런 귀중한 정신을 소멸시키고, 유력 정치인들에게 줄서고 자리 지키기에 급급해 하는 공직자들을 양산시키고 있다. 이런 정신이 공직사회에 깊이 배어있었다면, 자신을 '영혼 없는 존재'라고 해명하는 정말로 영혼이 없는 것 같은 공무원들도 없었을 것이고, 세종시 문제도 발생하지 않았을 것이다. 이런 진정한 의미의 공직 가치와 정신을 회복시키지 않고서는 대한민국은 21세기 세계 변화의 중심국으로 일어설 수가 없다. 이념을 달리하는 정치세력들에 의한 정권교체는 앞으로도 지속될 것이고, 경우에 따라서는 지금까지보다도 더 빈번하게 발생할 수 있어 인기영합적인 정책사업들이 우리 사회 곳곳에서 시도될 개연성이 매우 높기 때문이다. 이에 대한 근본적 대책으로 정권교체 이후 지나친 정부조직 흔들기를 못하게 하는 것이 우선 필요하다. 현재 미국 연방정부에서 시행되고 있는 것처럼 일시에 2개 이상의 정부부처를 개편하는 법안을 국회에 상정하는 것을 금지하는 방안과 외교부와 국방부같이 국가 본연의 기능을 수행하는 조직들의 경우에는 폐지 및 타 부처와의 통폐합 법안을 제출을 아예 못하게 하는 조치들을 적극 검토할 필요가 있다.

4) 가칭 '국가전략정책연구원' 설립을 통한 지식정보역량 강화

국가의 종합전략을 수립·집행하는 데는 상황을 판단하고 필요한 대안을 개발하고, 최적의 대안을 선택하는 데 필요한 고도의 전문지식과 기술을 필요로 한다. 사안들의 상호연계성이 극도로 높아지는 초세계화시대에는 국내업무와 해외업무 간의 구분이 무의미해지고, 경제와 복지, 외교, 교육, 과학기술, 안보와 통일 등의 이슈들을 종합적으로 고려한 국가전략이 필요해진다. 기존의 학문분화나 정책영역별로 설립된 기존의 정책연구기관들을 가지고는 이런 새로운 상황에 적합한 지식과 기술을 확보하기 어렵다.

기관의 정부출연연구기관들 중 몇 개를 가칭 '국가전략 고유정책연구원'으로 통합·개편하여 종합적인 국가전략수립에 필요한 다양한 분야의 융합적 정책지식과 기술을 생산하여 국가전략원의 전략 수립 및 추진 활동을 지원토록 하는 것이 필요하다. 이와 동시에 개별 부처들의 고유 정책을 보다 더 전문적으로 밀착 연구·지원할 수 있도록 정책연구의 비중이 높은 일부 정부출연연구기관들을 개별 관련정부기관 산하로 이관시키는 조치가 함께 이루어져야 한다. 개별 부처 산하의 모든 연구기관에는 국가전략원의 종합적인 전략연구와 관련된 업무를 지원하는 전략연구실을 두어 업무적으로뿐만 아니라 인사적으로도 긴밀히 교류하도록 하는 조치도 있어야 한다. 그리고 현직 공무원들과 국책연구기관 연구원들 사이에 정기적인 인사교류가 이루어지도록 하여 연구의 현실성과 공무원 사고의 유연성과 전문성을 동시에 높이는 노력도 있어야 한다.[12]

5) 인적역량 강화방안

(1) 가칭 '국가전략정책대학원' 설치

우수한 국가전략은 우수한 인재로부터 나온다. 대한민국의 국가전략을 수립함에 있어서 모든 공무원들이 우수해야 할 필요는 없다. 세상 삶의 2 : 8 원칙이 시사하듯이 국가 및 지방 공무원 각각의 20%만큼은 전세계 어디에 내놓아도 우수한 최정예 인재들로 확보해야 한다. 현재의

12) 국가전략정책연구원 설치에 관한 보다 상세한 논의는 황성돈(2009) 참조.

공무원 선발방식으로는 이 목적을 이룰 수 없다. 현재의 고시제도처럼 '선발 후 육성방식'에서 '육성 후 선발방식'으로 전환하는 것이 필요하다. 정부의 필요 인원보다 상회하는 수의 대학 졸업생 및 이에 준하는 인재를 선발하여 대학원 석사과정으로 2년간 초세계화시대의 공인으로서 갖춰야 할 기본 소양과 식견, 전략적 정책지식과 기술을 배양한 후, 2년간의 성적과 행적, 본인의 희망을 고려하여 현재 고시로 뽑고 있는 인원 중 필요 인원을 국가 및 지방공무원으로 선발하여 임용하는 것이다. 싱가포르의 경우처럼 고등학교 최우수 졸업자들을 국가가 선발하여 미국, 유럽의 세계 최고 수준의 대학에 유학케 하고, 이들 중 일부를 귀국 후 위 대학원에 입학시켜 2년간 교육한 다음 공무원으로 선발 임용하는 파격적인 인재확보 방안까지도 적극 검토할 필요가 있다. 이 전략정책대학원과 전술한 국가전략정책연구원의 역량을 동시에 강화시키기 위한 방편으로서 이 대학원을 국가전략정책연구원의 병설기관 내지 소속기관으로 설치하여 교수인력과 연구인력 간에 긴밀한 인사교류가 이루어지도록 하는 것이 필요하다.

(2) 초세계화 시대에 적합한 최고위 정책결정자로 성장케 하는 새로운 보직 경로 도입

입직초기 단 한 번의 교육훈련으로 국가경영전략가가 만들어지는 것이 아니다. 입직 후 장기간에 걸친 업무경험이 병행되어야만 비로소 가능하다. 적어도 향후 각 부처의 전략기획실과 국가전략원 등에서 일할 핵심 인재들의 경우에 한해서는, 국내외 시장과 정책현장의 생리와 상황을 체득하고 있으면서 동시에 세계적 추세와 문명사적 변화에 예민하고 정통한 국가경영전략가로 성장해 갈 수 있게 특별히 고안된 공무원 보직 경로제가 도입·적용되어야 한다. 적어도 차관이 되기 전까지 지방과 중앙, 국내와 국외, 산하 공기업과 본부 부처, 복수의 정부 부처를 넘나들게 공직을 경험케 하는 것이 요체다. 임용초기 2년간은 지방자치단체 근무를 의무화하고, 그 후 5~6년간 한 중앙 국가기관에서 근무케 한다. 그 다음에는 2년 정도 산하 공기업 등 국가 투자 기관의 중견간부로 근무케 하고 이어 해외공관이나 국제기구에서 2년간 근무케 한다. 이런 경력을 거친 사람들과 민간에서 우수한 경력과 지식을 지닌 사람들을 대상으로 향후 장차관급으로 성장할 인재들을 선발하여 1년간 교육·훈련시킨 다음 이들을 고위공무원단으로 묶어 특정 부처에 얽매이지 않고 5~6년에 걸쳐 여러 부처의 국실장급 자리에 근무할 수 있게 한다. 그런 다음 3~5년간 공기업 등 공공기관의 장이나 국제기구의 핵심직위에 근무케 한다. 그 후 국가기관 및 국제기구, 해외공관에 근무하면서 차관급 이상의 직위로 발탁되어 성장해나갈 수 있도록 하는 것이다.

이러한 새로운 보직 경로제를 도입하는 것과 함께 현재 1년 단위로 지나치게 빈번하게 보직을 변경함으로써 공직사회의 전문성을 크게 훼손시키고 있는 순환보직제도를 크게 손질하여야 한다. 특히 전문성과 지속성이 필요한 자리들의 경우에는 직위공모제 방식을 도입하여 기본적으로 2년에서 3년 동안은 한 자리에 근무토록 하게 하는 것이 필요하다.

(3) 고위공직자의 공적 가치에 걸맞은 보수체계

우수한 인재를 지속적으로 확보하기 위해서는 공직근무의 영예로운 가치를 계속 북돋우면서, 이들의 공적 가치에 걸맞은 적절한 보수가 이들에게 지급되어야 한다. 하후상박식의 기존 보수체계로는 우리나라 공직사회에 전술한 것과 같은 초세계화시대의 난제들을 해결할 수 있는 우수 인재를 확보하기 어렵다. 정부부처 장관의 연봉이 국내에 들어와 있는 다국적기업 회장의 연봉보다 적다는 것을 국가적 위기의 단초로 지적하면서 고위공무원 보수체계에 대한 대대적인 개편작업을 지시한 싱가포르 이광요 당시 선임장관의 국회 연두교서 연설은 이 점에서 우리에게 큰 시사를 준다. 결국 싱가포르 정부는 1994년 10월 21일 "유능하고 정직한 정부 구축을 위한 경쟁적 보수체계"라는 제하의 백서를 내고, 장관의 연봉이 다국적 기업 회장의 연봉에 버금가게 하는 특단의 조치를 단행했다.

6) 절약과 책임성이 내제된 예산회계제도로의 개편

(1) 재정규율(*fiscal discipline*) 강화를 위한 총량지출상한제(*spending caps*)의 도입

〈표 11-1〉에서 보듯이 우리나라 국가채무는 외환위기가 있었던 1997년 60.3조원이었고 이것은 GDP 대비 12.3%이었다. 국가채무는 2000년에는 111.4조원, 2005년에는 248조 원으로 두 배로 증가하였다. 2006년부터 국가부채는 GDP 대비 30%를 초과하기 시작하였다. 2009년 국가부채는 359.6조 원이고 GDP 대비 33.8%이다. 한편 국가채무에 대한 이자 부담만 2009년에는 14.4조 원으로 나타났다. 정부 발표에 따르면, 우리나라 국가부채는 OECD 평균 79.7%에 못 미치기 때문에 상대적으로 안정적이라고 한다.

우리나라의 국가채무는 IMF 기준에 따른 것으로 정부가 직접적인 상환의무를 부담하는 확정채무를 의미한다. 이에 따라서 우리나라 국가채무에는 논란이 되고 있는 국민연금, 공무원연금, 군인연금, 사학연금 등 4대 연금의 잠재부채, 한국전력공사, 수자원개발공사, 토지주택공사 등 수많은 공기업의 부채, 통화안정증권, 보증채무 등은 국가채무에 포함되어 있지 않다. 정부는 중장기적으로 재정여건을 개선해나가고 2011회계연도 예산 및 기금 편성과정에서 재정건전성을 향상시키는 방향으로 노력하고 있다. 그러나 다음과 같은 이유에서 재정적자 관리와 국가채무 관리는 중요하다.

첫째, 재정적자와 국가채무는 서로 깊은 관계가 있다. 재정적자가 증가하면 그것을 보전하기 위한 국채의 발행이 증가하고 결국 국가채무가 증대된다. 정부는 원금과 이자를 부담해야 하고 이자를 갚기 위해서 또

〈표 11-1〉 국가채무와 GDP 대비 비율

단위: 조 원

연 도	1997	2000	2005	2006	2007	2008	2009
국가채무	60.3	111.4	248.0	282.8	298.9	309.0	359.6
GDP 대비 %	12.3	18.5	28.7	31.1	30.7	30.2	33.8
이자부담	-	-	-	-	13.0	13.4	14.4

자료: http://digitalbrain.go.kr 〉 나라살림〉 국가채무, 2010.5.4. 〈한국일보〉, 2010. 4.22, 5면.

〈표 11-2〉 국가채무의 국제 비교

기준연도: 2008

연 도	한 국	미 국	일 본	독 일	프랑스	영 국	OECD 평균
GDP 대비 %	30.2	73.2	173.0	64.8	72.5	58.7	79.7

자료: http://digitalbrain.go.kr 〉 나라살림 〉 국가채무, 2010.5.4.

국채를 발행하고 적자 예산을 운영하고 각종 투자사업을 할 수 없게 될 수 있다.

둘째, 위기에 대비해야 한다. 우리나라가 아무리 재정을 잘 운영하고 국가채무를 잘 관리한다고 해도 1997년 IMF 외환위기, 2008년의 미국 금융위기 등과 같은 사태를 피할 수 없고 이 경우 국채발행 등으로 국가채무가 증대된다. 따라서 평소에 가능한 한 재정적자 규모를 축소시켜야 한다. 우리나라는 영국, 미국, 일본 등의 선진국과 정치·경제적 환경이 사뭇 다르다.

셋째, 일본과 미국의 경험에서 교훈을 찾을 필요가 있다. 일본과 미국은 재정적자와 국가부채가 높다. 일본의 재정적자는 많이 개선되었지만 2000년대 초반에는 GDP 대비 8~4%이었다. 과거 일본은 장기불황을 타개하기 위해서, 고령화 등으로 인한 사회보장지출을 확대하기 위해서, 만기된 국채를 상환하기 위해서, 감세를 하고 세출을 증대시키고, 공채를 발행함으로써 2000년부터 중앙정부 부채가 GDP 대비 100%가 넘었고 2006년 현재 161.4%이다. 미국의 재정적자는 2000년 중반 GDP 대비 3% 정도이고 중앙정부 부채는 GDP 대비 35% 정도이다. 우리나라도 저출산, 고령화 사회에 대처하기 위한 재정수요가 증가할 것이며 이에 현명하게 대처해야 한다.

넷째, 정부에 대한 신뢰가 약화된다. 〈국가재정운용계획〉에서 계획치가 매년 변경된다. 〈국가재정운용계획〉에서 관리대상수지〔(통합재정수지) - (사회보장성기금) - (공적자금보증채) + (공적자금상환 원금)〕를 전망하는데 매년 적자 규모가 증대되는 방향으로, 국가채무가 증대되는 방향으로 수정되어 정부의 재정규율이 해이해지고 있으며 이런 경향은 중앙행정부처의 예산운영에도 영향을 미친다.

다섯째, 국회도 책임을 져야 한다. 정부 예산을 심의하고 결정해야 할 국회는 심도 있는 검토를 하지 못하고 있다.

이상의 문제들을 해소하기 위해서는 특히 다음의 2가지의 변화가 중요하다.

첫째, 중앙정부의 총량지출 상한을 법률로 정하는 것이 바람직하겠다. 국가재정운용계획상의 총지출 계획치를 총량적 재정 목적지표로 설정하고 이를 다시 부처별(중앙관서별) 15~20개 사업 분야별로 대분해서 3년 단위로 세부지출 상한을 연도별로 책정한 후 총지출 계획치와 세부 상한을 매년 국회에서 심의 의결하도록 한다. 국회는 세출, 세입, 재정수지, 국가채무 등 국가재정운용계획상의 총량적 재정지표 계획치를 모두 심의하지만 이 중 세출관련 상한만을 국회 본회의 의결을 거치도록 법제화한다(인태환, 2008: 11). 아울러, 국회 예산정책처와 예산결산특별위원회가 이에 대해서 역할을 할 수 있는 방안을 법제화한다.

둘째, 지출범위를 명확히 정의하고 그 내용을 점진적으로 법제화해야 한다. 현재 국가재정법에 따르면, 일반회계와 특별회계 그리고 기금이 정부지출의 범위에 포함된다. 그러나 공공기관이라고 불리는 공기업과 준정부기관의 지출은 이 범위에 포함이 되지 않는다. 중앙부처가 수행해야 할 여러 사업을 이들을 통해서 수행할 수도 있고 공공기관이 국민의 눈에 잘 띄지 않기 때문에 이들 공공기관의 지출을 잘 파악할 필요가 있다. 따라서 이들 기관의 지출규모를 파악하고 그 증가를 억제하기 위해서 가능한 것부터 세출예산 범위에 포함시켜나가도록 하고 통계를 작성하고 법제화한다.

(2) 예산사업 실명제

최근 BTL 사업에서 볼 수 있듯이 정부에서 수행하는 사업은 긍정적 효과 못지않게 부정적 효과도 많이 나타난다. 특히 정부의 대부분의 사업은 그 효과가 상당한 시간이 지난 후에 나타나는데 정작 사업효과가 나타날 때쯤이면 기안하였던 담당자는 다른 부서로 옮겼거나 승진을 했거나 정계에 종사하는 등 그 책임을 묻기 어렵다. 추계를 잘못했거나 이익집단의 요구에 못 이겨서 혹은 공명심에서 낭비적 사업이 수행될 우려가 있는데 이를 방지하기 위해서 예산사업을 실명으로 하자는 것이다.

이를 위해 우선 국가재정법 34조(예산안의 첨부서류)에 '실명예산서'를 포함시키도록 규정할 필요가 있다. 현재 정부에서는 "프로그램 예산 제도"를 사용하고 있다. 예산서에는 분야, 부문, 프로그램, 단위사업, 세부사업 등이 표시되어 있는데 각각에 해당되는 장관, 국장, 과장, 담당자의 성명을 명기하도록 의무화해야 한다. 또한 중앙관서 예산서에 위의 내용을 포함시켜 실명예산서를 작성토록 하고, 행정부가 국회에 제출하는 예산서에도 이 '실명예산서'를 포함시키도록 국가재정법을 개정하는 조치가 이어져야 한다.

(3) 국회 예산결산특별위원회 위원의 임기 4년제화

국회의 예산심의에서 국회의원 50명으로 구성되는 예산결산특별위원회의 역할은 매우 중요하다. 상임위는 예산을 증대시키는 경향이 있고 본회의는 예결위의 결정을 큰 수정 없이 받아들이는 것이 관례이다. 그런데 예결위 구성원이 매년 변경되고 초선의원이 반이 넘어(18대 국회 전체 초선 비율 44.8%, 예결위 초선 비율이 58%, 50명 중 29명) 예결위의 심의(종합심사)가 재원배분의 효율성, 예산결정의 책임성과는 거리가 멀게 운영되고 있다. 우리나라 국회는 너무나 예산운영에 대한 개혁을 안 하고 있다.

이 문제를 해결하기 위한 방안으로서 예산결산특별위원회의 위원의 임기를 4년으로 하고 2년마다 위원의 절반을 교체하도록 하는 것을 제안한다. 부득이한 경우 예외를 인정하지만, 재선 이상의 국회의원만이 예결위원이 될 수 있도록 하고, 예결위가 1년 내내 예산과 결산을 심사할 수 있도록 국회법을 개정해야 한다.

(4) 재정사업 자율평가제도의 성과관리 도구화

국가재정법의 제정에 따라 국가재정운용계획, 예산총액배분·자율편성, 성과중심의 재정운용 등이 제도화되었다. 이에 따라 여러 제도가 도입·운영되었다. 그 가운데 재정사업 자율평가제도(K-PART)는 사업을 담당하는 부처가 재정사업을 자율적으로 평가하고 기획재정부가 부처와 협의하여 평가결과를 확인하고 수정하여 그 평가결과를 예산편성과 연계한다. 평가는 계획, 집행, 성과 단계에 초점을 두며 평가결과는 "매우 우수(90점 이상), 우수(80~89점), 보통(60~79점), 미흡(59~60점), 매우 미흡(50점 이하)"으로 구분된다. 평가결과가 "우수" 등급 이상이면 예산이 증액되고 "미흡" 등급 이하이면 10% 이상 삭감 또는 사업이 폐지되도록 되어있다. 그러나 〈재정사업매뉴얼〉의 설명을 보면 항상 그런 것은 아니다.

〈표 11-3〉을 보면 2007년 자율사업평가 결과와 예산편성이 연계된 것을 알 수 있다. 평가결과가 "미흡" 이하 등급인 103개 사업은 예산이 14.5% 삭감된 것을 알 수 있다. 반면에 "우수" 이상 등급인 54개 사업은

〈표 11-3〉 재정사업평가 결과와 예산편성과의 관계(2007년 평가결과)

단위: 억 원, %

	사업수	2008년 예산(A)	2009년 예산(B)	증감(B-A)	증감 %
계	384	357,905	404,570	45,665	13.0
우수 이상	54	34,744	39,985	5,241	15.1
보 통	226	266,459	316,090	49,631	18.6
미흡 이하	103	56,702	48,494	-8,208	-14.5

자료: 기획재정부, 〈2008년도 재정사업 자율평가 매뉴얼〉, 2008.12.

예산이 15.1% 증가했다. 이와 같이 재정사업의 평가결과를 예산과 연계시키면 행정에 대한 신뢰를 높이고 책임행정을 구현하는 데 도움이 된다. 아울러 관리자의 동기를 강화하고 성과를 높이는 데 기여한다. 그러나 성과 측정의 곤란, 목표와 사업의 연계 곤란, 예산운영에 있어서 정치적 영향의 존속 등의 문제가 없지도 않다. 정부사업 중에는 정부의 정책의지에 따라 성과가 미흡해도 지속적으로 수행해야 할 사업이 있기도 하고 또 관리자는 성과가 미흡할 것이 예견되는 사업을 담당해야 할 때도 있을 것이다. 성과가 미흡하면 예산을 삭감하겠다고 하면 담당 관리자는 어떻게 행동할 것인가? 그런 사업을 회피할 개연성이 높다.

재정사업 자율평가 제도를 성과를 얻기 위한 관리도구로 활용되도록 하기 위해서는 우선 그 제도를 통하여 관리자가 성과를 달성할 수 있도록 하는 동기가 부여되도록 하는 것이 중요하다. 기획재정부가 주도권을 가지면서도 기획재정부와 각 부처가 재정사업을 관리하는 차원에서 협의를 하고 사업관리의 개선방향을 연구하고 그것을 예산편성과 연계하는 방안이 강구되어야 한다. 예산편성에서 정치가 배제되기는 힘들다. 이 점을 인정하고 사업평가를 하도록 해야 한다. 관리자의 책임을 명백히 하여 관리자가 예산의 능률성과 효과성을 달성하도록 하는 것이 중요하다. 또한 평가가 평가를 위한 절차가 되지 않도록 유념해야 한다. 관리자들이 사업의 문제점을 공유하고 문제점을 해결하도록 하고 부처의 주요 사업 단위별로 평가결과를 공개하는 것도 중요하다. 부처의 홈페이지에 하위부서별로 재정사업자율평가 결과를 공개하는 것도 일반 시민에게 부처의 사업과 그 성과를 알리면 관리자의 동기를 강화하는 데 도움이 될 것이다.

(5) 재정관리와 관련된 외래어 용어의 한글화

현재 정부에서는 BTL, Top-down, Program 등의 영어 단어나 약자를 많이 사용하고 있다. 편리한 것 같고 매력적인 것 같다고 생각하기 때문이다. 그러나 이런 경향은 다음과 같은 문제가 있다. 우선 BTL, Top-down 등의 용어를 사용하면 일반 시민들은 그것이 무엇을 의미하는지 이해하기 어렵다. 정부와 시민 간 의사소통에 어려움이 발생한다. 또한 행정을 담당하고 있는 관리자들도 용어에 대한 혼돈이 있으며 더 나아가 새로운 제도는 으레 영어 약자로 표현하려는 경향이 생긴다. 더더욱 문제가 되는 것은 새로운 제도를 심사숙고하지 않고 도입하는 경향이 유행이 되고 있다는 것이다. 대표적인 것이 K-PART이다. 이것은 미국의 PART를 모방한 것이다. 미국과 우리의 실정은 판이하게 다르며 미국에서도 그 제도가 정착되었다고 보기는 어려울 것이다. 사정이 이러함에도 불구하고 그 제도를 손쉽게 도입하고 K-PART라 명하고 "재정사업자율평가"로 이름을 붙이니 해당 부처는 자율을 주장할 것이고 기획재정부는 평가를 강조할 것이다. 우리 실정에 적합한 제도를 탐구해서 도입하려는 노력이 경시될 우려가 있다.

언어는 맥락이 있는 것이고 은유에서 나온다. BTL, Performance budget 등은 각각 그 맥락이 있었을 것이고 은유가 있었을 것이다. 맥락과 은유와 관례(혹은 의례)가 다르면 다른 언어가 등장한다. 이런 것을 등한시하고 편하다는 이유로 멋있어 보인다는 이유로 영어 약자를 정부에서 사용하는 것은 우리 정부가 우리의 문제를 심각하게 생각하지 않았다는 반증일 수도 있다.

우선 영어 혹은 영어 약자를 한글로 표기하는 조치가 필요하다. 공문서에 영어 표기를 가급적 피해야 한다. 최소한 "비티엘", "톱다운", "프로그램 예산", "재정사업자율평가" 등으로 표기해야 한다. 일반 시민이 그것들을 이해하기 어렵다고 생각된다면 그에 적합한 한글 용어를 개발해야 한다.

또한 우리 실정에 적합한 제도를 개발하고 우리말 용어를 거기에 붙이는 노력이 있어야 한다. 목표관리제(MBO), 영기준예산제도(ZBB), 계획사업예산제도(PPBS) 등 외국의 여러 제도가 도입되고 여기저기 그 흔적이 남아있다. 관리자들도 처음에 그런 제도에 대해서 관심을 보이지만 시간이 지날수록 그 관심이 적어지는 것이 현실이다. 외국의 제도를 우리 행정에 적용하려고 생각하지 말고, 우리 현실에 적합한 제도를 구상해야 한다. 그러면 처음부터 한글 명칭이 생각날 것이다. 이것이 진정한 재정개혁의 방법이고 길이다.

7) 감사원 개편을 통한 도덕역량 및 국회와 행정부 간 연계역량 강화

국가의 미래 운명을 결정하는 중장기 국가발전전략을 수립하는 기능을 한 기관에만 두는 것은 대단히 위험하다. 그 한 기관이 역할을 잘못하게 되는 경우 국가 전체가 위태로워지기 때문이다. 행정부소속 국가전략원의 전략기획기능을 견제와 균형, 상호경쟁의 관점에서 적절히 통제하고 보완하는 기능을 국회에 활성화시킴으로써 이런 위험을 막을 수 있다. 이렇게 하는 것은 민주주의 정치체제가 비용은 최소화하면서도 가장 지능이 높은 정책결정체계로 작동할 수 있게 하는 효과를 가져오게 된다. 국회가 이런 기능을 제대로 수행하기 위해서는 그에 걸맞은 정책전문 보좌기관들이 국회에 장착되어야 한다. 국회에 그동안 예산정책처와 입법지원처가 설치 · 운영된 것은 이런 점에서 대단히 잘된 일이다. 하지만 아직 미흡하다. 국회 기능의 이런 정상화와 함께 이제 적극적으로 검토해야 할 때가 된 것이 바로 감사원의 기능 개편이다.

현재 우리나라 예산운영체제는 대통령이 예산안을 편성해서 국회에 제출하고 국회가 그 예산안을 확정하는 집행부제출예산제도를 채택하고 있다. 본래 이 제도는 예산을 확정하는 입법부와 그 예산을 집행하는 행정부를 상정한 것이다. 이에 따라서 입법부의 예산심의와 결산심의를 보좌하는 의원 보좌기관과 중앙회계검사기관이 발달하고 행정부의 예산편성과 집행을 도와주는 중앙예산기관이 발달한 것이다. 현재 우리나라는 대통령을 정점으로 기획재정부가 정부 수준에서 예산 편성과 집행을 담당하고 있고, 수많은 중앙부처 등이 소관 사업에 대해서 예산 편성과 집행을 담당하고 있다. 국회는 예산심의와 결산심의를 담당하고 있다. 감사원은 결산확인, 회계검사, 직무감찰 등을 담당하여 예산집행과 공무원의 직무를 비판적으로 검토하고 있다.

그러나 행정부의 정책 및 예산집행을 객관적 입장에서 감사하는 감사원이 행정부의 기관이어서 그 객관성에 근본적 한계가 있을 수밖에 없다. 또한 객관성이 있다고 하더라도 감사원의 객관성과 전문성을 행정부가 아니라 입법부를 위해 활용하는 것이 재정민주주의에 더 충실할 수 있는 길이다. 다시 말해서 3권분립의 정신에서 볼 때 현재 감사원이 수행하고 있는 기능 중 회계검사 기능과 합법성 감사 기능은 입법부 고유의 것이므로, 이제 감사원의 이런 기능은 국회로 이관하는 것이 맞다.

그동안 이런 기능들을 대통령 직속의 감사원이 수행하였다. 민주화시대를 거치며 이제 국회도 제 기능을 수행할 수 있는 구조를 갖추었고 앞으로 국회의 역량을 더욱 강화시키고 정상화시키기 위해서라도 현재 감사원이 수행하는 회계검사 기능과 합법성 감사 기능은 국회로 이관시키는 것이 바람직하다.

행정부가 쓸 예산을 승인해 주는 것이 바로 국회다. 그러므로 국회는 행정부가 과연 그 예산을 당초 국회가 승인해 준 대로 제대로 사용했는지를 사후적으로 검사하는 권한을 당연히 갖는다. 또한 행정현장에서의 구체적 상황을 고려하여 세세한 것까지 일일이 법률에 열거할 수도 없고, 행정현장에서 수시로 변하는 상황에 즉시 대응하는 행정을 펴기 위해서라도 국회는 행정부에 대해 일정한 재량권을 위임하는 것이 불가피하다. 그 대신 행정부의 그런 재량권 행위가 국회가 정한 법률의 정신에 위배되지 않도록 감시, 감사하는 것이 국회 본연의 기능이 된다. 국회가 승인하는 예산과 법률에 의해 작동되는 행정부의 모든 정책들이 과연 낭비 없이 소기의 목적을 실현했는지 여부를 판단하는 이른바 성과평가 기능도 당연히 국회의 몫이다.

감사원의 회계검사 기능을 국회로 이관하면 국회의 대행정부 재정 견제 활동이 균형을 이룰 수 있게 된다. 현재 국회의 예산결산 활동은 예산심의 활동에 못 미친다. 최근 국회의 예산심의가 정치적 사안 때문에 단기간에 처리되는 경우가 많은데 결산심의는 예산심의보다 더 형식적으로 이루어지고 있다는 지적이 많다. 국회에 감사원의 회계검사 기능이 이관되면 바로 국회의 결산심의가 보다 깊이 있게 합리적으로 이루어질 수 있다.

국회에 감사원의 회계검사 기능을 이관시키는 것은 행정부와 입법부 간의 제도적 균형을 이루는 길이기도 하다. 즉 행정부에 중앙예산기관이 설치되어 있다면 입법부에 중앙회계검사기관을 설치하는 것이 논리적으로 정당하기 때문이다. 국회의원이 대정부 비판 활동을 할 때 보다 정제된 자료를 이용할 수 있게도 되고, 국회의 결산심의를 상례화할 수 있게 되어 행정부 통제가 보다 용이해질 수 있게 된다. 국회에 감사원의 회계검사 기능을 이관하게 되면, 그 회계검사 활동이 정치화된다는 우려가 있지만, 그러한 정치화는 이제 민주주의의 자연스러운 현상으로 인정해야 하는 것이고, 그것의 부작용을 극복할 수 있는 여건도 성숙되고 있다.

감사원의 회계검사 기능은 이렇게 국회로 이관시키고, 현재 감사원이 수행 중에 있는 정책성과 감사기능은 국회와 행정부 내부적으로는 국가전략원으로 이관시키는 것이 바람직하다. 이렇게 하고 나서 감사원은 계속 대통령 직속기구로 남아 계좌추적권, 현장범의 경우 영장 없는 긴급

체포 및 구금·심문권 등 강력한 수사권을 지닌(기소권은 검찰 소유) 싱가포르의 부패행위수사국(CPIB: Corrupt Practices Bureau)이나 홍콩의 염정공서(ICAC: Independent Commission Against Corruption)처럼 공직은 물론 민간부문의 부패까지도 철저하게 파헤치는 반부패전담기구로 개편하는 것이 바람직하다. 이렇게 해야 감사 때문에 적극적인 정책과 사업을 추진할 수가 없다는 푸념이 행정현장에서 사라질 수 있다. 이런 감사원 개편작업은 향후 헌법개정 때 반드시 들어가야 할 사안이다. 유능하면서도 정직한 공직자는 모든 시대에 공통된 국가발전의 필수요소다.

8) 정부와 민간 간의 협치 강화

민간부문은 자신의 분야에 관한 전문지식, 경험, 노하우, 시설, 인적자원 등을 가지고 있다. 정부가 이러한 장비와 시설을 갖추고 공무원들을 교육시켜서 민간부문과의 경쟁관계를 형성하기에는 오랜 시간과 비용이 소요된다. 또 정부가 이러한 시설을 구입하더라도 행정환경의 변화에 따라 계속 이용할 계획이 없을 수 있고, 직접 정부가 운영하더라도 그 서비스가 민간부문보다 더 나으리라는 보장도 없다. 더구나 민간부문은 정부부문보다 문제와 변화 발생의 현장에 더 가까이 위치하고 있어 현장의 정보를 더 예민하고 정확하게 감지할 수 있다. 따라서 현장에서 작동할 수 있는 정책이 어떤 것인지, 어떤 부작용이 나타날 수 있겠는지, 어떤 부분이 어떻게 보완되어야 할 것인지 등 국가전략을 기획할 때 반드시 고려해야 할 중요한 것들이 민간부문(기업, 언론사, 연구기관, 여타 비영리 시민사회단체 등)에 산재해 있다. 따라서 정부부문과 민간부문 간의 공유기회는 점차로 확대될 수밖에 없으며, 공공부문과 민간부문 간의 영역에 대한 구분의 차이는 점차로 모호해지고 있다(Vanagunas & Webb, 1994). 혁신적인 공공서비스의 채택은 정부가 아닌 외부의 민간부문이 가진 지식, 기술, 노하우 등에 의해 하는 것은 정부관료제의 독점적 권력을 억제하는 효과도 있을 수 있고, 정부행정에 민간부문의 참여를 확대한다는 의미도 있다(Silfvast & Quaglieri, 1994).

이런 현실은 결국 전술한 국가전략원이 국가발전전략을 짤 때는 반드시 관련민간부문의 현장 전문가들과 깊은 논의가 있어야 한다는 것을 의미한다. 이런 정부-민간 간 국가전략논의구조는 각종 자문위원회와 행정위원회, 계약에 의한 사업외주, 특채 및 계약제 개방형 임용 등 다양하게 구축될 수 있다. 정부와 민간의 파트너십은 근본적으로 행정서비스의 거버넌스 체제에 대한 철학의 변모에서 시작한다. 정부만의 독점적 체계가 아닌 정부, 시장, NGO의 상호 협력과 견제가 동반되는 파트너십이 요체이다. 비영리 NGO 단체와의 파트너십 내용과 영리단체와의 파트너십 내용은 투입 자원과 노력 강도에 따라 다양한 유형이 가능할 것이다. 공공부문의 규제개혁의 시스템과 체제도 자연스럽게 이러한 거버넌스 하에서 구성되고 진행될 수 있을 것이다. 이에 더하여 추구해야 할 사항이 국제화이다. 한국과 같이 공공부문의 영향력이 큰 국가에서는 정부 스스로가 국제적인 인적 구성과 국제적 비전 및 능력을 구비하는 효과가 타 국가에 비하여 현저하게 나타날 수 있다.

5. 결 론

훌륭한 시스템을 구축했다고 해서 국가가 저절로 발전하는 것은 아니다. 국가전략추진시스템이 위력을 발휘하는 때는 그 시스템을 잘 활용할 수 있는 국가적 리더가 있을 때이다. 대한민국 모든 정치가들이 다 훌륭한 국가적 리더가 되리라고 바라지는 않지만 그래도 몇몇 정치가는 국가적 리더가 되어야 하고 그렇게 되도록 지원해야 한다. 국가적 리더를 만들어 내지 못하는 국민, 국가적 리더를 존경할 줄 모르는 국민, 국가적 리더를 활용할 줄 모르는 국민은 미래가 없다.

■ 참고문헌

김신복(1991), 《발전기획론》, 박영사.

이송호(2002), 《대통령과 보좌관》, 박영사.

인태환(2008), "이명박 정부의 재정개혁 과제", 한국행정학회 추계학술대회 발표논문.

황성돈(2009), "정부출연연구기관 개편방안에 관한 연구", 한국외국어대학교 국정관리연구소.

CRS Report for Congress, "Director of National Intelligence: Statutory Authorities", April 11, 2005.

Décret n° 46-2 instituant la création du Comité Interministérielle du Plan et Conseil Supérieur du Plan.

Décret n° 2006-260 instituant la création du Centre d'analyse stratégique.

http://www. dni. gov/aboutONDI

http://www. stretegie. gouv. fr

http://www. katei. gor. jp

http://www. cao. go. jp/kaiken

國家戰略室の設置に關る規則(平成 21年 9月 18日).

12

서울 컨센서스를 향하여*

박 세 일

1. 세계화에 대한 이론적 정리

'세계화'와 '정보화'는 21세기 인류문명의 보편적 현상이 되었다. 정보통신기술 발달이 가져온 '정보화'는 인류문명의 지형을 새롭게 바꿔놓고 있으며, 그 성과와 더불어 시장화와 자유화 정책이 가져온 '세계화'는 인류문명의 지평을 새롭게 확장시키고 있다. 이런 변화 속에서 우리는 다가오는 시대를 준비하여야 한다. 새로운 국가발전전략을 구상해야 한다. 이를 위해 우선 세계화라는 변화를 어떻게 이해하여야 하는가? 세계화를 수용할 것인가, 거부할 것인가? 만일 수용한다면 어떠한 식으로 세계화

---

* 이 제12장은 박세일, 《창조적 세계화론》(서울대학교 출판문화원, 2010) 제9장의 내용을 거의 그대로 가져왔다. 두 가지 이유에서이다. 첫째는 이 글이 21세기 신발전패러다임으로서 서울 컨센서스라는 용어를 최초로 사용하고 그 내용의 구체화—10대 신발전패러다임을 제안—를 처음으로 시도한 글이기 때문이다. 둘째는 이 글이 지금까지 앞장에서 논하고 있는 각각의 특정분야의 논문들을 전체적으로 종합하고—비록 불완전하지만—하나의 체계로 묶어낼 수 있는 내용이기 때문이다.

를 수용하여야 성공적 국가발전을 이룩할 수 있는가? 등등에 대한 올바른 기본시각을 세우는 것이 대단히 중요하다.

첫째, 우리가 사는 시대는 문명사적 대(大)변화의 시대이다. 창조적이고 자주적인 대응이 필요한 시대이다. 세계화의 시대는 변화의 시대이고 시대에 맞게 우리도 변화하여야 살 수 있다. 그런데 오늘날 21세기 세계화 시대는 대변화의 시대이면서 변화의 미래가 확실히 보이지 않는다. 그래서 교과서나 참조할 로드맵이 별로 없다. 우리뿐만이 아니라 전 지구촌 모두에게 극히 새로운 상황이 전개되고 있기 때문이다. 따라서 불가피하게 현장과 현실을 중시하면서 실험적이고 창조적으로 접근할 수밖에 없다. 그래서 앞으로의 세계화는 '창조적 세계화'일 수밖에 없다. 특히 대한민국은 더욱 그러하다. 과거 우리가 후진국에서 중진국까지 올라올 때는 우리보다 앞서나가던 중진국이나 선진국들이 배우고 따라야 할 하나의 발전모델이 되어주었다. 그러나 이제는 대한민국이 중진국의 선두주자까지 올라와 선진국 진입을 눈앞에 둔 단계이기 때문에 더 이상의 모델을 찾기가 어렵다. 이제는 선진모델 — 선진적 발전모델 — 을 스스로 창조해나갈 수밖에 없는 — 창조적이고 자기주도적인 — 발전단계에 도달했다고 볼 수 있다.

둘째, 우리는 반드시 세계화의 흐름을 타고 가야 한다. 세계화에 찬성할 것인가 반대할 것인가라는 논쟁은 사실은 공허한 이야기이다. 우리가 이미 앞에서 보았듯이 이론적으로 세계화가 불가역적(不可逆的)인 것은 아니다. 우리는 과거 제 1차 세계화(1860~1914)가 실패했던 역사적 경험이 있다. 지금 진행되는 제 2차 세계화(1980~현재)도 이론적으로 보면 실패할 수 있다. 그러나 과거 제 1차 세계화보다는 실패하거나 회귀할 가능성이 낮다고 봐야 한다. 만약 실패한다면 그 비용은 엄청나게 더 클 것이다. 특히 우리 대한민국은 건국 이후 지난 60년간 세계화의 흐름 속에서 가장 큰 이익을 얻은 나라 중 하나이다. 아마 세계화 흐름 — 자유무역의 확대 등 — 이 없었고 이에 올라타지 못했다면 대한민국은 아직도 후진국을 벗어나기 어려웠을지 모른다. 따라서 찬성하느냐 반대하느냐, 라는 문제설정은 올바르지 않다. 우리는 세계화를 살려야 하고 또한 '좋은 세계화', '지속가능한 세계화'로 만들어나가야 한다. 따라서 올바른 문제설정은 어떠한 세계화를 만들 것이냐, 이다. 우선 세계화가 가능한 한 많은 사람들에게 이익이 되어야 할 것이다. 그리고 세계화의 고통(구조조정으로 인한 실업과 폐업 등)을 최소화하고 그 고통을 가능한 한 사회구성원들이 함께 나누는 세계화여야 한다. 그러한 의미에서 세계화는 '민주적 세계화'여야 하고 '사회통합적 세계화'여야 한다. 동시에 자원문제 · 환경문제들을 악화시키지 않는 '지속가능한 세계화'여야 한다.

셋째, 자유무역은 적극 지지하는 것이 옳다. 그러나 금융자유화에 대하여는 제한적으로 지지해야 한다. 물론 분야별로는 일시적으로 보호무역이 필요한 경우도 있다. 그러나 크게 보아 자유무역은 인류에게 엄청난 부의 증대를 가져다주었다. 따라서 자유무역은 적극적으로 지지하는 것이 바람직하다. 반면에 금융자유화 문제는 신중하게 접근해야 한다. 금융감독제도가 발전되지 않은 상태에서 단기금융과 같은 분야를 자유화하면 곧 재앙이 될 수도 있다.

오랜 역사를 살펴보면 자유무역은 일부 비용이 발생했지만 인류에게 엄청난 이익을 가져다주었다. 지난 250여 년간 인류는 두 가지 이유로 눈부시게 발전하였다. 하나는 과학기술 발전이고 다른 하나는 자유무역 발전이다. 따라서 자유무역은 단기적으로는 피해를 보는 층도 — 이 피해층에게는 공동체가 적절히 보상을 하여야 한다 — 생기지만 중장기적으로는 인류 모두에게 큰 이익을 준다고 보아야 한다. 그래서 자유무역은 지지해야 한다. 금융의 자유화는 조금 다르다. 일반적으로 금융자유화가 투자자원의 효율적 배분과 투자위험의 효율적 분산 등에 많이 기여한 것은 사실이다. 1980년대 이후 각국의 금융자유화가 경제발전에 그리고 세계의 부의 증대에 크게 기여한 것도 사실이다. 특히 외국인직접투자는 후진국 경제발전에 큰 도움을 주었다. 그러나 헤지펀드(*hedge fund*) 등 단기금융의 자유화는 순(順)기능보다 역(逆)기능이 많았다. 따라서 단기금융의 이동에 대하여는 적절한 정부의 개입과 관리가 필요하다. 다만 그 개입은 들어오는 단기자금에 대하여 일정한 세금 혹은 거치금을 요구하되, 나가는 단기자금에 대하여는 규제를 하지 않는 방식이 바람직하다.

무역과 금융 이외에 사람의 국가 간 교류(*migration*)는 가능한 한 권장하는 것이 올바른 정책방향이다. 특히 외국학교, 외국인학생, 외국관광객, 외국상사인, 문화인, 외국인근로자 등의 왕래가 많을수록 국가발전에 이익이 된다.

넷째, 세계화시대라고 하여도 가능하면 자국 내의 인적·물적 자원을 최대한 효율적으로 쓰는 노력을 먼저 하는 것이 중요하다. 예컨대 대한민국과 같이 저축률이 높은 나라에서 시중의 많은 돈이 투자처를 찾지 못하여 돌고 있다는 이야기를 많이 한다. 또한 일반 국민들이 적정한 수익을 담보해 주는 저축수단 내지 투자수단을 찾지 못하여 방황한다고 하는 이야기가 있다. 그렇다면 우선 국내저축을 국내투자로 연결시켜 주는 합리적 정책수단들(예컨대 인플레율을 보상하는 정부펀드 혹은 국민총생산증가율을 보장하는 정부펀드 등등)을 강구하는 것이 가장 급한 일이다. 무조건 해외저축, 즉 외자에 의존하려는 태도는 바람직하지 않다. 국내저축도 제대로 활용하지 못하면서 해외저축에 의존하면 그만큼 대외의존도를 높일 뿐이다. 대외의존도 자체가 나쁜 것은 아니다. 다만 자신의 자원을 효율적으로 활용하지 못하면서 대외의존도가 증가한다면 개별 기업의 미시적 입장에서는 이익이 될 수 있으나 거시경제적 관점에서는 바람직하지 않다.

마찬가지로 세계화시대이고 자유무역시대라 하더라도 외국과 무역을 하지 않는 부문, 즉 비(非)교역재부문(*non-tradable sector*)의 발전(예컨대 교육·의료·교통·식당·사회보장 등 서비스 부문의 발전)을 소홀히 해서는 안 된다. 환언하면 이른바 내수시장(內需市場)을 소홀히 하여서는 안 된다. 교역재부문(*tradable sector*)은 발전하는데 비(非)교역재부문이 뒤

떨어지면, 첫째, 국내소득분배가 악화되고 둘째, 장기적으로는 교역재부문의 생산성증가에도 장애가 된다. 교역재부문이 비교역재부문의 생산물을 중간투입요소로 많이 사용하기 때문에 장기적으로 비교역재부문 생산성이 낮으면 교역재부문 생산성에도 영향을 준다.

다섯째, 세계화시대라고 하여 정부역할이 줄어드는 것은 아니다. 역할이 이전과 달라질 뿐 그 중요성은 여전하다. 우선 산업정책에 대하여 보자. 과거 산업화시대처럼 정부가 나서서 특정산업이나 기업을 미래유망산업이나 기업으로 선별(*pick winners*)하여 지원하는 접근은 이제 더 이상 바람직하지 않다. 21세기 세계화시대에 정부가 기업보다 미래에 대하여 더 잘 안다는 보장이 없다. 또한 미래유망기업으로 선정되어 독점적 지위를 획득하면 기술혁신에 노력하기보다는 기존의 독점체제를 유지하려고 정부에 지속적인 로비를 하여 정경유착이 구조화될 위험이 있다. 따라서 산업화시대 산업정책을 현재에 적용하는 일은 더 이상 옳지 않다. 정부의 산업정책은 여전히 중요하다. 다만 그 방식이 달라져야 할 것이다. 즉 민(民)과 관(官)이 함께 특정산업이 처하고 있는 문제점들을 찾고—예컨대 앞으로 어떻게 동태적 비교우위(*dynamic comparative advantage*)를 지속적으로 창출하여나갈 것인가 등—그 대책을 강구하며 서로 협력하는 산업정책은 여전히 중요하다. 이른바 '민관협치형 산업정책'은 대단히 바람직하다. 모든 것을 시장에 맡기고 정부는 법과 질서만을 지키는 야경(夜警)정부가 가장 좋다는 주장은 옳지 않다. 적어도 아직 선진국을 향하여—그리고 통일을 향하여—뛰어야 하는 우리나라의 경우에는 그러하다.

세계화시대일수록 정부역할이 중요할 뿐 아니라 민주주의가 발전하여야 한다. 그래야 세계화가 성공할 수 있다. 세계화시대에는 구조조정의 상시화로 사회적 분열과 갈등이 격화될 위험이 크다. 또한 기술변화가 빠르고 고학력자의 공급이 잘 안되면서 구조조정이 원활하지 못할 경우 소득분배가 악화될 가능성도 크다. 이러한 때에 사회통합과 국민화합을 위한 민주주의의 역할이 중요해진다. 그래서 법과 질서, 법원, 의회, 정당, 각종 중재 및 조정제도 등 여러 사회적 분쟁을 조율할 제도들이 제대로 작동하여야 한다. 언론의 자유 등 국민의 불만을 표출할 수 있는 제도의 발전도 함께 이루어져야 한다. 한마디로 '성숙한 민주주의'가 되어야 세계화는 성공하기 쉬워진다.

여섯째, 세계화시대일수록 교육과 과학기술투자에 집중하여야 한다. 세계화시대는 경쟁시대이다. 비교우위경쟁의 시대이다. 국가경쟁력이 경쟁하는 시대이다. 그런데 비교우위와 국가경쟁력을 결정하는 것은 결국 생산력이고 생산성이다. 그런데 생산력 내지 생산성은 교육과 과학기술투자 없이는 높아질 수 없다. 그래서 많은 나라들이 지금 교육개혁정책으로 경쟁을 하고 있다. 어느 나라가 세계최고 수준의 교육을 제공하느냐를 두고 각국이 역량을 견주고 있다. 그리고 많은 나라들이 과학기술의 획기적 도약을 위하여 경쟁하고 있다. 세계가 최첨단 과학기술 지식패권을 노리고 있는 것이다. 그래서 정부, 기업 그리고 대학이 서로 연계하면서 공동작업 중이다. 그런데 갈수록 새로운 지식생산과 과학발견, 그리고 기술생산이 세계적으로 소수의 나라·지역·연구소로 몰리면서 점점 독과점화(獨寡占化) 되고 있다. 따라서 우리나라와 같이 선진국 대열에 막 진입하려는 나라들은 특히 선진국의 최첨단기술과 과학정보 생산과정에 어떻게 참여할 것인가, 그래서 한편으로 그 생산에 기여하고 다른 한편으로 그 이익을 공유할 것인가가 전략적으로 대단히 중요한 문제가 된다. 지식이 소외되고 과학이 소외되면 세계화는 물론이고 선진화 성공은 기대하기 어렵다.

일곱째, 세계화시대에는 특히 '고용문제'를 중시하여야 한다. 21세기 세계화 및 정보화 시대에는 과학기술의 발전이 빨라서 비교우위의 변화도 빠르고, 그 결과 구조조정이 급격하게 이루어진다. 자연히 노동이동도 크게 증가한다. 따라서 노동안정성과 고용안정성이 위축되고 노동불안이 증가한다. 이와 동시에 국제경쟁의 격화는 단기(短期) 노동에 대한 수요를 높이고 장기(長期) 노동에 대한 수요를 낮추게 된다. 그 결과 이른바 단기(短期)-비(非)정규직의 급격한 증가를 초래한다. 요약하면 전반적으로 고용이 불안정해질 뿐 아니라 비정규직 등 한계고용의 비중이 높아진다. 더구나 과학기술의 발전이 빠를 때는 '고용의 양(量)', '고용의 기회' 자체가 줄어들 위험도 있다. 따라서 세계화시대는 고용의 양과 질을 높이는 문제가 대단히 중요한 문제가 된다.

일반적 대책으로 높은 성장률 달성을 통한 총수요부족실업(*demand-deficiency unemployment*) 축소, 교육 및 훈련개혁 등 적극적 노동시장정책을 통한 구조적 실업(*structural unemployment*) 축소, 그리고 고용안정망의 확대 등을 통한 마찰적 실업(*frictional unemployment*) 감소 등을 생각할 수 있다. 그러나 고용문제가 심각한 때에는 노동시간 단축을 통한 *work-sharing*, 그리고 제 3섹터(자원봉사 · 시민운동 등)에서의 고용창출, 더 나아가서는 고용지원금제도(*employment subsidy*)와 공공부문의 고용창출정책까지 준비하여야 할 것이다. 요컨대 세계화시대에는 고용의 문제가 대단히 중요한 문제이며 철저한 대책이 필요하다.

여덟째, 세계화시대에는 경제성장은 물론이고 소득분배, 사회복지, 환경문제에 대하여도 균형 잡힌 정책시각을 가져야 한다. 성장위주 전략만 가지고는 세계화시대에 발맞출 수 없다. 성장과 분배, 복지와 환경이 모두 중요한 정책목표가 되어야 한다. 분배의 경우는 세계화시대에 소득분배를 개선시키는 데 성공한 나라들의 정책을 참고할 필요가 있다. 그리고 기술개발속도와 교육훈련속도 사이에서 분배의 추세가 결정된다는 — 후자가 전자보다 빠를 때 임금격차가 줄어든다 — 연구도 참고할 필요가 있다. 또한 앞으로 세계화시대에는 노동소득뿐 아니라 금융소득의 차이가 분배를 악화시키는 데 중요한 요인으로 등장할 수 있기 때문에, 금융소득 격차를 줄이는 방안도 준비하여야 한다. 복지문제는 최종적으로 평생교육 · 평생고용 · 평생복지의 3각체제를 어떻게 효율적으로 구축하느냐 하는 문제로 귀결된다. 특히 노동시장이 이동노동시장(*transitional labor market*) 이 되어서 나타나는 노동의 유동화현상을 교육, 고용, 복지체제가 어떻게 효율적으로 그리고 공정하게 잘 대처할 것인가 하는 문제가 핵심이다. 끝으로 환경문제는 시민의식의 문제이며 동시에 국가지도자의 리더십문제이다.

아홉째, 세계화시대에는 '분권형 국가경영'이 필요하다. 세계화시대는 국가의 규모가 너무 크거나 국가경영을 중앙집권적으로 하면 불리해지는 시대이다. 왜냐하면 세계화시대는 변화와 유연성이 모든 발전의 계기가 되는 시대이기 때문이다. 국제정치상황이나 과학기술, 경제경영여건 등의 변화가 빠르기 때문에, 국가경영도 이러한 변화에 맞추어 신속하고 유연하게 대처하여야 한다. 이러한 유연한 대응과 신속한 변화를 하려면 국가의 규모 혹은 행정단위가 인구규모 500만 내지 1500만 단위가 적정하다. 대부분이 선진국인 유럽의 모든 강소국(强小國)들의 규모가 대부분 이 범위 안에 들어온다. 국가의 행정단위가 너무 크거나 중앙집권적으로 경영을 하면 현장(現場)의 창의성(*local knowledge*)을 조직화하고 동력화하기 어렵고, 중앙과 현장 간의 협력과 조정비용(*coordination cost*)이 너무 많이 든다. 그러면 불가피하게 관료화되고 경직화된다. 이렇게 되면 현장의 문제점이나 지혜가 국정에 반영되기 어렵다. 따라서 대부분의 선진국들은 유럽강소국들처럼 인구규모 자체가 작은 나라들이거나 아니면 연방제를 채택하여 국가를 사실상 작은 규모로 나누어 운영하고 있는 나라들이다. 그래서 세계화시대에는 지방분권이 중요하다. 요즈음은 분권의 단계를 넘어 지방주권을 주장하는 사람들이 많다. 사실상 지방의 강소국들의 연합체—연방보다도 더 느슨한—수준으로 국가경영을 하여야 한다는 주장이다. 옳은 이야기이다.

열째, 세계화시대에는 세계전략을 세우고 국제협력을 중시하여야 한다.

세계화시대는 국내정책과 대외정책의 구별이 어려운 시대이다. 서로가 너무나 긴밀히 관련되어 있기 때문이다. 따라서 정부역할 중 하나가 '국가발전과 세계경영의 청사진'을 국민들에게 제시하는 것이다. 세계전략과 국내전략의 관계도 밝혀야 한다. 그래서 정부만이 아니라 기업, 학교, 개인들이 각자 자신들의 미래를 계획할 때 참고할 큰 그림 — 세계변화와 국가목표 등 큰 그림 — 을 제공하여야 한다.

또한 세계화시대는 일국(一國)의 발전이 일국만의 노력으로 되지 않는 시대이다. 국가와 국가 간의 상호의존성과 상호관계성이 너무 크기 때문이다. 따라서 자국(自國)뿐 아니라 이웃나라의 발전을 위하여 함께 노력하여야 하고, 더 나아가 공정하고 효율적인 세계질서를 만드는 데 모든 나라들과 함께하여야 한다. 그것이 자국을 포함하여 모두를 위한 길이다. 따라서 국제협력이 다른 때보다 중요해진다. 그래서 국제금융질서의 안정성을 높이기 위한 개혁, 지구온난화를 줄이기 위한 국제협력, 핵문제, 절대빈곤문제, 인권문제 등을 해결하려는 지구촌의 모든 노력에 우리도 앞장서·참여하여야 한다.

이상 10가지가 주요 정책교훈 — 국가발전전략이라는 관점에서 — 을 요약한 것이다. 이를 배경으로 국제사회에서는 그동안 세계화시대의 국가발전전략 특히 후진국 발전전략과 관련하여 어떠한 논의들이 있었는가를 살펴보도록 한다. 그리고 여기에 우리 대한민국의 발전경험과 교훈을 참고하여, 21세기 우리가 생각하는 바람직한 국가발전전략, 즉 '공동체자유주의적 발전전략', 환언하면 '창조적 세계화' 모델이 무엇인가를 제시하여 보도록 한다.

2. 워싱턴 컨센서스를 넘어: 새로운 선진화 발전모델을 찾아서

1) 워싱턴 컨센서스와 그 이후

세계화시대에는 어떠한 국가발전전략을 가져야 하는가? 특히 후진국이 어떠한 발전전략을 선택하여야 경제발전과 국가건설에 성공할 수 있는가? 이 문제에 대하여 1980년대 미국 주류경제학자들과 워싱턴에 있는 IMF · World Bank 등 국제기구에 있는 연구자들 사이에서 보이지 않는 합의가 이루어졌다. 이 보이지 않는 합의를 1989년에 윌리엄슨(John Williamson) 박사가 하나의 논문으로 정리하여 '보이는 합의'로 만들었고, 그것을 워싱턴 컨센서스라고 명명하였다.[1] 세계화시대의 발전모델로 제시 · 정리된 워싱턴 컨센서스는 간단히 3가지 주장으로 요약할 수 있다. 첫째는 거시경제의 안정성을 지켜라(*stabilize*), 둘째, 자유화하라(*liberalize*). 대외경제는 개방하고 대내경제는 규제를 완화하라, 셋째, 사유화 내지는 민영화하라(*privatize*). 각종 공공기관은 가능한 한 사유화하고 민영화하라. 후진국들은 세계화시대에 이 3가지 방향으로 정책을 운영하여야 경제가 발전하고 국가성공을 이룰 수 있다는 것이다. 이 3가지 주장을 기초로 다음과 같은 10가지 분야의 정책방향을 제시하고 있다.

① 재정균형을 지켜라(*fiscal discipline*): 과도한 재정적자를 줄여라.
② 정부지출의 방향을 바꾸어라(*reorientation of public expenditure*): 가능한 한 성장촉진적 분야에 투자를 늘려라.

---

1) John Williamson(ed.), *Latin American Adjustment: How Much Has Happened?* Institute for International Economics, 1990; John Williamson (ed.), *The Political Economy of Policy Reform*, Institute for International Economics, 1994.

③ 세제개혁을 하라(*tax reform*) : 세율은 낮추고 가능한 한 많은 사람들이 세금을 내도록 베이스는 넓혀라.

④ 이자율을 자유화하라(*liberalizing interest rates*) : 금융자유화의 시작으로서 이자부터 시장에 맡겨라.

⑤ 경쟁적 환율정책을 사용하라(*competitive exchange rates*) : 환율정책은 시장수급을 반영하여 시장경쟁적으로 운영하라.

⑥ 무역은 자유화하라(*trade liberalization*) : 수출입 규제를 풀어라.

⑦ 외국인직접투자를 자유화하라(*liberalization of inward foreign direct investment*) : 가능한 외국인직접투자를 많이 도입하라.

⑧ 사유화 · 민영화(*privatization*) : 종래의 국영 및 공영기관은 가능한 한 사유화하고 민영화하라.

⑨ 규제를 완화하라(*deregulation*) : 모든 산업에서 기업의 설립과 퇴출을 자유롭게 하라.

⑩ 재산권을 보호하라(*property right*) : 모든 재산권보호를 강화하라.

이상 10가지 정책방향을 가장 충실히 따른 나라들이 라틴아메리카의 여러 나라들이었다. 그런데 1990년대에 이들 라틴아메리카 제국이 보인 발전성과(연평균 1.1%)는 대단히 실망스러웠다. 지난 1960~1980년 기간의 성장률(연평균 5~6%)에도 못 미치는 것으로 나타났다. 반면에 극히 대조적으로 1980년대 이후 중국은 눈부신 속도로 발전(1980년대 연평균 9.2%, 1990년대 연평균 10.1%)하였다.

인도나 베트남도 경제성장이 빨랐다. 그런데 중국이나 베트남은 워싱턴 컨센서스가 주장하는 방향과 크게 다른 정책들을 많이 채택하였다. 시장에 맡기기보다는 정부계획과 지도가 크게 작용하였고, 외국인투자는 환영하였으나 자유무역분야에서는 수출증대에만 초점을 맞춘 — 수입에는 여전히 보호무역적인 요소를 많이 가지는 — 정책들을 추진하였다. 그것도 전반적인 무역자유화라기보다는 특정지역에 경제특구를 설정하여 그곳에서만 무역을 자유화하는 접근방식이었다.

인도는 1991년부터 본격적인 자유화정책을 채택하였으나, 인도경제가 사실상 도약하기 시작했던 시기는 보호무역주의적 요소가 강했던 1980년대 초였다. 이미 1960년대와 70년대에 경제도약(*take off*)을 경험한 한국이나 대만도 사실 경제의 급성장은 수입을 규제하고 수출을 촉진하기 위해 수출자유구역을 설정하는 한편 적극적 산업정책(예컨대 한국의 중화학공업정책 등)을 펼치던 산관(産官) 협력 내지 유착의 시대(그 결과로 생겨난 것이 한국의 재벌구조)에 많이 이루어졌다. 한마디로 워싱턴 컨센서스와는 정반대의 정책에 힘입어 빠른 경제발전을 이룩한 나라들이 많았다. 반면에 워싱턴 컨센서스를 따른 나라들의 경제발전속도는 더뎠다.

특히 워싱턴 컨센서스를 많이 따랐던 라틴아메리카에서의 성과부진이 많은 사람들에게 실망을 주었다.[2] 그래서 나온 것이 제 2차 워싱턴 컨센서스였다. 즉 제 1차 워싱턴 컨센서스가 제대로 작동하지 못한 주 요인이 제도(*institution*)의 부실 내지 미흡에 있는 것이 아닌가, 하는 문제의식에서 출발한 것이 제 2차 워싱턴 컨센서스였다. 제 1차 워싱턴 컨센서스가 제시하는 정책방향 자체는 많은 선진국들이 이미 실천하고 있는 길이고 이론적으로 잘못된 것이 별로 없었다. 그런데 후진국에서는 이런 올바른 방향의 정책노력이 제대로 기대한 경제성과를 얻을 수 있는 올바른 제도가 제대로 준비되어 있지 못하여서가 아닌가, 하는 문제의식이었다.

후진국에도 시장성공을 위하여 필요한 각종 시장관련제도가 선진국처럼 다 잘 갖추어져 있다고 전제하고 시장이 나가야 할 방향만을 제시한 제 1차 워싱턴 컨센서스에 문제가 있다는 자기비판 내지 자기반성이 일어났

---

2) 라틴아메리카의 성과부진이 워싱턴 컨센서스를 따랐기 때문은 아니라는 윌리엄슨(Williamson)의 강력한 이의도 있다. Pedro-Pablo Kuczynski & John Williamson(ed.), *After Washington Consensus: Restarting Growth and Reform in latin America*, Institute for International Economics, 2003. 특히 Williamson의 overview 논문을 참조.

다. 예컨대, 후진국에서 무역자유화가 쉽게 성공하지 못하는 이유는 교육제도가 충실하지 못하여 필요한 고급인력을 제대로 공급하지 못해서가 아닌가? 사유화나 민영화가 잘 성공하지 못하는 이유는 적절한 기업규제제도가 잘 발달되어 있지 아니해서가 아닌가? 금융자유화가 금융위기를 가져오는 이유는 금융에 대한 정부의 신중규제제도(*prudential regulation*)가 발달되어 있지 않고 기업의 지배구조가 투명하지 못해서가 아닌가? 자유화가 가난한 계층에게 이익을 가져다주지 못하는 이유는 사회안전망이 제대로 준비되어 있지 아니하고 공적보조정책이 실효성이 없어서가 아닌가?

요컨대 올바른 시장관련제도가 없거나 제대로 발전하지 못하여 비록 올바른 정책방향을 추구하여도 바람직한 시장성공을 이루어 내지 못한다는 진단이었다. 그래서 제 1차 컨센서스가 시장정책중심(*getting prices right*)이었다면 제 2차 컨센서스는 제도개혁중심(*getting institutions right*)의 안을 제시하게 되었다. 그래서 제 1차의 시장개혁안에 제 2차의 제도개혁을 더하여 제 2차 워싱턴 컨센서스가 이루어지게 되었다. 이러한 움직임은 1999년 IMF와 World Bank가 공동주최한 제 2세대 개혁회의(Conference on Second Generation Reforms)를 통하여 일단 정리되었다. 세계화시대에 후진국이 경제발전과 국가건설에 성공하려면 발전전략은 앞의 제 1차 워싱턴 컨센서스가 제시한 방향 — 시장정책방향 — 으로 나아감과 동시에 다음과 같은 제도개혁을 함께 하여야 한다는 것이다. 이렇게 제도개혁에 중점을 둔 제 2차 워싱턴 컨센서스를 로드릭(Dani Rodrik) 교수가 다음과 같이 정리하였다.[3)]

① 기업의 지배구조를 고쳐라(*corporate governance*): 주주자본주의(*share holder capitalism*)를 모델로 하고 지배구조의 투명성(*trans-*

---

3) Dani Rodrik, *One Economics Many Recipes: Globalization, Institutions, and Economic Growth*, Princeton University Press: 17, 2007.

parency) 을 높여라.

② 반부패제도와 정책을 강화하라(*anticorruption*) : 어떤 좋은 정책도 부패하면 성과를 얻을 수 없다.

③ 노동시장유연성을 높여라(*flexible labor market*) : 노동시장이 경직적이면 — 해고와 채용이 자유롭지 못하면 — 경제정책의 고용유발효과가 떨어진다. 또한 외자기업진출과 신규기업등장을 억제한다.

④ 국제자유무역기구에 가입하라(WTO Agreements) : 무역자유화를 위해 정책과 제도를 정비하라.

⑤ 금융제도와 기준을 국제규범에 맞추어라(*global financial codes and standards*) : 금융자유화와 더불어 금융규제를 강화하되 그 기준은 국제규범에 따라야 한다.

⑥ 신중하게 자본시장자유화를 추구하라(*prudent capitalaccounting-opening*) : 자본자유화를 추구하되 신중하게 하라. 자본시장의 역기능 — 급격한 자본이탈 등 — 을 최소화할 수 있는 제도적 장치를 함께 준비하면서 추진하라.

⑦ 환율정책을 시장(市場)과 관치(官治)의 중간에 두지 마라(*nonintermediate exchange rate regime*) : 중간에 두는 경우가 금융위기에 가장 빠지기 쉽기 때문이다.

⑧ 중앙은행 독립성을 강화하고 인플레목표치를 확정하라(*independent central banks and inflation targeting*) : 중앙은행의 정치적 독립성을 확보하여 통화정책에 관한 한 자주적으로 하도록 하고, 물가상승 목표치를 정하여 가능한 한 그 범위 내에서는 통화정책을 자제하라.

⑨ 사회적 안정망을 구축하라(*social safety nets*) : 원활한 구조조정을 위하여 약자(弱者)를 보호하기 위한 공적보조 · 사회보장 등 사회안전망을 구축하여야 한다.

⑩ 빈곤정책의 목표치를 정하고 추진하라(*target poverty reduction*) : 절대빈곤인구를 줄이는 경우 구체적 정책목표치를 정하고 추진하라.

이상의 10가지를 내용으로 한 제 2차 워싱턴 컨센서스는 주로 바람직한 제도개혁을 위한 제안이 중심이 되고 있다. 분명히 제 1차 컨센서스보다는 진일보한 것으로 보인다. 후진국의 문제가 어디에 있는지에 대하여 보다 구체적인 이해를 가지고 현장에 다가온 정책건의라고 볼 수 있다.

오늘날 미국의 주류 경제학자들과 IMF · World Bank 등이 세계화시대 속 후진국의 발전전략으로 제시하는 정책방향은 제 1차 컨센서스와 제 2차 컨센서스를 합친 것이라고 봐도 무방하다. 1997년 아시아금융위기 때도 그러하였고 오늘날에도 IMF가 금융지원을 하는 경우 내놓는 정책조건(지원조건부정책: *conditionalities*)도 크게 보면 대부분이 이 제 1차와 제 2차 워싱턴 컨센서스에 기초하여 있다.

제 1차, 제 2차 워싱턴 컨센서스를 어떻게 보아야 할까? 어떻게 평가하여야 할까? 과연 세계화시대에 후진국과 우리나라와 같은 중진국이 발전할 전략으로서 타당하다고 보아야 할까? 최선이라고 보아야 할까? 방향이 크게 틀린 것은 아니지만, 다음과 같은 몇 가지 기본적 문제가 있다.

첫째, 우선 가장 큰 문제가 장기적 정책방향으로 옳다 하여 이 정책들을 일률적, 공식적으로 적용하려고 하는 것이다. 특히 IMF가 그동안 이러한 우(愚)를 많이 저질렀다. 선진국적 경제조건 — 시장조건과 제도적 조건 — 속에서 나온 정책들인데도, 이론적으로 바람직하다는 이유 하나로 후진국의 구체적 경제조건 — 시장적 조건과 제도적 조건 — 에 대한 이해 없이 강제로 적용한 경우가 많았다. 그래서 단일한 정책패키지를 모든 후진국에 아무런 차이를 두지 않고 경직적으로 요구한 경우(*one-size-fits-all*)가 많았다. 이래서는 실패한다. 개별 국가의 특수한 사정과 여건을 감안한 정책조정이 반드시 있어야 한다. 국가 사정은 그 나라의 정책담당자들이 제일 잘 알지 않겠는가?

둘째, 워싱턴 컨센서스에는 정책의 우선순위가 없었다. 정책에서는 어느 방향으로 나아갈 것인가에 못지않게 무엇부터 시작할 것인가가 중요하다. 그 나라의 경제발전에 가장 큰 장애가 되고 있는 부문이 어디인가를 확정하는 것이 가장 중요하다. 그런데 제1차, 제2차 컨센서스 모두 정책의 우선순위에 대한 기준이 없다. 우선순위를 정하는 기준조차 제시되어 있지 않다. 가장 최선의 정책들을 모두 단칼에 해야 한다는 메시지가 강하다. 그래서는 현실적이지도, 별로 도움이 되지도 못한다.

셋째, 제도개혁을 중시하는 방향으로 나아간 것은 올바른 일이다. 후진국시장은 그 시장을 둘러싼 제도적 조건이 선진국과 달라서, 선진국과 같은 시장정책을 운영하여도 결과가 크게 달라질 수 있다. 그래서 제도를 바로 세우는 문제는 대단히 중요하다. 그러나 선진국 수준에서 최선의 제도를 나열하는 것만으로는 후진국에 별로 도움이 되지 못한다. 그러한 제도를 완비할 수 있다면 벌써 선진국이 되었을 것이다. 문제는 어떻게 바람직한 제도개혁을 해내는가이다. 후진국에는 바람직한 제도개혁을 실시할 인적, 물적 자원과 정치적 조건이 제한되어 있는 경우가 일반적이기 때문이다.

예컨대 기업지배구조의 투명성확보를 위하여서도, 반(反)부패를 위해서도, 신중한 자본시장규제를 위해서도, 사회안전망 구축을 위해서도 반드시 필요한 것 3가지가 있다. 첫째, 정부의 행정능력이다. 제도와 정책방향으로 개혁을 추진할 수 있는 정부의 행정능력이 있어야 한다. 둘째, 정부는 물론 민간부문에도 그 분야의 전문인력이 있어야 한다. 기업지배구조의 투명성은 정부 규제와 감독만으론 안 된다. 민간부문에 이를 추진할 전문적 인적자원 — 전문경영인이나 공인회계사 등 — 이 있어야 한다. 셋째, 어떠한 제도개혁도 반드시 입법개혁과 재정개혁을 수반해야 한다. 법이 바뀌어야 하고 예산의 뒷받침이 있어야 새로운 제도가 작동한다. 따라서 입법과 재정개혁을 해낼 정치리더십이 있어야 하고 이 정치적 리더십이 자신의 정치자본을 세계화개혁을 위하여 쓸 용의가 있어야 한다. 어떻게 이러한 3가지 조건을 만들어 내느냐가 사실은 제도개혁의 승패를 결정한다. 따라서 바람직한 제도개혁 방향이 아니라 — 그 방향을 몰라서가 아니라 — 어떻게 그 제도 개혁을 추진할 능력을 갖추느냐가 더 어려운 문제이다.

이러한 문제점들이 있다고 하여도 앞으로 후진국들이 나아가야 할 큰 정책방향과 개선할 제도 등을 잘 열거해놓았다는 점에서 제 1차 및 제 2차 워싱턴 컨센서스는 나름의 가치와 의미가 있다. 다만 다시 강조하자면 선진국에서 일반화된 정책방향과 제도의 내용을 정리하여, 후진국이 발전전략을 수립할 때 참고하도록 큰 그림만 제시하는 정도면 충분했던 것을 제 1차와 제 2차 워싱턴 컨센서스를 만병통치약처럼 후진국에 일률적으로 그리고 일방적으로 강제하려는 데 문제가 있었다.

제 2차 워싱턴 컨센서스가 등장한 이후에도 제 1차와 제 2차 워싱턴 컨센서스에 대한 비판은 여전히 많았다. 그래서 워싱턴 컨센서스에 대하여 비판적 시각을 가지는 일단의 학자들이 2004년 바르셀로나(Barcelona) 에서 모여 〈워싱턴 컨센서스 이후의 컨센서스〉(post-Washington Consensus consensus) 를 만들어 보려는 모임을 가졌다. 스티글리츠(Joseph Stiglitz), 폴 크루그먼(Paul Krugman), 제프리 삭스(Jeffrey Sachs), 로드릭(Dani Rodrik), 프랭켈(Jeffrey Frankel) 등 우수한 진보적 학자들이 모여 기존의 워싱턴 컨센서스와는 다른, 후진국의 발전전략을 위한 새로운 패러다임을 제시하려고 노력했다. 그러한 노력의 결과를 정리한 것이 바르셀로나의 발전과제(*The Barcelona Development Agenda*) 라는 이름으로 발표되었다. 주요 내용을 간단히 살펴보면 다음과 같다. [4)]

① 지난 20여 년간 인권, 민주주의 그리고 법치에 이르기까지 후진국에서 많은 진전이 있었다. 그리고 여러 나라에서 — 특히 중국과 인도 — 경제발전의 결과로 많은 사람들이 빈곤에서 벗어났다. 특히 지난 기간 동안 거시경제의 안정적 운용이 오랜 기간 인플레 체질이

4) Narcis Serra & Joseph E. Stiglitz, *The Washington Consensus Reconsidered; Toward a New Global Governance*, Oxford University Press, 2008. 특히 Part 1의 5를 참조.

었던 라틴 아메리카의 인플레를 크게 진정시켰으며 거시경제의 안정성의 중요성에 대한 인식이 크게 높아졌다.

② 그럼에도 불구하고 그동안 구조적 금융위기가 지속적으로 발생하였으며 지구촌 전체로 보면 아직 경제성장의 성과는 미흡하고, 많은 개도국에서 부와 소득의 분내는 대단히 불평등해졌다.

③ 그래서 선후진국(先後進國) 모두 다음과 같은 7가지 방향의 정책노력이 필요하다고 본다. 중요한 순서(우선순위)로 이야기하면 다음과 같다.

- 모든 성공적인 경제발전 전략에는 3가지 기본이 있어야 한다. 첫째, 제도의 질(*institutional quality*)이다. 예컨대 법의 지배, 재산권 보호 등과 같은 제도의 질(質)이다. 둘째, 시장과 국가의 적정한 균형(*appropriate balance between market and state*)이다. 셋째, 소득분배에 대한 관심(*attention to distribution of income*)이다. 그리고 제도개혁은 그 나라의 역사, 문화 등 제반 사정을 감안하여 이루어져야 한다. 선진국의 제도를 무조건 복사하는 것은 — 특히 국제기구가 그것을 강제하는 것은 — 득보다 해가 많다.
- 지속적으로 나타나는 좋지 않은 상황들 중 하나가 국가나 개인이 큰 부채(負債)를 갖는 경우이다. 그리고 제대로 감독받지 않은 은행, 방만한 통화정책 등도 모두 바람직하지 않다. 중기(中期) 발전에 유해할 뿐 아니라 금융위기를 초래하는 원인이다. 따라서 금융, 통화, 재정 그리고 부채정책에서 신중한 관리가 대단히 중요하다. 다만 신중한 재정이라 해서 매년 예산균형을 맞추라는 것은 아니다. 경기침체의 경우에는 예산적자가 바람직하다. 국제기구들이 이것을 반대해서는 안 된다.
- 경제를 도약시키고 성장을 지속시킬 단일비법(秘法)은 없다. 다만 나라마다 성장장애요소가 다르기 때문에 각각에 맞는 정책을 선택하여야 한다. 개별 국가는 정책선택에 자유를 가져야 한다. 외국원

조기구나 국제기관들이 이러한 자유선택과 정책실험에 대하여 부정적 입장을 보여서는 안 된다. 각 나라의 발전에 가장 장애가 되는 것이 무엇인가를 찾아 거시적·미시적 대응을 하여야 한다.

- 다자 간 무역협상은 성장을 촉진하는 방향으로 이루어져야 한다. 선진국의 농업과 섬유에 대한 보호무역주의는 개도국이 세계시장에 참여하는 데 큰 장애가 되고 있다. 일부 개도국들도 적절하지 못한 무역정책을 선택하고 있다. 모두를 위하여 도하라운드(Doha Round)는 가능한 한 빨리 성공하여야 한다.
- 후진국의 민간부문에 국제금융이 아직 충분히 공급되지 않고 있다. 중진국(*middle-income countries*)은 국제자본흐름에 국내금융시장이 너무 심하게 변화한다(*highly volatile*). 그리고 그 변화는 그 나라 경제의 기본조건(*economic fundamentals*)과 아무 관계가 없는 경우가 많다. 그래서 여러 금융위기를 일으킨다. 문제의 핵심은 국가 간 효율적인 위험분산(*more efficient risk sharing among countries*)을 위한 시장과 제도가 존재하지 않는 데 있다. 국제기구들도 민간부문이 이러한 문제를 해결하는 데 전혀 도움을 주지 않고 있다. 지금까지 국제금융기구(*international financial architecture*) 개편에 대한 이야기는 많았으나, 실질적 진전은 별로 없었다. 그 중요한 이유 중 하나가 국제기구에서 후진국의 입장이 과소대표(過少代表)되고 — 선진국의 입장이 과대대표(過大代表)되고 — 있기 때문이다. 국제금융기구의 개혁은 선후진국을 막론하고 중요한 과제이다.
- 지금까지 '국제자본이동'을 촉진시키기 위해서는 많은 제도적 노력이 있었으나 '국제노동이동'에 대하여는 거의 관심이 없었다. 그러나 효율의 관점에서도 형평의 관점에서도 국제노동이동을 높이는 것은 대단히 바람직한 정책방향이다. 어떻게 국제노동이동을 활성화하고 어떠한 규칙을 만들어 이들이 본국과 거래하는 과정을 잘 관리하며 이들을 노동착취 등으로부터 보호할 것인가가 중요한 과제

이다.

- 지구온난화문제를 포함하여 환경악화문제는 개별 국가차원과 지구촌차원에서 함께 노력할 문제이다. 선후진국 모두가 관심을 가질 문제이다. 결국 경제발전이라는 것은 어렵고 긴 시간이 드는 문제이다. 그러나 후진국지도자들이 노력하고 선진국들이 국제기구개혁 등 여러 방법으로 협력하면 희망이 있다고 본다.

이상이 바르셀로나선언의 요약이다. 이미 내용에서 보았지만 지금까지의 후진국 발전전략으로 내놓은 워싱턴 컨센서스가 너무 성장과 효율위주인 것을 반성하여, 소득분배나 형평성문제, 나아가 환경문제 등에 대하여도 정책의 우선순위를 두어야 한다는 주장이다. 그러면서도 재정정책과 통화정책에서의 안정은 중요하다고 한 점에서 워싱턴 컨센서스와 크게 의견이 다르지는 않다. 그러나 금융의 안정 특히 국제금융의 안정을 위한 국제금융기구의 개혁문제 등에 대하여 워싱턴 컨센서스보다는 확실히 적극적인 입장을 취하고 있다. 또한 제도의 중요성을 강조하면서도 무조건 선진국제도를 모방하는 것보다 자신들의 조건에 맞는 제도고안을 강조하고 있다. 그리고 워싱턴 컨센서스가 시장의 역할에 중심을 둔 정책제안이 많았다면, 여기서는 시장과 국가의 역할분담과 그 균형의 중요성을 강조하고 있다. 시장에만 맡겨선 안 된다는 입장이 확실하다.

그러나 바르셀로나 선언은 워싱턴 컨센서스를 대체 내지는 대신한다기보다 보완하는 입장이라고 해야 할 것이다. 아마도 이 모임에서 참석자들은 처음에는 워싱턴 컨센서스에 대체되는 새로운 패러다임의 제시를 목표로 했을지 모른다. 그러나 실제는 — 본인들에게는 실망스럽겠지만 — 완전히 새로운 패러다임을 제시했다기보다는 기존 패러다임에 보다 균형적 시각을 넣는 수준에서 끝났지 아니했나 생각한다. 여하튼 세계화시대 속 후진국의 발전전략문제와 관련하여 몇 가지 중요한 기여 — 관점의 추가 — 가 있었다고 본다.

지금까지는 선진국을 중심으로 외국에서, 세계화시대 후진국 내지 중진국들이 어떠한 발전전략과 패러다임을 가져야 하는가에 대한 몇 가지 주요논의를 살펴보았다. 이러한 논의를 배경으로 앞으로 후진국 내지 중진국들이 — 대한민국을 염두에 두면서 — 세계화시대에 어떠한 발전전략을 가져야 하는가에 대한 우리의 입장을 제시하도록 하자.

우리가 단순한 '세계화론'이 아니라 '창조적 세계화론'을 주장하고 있는데 과연 창조적 세계화론의 발전모델과 발전전략은 무엇인가를 제시하여야 한다. 특히 후진국의 단계를 벗어나 중진국의 선두주자가 된 대한민국이 한 번 더 도약하여 선진국에 진입하려면 어떠한 창조적 세계화 모델과 전략을 가져야 하는가 하는 문제에 답하여야 한다. 이 문제에 답하기 위하여 ① 미국 독일 일본 등 지금의 선진국이 초기 및 중기 발전단계에서 많이 참조하였던 역사학파(Friedrich List 등)나 제도학파(John Commons 등)의 견해를 참고하여야 한다고 본다.[5] ② 그리고 오늘날의 선진국들이 보편적 정책 및 제도개혁방향이라고 하는 제 1차 및 제 2차 워싱턴 컨센서스도 당연히 참고하여야 한다. ③ 이를 보완하는 바르셀로나 선언의 내용도 참고하여야 한다. ④ 특히 중요한 것으로 1960~1980년대 대한민국의 성공적 경제발전경험 — 이른바 동아시아발전모델과 특히 그 정책경험 — 에서 나오는 교훈을 중시하여야 한다. 어떠한 장점이 있어서 성공적 경제발전이 가능하였는가에 대한 성찰이 있어야 한다. 앞으로 더 발전시킬 수 있는 장점이 무엇이고 이제는 더 이상 활용할 수 없는 장점이 무엇인가를 구별해야 한다.

---

5) 특히 독일의 역사학파는 당시 후진국이던 독일이 선진국이던 영국을 어떻게 따라갈 것인가 어떻게 *catch-up*할 것인가를 고민하여 만든 이론이기 때문에 오늘의 개도국들에게도 많은 참고가 된다고 본다. 또한 제도학파 — 오늘날은 이것이 제도경제학, 법경제학, 공공선택이론 등으로 발전하고 있다 — 들은 시장을 둘러싼 제도의 모습과 내용에 따라 시장성과가 달라진다는 것을 밝혔을 뿐 아니라 제도의 선택 내지는 진화라는 측면을 강조하여 오늘의 개도국들에게 — 제도선택과 제도개혁에 고민하고 있는 개도국들에게 — 많은 참고가 된다.

이러한 외국의 역사와 이론, 우리나라 역사 등 여러 측면을 감안하여 앞으로 후진국과 중진국들이 새로이 선택하여야 할 국가발전패러다임 내지 발전전략에 대한 우리의 입장을 정리하여 제시해 보도록 하자.

2) 신자유주의에서 공동체자유주의로—10대 신발전패러다임

신자유주의(*neoliberalism*)는 본래 프리드먼(M. Friedman)이나 하이에크(F. Hayek) 등에 의하여 경제이론 내지 경제사상으로 시작되어 영국의 대처나 미국의 레이건 시대에 지배적인 경제정책으로 나타난 사상이다. 주요내용을 보면 ① 자유시장에 대한 신뢰가 대단히 크고 작은 정부를 선호한다. ② 기업가 정신의 중요성을 강조하고 노동조합에 대하여는 비(非)우호적 입장을 취한다. ③ 공기업 등 공공부문의 사유화(私有化)나 민영화(民營化)가 바람직하다고 본다. ④ 감세·교육 등을 중요시하는 공급측경제학(*supply side economics*)의 입장을 취하여 총수요(*aggregate demand*)를 중요시하는 케인지안(Keynesian)의 정책에 대하여 반대한다. ⑤ 일국(一國) 내 경제성장의 '적하(滴河)효과'(*trickle down*)와 동시에 국가 간의 적하효과를 믿는 입장이다. 환언하면 한 나라 안에서 한 지역이 앞서 발전하면 다른 지역에 그 발전효과가 전파된다고 보고, 국가와 국가 간 역시 한 나라가 발전하면 다른 나라도 따라 발전한다고 보는 입장이다.

엄격하게 이야기하면 신자유주의(*neoliberalism*)는 워싱턴 컨센서스와 같은 것은 아니다. 물론 전반적으로 자유시장경제의 중요성을 인정하는 부분이라든가 공기업의 사유화나 민영화를 주장하는 부분 등에서는 입장이 동일하지만, 기본적으로 양자는 그 기원과 주장의 내용이 다른 것이다. 신자유주의는 금융의 자유화, 공급능력을 높이기 위한 세금감면, 최소정부(*minimalist state*) 그리고 통화주의(*monetarism*) 등을 주장하지만 워싱턴 컨센서스에서는 그러한 주장을 하지 않는다.[6] 신자유주의는 역사적으로 선진국 경제정책의 지도사상(指導思想)으로 나왔고, 워싱턴 컨센서스는 선진국 자신들의 경험 등을 참고하여 개도국에 대한 정책지침(政策指針)으로서 나왔다. 그러나 일반적으로, 특히 언론에서는 양자를 구별하지 아니하고 개도국에 대한 선진국이나 국제기구의 정책건의를 비판하는 입장에서 워싱턴 컨센서스를 신자유주의라는 이름으로 묶어버리는 경향이 강하다. 그리고 그것이 관례가 되고 있다. 물론 자유시장 중시와 정부역할의 축소 등을 생각하면 양자가 전혀 관계가 없다고 할 수도 없을 것이다. 그러나 신자유주의와 워싱턴 컨센서스는 이론적으로 엄연히 다르다고 보아야 한다.

오늘날 신자유주의는 지금까지 선진국과 국제통화기금(IMF), 세계은행(World Bank) 등 국제기구가 주도하는 세계화에 대한 비판으로부터 주요한 타깃이 되었다. 이를 신자유주의라고 부르든 워싱턴 컨센서스라고 하든, 지금까지의 선진국이나 국제기구가 제시하는 개도국의 발전전략을 대체할 새로운 전략과 발전패러다임을 이 책에서 제시하려 한다. 이 장에서 우리는 그것을 '신자유주의에서 공동체자유주의로의 전환'이라고 명명하기로 하였다. 공동체자유주의가 무엇을 의미하는가에 대한 논의는 뒤에 하도록 하고 여기서는 공동체자유주의에 기초한 새 발전패러다임의 내용을 먼저 소개하도록 한다. 우리가 제시하는 신발전패러다임의 10가지 특징은 다음과 같다.[7]

(1) 정신자본(*mental capital*)을 중시해야 한다

국가와 경제가 발전하는 핵심은 '지도자의 비전'과 '국민의 열정'에 있

---

6) 신자유주의와 워싱턴 컨센서스를 같은 뿌리를 가진 것으로 취급하는 논의에 대하여 특히 윌리엄슨은 크게 불만이다. Pedro-pablo Kuczynski & John Williamson edited, *After Washington Consensus: Restarting Growth and Reform in Latin America*, Institute for International Economics, 2003. 특히 326쪽.

7) 이 책의 머리말에서 제시한 분류에 의하면 이것이 바로 '중진국의 선진국화 전략' 즉 '서울 컨센서스 1'이다.

다. 모두 하나가 되어 '하면 된다는 정신'(*can do spirit*)으로 똘똘 뭉칠 때, 그 나라 생산력과 생산성은 오르게 되어 있다. 한 사회가 이렇게 전향적이고 희망과 용기에 넘칠 때 그 국가와 경제는 발전한다. 대한민국이 산업화에 성공한 큰 이유 중 하나도 바로 '새마을 운동' 등에서 나타난 근면·자조 등의 정신자본이다.[8] 따라서 대한민국이 한 번 더 도약하여 선진화를 이루기 위하여서도, 혹은 다른 중진국이나 후진국이 경제성장에 성공하기 위하여서도, 그 사회 국민의 열정과 파토스를 — 경제활동을 하려는 의지(*will to economize*) — 활성화하고 조직해내야 한다. 물론 이 일은 그 나라의 정치리더십과 각계각층의 지도층이 해내야 하고, 국민교육이 중요한 기여를 하여야 한다. 비전과 도덕성을 가진 지도층과 잘살아 보겠다는 열정을 가진 국민이 만나야 한다. 그래야 경제발전이 가능하다.

다음으로 중요한 것이 '공동체에 대한 사랑'이다. 2001년 미국의 하버드 대학 출판사에서 낸 《자본주의의 정신》(*The Spirit of Capitalism*)이라는 책에 지난 150년간 경제발전에 성공한 여러 나라들을 비교 연구한 결과가 나왔는데 경제발전의 동인의 하나가 애국심(*patriotism*)이라는 결론이었다.[9] 개개인이 자신의 공동체를 아끼고 자부심을 가지고 사랑할 때 경제발전의 동인이 극대화된다는 것이다. 국가와 경제발전에서 가장 악영향을 미치는 것의 하나가 천민적(賤民的) 경제행태 — 극심한 물질지상주의·극단의 이기주의 등 — 로 인한 공동체의식의 약화이고 공동체연대의 해체이다. 그리고 이러한 공동체연대의 약화는 반드시 '직업윤리와 노동

---

8) 정신자본(*mental capital*)이란 용어를 처음 쓴 학자는 독일의 프리드리히 리스트(Friedrich List)이다. 그가 1841년에 쓴 *The National System of Political Economy*에서 국민경제의 형성과 발전에 이 정신자본의 중요성에 대한 강조가 자세히 나온다. 크게 공감한다.

9) Liah Breenfeld, *The Spirit of Capitalism: Nationalism and Economic Growth*, Harvard University Press, 2001. 그는 개인적 시민민족주의(*individualistic-civic nationalism*)라는 표현을 많이 쓰고 있다.

철학의 표류'를 가져온다. 그래서 성실, 근면, 정직의 덕이 사회에서 점점 사라지고 한탕주의, 기회주의 등이 팽배하게 된다. 그러면 더 이상의 경제와 국가발전은 기대하기 어렵게 된다.

(2) 지구촌통합(*global integration*)을 지속적으로 확대해야 한다

세계화의 동인은 두 가지에서 온다. 하나는 '과학기술발전'이고 다른 하나는 '세계시장확대'이다. 세계화시대에서 국가가 발전하기 위하여서는 반드시 세계시장에 참여하여야 한다. 보다 긴밀히 연결되고 통합되어야 한다. 무역은 자유무역을 원칙으로 하는 것이 옳다.

자유무역을 주장한다고 하여 '협치적(協治的) 산업정책'까지 부정하여서는 아니 된다. 협치적 산업정책에는 두 가지 분야가 있다. 하나는 민(民)과 관(官)이 개별 산업이 당면한 애로사항들과 문제점들을 함께 연구하고 내안을 찾아나가는 노력이다. 또 다른 하나는 앞으로 올 산업구조의 변화를 감안하여 어떤 인력을 양성하고 어떠한 R&D 투자 등을 미리 하여야 하는가에 관과 민이 정보를 공유하고 공동대응하는 노력이다. 이러한 노력은 우리가 자유무역을 추진해나가면서도 반드시 하여야 한다. 과거 산업화시대처럼 정부가 특정 산업내지 기업을 뽑아서 그 산업내지 기업만을 전폭 지원하는 식의 산업정책은 이제 합당하지 않다.

국제금융에 대하여도 자유화를 원칙으로 하는 것이 옳다. 외국인직접투자를 비롯하여 중장기자본의 이동에 대하여는 모두 자유화하여야 한다. 다만 단기자본의 급격한 이동으로 인해 경제가 불안정해지는 것을 줄이기 위하여 국가에 들어오는 단기자본에 대하여는 세금이나 거치금(据置金) 등을 요구하여 일정한 제한을 가해야 한다. 그리하여 단기자금 흐름의 속도와 폭을 줄이고 그 대신 중장기자본으로 전환을 유도하는 것이다. 그 대신 일단 세금이나 거치금을 내고 들어온 단기자본이 나가는 경우에는 제한을 가하지 않는 것이 옳다. 기타 유학, 관광, 문화, 스포츠 등 이웃나라 및 이웃국민들과의 교류는 많을수록 바람직하다.

(3) 투자가 선도하는 공생적 발전 — 성장 분배 환경 간의 조화 — 을 도모해야 한다

경제는 생산성이고 생산력이다. 따라서 경제발전은 생산성 제고이고 생산력 향상이다. 그러므로 경제발전을 위해서 가장 중요한 것이 생산성 향상을 위한 투자이고, 가장 시급한 것이 높은 수준의 투자경제(*investment economy*)를 만드는 일이다. 국내저축을 최대한 동원하고 해외저축도 끌어들여 가능한 한 투자의 질과 규모를 — R&D 투자와 교육, 항만 등 — 극대화하여야 한다. 먼저 투자극대화를 위해 사회경제적 환경과 제도적·법적 환경을 개선하여야 한다. 그래서 '극대화된 투자경제'를 이룬 다음에 경제발전목표를 앞으로는 성장, 분배, 환경을 골고루 배려하는 공생적(共生的) 발전으로 삼고 이를 추진하여야 한다.

산업화시대 그리고 후진국에서 중진국으로 올라올 때까지는 성장 위주의 발전전략이 나름의 가치와 유효성을 가지고 있었다. 그러나 이제 세계화와 선진화를 목표로 한다면 '공생적 발전론'으로 진행해야 한다. 성장자체뿐 아니라 성장이 가져오는 분배결과에 보다 관심을 가져야 한다. 그래서 성장률을 높이는 것과 동시에 체계적인 분배개선의 정책이 함께 추진되어야 한다. 분배개선정책은 두 가지 부문으로 나누어질 것이다. 하나는 이른바 '항아리형 경제구조'를 만들어나가는 것이다. 중산층 비중을 높이기 위하여 저면(底面)이 넓은 경제구조(*broad based growth*)를 만드는 성장전략이다. 그리고 다른 하나는 절대빈곤층에 대한 공적부조(公的扶助)와 사회적 위험(*social risk*)을 줄이기 위한 사회안전망 강화정책이다. 저변이 넓은 경제발전 전략이란 결국 일부 대기업주도의 발전보다는 수많은 중소기업들과 영세자영업자들이 주도적으로 참여하는 경제발전을 의미한다. 그렇게 하기 위해서는 무엇이 이들 중소기업과 영세자영업의 발전과 참여를 제한하고 있는지를 잘 분석하여 그 대응책을 만들어내야 한다. 이 문제는 뒤에서 논의할 내수시장(內需市場)의 개발문제, 비(非)세계화 내지 비(非)교역재부문 개발문제와 깊은 관련이 있다.

그리고 앞으로는 '환경문제'도 보다 우선순위에 두고 정책을 운영해야 한다. 특히 지구온난화의 문제에 대해서는 탄소세 도입 등 좀더 적극적인 노력을 하여야 한다. 그리고 환경문제를 위한 국제협력에 앞장서야 한다. 환경문제는 효율의 문제는 아니나, 이제는 환경문제에 대한 정부지출의 확대가 단순한 소비 내지 반(反)성장이 아니라, 장기적으로 성장을 지속가능하게 하기 때문에 효율 관점에서 보아도 성장친화적이라는 점도 강조되어야 한다. 더 나아가 환경산업·환경기술 자체가 인류의 미래산업이고 미래기술이기도 하다. 따라서 이 분야에 적극적으로 투자를 확대하는 것은 성장과 환경 모두에 도움이 되는 일석이조의 효과가 있다.

(4) 경제발전의 목표를 '성장극대화'가 아니라 '고용극대화'에 두라

경제성장의 목표를 완전고용의 달성에 두어야 한다. 여기서의 완전고용률이란 난순히 실업률이 제로(*zero*)인 경우를 의미하지 않는다. 여기서 완전고용률이란 고용률(雇傭率, *employment rate*)을 최대한 높이는 것을 의미한다. 즉 자발적 비(非)경제활동참가자 — 학교나 가사를 위하여 취업을 원하지 않는 사람 — 를 제외하고 취업을 원하는 사람들은 모두 취업할 수 있게 되는 것을 의미한다. 우리나라는 특히 이 고용률 — 그 연령대에 몇 %가 취업 중인가를 나타내는 지표 — 이 다른 선진국에 비하여 낮은 편이다. 왜냐하면 취업가능성이 낮다고 생각하여 구직활동을 하지 않는 이른바 비경제활동참가자가 많기 때문이다. 이 비자발적 비경제활동참가자들은 실업자에는 포함되지 않기 때문에 단순히 실업률의 제로만을 목표로 하면 안 된다. 고용률을 최대한 높이는 노력을 하여야 직장을 가지고 싶어 하는 모든 사람들이 취업을 할 수 있다.

그동안 우리는 '경제성장률극대화'를 목표로 하여왔다. 그러나 앞으로는 '고용률극대화'에 경제정책의 우선순위를 두어야 한다. 세계화시대에는 고용이 불안정하고 비정규직이 증가하며 평생학습의 필요성이 대두되는 등 전반적인 위험사회(*risk society*)를 창출한다. 이 위험사회를 '안심

사회'로 바꾸는 최선의 정책이 완전고용정책이다. 그리고 이 완전고용정책은 적극적 노동시장정책과 교육훈련정책, 그리고 사회복지정책들을 유기적으로 잘 연계하여야 성공할 수 있다. 이른바 평생고용·평생교육·평생복지의 삼각망을 잘 구축하여야 성공할 수 있다.

일반적으로 '거시경제안정'이 경제발전에 필수적 요소라고 한다. 워싱턴 컨센서스에서도 그리고 바르셀로나 선언에서도 거시경제의 안정성을 강조하고 있다. 바른 입장이라고 본다. 다만 거시경제의 안정성을 기하는 방식으로 재정의 균형, 통화정책의 안정과 낮은 물가상승률의 달성만으로 만족스럽게 여겨서는 아니 된다. 거시경제의 안정성에 재정과 통화 이외에 고용을 반드시 넣어서, 앞으로 세계화시대에는 높은 고용률 달성을 중요한 거시정책의 목표 중 하나로 다루어야 한다.

(5) 세계화부문과 비(非)세계화부문을 병진발전시켜 이중구조를 축소해나가야 한다

세계화부문(*globalized sector*)은 일반적으로 교역재부문(*tradable sector*)이고 비세계화부문(*non-globalized sector*)은 비교역재부문(*non-tradable sector*)이라고 볼 수 있다. 우리나라 산업화시대에는 세계화부문, 즉 교역재부문의 발전에 모든 국력을 집중하였다. 예컨대 처음에는 섬유, 전자 등 노동집약적 산업 그리고 다음에는 자동차, 선박 등 중화학공업·제조업을 중심으로 수출주도의 국가발전전략을 추진하였다. 그리고 대부분의 실제적 세계화는 국제경쟁력이 높은 대기업중심으로 이루어졌다. 따라서 수출을 목표로 하지 않고 내수시장을 목표로 하는 중소기업·영세자영업자들은 모두 상대적 낙후기업이 되었다. 그래서 세계화부문과 비세계화부문 간의 이중구조가 생기게 되었다. 이 이중구조(二重構造) 문제를 이제 선진화시대에는 본격적으로 풀어야 한다. 환언하면 그 격차를 줄이는 정책을 적극적으로 추진하여야 한다. 이를 중요시하는 데는 다음과 같은 이유가 있다.

첫째, 비세계화부문이 사실 세계화부문에 들어갈 요소를 생산하는 경우가 많다. 교육과 의료, 관광과 예술 분야와 교통·통신 등의 사회간접자본, 법률과 회계 등의 비즈니스 관련산업 등 각종 서비스산업들이 대부분이 비세계화부문인데, 이들 부문의 상대적 낙후가 심하면 — 그리하여 그 생산성이 낮으면 — 세계화부문의 국제경쟁력에도 큰 악영향을 미친다. 이 비세계화부문의 생산성이 다른 경쟁상대국들에 비하여 낮으면 비세계화부문이 세계화부문에 재화를 공급하는 비용이 상대적으로 높아지고 그만큼 세계화부문의 국제경쟁에 불리하게 작용한다.

그뿐만 아니라 중요한 비세계화부문의 하나가 정부, 그리고 도시 및 지방자치단체들이다. 또한 교육과 환경도 비세계화부문이다. 이들 비세계화부문의 수준과 질이 — 예컨대 공무원의 서비스수준, 도시의 환경, 교육의 질 등 — 다국적기업 등 외국자본유치 성공 여부를 결정짓는 경우가 대단히 많다. 그래서 세계화부문의 성공을 위해서도 비세계화부문의 발전이 필수적이다.

둘째, 이들 비세계화부문이 상대적으로 고용창출효과가 높은 부문들이다. 내수시장을 목표로 하는 중소제조업부문, 음식·숙박 등 영세자영업, 그리고 앞에서 예시하였던 교육, 의료 복지, 교통, 통신, 건설 등의 서비스부문 모두가 사실은 대단히 노동집약적인 분야이고, 그래서 일자리를 가장 많이 산출할 수 있는 부문이다. 그래서 이 부문의 발전과 성장이 특히 한 나라의 고용률을 높여나가는 데 결정적으로 중요하다. 한마디로 고용창출을 위해서도 비세계화부문을 중시하여야 한다.

뿐만 아니라, 사실은 비세계화부문 수준이 그 나라 국민들의 생활수준을 결정하는 데 중요한 기여를 한다. 삶의 질(*quality of life*)은 대부분 교육·의료·도시·환경·문화·예술 등등의 비세계화부문이 보유한 질적 수준에 상당히 의존하기 때문이다. 따라서 고용창출은 물론이고 국민들의 생활수준을 향상시키기 위해서도 비세계화부문의 성장과 발전에 각별한 관심을 가져야 한다.

셋째, 세계화시대에 소득 분배가 악화되는, 혹은 양극화가 나타나는 중요한 이유 중 하나가 바로 세계화부문과 비세계화부문 간 격차가 증대되는 현상이다. 전자는 세계적 수준의 우수한 기술과 인재와 생산자원들을 네트워킹(*networking*) 하여 세계적 수준의 생산성과 경쟁력을 갖게 되면 당연히 그 분야 종사자들의 소득은 세계적 수준이 되지 않을 수 없다. 그러나 오직 내수시장의 수요를 목표로 국내생산자원의 공급능력에 주로 의존하는 비세계화부문에서는 생산성이 상대적으로 떨어지고, 소득도 낮을 수밖에 없다.[10] 그리고 그 격차는 세계화가 진행될수록 커질 수 있다. 따라서 세계화시대의 분배개선 — 그리고 양극화의 해소 — 요구에 답하려면 비세계화부문의 성장과 발전을 위해 정부가 각별한 정책적 노력을 기울여야 한다. 어떠한 정책적 지원이 필요한가, 하는 것은 비세계화부문이 상대적으로 낙후된 원인을 분석하는 일부터 시작하면 답이 나올 것이다. 원인이 수요부족인지 공급 쪽 문제인지, 공급 쪽이라면 서비스산업에 대한 정부의 과다한 규제 때문인지, 필요자금의 공급부족 때문인지 등을 살펴보아야 한다.

넷째, 세계화시대의 큰 난관 중 하나가 이른바 주기적 국제금융위기와 그로 인한 세계 실물경제의 급격한 침체인 것을 우리는 앞에서 보았다. 물론 과학기술변화로 인한 무역에서의 비교우위변화, 그로 인한 산업구조조정도 때로는 큰 고통이 된다. 그러나 그것은 승자도 있고 패자도 있으며 승자가 패자의 고통을 분담하고도 사회전체적 이익이 크기 때문에 우리는 무역활동으로 발생하는 구조조정의 고통을 발전을 위한 과정 혹

10) 물론 경제이론으로 보면 세계화부문과 비세계화부문의 생산성소득 격차가 장기적으로 유지될 수는 없다. 결국 그 격차는 시장원리 — 수요공급원리 — 에 의하여 줄어들게 된다. 예컨대 세계화부문에서 얻은 소득이 비세계화부문의 수요로 나타나 비세계화부문의 발전을 가져올 수 있다. 그러나 중·단기적으로 격차는 존재할 수 있고 세계화부문에서 지속적 기술혁신 등이 일어나면 그 격차가 오히려 확대될 수도 있다. 따라서 적절한 수준의 정부개입은 필요하다.

은 도약으로 본다. 그러나 국제금융위기로 나타나는 실물경제 침체에는 일반적으로 승자는 거의 없고 패자만 남는다. 후진국이나 중진국의 경우는 더욱 그러하다.

그래서 세계화시대 발전전략의 중요한 목표 중 하나로 국제금융위기나 국제적 경제침체로부터 자국의 '경제안정성'을 확보하는 문제가 등장한다. 물론 이미 우리가 세계화의 시대에 살기 때문에 안정성을 절대적으로 확보할 수는 없다. 그러나 국가의 노력여하에 따라 상대적 안정성은 확보할 수 있다. 경제의 상대적 안정성확보, 환언하면 '대외의존성의 상대적 축소'를 위하여 발의한 중요 정책방향 중 하나가 비세계화부문, 즉 내수부문의 규모를 키우고 발전시키는 것이다. 내수부문이 크면 그만큼 해외시장에 대한 일방적 의존성은 줄어들기 때문이다. 수출입국으로 성장한 일본이 항상 비세계화부문, 즉 내수부문의 성장에 많은 정책적 관심을 가지려고 노력하는 것은 우리에게 타산지석(他山之石)이라 할 것이다.

특히 2008년 세계금융위기 극복 이후 세계 각국의 발전전략은 변화가 불가피해졌다. 우선 우리에게 가장 영향이 큰 미국은 종전과 달리 수입억제, 수출촉진, 소비억제, 저축증대 등에 정책우선순위를 둘 가능성이 크다. 이른바 지구적 불균형(*global imbalance*)의 문제를 해결하기 위해서도 그러한 노력이 필요하다. 또한 세계금융위기 이후 닥친 미국의 실업대란이 보호주의적 사회분위기를 촉발할지도 모른다. 여하튼 2008년 세계금융위기 극복 이후 이전처럼은 선진국으로의 수출여건이 좋지 않다. 그러한 경우 비세계화부문, 즉 내수부문의 중요성은 더욱 커질 것으로 보인다. 과거 산업화시대와 같이 세계화부문을 위하여 비세계화부문을 희생하는 정책은 여러 면에서 — 세계화부문의 경쟁력제고, 소득분배와 고용창출, 그리고 경제의 안정성확보 등 — 생각해 볼 때, 더 이상 올바른 정책이 아니다. 앞으로 우리는 세계화와 비세계화부문의 병진발전을 도모하여야 한다.

(6) 교육투자의 효율을 높이고 세계지식생태계를 활용해야 한다

경제는 한마디로 생산력이고 생산성이다. 특히 대한민국은 남북통일과 북한근대화(산업화와 민주화)라는 과제가 있기 때문에 우리 경제가 더욱 높은 생산력을 가져야 한다. 생산력을 높이는 최선의 수단은 교육이고 과학기술이다. 따라서 교육과 과학정책을 최우선 순위에 놓아야 한다. 우선 교육은 최선의 성장정책이고 최선의 분배정책이며 삶의 질을 높이는 정책임을 명심하여야 한다. 교육을 통하여 모든 국민의 지식정보 수준을 크게 높이지 아니하고는, 세계화된 지식정보사회에서 국제경쟁력이 높은 국민을 만들 수 없다. 그리고 이 무한경쟁시대에 국제경쟁력이 높은 국민을 만들지 못하면, 국민을 버리는 것, 즉 기민(棄民)이 된다. 따라서 교육은 아무리 강조하여도 지나치지 않다. 국가발전의 최고의 정책이고 우선순위인 것이다. 오늘날 지구촌의 모든 나라들이 치열한 교육경쟁을, 그리고 교육의 질과 양을 세계최고 수준으로 높이려는 교육개혁경쟁을 벌이고 있는 것도 이러한 의미로 볼 수 있다.

교육개혁을 전제로 한 다음에는 특히 과학기술에 최우선 투자를 하여야 한다. 앞에서도 강조하였지만 인류가 가진 부의 원천은 두 가지이다. 하나는 시장확대, 분업확대이고 다른 하나는 과학기술의 발전이다. 따라서 국부의 증대와 경제발전을 위하여서는 과학기술의 획기적 발전이 필수적이다.

특히 우리나라에서는 과학기술의 발전이 중요하다. 왜냐하면 앞으로 지속적 경제발전을 위해서는 지금까지의 중진국시대 — 산업화시대와는 근본적으로 다른 새로운 비교우위를 창출하여야 하기 때문이다. 주지하듯이 과거 산업화시대(1960~70년대)에는 섬유, 전자, 자동차, 선박, 중화학 등에서 활동하는 숙련 내지 반(半)숙련노동자들이 수급하는 상대적 저(低)임금이 세계적 비교우위의 기초였다. 당시는 대외여건도 대단히 좋았다. 이른바 신흥4개국(NICS), 즉 한국·대만·홍콩·싱가포르가 비슷한 비교우위를 가지고 세계시장에 나갔는데 이 4개국의 인구를 합쳐야 약 5천만 명 수준이었고, 이들이 만든 물건을 사 주는, 예컨대 미국의 인구가 당시 약 2억 3천만 명 정도였다. 여기에 유럽선진국의 시장수요를 합치면 한마디로 거의 무제한의 시장수요를 즐겼다. 좋은 물건만 싸게 잘 만들면 파는 것은 걱정하지 아니하여도 되었다.

그런데 이제 상황이 크게 달라졌다. 1980년대 이후 중국과 인도가 개혁개방을 시작하였다. 저임금 경쟁에 나선 중국의 인구가 이제 약 13억 3천만 명, 인도의 인구가 11억 4천만 명 두 나라만 합쳐도 24억 7천만 명이 된다. 이들이 저임금으로 만든 상품을 사 줄 미국의 인구는 현재 약 3억 6천만 명 정도이다. 5천만 명이 만든 물건을 2억 3천만 명이 사 주던 상황과 24억 7천만 명이 만든 물건을 3억 6천만 명이 사 주어야 하는 상황은 조건이 크게 다르다. 한마디로 이제 대한민국은 더 이상 상대적 저임금이라는 비교우위에 의지하여 수출할 수 없는 시대이다. 중국과 인도의 대두로 이제 저임금경쟁 시대는 확실하게 지났다. 여기에 동유럽제국이 시장경제에 편입한 것을 고려하면 더욱 그러하다. 이제 대한민국은 저임금경제가 아니라 고(高) 생산성경제를 이루어내야 한다. 이제 우리는 교육과 과학기술투자를 획기적으로 늘려서 우리의 생산성과 생산력 수준을 한 단계 올려 고생산성경제를 창출하든지 아니면 추락하든지 두 가지 길밖에 없다. 이제 다른 선택의 여지가 없는 단계에 도달하여 있다.

그런데 문제는 고생산성경제여야 할 뿐 아니라 아주 특별한(*unique*) 고생산성경제를 만들어야 한다는 데 있다. 다른 나라에서 모방하기 어려운 창조적이고 혁신적인 고생산성경제여야 한다는 것이다. 왜냐하면 그래야 선진국형인 수평적 국제분업(*horizontal division of labor*) 체계를 만들 수 있기 때문이다. 한마디로 미국이 큰 정밀기계를 잘 만들고 우리는 작은 정밀기계를 잘 만들어 서로 교환하는 식의 수평적 국제분업이 되어야 한다는 것이다. 그동안 우리나라는 저임금에 기초한 후진국형 내지 중진국형인 수직적 국제분업(*vertical division of labor*)의 단계였다. 그래서 선진국의 기술을 모방하는 수준으로 충분하였다. 그러나 이제 더 이상 저임금의 이점을 살릴 수 없는 수준이 되었기 때문에, 대대적인 고생산성 경제건설에, 그것도 특별한 고생산성경제의 건설에 성공하여야 한다. 그래야 세계화시대 속에서 선진화에 성공할 수 있다. 이를 위해 대대적인 교육개혁과 과학기술입국노력이 필요하다.

(7) 정부의 역할을 민관협치로 바꾸고 지방주권 시대를 열어라

세계화시대에는 정부역할이 크게 줄어들 것이라는 주장이 있으나 이것은 잘못된 생각이다. 정부기능 중에서 시장질서정책 — 반(反) 독점정책 그리고 소비자보호정책 — 이 필요하다는 점에 대하여는 학자들 간에 아무 이견(異論)이 없다. 그런데 산업정책에 대하여는 바람직하지 않다고 보는 견해가 있는데 이것은 잘못이다. 왜냐하면 현실적으로는 산업정책 없이는 정보비용과 조정비용 문제를 시장이 쉽게 풀 수 없는 경우가 많기 때문이다. 정보비용이란 어느 분야가 앞으로 수익성과 장래성이 있는 분야인지 개별 기업이 쉽게 알기 어렵기 때문에 발생하는 비용이다. 또한 정부가 어떠한 지원을 하면 그 산업이 크게 번창할 수 있는지 정부도 알기 어렵기 때문에 발생하는 비용이다. 조정비용은 기업 간의 분업과 협력 등의 조정이 일어나면 그 산업 전체가 크게 발전할 수 있는 경우 — 예컨대 과당경쟁(過當競爭)의 경우 — 에도 기업 간 조정이 사실상 어려워 발생하는 비용이다. 이러한 정보비용과 조정비용의 문제는 사실 시장에 맡긴다고 저절로 해결된다는 보장이 없다. 시장이 완전하지 않기 때문이다. 특히 우리나라와 같이 아직 중진국 수준에서 선진화를 위하여 노력하여야 하는 발전도상의 국가의 경우에는 정부의 적극적 노력이 더욱 필요하다. 정부가 나서서 여러 가지 비용들 — 정보비용과 조정비용 — 을 줄이고, 기업들이 서로 경쟁적 협조를 진행하면서 미래에 대한 올바른 정보를 가지고, 새로운 비교우위를 창출하는 데 함께 힘쓰도록 만들어야 한다.

이와 동시에 정부가 하여야 할 역할 중에 중요한 것이 '사회통합의 기능'이다. 세계화시대의 사회통합기능은 첫째, 사회적 약자에 대한 보호, 즉 효과적인 사회안전망 구축이어야 하고, 둘째, 사회적 갈등해결 메커니즘의 합리화여야 한다. 예컨대 공정하고 효율적인 사법제도의 정착 그리고 각종의 강제 내지 임의 조정제도 등이 도입되어야 한다.

요컨대, 세계화시대에 산업정책이 없으면 효율적인 국가발전을 기대하기 어렵다. 동시에 세계화시대에 맞는 사회통합정책이 없으면 안정된 국가발전도 기대하기 어렵다. 따라서 산업정책과 사회통합정책이 반드시 필요하다. 다만 그들 정책이 과거와는 즉 산업화시대와는 확연히 달라져야 한다. 한마디로 협치(協治)와 분권(分權)이다.

협치(協治)란 예컨대 산업정책에서는 정부와 민간이 함께 정보를 교환하고 의견을 나누며, 당해 산업이 당면한 가장 큰 어려움이 무엇인지 파악하고 분석하여 그 대안을 함께 찾아가는 방식이다. 사회통합정책에 관해서는 실제로 사회적 약자의 보호가 잘 이루어지지 않는 분야가 어디이고, 그 이유가 무엇인지를 민과 관이 함께 찾아 대책을 만들어 가는 방식이다. 그 과정에서 민간의 역할과 정부의 그것 사이에 새로운 분업관계가 형성될 수 있다.

동시에 분권(分權) 방식을 취해야 한다. 즉 가능한 한 현장에 접근하여 문제를 풀어나가야 한다. 중앙정부보다는 지방정부의 권한을 확대하든지, 아니면 중앙정부 산하 지방조직의 권한을 확대하든지 하여, 가능한 한 현장에서 현장에 가까운 민과 관이 만나서 정보를 나누고 문제를 파악하고 대안을 찾는 방식으로 정부의 역할이 강화되어야 한다. 두 방식은 산업정책에서도 사회통합정책에서도 마찬가지로 중요하다.

(8) 포퓰리즘을 극복하고 자유민주주의를 성공적으로 정착시켜라

세계화시대 경제와 국가발전을 위해서는 특히 자유민주주의를 반드시 성공적으로 정착시켜야 한다. 정부는 물론이고 국민 모두가 자유민주주의의 발전이 대단히 중요하다는 사실을 인식하여야 한다. 단순히 정치제도로서 자유민주주의가 발전해야 한다는 문제가 아니라 국가성공실패 여부를 가리는 중요한 실험대로서 자유민주주의를 보아야 한다. 환언하면 자유민주주의가 성공하지 못하면 그 나라는 세계화에도 선진화에도 성공할 수 없다. 왜 그러한가?

① 우선 자유민주주의가 성공하여 법치주의가 서야 경제가 발전할 수 있기 때문이다. 경제는 미래에 대한 투자이기 때문에 미래의 수익이 법으로 보호되지 않으면 투자도 경제도 불가능하다.

② 자유민주주의가 성공하여 지도자의 리더십이 국민을 하나로 통합하여 뚜렷한 비전과 희망을 줄 수 있어야 국민의 열의와 자신감이 동원되고 조직화되어 경제발전을 이룰 수 있기 때문이다.

③ 자유민주주의가 성공하여야 이른바 포퓰리즘의 덫에 빠지지 않고 국가발전을 위한 제도개혁을 성공적으로 해낼 수 있기 때문이다. 세계화시대 선진화에 성공하려면 생산성을 높이는 방향으로 많은 제도개혁—교육개혁, 공기업개혁 등—이 필요하다. 그런데 대중의 일시적 정서에만 영합하는 정치세력이 등장하여 선동을 하게 되면, 생산적 제도개혁은 물 건너가고, 오로지 각 이익집단 간의 나누어먹기식 분배투쟁만 일어나게 된다. 생산적 개혁은 실패하고 분배투쟁만 많아지면, 경제는 추락하고 국가는 실패한다.

④ 자유민주주의가 성공하여 가능한 한 이성과 합리에 기초한 대화와 토론으로 문제를 푸는 문화가 일반화되어야 한다. 노사(勞使) 간에도 관(官)과 민(民) 간에도 여(與)와 야(野) 간에도 사회적 대화가 일상화되어야 한다. 모든 갈등이 대화와 토론을 거치고 나서 법과 룰에 따라 해결되는 민주적 관행을 세워야 경제도 국가도 발전하게 된다. 이성적, 합리적 대화가 어렵고 법치가 이루어지지 않아, 사회적 갈등을 집단행동을 통하여—때로는 불법의 방식으로—해결하려 들면, 그 사회는 쉽게 무정부 상태로 이동하게 되고, 이는 새로운

독재를 불러들이는 중간과정이다. 결국 자유민주주의도 실패하고 경제성장과 국가발전도 마찬가지로 실패하게 된다. 따라서 자유민주주의를 성공시키는 문제는 국가발전의 존망이 걸린 문제이다.

(9) 현장주의, 역사주의, 제도주의를 소중히 하는 '국가전략'

모든 발전정책추진에 있어 현장주의와 역사주의를 강화하여야 한다. 주된 이유는 우리에게 더 이상 교과서가 없기 때문이다. 새로운 모델도 만병통치약도 없다. 그 이유는 두 가지이다. 우리나라가 이미 중진국의 선두주자에 올라 이제는 선진국을 지향하여야 하니 기존의 어떤 선진국만을 모델로 하여 모방하기 어렵다는 이유가 하나이다. 뒤따라갈 때와 달리 앞장서 뛰어야 할 때에는 자기 나름의 길을 찾아, 자기식의 선진국을 만들어 갈 수밖에 없기 때문이다. 다른 하나는 21세기 세계화, 지식정보화의 시대는 정확히 이야기하여 선진국들도 교과서가 없는 시대로 들어가고 있기 때문이다. 이 시대는 이제 누구에게나 — 선후진국(先後進國)을 가리지 않고 — 불확실성의 시대이다. 교과서가 없고 정답이 안 보이는 시대에, 경제와 국가의 발전을 위하여서는 결국 자기 나름의 해답을 스스로 찾아가야 한다.

어떻게 할 것인가? 우선 현장(現場)으로 내려가야 한다. 그리고 역사(歷史)를 참고하여야 한다. 우선 현장으로 내려가 현장에서 관과 민이 함께 현장의 문제를 파악하여야 한다. 과연 현장의 상황이 어떠한지, 현장의 문제가 무엇인지, 현장에 어떠한 걸림돌이 있어서 경제발전이 안 되는지 등에 대하여 정확히 파악하여야 한다. 이를 위하여 현장의 민간 관련자와 현장의 행정책임자들이 함께 모이고 정보교류를 하고 의사소통을 하여야 한다. 그러는 과정에서 현장문제의 핵심을 파악할 수 있다. 이것이 현장주의(現場主義)이다. 중앙정부 정책책임자들의 탁상공론이 아니라 현장책임자들이 민관협치를 통하여 현장에서 파악한 정보와 해결책이 더 중요하다는 것이다. 이론이나 교과서를 통하여 얻을 수 있는 정보는 일반화된 정보이고 이미 표준화된 지식이다. 그래서 현장에 있지 않은 제 3자가 이해하고 토론하기는 쉽다. 그러나 이것은 죽은 정보인 경우가 많다. 그러나 현장에서의 얻은 정보는 특히 이해당사자들에게서 얻은 정보는 살아있는 정보이다. 교과서로 혹은 이론으로 정리되지는 아니했지만 현장을 움직이는 정보이다.[11] 이것을 정확히 파악하여야 대책이 올바르게 나올 수 있다. 그래서 현장주의가 중요하다.

그리고 이렇게 현장의 문제를 현장에서 파악한 후 그 문제를 해결하기 위하여서는 지금까지의 현장에서 이루어진 '정부정책의 역사'를 살펴보아야 한다. 그리고 거기서 교훈과 방향을 찾아야 한다. 과거에 어떠한 정책이 성공하였는가, 과거에 어떠한 정책이 실패하였는가, 그 이유는 무엇인가, 등등에 대하여 자세히 살펴보면 앞으로 우리가 어떠한 정책을 어떻게 추진하면 성공할 수 있는지에 대한 상당한 지혜를 얻을 수 있다. 이것이 역사주의(歷史主義)이다. 물론 역사가 100% 반복되지는 않는다. 그러나 한 정책이 성공하려면 필요한 수많은 조건들이 상당부문 그 현장의 관행과 문화 속에 녹아 있는 경우가 일반적이다. 그 현장의 관행과 문화를 알기 위한 방법 중 하나가 역사관찰을 통하는 방법이다. 현장의 관행과 문화를 알면 그 정책은 성공하기 쉽고 모르면 실패하기 쉽다. 일반적으로 선진국의 좋은 이론들이나 제도가 후진국에 도입되어 실패하는 주된 이유가 현장의 관행과 문화를 몰랐거나 현장의 정책역사에 대한 이해가 부족하기 때문이다. 이론과 제도가 잘못되어서가 아니라 현장의 문화나 조건에 맞지 않아서 실패하는 경우가 지배적이다.

---

11) 지식을 형식지(形式知, *explicit or standardized knowledge*)와 암묵지(暗默知, *tacit knowledge*)로 나누기도 한다. 형식지는 이미 표준화된 지식이고 교과서에서 찾아볼 수 있는 지식이다. 반면에 암묵지는 아직 표준화·이론화·교과서화되지 않은 그 형식지화되기 이전의 지식이다. 여기서 현장에서 얻는 많은 살아있는 지식은 암묵지의 경우가 일반적이다. 사실 새로운 창조와 새로운 발상은 형식지의 연장에서 나오는 경우보다 암묵지에서 나오는 경우가 압도적으로 많다.

물론 경제발전의 일반이론이 존재한다. 앞에서도 지적하였지만 ① 경제발전과 국부증대를 위해서는 시장확대와 과학기술발전이 가장 중요하다. 그래서 끊임없이 세계와의 교류확대와 통합(*integration*) 노력을 지속하여야 한다. 그리고 교육과 과학기술의 발전을 위하여 많이 투자하여야 한다. ② 경제발전을 위하여서는 거시경제안정 — 재정, 금융, 외환, 그리고 고용에서 — 이 대단히 중요하다. ③ 경제발전을 위하여서는 법치와 정치안정, 사회통합이 필수적이다. 재산권제도나 계약법제 등에 대한 법의 지배가 없으면 시장이 제대로 작동하지 않아 경제발전 자체가 가능하지 않다. 또한 민주주의적 정치안정과 사회통합 없이도 경제발전이 지속될 수 없다. 이상이 일반이론이라고 볼 수 있다. 따라서 이러한 방향으로의 노력은 어느 나라에서든 대단히 중요하다.

그러나 그 이상 구체적으로 어떻게 할 것인가에 대하여는 나라마다 정답이 다를 수 있다. 예컨대 과학기술발전이 더딘 이유도 가장 핵심적인 장애가 나라마다 다르기 때문이다. 금융이 안정되지 않는 이유도 나라마다 그 핵심적 장애가 다르고 정치안정이 안 되는 이유도 나라마다 그 주된 장애요인이 다를 것이기 때문이다. 따라서 중요한 것은 남을 모방하거나 흉내 내는 것이 아니다. 자신의 문제를 찾아 이에 대처하는 것이다. 무엇이 가장 큰 장애인가를 찾아 과거 정책역사를 참조하면서 자신의 답을 찾아야 한다. 생각건대 '창조적 세계화' 정책에서는 각 나라가 정책상의 자기주체성을 확보하는 일이 대단히 중요하다. 이웃나라의 이론, 이웃나라의 정책경험을 무시하는 것이 절대 아니다. 이 모두를 배워야 하고 참조하여야 하지만 결국은 자기의 문제를 자기가 찾아, 자기 나름의 답을 가지고 대처하여야 한다. 그 대처가 성공하려면 ① 이웃나라들의 보편적 경험을 중시하고, ② 자기나라의 현장의 상황을 중시하고, ③ 자기나라의 역사경험을 존중하여야 한다.

(10) 통일한반도 시대를 열어 세계공헌 국가 세계모범국가로 거듭나라

지금까지 대한민국의 대북정책은 분단의 관리, 현상유지가 목표였다. 그러나 이제 냉전시대가 끝났고 체제경쟁시대도 끝났다. 더 이상 분단관리의 시대가 아니다. 현상을 유지하는 게 아니라 현상을 타파하는 적극적 통일정책이 필요한 시대이다. 적극적으로 북한을 변화시켜 정상국가로 만들고 산업화와 민주화의 길을 걷도록 해야 한다. 한반도를 통일한 후 곧 통일한반도는 신(新) 동북아시대를 여는 주역이 되어야 한다. 한반도의 통일을 계기로 만주·연해주·시베리아·몽골 등 동북아가 새로운 번영과 평화의 시대로 들어갈 것이다. 신동북아시대를 여는 데 통일한반도가 핵심적 역할을 하여야 한다.

좀더 일반적으로, 앞으로 어느 나라든 세계전략 내지 세계경영에 필요한 시대이다. 사실 세계화시대에는 국내와 국외를 구별하는 일이 큰 의미가 없다. 국가경영과 경제발전을 위해서는 국내정책과 국제정책이 긴밀하게 또한 유기적으로 연계되어 있어야 한다. 우리나라의 경우 그동안 후진국에서 중진국으로 올라오는 시기가 냉전시대에 이루어지면서 우리는 독자의 세계전략을 가지지 아니하고 미국의 세계전략에 편승하여 발전하였다. 그것이 '사고의 관습'이 되어 냉전이 끝나고도 독자적 세계전략을 가지려는 노력이 상대적으로 약한 것 같다. 이래선 안 된다. 이제는 자기의 세계전략을 가져야 경제도 국가도 발전이 가능해지는 시대가 되었다. 이제는 세계전략과 세계경영이 없으면 일국의 경영이 성공하기 어려운 시대이다. 그래서 세계비전과 전략을 세워야 한다.

세계전략의 몇몇 주요 방향을 제시하면, 첫째, 자유주의적 세계경제질서가 발전하도록 적극 지지하고 지원하여야 한다. 특히 자유무역의 발전이 인류 모두에게 이익이 되는 것임을 인식하고 앞장서서 지지하여야 한다. 후진국의 경우 일시적 보호무역정책이 있을 수 있으나 장기적으론 반드시 무역자유화를 지향하는 것이 바람직하다는 사실을, 그리고 선진국의 경우는 어떠한 형태의 보호무역주의도 선진국이나 세계 모두에 유해하

다는 사실을 널리 알려야 한다. 그러한 의미에서 우리는 세계화를 지지하여야 한다. 그리고 어떠한 형태의 반(反)세계화도 반대하여야 한다. 다만 세계화를 보다 민주적으로, 보다 지속가능한 그것으로 만들려는 개별 국가의 노력은 존중받아야 한다.

둘째, 세계화가 야기하는 많은 지구촌 문제를 공정하고 효율적으로 해결하기 위해 적극적으로 세계통치구조의 개혁에 나서야 한다. 지구온난화를 막기 위한 노력, 금융불안정성을 낮추기 위한 노력, 핵과 대량살상무기 확산을 막기 위한 노력, 지구촌의 절대빈곤을 줄이기 위한 노력 등에 우리는 보다 적극적으로 나서야 한다. 특히 G20의 구성국으로서 — 2009년 현재는 의장국의 하나로서 — 세계통치구조개혁을 위해 대한민국이 보다 적극적 역할을 맡고 개혁에 기여할 것으로 기대된다.

셋째, 중국의 부상이 동북아에 새로운 과제를 가져오고 있다. 새로운 노전기회라고도 볼 수 있다. 동아시아 관계가 과거역사 속에서 자주 나타났던 방식 — 중화질서를 중심으로 한 패권적·수직적 관계 — 로 진행되지 않도록 노력하여야 한다. 독립된 주권국가들 사이에서 호혜평등과 자유주의적 국제수의질서 — 수평적 관계 — 가 형성되도록 노력하여야 한다. 이에 성공하지 못하면 동아시아가 평화와 번영을 누리기란 대단히 어렵게 될 것이다. 동아시아를 평화와 공동번영의 방향으로 이끌기 위한 구체적 장치의 하나가 동아시아공동체(*East Asian Community*)이다. 유럽의 EU 경험을 참조하면서 경제와 문화 분야부터 시작하여 사회, 나아가 정치·군사 분야까지 동아시아공동체 확대와 심화에 노력할 필요가 크다고 본다. 그리고 이러한 움직임에 우리가 앞장서야 한다고 본다.

넷째, 동아시아의 번영과 발전을 위하여서도 우리민족의 숙원을 풀기 위하여도 앞으로 예상되는 북한의 변화가 반드시 남북통일로 이어져야 한다. 북한의 변화 그리고 그 이후의 사태진전에 이웃 4강의 입김이 일방적으로 작용하여선 안 된다. 만에 하나라도 열강에 의해 한반도의 분단이 다시 시도되는 일이 있어서는 안 된다. 그것은 한민족의 불행일 뿐 아니라 동아시아에 평화와 번영을 영원히 불가능하게 만드는 일이 될 것이다. 따라서 대한민국의 경우에는 특히 이 문제에 대한 적극적 세계전략이 필요하다. 대한민국을 위해서도 그리고 동아시아를 위하여서도 반드시 북한의 변화는 남북 간의 민족통일을 가져와 남과 북이 함께 북의 근대화와 남의 선진화에 힘을 모을 수 있게 되어야 한다.

지금까지 신자유주의가 아니라 공동체자유주의에 기초한 신발전 전략 10개를 제시하여 보았다. 창조적 세계화를 위한 10가지 발전패러다임의 변화를 제시하여 보았다. 이것은 대한민국을 염두에 두면서 구상하였지만 기본적으로 '중진국의 선진화발전모델'이다. 많은 후진국과 중진국들이 각각의 나라들의 경제와 국가발전을 위하여서도 참조하여야 할 발전전략 내지 기준이 되어도 좋다고 생각한다. 그러한 정도의 보편성이 있다고 생각한다. 그래서 언젠가는 위의 10개의 발전패러다임이 이른바 워싱턴 컨센서스를 대체할 수 있는—아니면 적어도 크게 수정 보완하는—21세기 새로운 발전패러다임으로—특히 중진국에서 선진국으로 향하는 '중진국의 선진국화 전략'으로—많은 나라들이 참고할 수 있게 되기를 희망한다.

3) 서울 컨센서스를 향하여

사실 앞으로 지구촌이 필요한 것 중 하나는 워싱턴 컨센서스를 넘어서—부정(否定)하자는 것이 아니라—새로운 서울 컨센서스를 만드는 것이라고 생각한다. 워싱턴 컨센서스는 한마디로 선진국들 자신들의 경험과 도달한 현재의 상황을 일반화하는 것이었다. 따라서 선진국에는 맞을지 모르지만 선진국과는 전혀 다른 후진국—다른 문화와 역사, 그리고 다른 발전단계와 조건을 가지고 고민하는 후진국—에게 그대로 일반화하고 적용하기는 무리가 있다. 따라서 창조적으로 수정보완하고 취사선택하여야 한다. 그리고 자신들의 고유문제가 무엇인가에 더 신경을 써야 한다. 이러한 경우 우리가 찾고 있고 제시하려는 서울 컨센서스가 큰 도움이 될 것이다.

서울 컨센서스란 무엇인가? 이것은 대한민국의 발전경험 속에서, 그리고 대한민국의 성공과 좌절의 역사 속에서 개발도상국에 — 특히 중진국에 보다 많이 — 참고가 될 보편적 발전패러다임을 찾는 것을 의미한다. 후진국에서 중진국으로 올라오려는 나라들에게는 '동아시아발전모델' 이른바 '박정희 모델'이 더 참고가 될 것이다. 그러나 중진국에 이른 나라들이 선진국으로 도약하려 할 때 참고가 되는 발전패러다임은 아직 뚜렷하게 보이지 않는다. 지금까지 워싱턴 컨센서스가 나름의 참고가 되었지만, 앞에서 살펴본 것처럼 많은 한계를 노정하고 있다. 따라서 우리는 중진국에서 선진국으로 나아가려는 나라들에게 참고가 되는 '중진국의 선진국화 전략'을 우리 스스로 찾아야 한다. 이것이 바로 서울 컨센서스를 찾는 노력이다.[12)]

대한민국은 세계 최빈국의 하나에서 출발하여 세계 중진국의 선두주자가 되었고, 이제는 선진국진입을 위하여 고민하고 노력하는 나라이다. 우리가 후진국에서 중진국으로 올라오던 과거 경제발전과정의 경험 속에서, 앞으로 — 선진국으로 향하여 갈 때 — 유지발전시켜야 할 좋은 정책과 제도는 무엇이고, 버려야 할 잘못된 정책과 제도는 무엇인가를 깊이 생각해 봐야 한다. 여기에 앞에서 지적한 대로, ① 유럽에서 후진국으로 출발한 독일, 동양에서 후진국으로 출발한 일본 등의 선진화과정 및 발전경험과 당시의 지배적 경제사상이었던 역사주의, 제도주의, 일본식 경영에서 보인 주장을 참고하고, ② 또한 오늘날 이미 선진화된 나라들의 경험을 일반화한 제 1차, 제 2차 워싱턴 컨센서스의 주장과 바르셀로나 선언의

12) 이 책의 머리말에서 사용한 표현을 다시 빌리면, 여기서 이야기하는 서울 컨센서스는 엄밀히 이야기하면 서울 컨센서스 1 (Seoul Consensus 1) 이 된다. 우리는 머리말에서 '중진국의 선진국화 전략'을 '서울 컨센서스 1'로 그리고 '후진국의 중진국화 전략'을 '서울 컨센서스 2'로 분류한 사실이 있다.

내용도 참고하고 ③ 1960~70년대 아시아신흥개도국(NICS)의 발전경험, 이른바 동아시아발전모델 등을 종합적으로 참고하여 정리하려 한다. 그러면 우리가 제시하는 서울 컨센서스는 인류의 경제발전 — 특히 개발도상국의 경제발전, 그 중에서도 특히 중진국에서 선진국으로 진입하려는 국가들 — 에 큰 보편성을 띠는 발전패러다임이 될 수 있다고 본다.

오늘날 일부 학자들은 새로운 발전패러다임으로 베이징 컨센서스(Beijing Consensus)를 주장하는 경우가 있다.[13] 그러나 아직은 베이징 컨센서스의 내용이 구체적이지 않다. 예컨대 베이징 컨센서스를 주장하는 학자들은 중국의 발전은 형평지향적이고 평화로우며 양질의 성장(*equitable, peaceful, high-quality growth*) 목표로 한다든가, 유연한 접근을 한다든가, 단일 해답(*uniform solution*)을 믿지 않는다든가, 혁신적이고 실험적 방법을 중시한다든가, 이념적이면서 실용적이라든가(*pragmatic and ideological at the same time*) 하는 요소를 언급하면서 미국의 워싱턴 컨센서스를 비판하고 있다. 그러나 그 자신의 실체는 아직 보이지 않는다.

설혹 구체화가 이루어진다고 하여도 중국의 발전경험을 후진국에 참고가 되도록 일반화하기는 어려운 문제가 많다고 본다. 우선 ① 중국의 크기 — 인구와 지역규모 — 자체가 일반 후진국과 비교하여 너무 크다. ② 체제 면에서도 중국의 사회주의적 시장경제(*socialistic market economy*)라는 특수한 정치경제체제가 후진국 일반의 그것과는 질적으로 너무 다르다. 그래서 일반 후진국들과는 조건과 상황이 너무나 상이하기 때문에 일반 개도국의 발전전략을 모색하는 데 중국의 경험은 별로 도움이 되지 않을 것이다. 그러나 서울 컨센서스의 경우는 앞에서 지적한 이유 등으

---

13) Joshua Cooper Ramo, *The Beijing Consensus*, London Foreign Policy Center, 2004. 중국발전이 과연 독자적인 발전모델이 될 수 있는가? 하는 문제를 포함하여 중국발전에 대한 비교적 균형 있는 이론화는 Randall Peerenboom, *China Modernizes: Threat to the World or Model for the Rest?* Oxford University Press, 2007을 참조.

로 일반 후진국들은 물론 중진국들이 앞으로의 발전전략을 구상하는 데 크게 참고가 될 것으로 본다.

이 책의 앞 장에서 '중진국의 선진국화 발전모델'이 될 수 있는 '서울 컨센서스 1' 안을 '공동체자유주의적 10개 신(新) 발전패러다임'이란 이름으로 제시하였다. 앞으로 대한민국의 학자와 실무가들이 중심이 되고, 외국의 학자와 실무가들이 함께 연구하여 더 보완·수정·발전시켜나가야 한다고 생각한다. 이것은 시작에 불과하다. 앞으로 서울 컨센서스를 더욱 발전시키고 완성시켜나가는 과정에서 앞에서 제시한 '공동체자유주의적 10개의 신발전패러다임'의 중요한 시발점 내지 디딤돌(*stepping stone*)이 되기를 기대한다.

그러면 앞으로 서울 컨센서스로 발전시켜나가야 할 '창조적 세계화를 위한 공동체자유주의적 10개 신발전패러다임'은 과연 대한민국발전의 역사 속에서는 어떠한 위치를 점하는 것인가? 대한민국 발전의 역사 속에서 무엇을 계승한 것이고 무엇을 극복한 것인가? 환언하면 지금까지 대한민국의 산업화시대 — 후진국에서 중진국으로 도약할 때 — 의 지배적 발전패러다임과 창조적 세계화시대 — 중진국에서 선진국으로 도약할 때 — 를 위하여 새롭게 제시된 발전패러다임이 어디가 같고 어디가 다른가를 확실히 정리하여야 한다. 그래야 이 신발전패러다임이 대한민국의 역사경험에 뿌리를 둔 것임을 확인할 수 있고 — 그래야 진정한 서울 컨센서스가 될 수 있고 — 또한 대한민국이 산업화시대를 끝내고 선진화시대에 들어가면서, 과거와는 달리 앞으로 무엇을 어떻게 하여야 하는가를 두고 구체적인 방향을 제시할 수 있을 것이다. 산업화시대의 발전패러다임 중에서 무엇을 지속하고 무엇을 고쳐야 하는가를 정확하게 알 수 있을 것이다. 그래서 1960~1970년대의 '대한민국 산업화전략: 후진국의 중진국화 발전전략'과 2010~2020년대의 '대한민국의 창조적 세계화전략: 중진국의 선진국화 발전전략'이 어떻게 달라져야 하는지, 앞의 머리말에서 사용한 분류에 따르면 '서울컨센서스 1'의 기초가 되는 산업화모델과

'서울컨센서스 2'의 기초가 되는 창조적 세계화모델이 서로 어떻게 다른지를 아래에서 다시 정리해 보기로 한다.

(1) 대한민국의 1960~1970년대의 '산업화모델'은 수출지향이였다. 수입개방에 대하여는 소극적이었고 내수는 억제하고 가능한 한 수출을 극대화하자는 전략이었다. 이에 반하여 '창조적 세계화모델'은, ① 대내외 개방을 지향한다. 수출의 자유화는 물론이고 수입의 자유화도 지향한다. ② 수출시장과 대비 내수시장을 차별하지 않고, 내수시장도 수출시장과 함께 중시한다. 그래서 고용확대, 분배개선, 그리고 국민들의 삶의 질을 제고하는 데 정책우선순위를 둔다.

(2) '산업화모델'은 정부주도로 경제발전을 도모하고 이를 중앙집권적으로 추진하였다. 5개년 경제발전계획 형식으로 경제발전 기본구도를 정부가 정한다. 그리고 민간참여를 적극 유도한다. 산업정책도 정부가 주도하여 앞으로 성장잠재력이 높은 산업이나 기업을 정부가 직접 선택하여 독점적으로 지원하는 형식이었다. 이에 반하여 '창조적 세계화모델'은, ① 민관협치(民官協治)를 통하여 경제발전을 도모한다. 민과 관이 함께 경제발전 방향에 대하여 정보교환과 의견교류를 시작한다. 그리고 경제발전을 위한 계획을 함께 짜고 역할분담을 정한다. 발전의 장애물을 함께 파악하고 제거한다. 산업정책도 이렇게 민관이 협력하여 함께 문제점을 파악하고 풀어가는 형식으로 이루어진다. ② 정부의 역할과 관련하여 현장주의(現場主義)를 강조한다. 중앙집권적 정책추진이 아니라 현장의 이해당사자와 정책책임자들이 제공하는 정보와 판단에 우선순위를 두는 분권적 정책집행을 추진하다. ③'산업화모델'은 각종 시장개혁에 중점을 두어왔다. 시장에 대한 정부규제를 풀고 가능한 한 시장수급을 활성화하고 가격기능을 살리는 개혁을 중심으로 산업화를 추진하였다. '가격을 바르게 세워라'(*getting price right*)가 당시의 모토였다. 그래서 가격이 수급상황에 대한 정보를 전달하고 수급을 조절하는 기능을 제대로 하도록 하는

것 — 시장기능 활성화 — 이 산업화를 위한 주요개혁이었다. 그래서 1960년대 초에 정부는 이자율개혁을 단행하여 그동안 억제하였던 이자율을 시장가격에 가까울 정도로 높였다. 그래서 저축이 늘어난 반면 투자는 높은 수익률이 있는 분야에서만 이루어지게 되었다. 또한 환율분야에서도 그동안 정부가 고(高)평가해 온 원화가격수급을 반영하여 환율을 크게 낮추는 외환개혁을 하였다. 그래서 수출이 촉진되었고 수입은 억제되었다. 우리나라는 이러한 가격개혁으로 산업화시대를 열었다.

(3) 반면에 '창조적 세계화모델'에서는 시장가격을 바로세우는 문제를 넘어 앞으로는 각종 기본제도를 바로세우는 일이 개혁의 중심에 놓이게 된다. '제도를 바로 세워라'(*getting institutions right*)가 개혁의 모토가 된다. 그래서 금융제도, 교육제도, 공기업제도, 지방자치제도, 조세 및 재정, 복지, 반(反)부패, 정당 및 의회 등이 주요한 개혁과제가 된다. 어떻게 제도투명성(*transparency*)과 설명력(*accountability*), 그리고 민주성(*democracy*)과 효율성(*efficiency*)을 높일 것인가가 주요과제가 된다. 시장을 둘러싼 각종제도의 질(質)이 시장성과를 결정한다고 보기 때문이다. 시장기능과 가격기능 자체는 선(善)일 수도 악(惡)일 수도 있다. 환언하면 사회적으로 선한 결과를 혹은 악한 결과를 낼 수 있다. 시장의 제도에 따라 시장의 성과가 사회적 선이 될 수도 사회적 악이 될 수도 있기 때문에, 이제 중요한 것은 제도개혁이다.

(4) '산업화모델'은 정부주도의 고(高)투자율유지를 중시하는 경제발전모델이었다. 그리고 선(先)성장 후(後)분배 모델이었다. 즉 성장우선주의 전략이었다. 분배나 환경문제 등은 상대적으로 소홀했다. 1960년대 초 세계 최빈국의 하나였던 대한민국이 문제를 해결하는 길은 성장 그 자체라고 보았다. 성장이 되면 분배도 환경도 해결될 수 있다고 보았다. 아니, 성장문제가 해결되어야 다른 문제를 해결할 수 있는 물적 기초 내지는 경제적 여유를 갖출 수 있다고 보았다. 창조적 세계화모델에서도 높은 투자수준을 유지하려는 투자경제를 여전히 중시한다. 다만 정부주

도보다는 이제는 민간이 자발적으로 높은 투자를 하도록 투자친화적 환경을 조성하는 데 치중하여야 한다. 그리고 이제 세계화모델에서는 더 이상 성장우선은 안 통한다. 성장과 분배, 환경뿐 아니라 고용문제까지도 모두 중요한 정책목표가 되어야 한다. '성장・고용・분배・환경'을 병진(竝進) 발전시켜야 한다는 전략이다.

(5) '산업화모델'은 획일적 대량생산방식의 교육과 훈련, 그리고 이농(離農) 노동력에 의지하는 발전모델이었다. 산업화단계에서는 선진국을 따라가는 것이 주목적이었기 때문에 서구문물에 대한 주입식・암기식교육과 훈련이 이루어졌다. 그리고 단기간에 많은 국민들에게 일정수준의 교육을 시켜야 했으므로 불가피하게 대량생산방식의 교육을 실시하였다. 산업화 초기에는 농촌을 떠나 도시로 이동하는 대량의 노동자들이 중요한 노동력이었다. 결국 획일적 암기식교육을 받고 중・고등학교를 졸업한 반(半) 숙련공, 공고(工高) 나 전문대 출신의 반기술공 등이 당시의 주 노동력이었다. 이에 기초하여 섬유・전자 등 노동집약적 산업이나 조립산업인 자동차・조선 등 중화학공업 발달하였다.

반면에 '창조적 세계화모델'에서는 다양한 분야의 창조적 인재가 대단히 중요해지는 시대이다. 따라서 획일화된 암기식 내지 주입식 교육보다는 다양한 창의력 배양교육이 중요하게 되고 따라서 교육제도도 거기에 맞게 개혁해야 하는 시대이다. 이제는 중・고등학교의 양적 팽창이 아니라 대학과 대학원교육의 질적 개선이 교육개혁의 중심이 되어야 한다. 세계 최고대학과 연구소가 교류・협력하고 경쟁할 수 있도록 대학과 연구소를 많이 만들어야 하고 세계적 인재들을 교육해내야 한다. 그래서 과거 산업화시대의 '획일교육・기능훈련강화・이농노동력'에서 앞으로는 '다양한 창의교육・과학기술투자・해외인력교류' 중시로 정책의 우선순위가 바뀌어야 한다.

(6) '산업화모델'은 중앙집권적 국가운영의 전형이었다. 경제발전계획도 중앙정부가 수립하고 그 집행도 중앙집권적으로 추진하였다. 따라서

지방의 창의성은 활성화될 여지가 적었다. 산업화 초기에는 중앙집권적 모델이 나름의 효율성을 가지고 높은 성과를 낼 수 있는 제도였다. 그러나 산업화가 진전되고 경제규모가 커지면서 중앙집권적 운영의 비효율성과 불공정성이 나타나기 시작하였다. 따라서 '창조적 세계화모델'은 기본적으로 지방분권형 국가운영의 길을 제시한다. 두 가지 이유에서이다. ① 세계화시대는 상시적 변화의 시대이기 때문에 빠른 변화에 능한 조직이 살아남고 발전한다. 그런데 중앙집권적 국가운영은 빠른 변화에 대처하는 능력이 상대적으로 떨어진다. 규모가 작은 조직이 보다 발 빠른 자기변화를 조직해낼 수 있다. 그래서 요즈음 기업의 세계에서도 가벼운(*slim*) 조직을 선호한다. ② 지방의 창의와 지방의 지식을 생산적으로 동원해낼 수 있기 때문이다. 중앙집권적 국가운영은 지방의 지혜와 창의성, 창발성과 역동성을 국가발전을 위하여 조직적으로 동원해내는 데 한계를 가진다. 이상의 이유로 오늘날 선진국이 된 나라들은 인구 500만 내지 1500만 규모의 강소국이 많다. 그리고 대국의 경우는 연방제라는 분권형 국가운영을 한다. 사실 더 바람직한 방향은 단순한 '지방분권시대'가 아니라 지방이 보다 많은 권한을 사실상 향유할 수 있는 '지방주권시대'를 여는 것이다.

(7) '산업화모델'의 시대에 우리는 비민주적 정부(*non-democratic government*)를 가지고 있었으나 유효한 정부(*effective government*)였다. 경제적 자유는 있었으나 정치적 자유는 심하게 제한된 비민주정부였다. 그러나 경제발전과 국정운영에서 성과를 거둔 유능한 정부였다. 모든 비민주적 정부가 반드시 경제발전에 성공하는 유효한 정부는 아니다. 오히려 비민주적인 정부운영을 하면서 경제도 실패시키는 경우가 일반적이다. 그러나 대한민국은 그러하지 아니했다. 무엇이 그것을 가능하게 하였는가는 다음의 3가지 때문이라고 본다. ① 비전과 열정이 있는 정치적 리더십, ② 국민과 정부의 합심, ③ 우수하고 유능한 관료집단의 존재 때문이었다. 특히 ①과 ②가 중요하므로 뒤에서 다시 언급한다. 반면에 '창조적 세계화 모델'

은 민주적 정부여야 하나 반드시 유효한 정부여야 한다. 그래야 창조적 세계화에 성공할 수 있다. 사실 적지 않은 나라가 민주화과정에서 국정운용의 실효성(*effectiveness*)을 잃는 수가 많다. 오히려 비민주정부에서의 국정운용보다 더 비효율적이고 불공정한 국정운용이 될 위험이 있다. 두 가지 이유 때문에 이러한 상황이 올 수 있다. ① 정치지도자들의 대중 인기영합적 포퓰리즘(*populism*), ② 이익집단의 과도한 자기주장이다. 이른바 이익집단민주주의(*interest group democracy*) 때문이다.

따라서 창조적 세계화에 성공하려면 포퓰리즘의 덫과 이익집단민주주의 유혹을 극복하고 민주주의를 성공적으로 정착하여 — 갈등과 대립을 법치주의와 사회적 합의로 풀어내고 — 민주적이면서 유효하고 실공이 있는 정부를 만들어야 한다.

(8) '산업화모델'에서는 지도자의 비전과 열정이 경제발전의 견인차역할을 하였다. 조국의 근대화를 성공시켜야 한다는 집념과 우리는 할 수 있다는 정신(*can do spirit*)이 산업화성공에 크게 기여하였다. '창조적 세계화 모델'에서도 지도자의 역할은 마찬가지로 결정적이다. 어느 시대이든 지도자가 비전과 정열을 가지고 앞장서서 국민을 이끌어 가야 한다. 이를 위해서는 물론 지도자그룹이 스스로 도덕적이고 유능하여야 한다. 이제는 21세기 세계화시대에 대한민국의 선진화를 반드시 성공시켜야 한다는 집념과 우리도 할 수 있다는 정신을 몸소 실천해 보이는 정치・사회적 지도자그룹이 나와야 한다. 비전과 열정을 지니고 덕성 — 공인의식과 소명의식 — 과 능력을 겸비한 지도자가 있어야 나라가 발전한다는 점에서 산업화시대와 창조적 세계화시대는 아무 차이가 없다. 아니 어떤 면에서는 세계화시대가 전자보다 복잡하고 불확실성이 크기 때문에 더 유능하고 도덕적이며 더 강력하고 확고한 비전과 원칙, 열정을 가진 지도자가 필요하다.

(9) '산업화모델'은 국민과 정부의 합심에 기초하고 있었다. 한마디로 민관합심(民官合心) 내지는 민관일심(民官一心)이다. '우리도 한번 잘살

아 보자'는 한마음으로 거의 모두가 뭉쳤고, 그것이 산업화성공의 원동력이 되었다. 새마을운동 등에서 나타났던 근면·자조·협동정신 등도 모두 민관합심에 의하여 강력하게 뒷받침되었다. 그런데 '창조적 세계화 모델'에서도 민관합심 내지 민관일심은 여전히 중요한 발전패러다임의 하나이다. 다만 이제는 단순히 잘살아 보자의 수준은 넘어서야 할 것이다. 바르게 살아보자, 품격 있게 살아보자, 물질만이 아니라 정신적으로 문화적으로 풍요롭게 살아보자는 의식을 민관합심으로 한 단계 더 발전시켜야 할 것이다. 여전히 명백한 것은 국민이 분열되고 정부와 국민이 따로 놀면, 경제도 국가발전도 있을 수 없다는 점이다. 그것은 산업화시대이든 창조적 세계화시대이든 달라지지 않는 가장 기본적인 발전패러다임이다. 따라서 대한민국이 다시 창조적 세계화에 성공하려면 그래서 선진국의 일원이 되려면 반드시 앞에서 이야기한 비전과 원칙과 열정의 정치리더십이 대한민국에 있어야 하고 지금 논하고 있는 민관합심 내지 민관일심을 이루는 데 대한민국이 성공하여야 한다.

(10) '산업화 모델'은 국제적 소극주의(國際的 消極主義)에 기초하여 있었다. 산업화시대는 국제적으로는 냉전시대였고 국내적으론 후진국에서 벗어나 중진국을 지향하던 시대였다. 그래서 대한민국은 국제적으로 소극주의 내지 적응주의(適應主義)로 일관하였다. 정치에서는 냉전하의 미국의 세계전략에 편승하고 있었고, 경제에서는 GATT 체제하에서 자유무역의 세계적 흐름에 적응하는 데 바빴다. 반면에 '창조적 세계화모델'의 시대는 냉전이 끝나고 미국주도의 시대도 어느 정도 지나 다극화(*multi-polar*)를 지향하는 시대로 접어들고 있다. 따라서 이제는 대한민국도 적극적인 세계전략을 가져야 하는 시대이다. 한마디로 국제적 적극주의(國際的 積極主義)가 필요한 것이다. 국제경제면에서도 이제는 선진국이 주도하는 자유무역질서에 단순히 편승하기보다는 새로운 국제경제질서를 창출하는 노력에 적극적으로 참여하고 기여하려는 발전전략이 필요하다. 특히 세계금융질서의 안정화를 위한 국제협력, 기후온난화를 방지하기

위한 국제협력, 지구촌의 절대빈곤 문제를 해결하기 위한 국제공조와 같은 일들에 보다 적극적으로 앞장서야 한다. 그래서 새로운 국제경제질서가 공정하고 효율성 있게 작동하면서 소수국가의 발전으로 끝나지 않고 지구촌 전체발전에 기여하는 국제질서가 되도록 하는 데 앞장서야 한다. 이것은 지구촌의 일원으로서 사명이자 책무이고, 자신의 운명에 대한 보다 적극적 자세이다. 환언하면 '창조적 세계화'란 대한민국의 경제와 국가발전을 보장하는 자유주의적 국제질서(*liberal internationalism*)를 건설하는 데 보다 적극적으로 나서는 것을 의미한다.

이상과 같이 창조적 세계화의 모델은 과거 산업화 모델의 일정부분을 계승하고 일정부분은 수정·보완하거나 폐기하면서 새로운 시대에 맞게 경제발전과 국가발전을 계속할 수 있는 발전패러다임을 추구하고 확립하는 노력이다. 이러한 노력이 앞으로 더욱 진전되어 '서울 컨센서스'로 발전하면 단순히 대한민국의 선진화를 위한 길잡이가 될 뿐 아니라 지구촌의 다른 많은 후진국은 물론 특히 중진국의 경제와 국가발전을 위한 훌륭한 길잡이가 될 수 있을 것을 기대하고 또한 확신한다.

3. 창조적 세계화의 철학: 공동체자유주의

우리는 앞에서 장기적으로 '서울 컨센서스'로 발전시켜나갈 신발전패러다임을 주장하였다. 더 이상 신(新)자유주의가 아니라 공동체자유주의에 기초하여 창조적 세계화를 성공시키기 위한 발전전략, 즉 10대 신발전패러다임을 주장하였다. 그러면 10대 신발전패러다임이 기초로 하는 공동체자유주의란 무엇인가? 신자유주의가 시장만능주의와 작은 정부를 선호한다면 공동체자유주의는 어떠한 점에서 다른 입장인가? 공동체자유주의가 다른 입장을 취하는 철학적·이론적 근거는 무엇인가?

공동체자유주의에 대한 본격적 논의는 이미 필자의 《공동체자유주의》

(나남: 2008), 《대한민국의 국가전략》(21세기북스: 2008) 등의 책에서 자세히 분석하였으므로 여기서는 간단히 요점만 정리하기로 한다.

'창조적 세계화'와 '창조적 세계화를 위한 발전전략'은 올바르고 확고한 철학에 기초하여 진행해야 한다. 왜냐하면 올바른 철학이 올바른 역사를 만들기 때문이다. 따라서 창조적 세계화로 대한민국을 선진화하는 큰 역사를 만들려면 반드시 올바른 철학을 정립하는 것으로부터 시작하여야 한다. 여기서의 철학이란 국가의 '조직원리' 내지 '운영원리'를 의미한다. 즉 정치, 경제, 사회, 문화의 기본제도와 질서를 어떠한 가치를 중심으로, 어떠한 원리에 기초하여 만들어야 하고, 어떠한 원리에 따라 운영하여야 우리가 창조적 세계화에 성공할 수 있고 그 결과로 대한민국의 선진화를 이룰 수 있는가, 하는 의미의 철학이다.

결론부터 이야기하면 우리는 모든 국가제도와 정책(정치, 경제, 사회, 문화 등)을 '공동체자유주의'(*communitarian liberalism*)의 방향으로 조직하고 개혁하고 운영하여야 창조적 세계화를 이룰 수 있고, 선진국 대열에 진입할 수 있다고 생각한다. 공동체자유주의에 역행하는 조직원리나 운영원리, 즉 '자유주의'를 부정하거나 '공동체가치'를 거부하는 철학에 기초하여 국가제도와 정책을 만들고 국정을 운영하면 창조적 세계화를 이룰 수 없고 선진국진입에 실패하게 된다.

그러면 무엇이 공동체자유주의이고 왜 공동체자유주의여야 하는가를 보도록 하자.

1) 공동체자유주의란 무엇인가

공동체자유주의(*communitarian liberalism*)란 한마디로 '공동체의 가치를 소중히 하는 자유주의'이다. 공동체자유주의는 무엇보다 먼저 자유주의를 기본으로 한다. 개인의 존엄과 자유와 창의를 존중하고 그것을 최고의 가치로 본다. 개인의 자유와 창의가 개인행복의 원리이고 국가와 경제가 발전하는 원리라고 본다. 그러나 그 자유주의가 개인의 자유를 너무 과도하게 강조하여 이기적 자유주의가 되면 공동체의 가치와 연대를 훼손할 위험이 발생한다. 따라서 공동체자유주의는 자유주의를 강조하되 자유주의가 공동체의 가치와 연대를 훼손하지 않도록 사회구성원 각자의 성찰적 배려와 자율적 책임이 요구된다.

한 가지 유의할 것은 여기서의 '공동체주의'(*communitarianism*)는 개인의 자유를 억압하면서 민족이나 계급의 가치를 강요하는—전체의 이익이라는 이름 아래 개인의 이익을 부정하는—'전체주의'(*totalitarianism*)나 '집단주의'(*collectivism*)와는 질적으로 다르다. 공동체적 가치나 연대의 강조는 어디까지나 외적 강제가 아니라 내적 자의에, 즉 사회구성원 개개인의 계몽적 자발성에 기초한다. 따라서 서로 토론하고 상호 교육하면서, 소통과 설득으로 공동체를 소중히 하는 자유주의를 만들어나가자는 것이다.

본래 자유주의란 개개인의 자유와 창의가 국가와 사회발전의 원동력이라는 사상이다. 그래서 자유주의는 국가의 간섭이나 개입으로부터 개인의 자유와 창의를 최대한 지키고 보호하려 노력한다. 본래 자유주의가 전제하는 '자유주의적 인간관'은 인간을 무한한 존엄성과 가능성을 가진 존재라고 보고, 인간에게 최고선(善)은 그 무한의 가치를 실현하고 완성하는 것이라고 본다. 그래서 '인격완성과 자아실현'이 인간사회의 최고의 선이 된다. 그런데 이러한 개개인의 인격완성과 자아실현은 '자유사회'(自由社會, *free society*)에서만 가능하기 때문에 국가의 목표 내지 존재이유는 이러한 자유사회를 보장하는 데 두어야 한다는 것이다. 우리는 이러한 자유주의의 입장을 지지한다.

그런데 인간은 본래가 개체적(個體的)·개성적(個性的) 존재이면서도 동시에 관계적(關係的)·공생적(共生的) 존재이다. 우리 인간은 시간적으로 역사 속에서 존재하며, 공간적으로 사회를 떠나 살 수 없고, 또한 항상 자연 속에서 숨 쉬고 있다. 따라서 인간은 3가지 공동체 즉 '역사공동체', '사회공동체', '자연공동체'를 떠나 홀로 존재할 수 없다. 이 3가지 공동체 속에서 인간은 존재하고 가치와 의미를 창조하고 성장하고 번창하고 있다. 따라서 개인의 존엄과 자유가 대단히 중요하지만, 그렇다고 '자유만능주의', '자유절대주의', '자유원리주의'에 빠져서는 아니 된다. 왜냐하면 공동체를 훼손하는 자유만능주의, 자유절대주의, 자유원리주의는 결국은 관계적·공생적 존재로서 인간의 실재적 모습을 부정하는 것이 된다. 그래서 인격완성과 자아실현을 가져오지 못할 뿐 아니라, 자유주의 자체를 지속하지 못하게 한다. 따라서 우리가 인류발전의 원동력인 개개인의 자유와 창의를 지키고 발전시키려면 반드시 '지속가능한 자유주의'를 확보해야 하고, 이를 위해선 우리가 주장하는 자유주의는 반드시 '공동체적 가치를 소중히 하는 자유주의'이어야 한다.

2) 왜 공동체자유주의여야 하는가

왜 공동체자유주의여야 하는가? 하는 질문에 대한 답은 비교적 간단하다. 공동체자유주의는 '인류발전의 보편적 원리'이기 때문이다. 공동체자유주의를 따르면 인류는 발전하고 따르지 아니하면 퇴보한다. 이 주장은 지난 수천 년 인류의 역사에서 쉽게 입증된다. 최근 세계적 경제사 연구가의 한 연구에 의하면 BC 1000경 당시 지구인들의 1인당 연평균소득은 요즈음 가격으로 약 150달러 정도로 추산된다. 그런데 AD 1750년의 지구인들의 1인당 연평균소득을 같은 방식으로 추산하면 약 180달러 수준이다. 즉 지난 약 2만 3천 년간 인류의 물질적 풍요 수준은 거의 변화가 없었다는 사실이다. 그 기간 중 생산성증가율(기술진보속도)은 연평균 약 0.05% 정도로 미미했다. 약간의 생산성과 소득상승이 있어도 곧 인구증가가 뒤따라서 성장을 잠식해버렸다. 한마디로 대단히 오랜 기간 인류는 경제적으로 대단히 어려운 생활을 하였다.

그러나 1750년 이후 역사는 크게 바뀌게 된다. 2000년 현재 지구인 평균의 1인당 연평균소득은 약 6,600달러이다. 지난 250년간 180달러 수준에서 6,600달러로 급격히 도약한 셈이다. 인류의 긴 역사에서 보면 분명 하나의 기적이었다. 어떻게 이 기적이 가능하게 되었는가?

이는 무엇보다도 자유주의 덕분이다. 자유주의는 경제적으로는 '교역의 자유'와 '시장의 자유' 즉 '교역과 시장의 확대'로 나타나고, 정치적으로는 '사유재산권 보호', '국가의 경제개입축소', '법치주의 확산' 등으로 나타났다. 그리고 사회적으로는 '사상의 자유'와 '과학과 기술의 발달'로 나타났다. 특히 시장확대가 핵심이다. 시장확대는 항상 사유재산권 보호, 교역자유 확대, 정부의 경제개입 축소(세금과 규제의 법제화), 과학기술 발달 등과 함께 진행되었기 때문이다. 이러한 '경제적, 정치적, 사회적 자유주의의 확대'가 바로 인류역사 속에서 지난 250년의 기적을 만든 주원인이고 동력이다.

그런데 좀더 자세히 들여다보면 모든 나라가 같은 속도로 발전한 것은 아니었다. 성장이 빠른 나라도 있었고 늦는 나라도 있었으며, 같은 나라도 빠르게 발전한 시기가 있었고 그렇지 않기도 했다. 그렇다면 무엇이 이렇듯 발전의 완급(緩急)을 결정하는 것일까? 1750년 이후 시대는 이미 크게 보아 자유주의시대였다고 본다면 자유주의 안에서 무엇이 발전의 속도를 결정하는 것일까? 그것은 한마디로 추구하는 자유주의가 어떤 자유주의이냐 하는 문제로 귀결된다. 자유주의의 내용이 공동체가치를 존중하는 '공동체(共同體)자유주의'인 경우에는 지속적으로 발전하였다. 반면에 공동체가치를 무시하거나 부정하는 '이기적(利己的) 자유주의'는 반드시 지속적 발전에 장애를 겪었다. 공동체가치와 연대를 경시하고 파괴하면 결국은 자유주의 자체가 지속되지 못하거나 성장이 지체되는 것으로 나타난다. 물론 반대의 경우, 즉 공동체적 연대와 가치를 소중히 하는 자유주의체제 내에서 성장과 발전은 지속된다.

결국 우리의 자유주의가 '공동체자유주의'일 때 발전하고 그러하지 못할 때 발전이 지체된다는 것이다. 따라서 이러한 지난 250년간의 인류의 역사적 경험을 돌이켜 볼 때 당연히 대한민국의 선진화의 철학은 '발전과 지속의 철학'인 '공동체자유주의'가 아니 될 수 없다. 그래서 앞으로 우리는 이 공동체자유주의라는 '국가의 조직원리와 운영원리'를 기초로 하여 정치, 경제, 사회, 문화, 국제 각 분야에서 선진제도와 정책을 만드는 창조적 세계화전략을 추진해나가야 한다.

4. 창조적 세계화의 기본방향: 이상적 국가질서를 찾아서

좀더 구체적으로 공동체자유주의가 이루고자 하는 이상적 국가질서의 내용을 토론하여 보자. 이 문제는 대단히 중요한 문제이다. 특히 이 문제를 중요하다고 생각하는 이유는 우리나라가 1945년 해방되고 1948년 대한민국을 건국하고 그 이후 산업화와 민주화를 성공적으로 이루어왔지만 우리가 어떠한 민주주의를 할 것인가, 어떠한 민주주의가 우리에게 보다 맞는가, 우리는 어떠한 시장경제를 할 것인가, 어떠한 시장경제가 우리에게 맞는가 하는 문제에 대하여 우리는 그동안 깊이 생각할 틈이 없었기 때문이다. 우리는 절대빈곤에서 벗어나기 위하여 산업화에 매진한 나머지 과연 어떠한 시장경제를 이루어야 하는가에 대하여 깊이 생각할 틈이 없었다. 그러면서 막연히 서구적 시장경제를 모델로 생각하였을 뿐이었다. 민주주의에 관해서도 마찬가지이다. 우리는 군사독재와 권위주의 정부와 싸우는 데 바빴지 과연 우리는 어떠한 민주주의를 해야 하는가에 대하여 깊이 성찰할 여유가 없었다. 그러면서 막연히 서구적 민주주의를 모델로 생각하였을 뿐이다. 과연 서구적 시장경제가 그리고 서구적 민주주의모델이 우리에게 맞는 것인가? 안 맞는다면 어떠한 수정보완 혹은 변형이 필요한가? 등에 대하여 깊이 있는 생각을 하지 못하고 지나왔다.

그러나 이제는 더 이상 그래서는 안 된다. 특히 이제 선진국을 지향하여야 할 대한민국으로서는 더욱 자신의 역사와 문화를 돌아보면서 자신에게 맞는 민주주의, 자신에게 맞는 시장경제가 어떠한 내용이 되어야 하는가 하는 문제를 깊이 생각해보아야 한다. 이 일에 성공하지 못하면 대한민국에서 민주주의와 시장경제가 발전하기는 어렵다. 왜냐하면, 서구적 민주주의는 서구의 문화와 역사라는 토양 위에서 자란 것이기 때문이다. 서구적 시장경제도 서구의 문화와 역사 속에서 큰 것이고 서구에서 꽃피웠다. 그 서구적 민주주의와 서구적 시장경제가 대한민국의 문화와 역사 속에서도 꽃피울 수 있다는 보장이 없다. 우리는 우리의 역사와 문화 그리고 우리국민의 의식과 정서에 맞는 '대한민국적 민주주의', '대한민국적 시장경제' 모델을 찾아내야 한다. 그래야 이 대한민국이라는 토양과 풍토에서 꽃피울 수 있는 우리의 민주주의와 시장경제를 가지게 될 것이다.

1) 어떠한 민주주의인가: '민본주의적 민주주의'가 바람직하다

오늘날 세계화시대의 민주주의는 하나의 큰 도전에 당면(當面)해 있다. 즉 민주주의의 집단적 결정능력(*collective decision making capacity*)에서 합리성이 크게 결핍되고 있다. 환언하면 유효한 정부(*effective government*)를 만들어내지 못하고 있다. 민주주의는 국민들의 집단적 의사를 결정하는 절차이고 기구이다. 국민의 의사를 모아내고 합리적 결정으로 수렴시키는 절차이자 기구인 것이다. 그런데 민주주의의 이러한 능력이 크게 떨어지고 있다. 서구의 민주주의를 도입한 대한민국의 경우도 마찬가지 난관에 직면하였다. 사실 세계화는 이미 앞에서 보았듯이 기회이면서도 위험이기 때문에 국가가 어떻게 위험을 최소화하고 기회를 최대화할 것인가, 이를 위하여 어떠한 제도개혁과 정책수립이 필요한가 하는 문제를 풀어내야 한다. 이 문제를 풀어내는 것이 정치이고 민주주의이다. 그런데 민주주의가 이 일을 제대로 해내지 못하고 있다. 국민의 집단적 의사결정절차이고 기구인 민주주의가 합리적 결정을 내리지 못하고 있다.

왜 그럴까? 두 가지 때문이다. 하나는 정치지도자들의 포퓰리즘 때문이다. 정치지도자들이 득표만을 의식하여 대중인기에 영합하는 정치와 정책만을 선택하기 때문에 진정으로 장기적 관점에서 국민들에게 이익이 되는—예컨대 세계화의 이익을 극대화하고 위험을 최소화하는—의사결정을 해내지 못하는 것이다. 한마디로 정치지도자들이 공익에 대한 고려보다 사익에 대한 고려를 더 중시하기 때문이다. 정치인은 우선 득표에 도움이 된다고 생각하면 국민들에게 장기적으로 해로운 결정도 서슴지 않는다. 사실 많은 학자들이 세계화와 관련하여 금융위기, 환경파괴, 절대빈곤, 저속한 소비문화 등 '시장실패' 문제를 이야기하지만 좀더 깊이 생각하면 시장실패가 아니라 사실은 '정치의 실패'이고 '민주주의의 실패'이다. 본래 시장경제를 규율하고 감시·감독하는 것이 정치이고 민주주의인데, 필요한 제도보완 등 시장규율을 제대로 못하여 시장실패가 일어나면 그것은 사실 정치실패이고 민주주의실패이다. 득표를 위한 정책 포퓰리즘 그리고 각종 이익집단과의 타협과 거래 때문에 정치가, 민주주의가 시장에 대한 감시와 감독을 제대로 못하게 되는 것이다.

오늘날의 민주주의가 합리적 집단적 결정을 못하는 두 번째 이유는 유권자들에게 있다. 즉 유권자들의 이른바 합리적 무지(*rational ignorance*)가 문제이다. 훌륭한 지도자를 찾아내기 위하여 드는 비용, 조사비용과 시간 등이 훌륭한 지도자가 선출되어 본인이 얻을 수 있는 이익보다 일반적으로 크기 때문에—좋은 사람을 뽑아 얻는 이익은 모든 유권자들과 나누어 가지게 됨으로 본인에게 돌아오는 몫은 적기 때문에—대부분의 유권자들이 정치적 무지를 선택한다는 것이다. 그래서 선거불참 혹은 이미지선거, 연고선거처럼 제도가 비합리적으로 흐른다는 것이다. 요컨대 유권자들이 정치지도자를 잘 알려고 하지도 않고, 이미지와 소문 등에 의지하여 선택하게 된다는 것이다. 유권자가 이렇게 합리적 무지를 선택하면 정치지도자들은 당연히 더욱 '내용보다 모양', '국익보다 이미지', 등등의 포퓰리즘적 정치행태로 질주하게 된다.

현재 선진국에서도 이러한 두 가지 이유로 민주주의가 과연 자기 기능을 제대로 하는지에 대한 회의와 비판이 많다. 그리고 민주주의의 이러한 기능퇴화 문제는 정치적 후진국이나 신흥민주주의국가(*new democracies*)에서는 더욱 심각한 문제가 되고 있다.

우리는 국민이 선출하는 민주적 정부를 희망한다. 그러나 민주적 정부가 반드시 국민의 장기적 이익을 실현하고 보장해주는 유효한 정부가 아닐 위험이 커지고 있다. 그렇다면 어떻게 할 것인가? 이것은 세계민주주의 문제이기도 하고 또한 대한민국민주주의 문제이기도 하다. 대한민국의 경우도 1987년 민주화 이후 들어선 정부들이 과연 유효한 정부였는가? 정부가 할 일을 제대로 잘하는 정부였는가? 기득권에 휘둘리고 이익집단의 요구에 휘둘리고 길거리의 목소리에 휘둘리지는 아니했는가? 과연 국민들에게 뚜렷한 비전과 가치와 원칙을 제시하고, 국민들과 소통하면서도 영합하지 않고 국민들을 존중하면서도 적극적으로 리드하였는가? 그래서 '세계화시대 선진화'를 위한 제도와 정책개혁을 흔들림 없이 질서 있게 지속적으로 추진하고 성공시켰는가? 깊이 반성하여 보아야 한다. 이 서구민주주의의 위기의 문제를 과연 우리는 앞으로 어떻게 풀 것인가?

결론부터 이야기하면 이 문제를 풀기 위하여서는 서구 '민주주의(民主主義) 절차와 형식'에 동양의 '민본주의(民本主義) 정신'을 결합하여야 한다고 생각한다. 주지하듯이 우리나라는 오랫동안 유교 민본사상이 지배하였다. 우리는 이 민본사상의 장점을 발전적으로 계승하여 서구에서 온 민주주의와 결합하여야 했다. 그런데 그동안 이를 해내지 못한 것이 우리나라의 정치 혼란과 민주주의 위기의 주원인 중 하나였다. 서구에서 들어온 정치제도와 우리나라 역사 속에 숨 쉬는 정치문화의 장점을 접목하지 못했던 것이다. 앞으로 창조적 세계화에 성공하려면 반드시 우리 민주주의가 민본적 민주주의가 되도록 만들어야 한다.

그러면 민본(民本)주의란 무엇인가?[14] 두 가지 특징을 가진다. 하나는 지도자는 국민을 위하여 정치를 하여야 한다는 것이다. 한마디로 '위민(爲民) 정치'를 하여야 한다는 것이다. 그런데 위민정치가 가능하려면 지도자가 반드시 사심(私心)을 줄이고 공익(公益)을 앞서 생각하여야 한다. 즉 선공후사(先公後私)해야 한다. 옛날 표현을 빌리면 인욕(人慾)을 버리고 도심(道心)을 가져야 위민(爲民) 정치가 가능하다. 그래서 지도자는 반드시 수신(修身)하여 어느 정도 사심과 인욕을 억제할 정도의 수양이 된 후에 비로소 공직을 맡아야 하고 그래야 정치를 잘 할 수 있다고 보았다. 그래서 '수기 후 안민'(修己 後 安民)이었다. 민본주의의 이러한 특징은 곧 지도자학 내지 지도자교육학으로 발전하였다. 지도자는 반드시 '수기 후 안민'이라는 지도자교육을 받은 후에 공직에 나설 수 있게 하였다.

다른 하나의 특징은 위민을 하기 위해서 이른바 민의(民意)를 존중하는 정치를 하여야 하는데 민의를 어떻게 확정할 것인가 하는 문제와 관련된 것이다. 민본주의에서는 민의를 다수결로 정하는 것이 바람직하다고 보지 아니했다. 그 시대의 학문적·도덕적 엘리트인 유능한 선비들이 자유롭고 평등하게 토론하여 만든 공론(公論)으로 민의(民意)가 결정되어야 한다고 주장했다. 그러면서 단순히 세간에 떠돌아다니는 의견이나 소문(이른바 浮議) 등은 비록 다수의 견해일지 몰라도 올바른 민의가 아니라고 보았다.[15] 민의의 대변자는 선비였다. 요즈음으로 말하면 올바른

---

14) 민본의 어원은 《서경》(書經)에서 '백성이 오직 나라의 근본이니 근본이 견고하여야 나라가 편안하다'(民惟邦本 本固邦寧)에서 나왔다고 한다. 한마디로 민본주의는 民이 나라의 근본이라는 사상이다. 이를 가장 명쾌하게 설명한 사람이 정도전이다. 그는 《조선경국전》(朝鮮經國典)에서 "대저 군주는 국가에 의존하고 국가는 민에 의존하다. 그러므로 민은 국가의 근본인 동시에 '군주의 하늘'이다," 라고 주장하고 있다. 민이 나라의 근본이므로 모든 문제를 민의 입장에서 생각하고 풀어야 한다. 그래서 민을 위하고(爲民) 민을 사랑하고(愛民) 민을 존중하고(重民) 민을 보호하고(保民) 민을 기르고(牧民) 민을 평안하게 하여야 한다(安民)는 것이다. 한영우, 《鄭道傳 사상의 연구》, 서울대학교 출판부: 103쪽 이후, 1999.

민의는 단순한 여론(輿論)이나 중론(衆論)이 아니라, 전문가들이 심사숙고한 의견에 의하여 뒷받침되어야 한다는 주장이다. 대중의 일시적 여론이나 분위기에 따른 정치가 아니라, 지식인 전문가들의 연구와 토론 결과에 뒷받침되는 정치가 바람직한 정치라고 생각했다.

이상의 두 가지 특징을 가지는 민본주의는 우리나라의 대단히 훌륭한 정치사상적 전통이고 정치문화인데 우리가 서구의 형식적 민주주의—구체적으로는 선거를 통하여 정부를 선택한다는 선거민주주의—를 받아들이면서 우리는 민본주의적 전통의 장점을 모두 잊어버렸다. 그래서 정치라는 것이 단순한 선거공학이 되고 진정으로 선공후사의 마음으로 위민(爲民)하려는 정치지도자들의 노력이나 지식인과 전문가들의 의견을 존중하는 정책연구는 정치에서 없어져 버렸다. 또한 정치가 일종의 선거공학(選擧工學)이 되어 버렸으니, 국정운영에서 전문가나 학자들의 의견보다는 대중의 일시적 중론이나 정서가 더 중요해져서 자연 정치는 점점 인기에 영합하는 포퓰리즘 성격을 가지게 되었다. 국민을 진정으로 위하는, 즉 위민하려는 멸사봉공의 지도자가 아니라, 국민들에게 듣기 좋은 이야기를 하면서 국민을 속이는 포퓰리즘 선동가가 민주주의 절차와 형식을 이용하여 더욱 기승을 부리게 되었다. 그래서 많은 나라에서 민주주의는 흔들리고 있고 급기야는 비(非)자유민주주의(*illiberal democracy*)나, 혹은 민주주의의 실패가 오는 것이다.

요즈음 많은 나라들이 민주주의의 위기를 경험하고 있는데 그 주된 이유는 앞에서도 보았지만 지도자의 도덕성 부족과 과도한 대중민주주의(*mass democracy*) 때문이다. 이 두 가지 문제를 동시에 풀 수 있는 열쇠가 바로 우리의 전통적 정치사상인 민본주의에 있다고 본다. 앞으로 정치질서분야에서 공동체자유주의에 기초한 창조적 세계화전략은 반드시 민본주의 전통을 부활시켜 서구에서 도입한 민주주의와 결합함으로써 '민본

---

15) 이율곡 선생께서 특히 부의(浮議)의 폐해를 경계하셨다.

주의적 민주주의'로 나아가야 한다. 그래야 우리나라에서도 세계화의 도전을 올바로 헤쳐 나가는 유효하고 능력 있는 정부가 등장할 수 있다. 그때 비로소 창조적 세계화에도 성공하고 진정한 자유민주주의도 지켜 나아갈 수 있다.

2) 어떠한 시장경제인가: '민부(民富) 중시의 시장경제'가 바람직하다

창조적 세계화에 성공하는 공동체자유주의 경제질서는 시장경제이지만 반드시 민생(民生)과 민부(民富)를 중시하는 시장경제여야 한다. 민생과 민부를 중시하는 시장경제란 다음의 3가지 조건이 성립함을 의미한다. 첫째, 시장경제가 반드시 역동적이고 생산적인 시장경제여야 한다. 환언하면 끊임없는 혁신적 투자와 창조적 파괴가 일어나는, 그래서 세계 최고의 생산성을 이끌어 낼 수 있는 시장경제여야 한다. 세계 어느 나라보다 더 많은 부를 국민들에게 가져다줄 수 있는 시장경제가 진정한 민생경제이다. 진정으로 위민(爲民)하는 경제인 민생(民生)경제를 이루려면 반드시 선부(先富)하여야 한다. 즉 국민들에게 가능한 많은 부를 제공하는 것을, 그리하여 민부를 획기적이고 지속적으로 높이는 것을 최고의 우선목표로 하여야 한다. 항상 인격 수양과 교육을 중시했던 공자(孔子)도 민에 대하여는 선부후학(先富後學)이라 하셨다. 우선 국민을 부유하게 한 다음에 교육을 해야 한다고 하셨다. 아니 민(民)을 부유하게 하는 것은 인(仁)의 단계를 넘어 성(聖)이라고까지 높이 평가하셨다. 따라서 높은 발전을 가져오는 역동적 시장경제가 아니면 진정으로 민생과 민부를 중시하는 경제가 될 수 없다.

둘째, 시장경제는 단순히 역동적일 뿐 아니라 저변이 넓은 시장경제(*broad based market economy*)이어야 한다. 저변이 넓다 함은 많은 중소기업·영세자영업 등이 활발하게 경제활동에 참여하는 시장경제여야 한다는 말이다. 경제활동의 주체가 대기업, 공공부문 등 특정부문만의 활동에 국한되지 않고, 많은 보통의 중소기업과 보통사람들이 다수 경제활동에 참여하는 시장경제여야 한다는 말이다. 그래야 중산층의 비중이 큰 '항아리경제'를 이룩할 수 있다. 환언하면 빠른 부의 창출 내지 높은 성장률 다음으로 중요한 것은 많은 사람들이 경제활동에 참여하는 '민주적 시장경제'가 되어서 시장경제가 창출하는 부의 배분과정에 가능한 한 다수가 참여할 수 있어야 한다는 것이다. 분배가 비교적 고른 경제일수록 민생과 민부를 중시하는 시장경제라 할 수 있다.

셋째, 특히 시장경제가 요구하는 창조적 파괴—표현을 달리하면 세계화가 요구하는 구조조정—과정에서 발생하는 피해자나 약자(실업자나 퇴출기업)를 위한 효과적 사회안전망이 있어야 한다. 단순한 보호 위주의 안전망이 아니라 새로운 고임금 직종으로 이동할 수 있는 훈련과 교육 그리고 취업알선과 지원, 훈련기간 동안 최소한의 생활보장 등이 함께 준비된 사회안전망이어야 한다. 물론 교육능력이나 노동능력이 없는 경우에는 국가가 직접 생계를 도와야 한다. 이는 동서고금을 막론하고 어느 시대 어느 나라에서든 국가가 해야 할 일이다.[16] 이상의 3가지, 즉 선부(先富), 균부(均富), 보민(保民)이 이루어져야 비로소 민부(民富) 중시의 시장경제라고 부를 수 있다.

시장경제는 분명 부와 생산을 극대화하는 유효한 시스템이다. 지금까

---

16) 우리나라에서도 환과고독(鰥寡孤獨), 즉 홀아비, 과부, 고아, 그리고 자식 없는 노인들 모두 4궁(窮)이라고 하여 나라가 직접 생계를 도왔다. 그러나 나라가 도와도 무조건 이들을 돕는 것이 아니라 ① 10세에서 60세 사이이면 노동능력이 있다고 보아 돕지 아니했다. ② 그리고 친척이 있는 경우는 친척끼리 도울 것을 권하기 위하여 나라가 돕지 아니했다. ③ 그리고 이들 중에도 재산이 있는 사람을 돕지 아니했다. 그래서 진정으로 어려운 사람, 스스로 생계유지가 불가능한 사람들만 나라가 돕도록 하였다. 서양에만 공적부조제도가 있었던 것은 아니다. 정약용 저, 茶山연구회 역주, 《역주 목민심서II》, 창작과 비평사, 제4주 애민(愛民) 6조(條) 제3장 진궁(振窮)편, 1977을 참조.

지 인류가 알고 있는 경제체제 중에서 시장경제만큼 부의 극대화(*wealth-maximizing*)를 이루어내는 데 효과적인 제도는 없었다. 그래서 공동체자유주의는 시장경제를 지지한다. 그리고 창조적 세계화도 시장경제의 활성화를 지향한다. 그러나 시장경제 그 자체는 항상 역동적인 것도 아니고, 반드시 다수의 참여 — 다수에의 공정한 분배 — 를 보장하는 제도도, 그리고 약자보호나 공평성을 보장하는 제도도 아니다. 경우에 따라 시장경제는 크게 역동적이고 다수의 참여와 약자보호를 보장하기도 하지만, 그 반대의 경우도 얼마든지 가능하다. 시장경제가 침체되기도 하고 분배가 악화되기도 하고 약자를 외면하기도 한다.

따라서 공동체자유주의가 지향하는 시장경제는 우선 가능한 한 '역동적인 시장경제'를 만드는 데서 출발하지만, 반드시 다수가 참여하는 '항아리경제'를 지향하여야 하고, 나아가 약자를 보호하고 발전시키는 평생교육·평생고용·평생복지의 황금의 삼각안전망(*golden triangle network*)을 만들어 내야 한다. 다시 강조하지만 공동체자유주의에서는 무엇보다도 먼저 투자가 끊임없이 일어나는 경제를 만들어야 한다. 이를 위해 무엇보다 대외개방은 물론이고 시장경제의 독과점을 타파하고 불필요한 정부규제를 줄이며, 보다 많은 사람에게 그들의 '경제활동하려는 의지'(*will to economize*)를 활성화할 수 있도록 제도적·정책적 여건을 만들어 주어야 한다. 그러나 이 투자경제가 소수의 투자로 끝나지 않고 가능한 한 많은 사람들이 참여할 수 있게 만들어 중산층이 큰 '항아리형 경제'를 지향하여야 한다. 그래서 중소기업과 영세자영업 등의 활동을 지원하는 경제여야 한다. 이와 동시에 반드시 시장경제의 창조적 파괴과정에서의 피해자 내지 약자들이 재기할 수 있는 사회안전망이 갖추어져야 한다. 이를 위해 앞에서 자세히 논했듯이 평생고용·평생학습·평생복지를 연결시키는 이른바 황금의 삼각안전망 구축이 필수적이다. 이와 같이 3가지 조건 — 선부(先富), 균부(均富), 보민(保民) — 이 갖추어질 때 우리는 창조적 세계화가 지향하는 민부(民富) 중시의 시장경제질서를 이루어낼 수 있다.

3) 어떠한 사회질서인가: '법례(法禮)조화의 안심사회'가 바람직하다

창조적 세계화가 지향하는 공동체자유주의적 사회질서의 최종목표는 '안심사회'(安心社會)이다. 사회구성원들이 안심하고 삶을 계획하고 즐길 수 있는 사회이다. 이 안심사회가 되려면 3가지 조건이 필요하다.

첫째, '만민평등 법치주의'가 바로 서야 한다. 인치가 아니라 법과 원칙에 따라 움직이는 사회가 되어야 한다. 그래야 모든 사람들이 안심하고 생활을 영위할 수 있다. 공동체의 성원들이 각자의 목표를 안심하고 자유롭게 추구하려면 그 사회공동체가 우선 안정되고 예측 가능하여야 한다. 이 사회공동체의 안정과 예측가능성을 보장하는 가장 중요한 수단이 만민이 평등한 법의 지배이다. 그러나 우리나라에서는 법만으로 안심사회를 이룰 수 없다. '법치(法治)사회'만으로는 안 된다. 반드시 '예의(禮義)사회'를 만들어야 한다.

이것이 안심사회를 만드는 두 번째 조건이다. 법 이전에 국민들이 예와 의를 존중하는 마음을 가져야 한다. 국민들이 예와 의를 존중할 때 많은 사회문제와 갈등이 법의 논리 이전에 예와 의라는 도덕논리 속에서 해결된다. 특히 우리나라와 같이 역사적으로 정이 많은 다정(多情)사회에서는 법의 논리만으로 바람직한 사회질서를 만드는 데는, 그래서 안심사회를 이룩하는 데는 한계가 있다. 반드시 도덕 영역인 예와 의가 뒷받침해 주어야 한다. 법(法)과 예(禮)가 조화된 법례사회(法禮社會)를 만들어야 한다. 그래야 다정사회와 같이 가는 안심사회가 형성될 수 있다.

예의사회(禮義社會)를 만들기 위해선 무엇보다 먼저 사회구성원들 사이에 이른바 서로가 입장을 바꾸어 상대의 입장에서 생각해 보는 마음, 환언하면 역지사지(易地思之)하는 마음이 많아져야 한다. 타인에 대한 배려 없이 자신의 이익만 추구하면 그것은 비례(非禮) 내지 무례(無禮)사회가 된다. 나아가 정글의 법칙이 작용하는 동물의 사회 즉 저질(低質)사회가 된다. 그래서 우리는 시종일관 이기적 자유주의가 아니라 공동체자유주의를 강조하고 있는 것이다. 이 역지사지의 마음을 공자께서는 인(仁)이라고 하였고 동양적 예의(禮義)의 기본이 바로 이 인(仁)에 있다.[17] 애덤 스미스는 이 역지사지하는 마음을 동감(同感, *sympathy*) — 남의 고통이나 즐거움을 자기의 고통이나 즐거움으로 느끼는 것 — 이라고 표현하였다. 그리고 동양에서는 이 인과 예를 소인배의 사회가 아닌 '군자의 사회'를 만드는 원리로, 그리고 서양에서는 이 동감을 '개화된 시민사회'를 만드는 기초적 구성원리로 보았다.

이 타인에 대한 배려 즉 역지사지하는 마음을 높이는 데는 도덕과 윤리교육이 중요한 역할을 한다. 그런데 우리나라는 근대화과정(산업화와 민주화)을 압축적으로 거치면서 이러한 도덕과 윤리교육이 대단히 부족하였다. 그래서 우리 사회가 성공적으로 근대화되어 물질적 풍요와 정치적·사회적 자유를 만끽하게 되었으나 정신적 빈곤감과 영적 허탈감은 대단히 심하다. 앞으로 가정, 학교, 사회가 모두 나서서 대대적인 도덕·윤리 재무장운동을 일으키는 시기가 반드시 도래하여 이 문제를 해결해야 한다고 본다.

안심사회를 만들기 위한 3번째 조건은 효과적인 사회위험관리(*social risk management system*) 시스템을 도입하는 일이다. 21세기에는 새로운 사회적 위험이 크게 증대하고 있다. 그래서 혹자는 위험사회라고도 부른

---

17) 좀더 깊이 생각해 보면 인(仁)의 본질은 천지만물을 키우고 기르는 마음, 즉 천지만물의 생육지심(生育之心)이다. 따라서 자연히 입장을 바꾸어 상대의 입장에서 생각하는 역지사지(易地思之)가 가능하게 되고 때로는 위험이나 악을 보고 참을 수 없는 마음 이른바 불인지심(不忍之心)이 가능하게 된다. 따라서 생육지심이 기본이고 그 작용으로서 역지사지도 불인지심도 나온다고 보아야 할 것이다. 그러면 예(禮)란 무엇인가? 바로 이 인이 발현되는 혹은 펼쳐지는 순서이다. 생육지심은 일차적으로 부모에게 그리고 자식에게 그리고 친척에게 그리고 이웃 타인에게 그리고 나아가서는 인간이 아닌 만물에게 차례로 확대되어가야 한다. 이 순서가 바로 예이다. 그러나 예도 그 근본은 천하만물의 생육지심에 있다.

다. 이 위험사회의 위험을 줄이고 관리하는 시스템을 도입하여야 우리는 안심사회를 만들 수 있다. 다시 강조하지만 21세기는 새로운 사회적 위험이 많이 등장하는 시대이다. 우선 20세기 산업화시대와 달리 단일직장에 장기고용이 어려운 시대이다. 21세기 세계화시대에는 기업이 구조조정을 상시화하기 때문이다. 즉, 창조적 파괴가 보다 빈번히 일어나기 때문이다. 따라서 근로자들에게는 직장과 직업 이동이 수시로 일어날 수 있다. 그 사이사이마다 일시적일지라도 실업 위험이 따른다. 여기에 고령화가 새로운 노후 장기실업의 위험을 높인다.

또한 21세기는 지식정보화 속도가 빠른 사회이다. 따라서 끊임없이 향상교육, 재교육을 받지 아니하면 세상의 흐름에 뒤떨어질 위험이 증가한다. 여기에 21세기 세계화는 국경을 낮추고 사람과 물자의 이동을 활발하게 함으로 생각하지 않은 국제질병과 테러와 범죄에 노출될 위험도 있다. 또한 지식과 정보의 국제 간 교류가 빈번해지면서 과거에는 없던 문화쇼크, 정체성혼란 등의 위험도 증가한다. 즉 전반적으로 사회적 위험이 크게 증대하는 시대이다. 적절한 위험관리기구의 제도화 없이는 안심사회를 만들 수 없다. 앞에서 이야기한 평생교육·평생고용·평생복지의 3각안전망 구축도 이러한 사회위험관리기구의 하나이다. 그 이외에도 사회적 위험의 내용—예컨대 각종 재해, 기후변화, 교통위험 등등—에 따라 각각에 걸맞은 위험관리기구를 준비하여야 한다.

4) 어떠한 국제질서인가: '반(反) 패권의 자유주의적 국제질서'가 바람직하다

창조적 세계화가 지향하는 공동체자유주의적 국제질서는 독립된 주권국가들 간의 호혜와 평등의 자유주의국제질서(*liberal internationalism*)이다. 따라서 어떠한 형태의 패권(覇權)주의에도 반대하고 대국(大國)주의에도 반대한다. 주지하듯이 자유주의는 일국 내에서 개개인에게 독립된 의사주체로서의 존엄과 자유 그리고 평등을 보장한다. 마찬가지로 국제자유주의는 세계 모든 나라들이 그 크기나 능력에 관계없이 각각 독립된 주권(*sovereignty*)의 주체로서 자유와 평등한 관계가 보장되어야 한다고 생각한다. 이른바 주권평등(*Westphalia*)적인 국제관계가 기본이 되어야 한다.

그러나 공동체자유주의는 단순히 개별 국가의 독립적이고 평등한 절대주권만을 주장하는 것으로 끝나지 않는다. 그것만을 주장한다면 그것은 자유주의에 불과하다. 공동체자유주의는 그 이상의 가능성을 모색하려고 노력한다. 즉 보다 큰 공동체의 형성과 발전을 위하여 개별 국가가 자국의 자발적 의지로 자신의 주권 일부를 양도할 수 있음을 인정한다. 그리고 그것이 바람직하다고 주장한다.

구체적인 예가 바로 EU이다. EU의 역사적 경험은 분명 개별 국가가 모두에게 이익이 되는 더 큰 공동체를 만들기 위하여 자발적으로 자신들의 절대주권의 일부를 포기할 수 있음을, 또한 포기함으로써 보다 더 큰 이익을 실현할 수 있음을 보여 준다. 우리는 반(反)패권과 반(反)대국주의의 가치를 확실히 하면서도, EU와 같이 자유스러운 다(多)국가공동체로 갈 수 있는 가능성을 적극 추구하여야 한다. 그리고 그 가능성을 동아시아에서 적극적으로 모색하여야 한다. 동아시아공동체를 건설하기 위해 열심히 노력해야 한다. 이것이 바로 공동체자유주의가 지향하는 바람직한 국제질서의 모습이다.

필자 약력

제 7장 국가리더십 및 정당개혁

장 훈 (張勳)

서울대학교 정치학과 졸업. 미국 노스웨스턴대학 정치학 박사. 한림대학교 정치외교학과 조교수, 한국국제정치학회 출판이사 역임. 현 중앙대학교 정치외교학과 교수, EAI 거버넌스연구센터 소장. 주요 논저: 《20년의 실험: 한국 정치개혁의 이론과 역사》, "The 1997 Presidential Election in South Korea", "한국 대통령제의 불안정성의 기원", "민주화 10년의 정당정치" 등.

강원택 (康元澤)

서울대학교 지리학과 졸업. 동 대학원 정치학과 석사. 영국 런던정경대학(LSE) 정치학 박사. 숭실대학교 교수, 한국정당학회장, 한국정치학회 연구이사 역임. 현 서울대학교 정치외교학부 교수, 한국정치학회 총무이사, 대통령직속 미래기획위원회 위원. 주요 논저: 《한국 선거정치의 변화와 지속》, 《보수정치는 어떻게 살아남았나: 영국 보수당의 역사》, 《한국정치, 웹 2.0 에 접속하다》, 《한국의 정치개혁과 민주주의》 등.

곽진영 (郭眞英)

이화여자대학교 영어영문학과 졸업. 동 대학원 정치학 석사, 미국 노스웨스턴대학 정치학 박사. 건국대학교 기획조정부처 처장, 국회의장 자문 국회운영제도개선위원회 위원, 한국정치학회 연구이사 및 감사, 한국정당학회 총무이사 및 연구이사 등 역임. 현 건국대학교 정치외교학과 교수. 주요 논저: *The Party-State Liaison in Korea: Searching for Evidence of the Cartelized System*, 《국회-정당-행정부 관계의 재정립: 분점정부 운영의 거버넌스》 등 다수.

김민전 (金玟甸)

서울대학교 외교학과 졸업. 미국 아이오와대학 정치학 박사. 국회 의정연수원 교수 역임. 현 경희대학교 학부대학 교수. 주요 논저: *Trade Policy and U.S. House of Representatives*, 《한국정치제도의 진화경로》(공저), 《변화하는 한국 유권자 3》(공저), "17대 국회 본회의 표결에 나타난 정당 간 정책연합", "의원의 정당충성도, 이념성, 그리고 재선결과: 18대 국회의원선거를 중심으로", "국회와 헌법개정: 헌법개정 담론의 구체성을 위해서" 등.

윤성이 (尹聖理)

연세대학교 정치외교학과 졸업. 미국 오하이오주립대학 정치학 박사. 한국정보화진흥원 전문연구원, 경상대학교 교수, IT정치연구회 회장 역임. 현 경희대학교 정치외교학과 교수. 주요 논저: 《전자민주주의》, 《한국의 정치》, "Political Participation of Teenagers in the Information Era", "디지털시대의 정당개혁", "17대 대선에 나타난 온라인 선거운동의 특성과 한계" 등.

임성학 (林成學)

연세대학교 정치외교학과 졸업. 미국 펜실베니아주립대학 정치학 박사. 연세대학교 리더십센터 연구교수, 한국정치학회, 한국정당학회 연구이사 역임. 현 서울시립대학교 국제관계학과 부교수. 주요 논저: "The Role of Political Asset Specificities on the Evolution of Political Institutions in Korea", "참여민주주의와 정당체제", "동서양 거버넌스: 수렴과 분화", "17대 총선의 선거자금과 정치개혁의 효과" 등.

이현출(李鉉出)

건국대학교 법학과 졸업. 동 대학원 정치학과 석사 및 박사. 오사카시립대학 초빙연구원, 국회도서관 입법정보연구관 역임. 현 국회입법조사처 정치의회팀장. 주요 논저: 《매니페스토와 한국정치개혁》, 《한국 국회와 정치과정》(공저), "원내교섭단체 제도와 당론", "The Ideological Disposition of Koreans", "Ratification of Free Trade Agreement: The Korean Legislature's Response to Globalisation" 등.

제 8장 지방분권형 국가운영

신도철(申道澈)

서울대학교 법학과 졸업. 동 대학원 경제학 석사. 미국 시카고대학 경제학 박사. 한국개발연구원 연구위원, 미국 버클리대학 교환교수, 한국법경제학회 회장, 지역발전위원회 위원 역임. 현 숙명여자대학교 경제학부 교수, 국민연금기금운용위원회 위원. 주요 논저: "Economic Growth, Engel's Law, and Structural Transformation", "불법행위법의 경제적 분석", "범죄와 형벌의 경제적 분석", "우리나라 변호사 인력의 수급에 관한 연구", 《규제의 역설》(공저) 등.

김성배(金聖培)

서울대학교 조경학과 졸업. 미국 UCLA 도시계획학 석사. 미국 하버드대학 도시계획학 박사. 대통령자문 정부혁신지방분권위원회위원 역임. 현 숭실대학교 베어드학부대학 학장, 한국지역학회 회장. 주요 논저: 《국토 50년》(공저), "공공서비스 전달의 적정 거버넌스 모형의 모색", "분권형 지역발전체제의 구축", "비교제도분석법을 통해 정책연구의 방법론적 확장", "An Optimal Governance of Land Use", "Governing Mega-Economic Regions" 등.

이기우 (李琦雨)

독일 뮌스터대학 법학 박사. 대통령 자문 정부혁신지방분권위원회 위원, 지방정책연구소 소장 역임. 현 인하대학교 법학전문대학원 교수 및 원장, 정석학술정보관장, 대통령소속 지방행정체제개편추진위원회 위원, 경실련정책위원장. 주요 논저: 《지방자치법》, 《지방분권과 시민참여》, 《지방자치이론》, 《연방주의적 지방분권에 관한 연구》, *Die Kommunalaufsicht in BRD und in Korea* 등.

제 9장 동아시아 구상과 한반도통일

김용호 (金容浩)

서울대학교 정치학과 졸업. 미국 펜실베이니아대학 정치학 박사. 외교안보연구원 조교수, 한림대학교 부교수, 영국 옥스퍼드대학 인촌펠로우, 한국정당학회 회장, 한국정치학회 회장, 인하대학교 사회대학 학장 겸 행정대학원 원장 역임. 현 인하대학교 정치외교학과 교수. 주요 논저: 《한국 정당정치의 이해》, 《북한의 협상스타일》, "국회의원 공천제도 개혁 방안", "G20 정상회의: 국내 연구에 대한 비판과 향후 연구과제" 등.

강준영 (康埈榮)

한국외국어대학교 중국어과 졸업. 대만 국립정치대학 동아연구소 석사 및 박사 (현대중국정치경제학 전공). (재) 대륙연구소 책임연구원 역임. 현 한국외국어대학교 국제지역대학원 중국학과 교수, 한중사회과학학회장, 외교통상부 정책자문위원. 주요 논저: 《한 권으로 이해하는 중국》 (공저), 《중국의 정체성》, 《차이나스 리더스》 (공역), "중국의 대 한반도 전략구상", "韓中關係未來發展的幾點商確" 등.

조영기 (趙寧基)

건국대학교 경제학과 졸업. 건국대학교 경제학 박사. 현 고려대학교 북한학과 교수, 한반도선진화재단 초빙연구위원, 통일부정책자문위원, 사회통합위원회세대분과위원. 주요 논저: "새로운 통일방안의 모색: 선진화통일방안"(공저), "계획적·균형적 가치법칙에 대한 소고", 《북한의 경제제도와 관리》(공저), 《선진화시대의 사회통합》 등.

진창수 (陳昌洙)

서강대학교 정치외교학과 졸업. 일본 도쿄대학 정치학 박사. 일본 교토대학 초빙학자, 미국 존스홉킨스대학(SAIS) 방문학자, 세종연구소 부소장 역임. 현 세종연구소 일본연구센터장. 주요 논저: 《일본의 정치경제》, *Current State of Japanese Studies in Korea*(공편), "일본 엘리트의 이념과 정책", "The State of Japan's Domestic Politics in the Northeast Asian Territorial Dispute" 등.

제 10장 한국의 세계공헌 전략: 중견국 소프트파워 공헌의 전형

모종린 (牟鍾璘)

미국 코넬대학 경제학과 졸업. 캘리포니아 공과대학 석사. 스탠퍼드대학 정치경제학 박사. 미국 텍사스오스틴대학 조교수 역임. 현 연세대학교 국제학대학원 교수, 미국 스탠퍼드대학 후버연구소 연구위원. 주요 논저: *Does the United States Need a New East Asian Anchor?: A Case for United States-Japan-Korea Trilateralism*, 《시장경제와 외국인투자 유치》, 《영어상용화와 국가경쟁력: 영어공용화 논쟁을 넘어서》 등. 세계화연구센터 홈페이지(www. rig. or. kr)에 에세이와 논문을 게재 중.

김치욱 (金治旭)

미국 텍사스오스틴대학 정치학 박사. 세종연구소 연구위원 역임. 현 울산대 국제관계학과 조교수. 주요 논저: "탈냉전기 미국 패권의 국제적 정당성 분석", "글로벌 스탠다드의 형성과 미국의 네트워크 권력", "국제정치의 분석단위로서 중견국가" 등.

손 열 (孫洌)

서울대학교 외교학과 졸업. 시카고대학 정치학 박사. 일본 도쿄대학 사회과학연구소 외국인연구원, 일본 요코하마대학 국제경제법학연구과 초빙연구원, 서울대학교 미국학연구소 연수연구원, 중앙대학교 국제대학원 조교수, 중앙대학교 국제문제연구소 소장 역임. 현 연세대학교 국제학대학원 교수. 주요 논저: *Japanese Industrial Governance*, 《일본: 성장과 위기의 정치경제학》, 《동아시아와 지역주의》(편저), 《매력으로 엮는 동아시아》 등.

유현석 (柳現錫)

연세대학교 정치외교학과 졸업. 미국 노스웨스턴대학 정치학 박사. 중앙대학교 국제관계학과 교수, 한국정치학회 연구이사 및 섭외이사, 한국국제정치학회 연구이사 및 총무이사 역임. 현 경희대학교 정치외교학과 교수, 외교부 자체평가위원, 통일부 정책자문위원. 주요 논저: 《동아시아 지역안보거버넌스의 모색》, 《한국과 국제정치, 2008》, "Explaining the Functional Expansion of a Regional Organization"(*Pacific Focus* 2008), 《글로벌 경제거버넌스의 재편과 동아시아 금융협력: G20을 중심으로》, 《국제정세의 이해(제 3개정판)》등.

제11장 신국가발전전략 방법론과 전략추진체계

황성돈 (黃聖敦)

한국외국어대학교 행정학과 졸업. 서울대학교 행정대학원 석사. 미국 미네소타 주립대학 험프리행정대학원 행정학 석사 및 일반대학원 정치학 박사. 대통령비서관(정책기획, 사회정책), 대통령자문 정책기획위원회 위원, 대통령자문 전자정부특별위원회 위원, 한국행정학회 연구부회장, 한국외국어대학교 정치행정언론대학원 원장. 한반도선진화재단 정책위원회 수석부의장, 한국전자정부연구원 원장. 주요 논저: 《대통령의 성공조건》(공저), "과학적 지식의 정치적 오용" 등.

문명재 (文命在)

연세대학교 정치외교학과 졸업. 미국 시라큐스대학 맥스웰행정대학원 정치학 박사. 미국 콜로라도주립대학, 텍사스주립대학, 고려대학교 교수 역임. 현 연세대학교 행정학과 언더우드 특훈교수, 연세대학교 국가관리연구원 부원장. 주요 논저: *Public Administration in East Asia*(공편), "대형국책사업 집행실패의 영향요인 분석", "작고 강한정부를 위한 탐색적 연구" 등.

손기섭 (孫基燮)

성균관대학교 정치외교학과 졸업. 서울대학교 대학원 및 일본 도쿄대학 대학원 석사. 일본 도쿄대학 대학원 정치학 박사. 일본 세계평화연구소 특별연구원 및 우정성 해외객원연구관, 아주대학교 국제학부 연구교수, 서울대학교 국제대학원 책임연구원, 일본 도쿄대학 동양문화연구소 객원교수 역임. 현 부산외국어대학교 외교학과 교수. 주요 논저: 《21세기 동북아공동체 형성의 과제와 전망》(공저), "한일 안보경협 외교의 정책결정", "일본의 동아시아 외교-미일동맹과 중일관계" 등.

신무섭 (申武燮)

연세대학교 수학과 졸업. 서울대학교 행정대학원 석사. 서울대학교 행정학 박사. 현 전북대학교 행정학과 교수. 주요 논저: 《재무행정학》, 《새 행정학》(공저), 《미국 예산정치론》(역서), "지방자자치단체의 국가예산 증대 노력과 그 결과" 등.

양희동 (梁熙東)

서울대학교 경영학과 졸업. 미국 케이스웨스턴리저브대학 경영학 박사. 미국 매사추세츠대학(보스턴) 조교수, 독일 파더본대학 방문교수, 경영정보학회 부회장, 이화여대 경영연구소 소장 역임. 현 이화여자대학교 경영대학 경영학과 교수. 주요 논저: "정보 기술의 채택 및 가치", "기술표준 전략", "최신 정보 기술에 대한 조직적 대응" 등 20편 이상의 국제 논문.

이송호 (李松浩)

서울대학교 정치학과 졸업. 서울대학교 행정대학원 석사. 미국 오하이오주립대학 정치학 박사. 한국행정학회 국제협력위원장, 한국경찰학회 연구위원장, 서울행정학회 부회장, 대통령자문 정부혁신지방분권위원회 행정개혁위원, 행정자치부 국가기반체계보호 정책자문위원회 위원장 역임. 현 국립경찰대학 행정학과 교수. 주요 논저: 《대통령과 보좌관》, 《연해주와 고려인》(공저), "주요국 중장기 정책싱크탱크에 관한 연구", "통치기구: 대통령, 정당, 의회와 행정", "Trends and Evaluation of Public Administration Studies in Korea" 등.

최창현 (崔昌鉉)

성균관대학교 행정학 졸업. 뉴욕주립대학 록펠러 행정대학원 행정학 박사. 동 대학 객원교수, RPI 테크노경영대학원 초빙교수 역임. 현 캄보디아행정연구회 회장, 관동대학교 행정학과 교수. 주요 논저: 《복잡계로 바라본 조직관리》, 《복잡계와 동양사상》, 《복잡계이야기》, 《조직사회학》 등.

제 12장 서울 컨센서스를 향하여

박세일

서울대학교 법학과 졸업. 일본 도쿄대학 대학원 경제학과, 미국 코넬대학 대학원 경제학 석사 및 박사. 한국개발연구원 연구위원, 서울대학교 법학과 교수, 김영삼 대통령 정책기획수석비서관, 사회복지수석비서관, 경실련 경제연구소이사장, 17대 국회의원, (재)여의도연구소 소장, 한나라당 정책위원회 의장 역임. 현 서울대학교 국제대학원 교수, (재)한반도선진화재단 이사장. 주요 논저: 《법경제학》, 《대한민국 선진화전략》, 《선진화 혁명: 이번이 마지막 기회》(공저), 《공동체 자유주의》(공저), 《대한민국 국가전략》 등.

총정리

이용환 (李龍煥)

성균관대학교 행정학과 졸업. 동 대학원 경제학 석사 및 행정학 박사. 전경련 상무, 전경련 국제경영원 전무, 사법시험위원회 위원, 최저임금심의위원회 위원, 국민연금심의위원회 위원, 한반도선진화재단 사무총장 역임. 현 동국대 사법경찰대학원 객원교수, 한반도선진화재단 선임연구위원. 주요 논저: 《디지털 사회의 경제와 문화》, 《21세기 사랑의 충전소 '공동체'를 세우자》, 《선진화 시대의 빈곤정책 — 새로운 모색》, 《실업시대 희망사전》 등.